Für Friedel und Fred

Kulinarischer & Gastronomischer Knigge 2100

Esskultur, Etikette, Tischsitten

Horst Hanisch

Bibliografische Information der Deutschen Nationalbibliothek: Die Deutsche Nationalbibliothek verzeichnet diese Publikation in der Deutschen Nationalbibliografie; detaillierte bibliografische Daten sind im Internet über dnb.dnb.de abrufbar.

Der Text dieses Buches entspricht der neuen deutschen Rechtschreibung.

Die Ratschläge in diesem Buch sind sorgfältig erwogen, dennoch kann eine Garantie nicht übernommen werden. Eine Haftung des Autors und seiner Beauftragten für Personen-, Sach- und Vermögensschäden ist ausgeschlossen.

Aus Gründen der einfacheren Lesbarkeit wird auf das geschlechtsneutrale Differenzieren, zum Beispiel Mitarbeiter/Mitarbeiterin weitestgehend verzichtet. Entsprechende Begriffe gelten im Sinne der Gleichbehandlung für beide Geschlechter.

Idee und Entwurf: Horst Hanisch, Bonn

Lektorat: Alfred Hanisch, Bonn †; Annelie Möskes, Bornheim (ab 2. Auflage)

Buchsatz: Guido Lokietek, Aachen; Horst Hanisch, Bonn

Umschlag: Christian Spatz, engine-productions, Köln; Horst Hanisch, Bonn

Fotos und Zeichnungen: Horst Hanisch, Bonn

Verlag: BoD · Books on Demand GmbH, Überseering 33, 22297 Hamburg, bod@bod.de

Druck: Libri Plureos GmbH, Friedensallee 273, 22763 Hamburg

ISBN: 978-3-7597-6914-5

Kulinarischer & Gastronomischer Knigge 2100

Esskultur, Etikette, Tischsitten

Inhaltsverzeichnis

INHALTSVERZEICHNIS 7

PROLOG..............................15

DIE MADE IM SPECK, ODER 15
... die Grille im Schokomantel? 15

TEIL I
GÄSTE UND GASTGEBER, SMALLTALK,
PLATZIERUNG UND BLUMEN-SPRACHE18

KAPITEL 1 – GAST UND GASTGEBER 19

DIE OFFIZIELLE EINLADUNG...............20

„WIR ERLAUBEN UNS, SIE HERZLICH
EINZULADEN ...“ 20
Einladung analog und digital..........20
Antwort auf eine Einladung.............21

EINLADUNG ZUM ESSEN AUßER HAUS 22

„DARF ICH SIE ZUM ESSEN EINLADEN?“ 22
Einladung außer Haus 22
Catering...........................23
Ist eingeladen gleich eingeladen?
Oder doch Selbstzahler?.................23
Übersichtsblatt für die Service-Leitung
...................................24

DIE GÄSTE TREFFEN EIN 26

„TRETEN SIE EIN“ 26
Pünktlichkeit und Akademisches
Viertel...............................26
Wer zu spät kommt, den bestraft das
Leben 27
„Darf ich bei der Garderobe behilflich
sein?“...............................27
Hände waschen 28
GRÜßEN – BEGRÜßEN 29
„Hallo allerseits“...................29
Auf den Tisch klopfen 29

Gleichgeschlechtliche Paare 30
Menschen mit eingeschränkter
Mobilität 30
Aberglauben 31

HABITUS – AUFTRETEN UND
UMGANGSFORMEN 33

DIE HALTUNG DES GASTES...............33
„Wie die Umstände, so auch die
äußere Erscheinung.“...............33

KAPITEL 2 – SEKT UND SMALLTALK......35

DER APERITIF 36

EIN GLAS CHAMPAGNER ODER EINEN SHERRY?
.... 36
Das Getränk vor dem Essen 36
‚Mise en place' in Geschäftsräumen37
Der Aperitif als Appetit-Anreger 39
Anbieten des Aperitifs 39
Wie voll werden die Gläser
geschenkt?........................ 40
Sherry.............................. 41

VOM SMALLTALK ZUM BIGTALK.........42

DIE KUNST DES KLEINEN GESPRÄCHS...........42
Wann wird Smalltalk geführt?........ 42
Ziel eines Smalltalks 42
Tabuthemen........................ 42
Korrekt geführter Smalltalk 43
EINSTIEG IN DEN SMALLTALK 47
Smalltalk 47
Geeignete Smalltalk-Themen.......... 47
Unverfängliche Themen 47
Die linke und die rechte Hand 48
Mauerblümchen oder Kontakt
aufnehmen? – Zugehen auf eine
Gruppe 49

Hin und wieder die Gruppe wechseln 50

DIE TISCH- UND SITZORDNUNG 51

WER SITZT WO? 51
Wohin bin ich platziert? 52
Sitzordnung der Gäste – Paarweise oder getrennt bei großen Feiern? ... 53
Tafelformen 56
Führungskarten 58

KAPITEL 3 – PRÄSENTE UND BLUMEN ..59

GESCHENKE, MITBRINGSEL UND BLUMEN 60

KLEINE GESCHENKE ERHALTEN DIE GASTFREUNDSCHAFT 60
„Das wäre aber nicht nötig gewesen ...“ 60
Mitbringsel 61
Geldgeschenke 62
Gutscheine 62
Weihnachten und Geschenke 62
Beliebte Weihnachtsgeschenke 63
„SCHENKST DU MIR ROSEN ...“ 65
Blüten, Blumen und Blätter 65
Pflanzen, Arrangements, Kakteen... 65
Sag es mit Blumen! Die Blumen-Sprache 66

AUF DEM GLATTEN PARKETT 69

DAS TANZBEIN SCHWINGEN 69
„Darf ich bitten?“ 69

TEIL II
EVENTS UND FEIERN, DEKORATION UND MOTTOS, SPEISEN- UND GETRÄNKEBUFFET 70

KAPITEL 4 – GELUNGENE FESTE 71

FESTE UND FEIERN 72

DER PASSENDE RAHMEN FÜR DEN GEGEBENEN ANLASS 72
Der, die oder das Event? 72
Gründe für Events 72
Der Jahreswechsel und seine Glückssymbole 75
Käsewürfel und Trauben auf dem Spießchen 75
Mettigel 76
Des Deutschen Lieblingsspeise – Ein Hoch auf die Kartoffel 76
MOTTO FÜR EINEN EVENT 77
Ein Besuch im Moulin Rouge 77
Beispiele einiger Mottos 78
DEKORATION UND GESTALTUNG 82
Gestaltungstipps für verschiedene Anlässe 82
Die Dekoration für das Buffet 83
Ein Motto auch bei der Tischdekoration 84
Kinderpartys 85
Familienfeiern 86
VORBEREITUNGSARBEITEN 87
Erst die Arbeit, dann das Vergnügen 87
PARTY, PARTY, PARTY 88
Flying Buffet, Fliegendes Buffet 88
Fingerfood 88
Snacking 89
Der große Tag ist da 90
Alle Sinne einbinden 90
„Danke fürs Kommen“ 91
Das Team-Event 91

KAPITEL 5 – RUND UM DAS BUFFET 93

SPEISEN- UND GETRÄNKEANGEBOT IN BUFFETFORM 94

GRÖßERE AUSWAHL ODER EHER UNRUHE? ...94
Vor- und Nachteile des Buffetservices 94

Inhaltsverzeichnis

Gehen zum Buffet und Bedienen am
Buffet...95

**DIE KLASSISCHEN SPEISEN- UND
GETRÄNKE-BUFFETS 96**

SPEISEN-BUFFETS 96
Das Speisen- und das Getränke-Buffet
....96
Salat-Buffet 96
Fisch-Buffet.......................................97
Schweden-Buffet – Smörgåsbord 98
Kalt-Warmes Buffet..........................99
Kaltes Buffet 99
Bauernbuffet 99
Barbecue..100
SPEZIELLE BUFFETS 101
Kontinentales Frühstücks-Buffet ...101
Brunch 102
Käse-Buffet 103
Canapé-Buffet 104
Kuchen-Buffet..................................105
Eis-Buffet 106
Dessert-Buffet.................................107
„Voller Bauch studiert nicht gern."107
GETRÄNKE-BUFFETS...............................108
Das Aperitif-Buffet..........................108
Getränke-Buffet...............................109
Champagner-Buffet.........................110

**DER PROFESSIONELLE BUFFETAUFBAU
....111**

AUFSTELLEN DES BUFFETS 111
Raumwahl für ein Buffet 111
Laufrichtung des Gastes 112
Tischwahl und Form des Buffets....114
Richtlinien beim Aufstellen des Buffets
....115

BUFFET-BESPANNUNG 116

Das Skirting.....................................116
Buffet-Skirtings...............................117

Kunstvolle Buffet-Bespannung...... 119

**TEIL III
ESSKULTUR, ZU HAUSE UND IN DER
GASTRONOMIE, BEI TISCH, DAS
ARBEITSESSEN 122**

**KAPITEL 6 – ESSKULTUR UND STIL BEI
TISCH...123**

**DAS AUFFINDEN DES RESTAURANT -
TISCHES 124**

IM RESTAURANT 124
Tischsitten......................................124
Das erste Restaurant und die
Französische Revolution.............. 124
Auf dem Weg zum Tisch.............. 126

DIE PLATZIERUNG 127

„DARF ICH BITTEN?".............................. 127
Aufsuchen des Platzes................. 127
Die Tischkarte 127
Sich hinter die Sitzplätze stellen.... 127
Abendtasche 128
Wann wird sich gesetzt?.............. 128
Dem Gast beim Hinsetzen helfen.. 128

DIE BENUTZUNG DER GEDECKTEILE ...132

„OH SCHRECK, WAS WIRD WOZU BENUTZT?"
.... 132
Das Gedeck 132
Messer, Gabel, Scher und Licht 132

DIE BESTECKSPRACHE 135

DAS BESTECK KOMMUNIZIERT MIT DEM
SERVICE-PERSONAL 135
Benutzen der Besteckteile........... 135
Bestecksprache 136
Linkshänder.................................. 137

DIE ‚GEBROCHENE' SERVIETTE..........138

DAS AUGE ISST MIT 138

Die Mundserviette......................... 138
Dekorations-Servietten 139
Tafelaufbauten............................ 140
Guten Appetit.............................. 140

AUFSTEHEN WÄHREND DES ESSENS ..141

„ICH MUSS MAL ...“ 141
Aufstehen oder nicht?.................... 141

UNPASSENDES BEI TISCH.................142

„WARUM RÜLPSET UND FURZET IHR NICHT?“
.... 142
„Hat es Euch nicht geschmecket?“ 142
Das mobile Telefon........................ 142
„Gesundheit!“ 143
Die Nase pudern oder die Wimpern
nachziehen 144

PEINLICHKEITEN UND PANNEN.........145

Die berüchtigte Sauce auf der
Kleidung 145

**KAPITEL 7 – GASTGEBER BEIM
GESCHÄFTSESSEN IM RESTAURANT ...146**

DAS GESCHÄFTSESSEN 147

LIEBE GEHT DURCH DEN MAGEN 147
Das Arbeitsessen im Restaurant ... 147
WHO IS WHO IM RESTAURANT?.............. 148
Herr Ober – Frau Ober................... 148
KI und die Zukunft – Die Künstliche
Intelligenz.................................... 149

**DIE MENÜKARTE UND DIE SPEISEKARTE
....150**

DIE MENÜKARTE IM BANKETTGESCHÄFT 150
Vom Gastgeber selbst erstellte
Menükarte 150
Die korrespondierende Getränkefolge
im Menü...................................... 152
DIE SPEISEKARTE IM ‚À-LA-CARTE-GESCHÄFT‘
.... 153

Die Speisekarte 153
Die Damenkarte – die Gastkarte ...153
Die Getränkekarte 154

DIE TISCHREDE 155

„ES BEGAB SICH IM JAHRE DES GRÜNDERS,
1862, ...“.......................................155
Der Zeitpunkt der Tischrede 155
Die Stegreifrede.............................156
Unterhaltung während des Essens 156

DER SPEISENSERVICE........................158

VON DER VORSPEISE BIS ZUM DESSERT 158
Bei Tisch.......................................158
Knochen und Kerne........................160
Fingerschale..................................160

TRINKKULTUR 161

„FISCH MUSS SCHWIMMEN“ 161
Gläser im Gedeck............................161
Die Getränkefolge...........................161
DER WEINSERVICE 162
Der Weinservice..............................162
Hat der Wein Korken? 163
Der Probeschluck............................164
Reihenfolge beim Einschenken 165
Die Tafel ist eröffnet – Das erste
Getränk...165

DER KAFFEESERVICE 169

DAS KAFFEEGETRÄNK NACH DEM ESSEN 169
Die Speisen sind verzehrt...............169
Der Kaffee in der Thermoskanne? .170

DIE REKLAMATION 172

„DAS SCHMECKT JA WIE EINGESCHLAFENE
FÜßE“ 172
Die Gäste sind wählerischer denn je
....172
Gerechtfertigtes Reklamieren........173
„Der Kunde ist König.“ 175

Inhaltsverzeichnis

BEZAHLUNG UND TRINKGELD 176

Es wird zur Kasse gebeten 176
Die Rechnung................................ 176
Trinkgeld................................... 177

DAS AUFHEBEN DER TAFEL 179

Irgendwann ist Schluss … 179
… und jetzt ist irgendwann – Das
Beenden des Anlasses................... 179
Verlassen des Restaurants............. 180

**TEIL IV
UMGANG MIT SCHWIERIG ZU ESSENDEN
SPEISEN, EXOTISCHEN FRÜCHTEN UND
SUSHI** 181

**KAPITEL 8 – LECKERES, UNGEWOHNTES,
SCHWIERIG ZU ESSENDES** 182

**ESSEN MIT HÄNDEN UND
BESTECKTEILEN** 183

Schwierig zu essende Speisen............... 183
Füße waschen und auf dem Boden
sitzen 183
Die Aufgaben der Bestecke............ 184

DIE ERSTE MAHLZEIT AM TAGE 185

Beim Frühstück 185
Die wichtigste Mahlzeit am Tage .. 185
Das Frühstücks-Ei 185
Omelette vom Straußenei............. 185

**VORSPEISEN, SUPPEN UND
ALLTÄGLICHES** 186

„Lasst uns beginnen"...................... 186
Kaviar 186
Spaghetto und Spaghetti.............. 187
Pizza aus Neapel....................... 187
Das Geheimnis der Trüffel 188
Suppe mit Blätterteighaube 188
Bouillabaisse............................ 189
Hering – der jungfräuliche Matjes. 190

Die bayerische Weißwurst 190
Halve Hahn 190
Weck, Worscht un Woi 190

AUF DEM STEHEMPFANG.................. 191

„Bitte bedienen Sie sich" 191
Fingerfood................................ 191
Kanapees (Canapés)..................... 191
Snacks 192
Flying Buffets 192

DIE KLASSISCHEN MEERESFRÜCHTE... 193

Von Auster bis Hummer 193
Austern – Die Perlen des Meeres .. 193
Miesmuscheln im Sud 195
Jakobsmuschel – Coquille Saint-
Jaques 195
Riesengarnelen 195
Hummer 196
Seeigel.................................... 196
Exotische Früchte des Meeres....... 197
Fisch als Hauptgericht..................... 198
Forelle Müllerin............................ 198
Gegrillte Seezunge 198
Kniffliges als Hauptgerichte 199
Spargel.................................... 199
Fondue Bourguignonne – Fondue
Chinoise.................................. 199
Sushi und anderes Asiatisches 200
Beim Chinesen............................ 200
Auf nach Japan........................... 200
Sushi...................................... 200
Regionales – Wiener Schnitzel und
Schnitzel Wiener Art...................... 203
Das gute, alte Wiener Schnitzel 203
Regionales................................ 203

**KAPITEL 9 – KÄSE, EXOTISCHE FRÜCHTE,
KUCHEN UND SÜßES** 204

KÄSE SCHLIEßT DEN MAGEN 205

Nach dem Hauptgericht 205

– oder auch nicht.......................... 205
Käsegruppen 205
Die Käse-Platte............................ 206
Käseangebote 207
Käsefondue 207
Darreichungsformen von Käse 208

KUCHEN, TORTEN UND GEBÄCKSTÜCKE
....**209**

DIE KLEINEN KALORIENBOMBEN 209
... und dann gleich zwei Stück 209
Frankfurter Kranz und Sacher-Torte
.... 210
Streuselkuchen 210
Farbenprächtige Cupcakes............ 210
Tea-Time 211
Petits Fours, Pralinen und Konfetti 211
Dominosteine – Notpraline 212
Macarons 212
Marzipan..................................... 212
SÜßES....................................... 213
Die Schlagsahne 213
Speiseeis..................................... 213
Cassata alla Siciliana und Cassata-
Eisbombe..................................... 215
Softeis... 215

WELT DER EXOTISCHEN FRÜCHTE......216

APFELBANANE BIS ZWERGPOMERANZE 216
Exotische Früchte 216

**KAPITEL 10 – EXKLUSIVES, EXOTISCHES
UND EXTREMES 229**

**DER MENSCH LEBT NICHT VOM BROT
ALLEIN 230**

EXKLUSIVES................................... 230
Safran.. 230
Gold, Blattsilber und Silberflocken 230
Perlen vor die Säue werfen?.......... 230
Manna – die Speise aus dem Himmel
.... 230

BLÜHENDE SCHÖNHEITEN 231
Vom Gänseblümchen bis zur Rose.231
Dahlie und Fuchsie.......................231
Rosen, Gänseblümchen und andere
....231
Kapuzinerkresse...........................231
Kakteen.......................................231
AUSGEFALLENES 232
„Gibt es etwas Exotisches?" 232
Von Zwei- und Vierbeinern 232
Meerschweinchen.........................232
Strauß...232
Zebra und Pferdefleisch 232
Kamel und Dromedar 233
Antilope 233
Auf den Hund gekommen.............233
Innereien.....................................233
UNGEWÖHNLICHES 234
Insekten......................................234
Heuschrecken 234
Quallen 235
Schlange 235
Krokodil und Alligator...................235
Astronautenkost..........................235
EXTREMES 236
Fugu – Das giftige Vergnügen 236
Hoden und Penis..........................236
Kiviak 236
TABU-GERICHTE 237
... und was es sonst noch so auf der
Welt gibt......................................237
Menschenaffen, Wildkatzen und
Nashörner...................................237
Schildkröten................................237
Haifischflossen.............................238
Wale 238
Froschschenkel 238
Schwalbennestersuppe.................239
Singvögel und Ortolane 239
AUS DEM VOLLEN SCHÖPFEN 240
Völlerei – Maßloses Übertreiben ...240

Inhaltsverzeichnis

Tischlein deck dich 242
Rituale 242
... UND WAS ES NICHT GIBT 243
Kapitän Nemo.................................243
Schlaraffenland 243
Und wie ernähren sich die Götter? 243

TEIL V
SERVICE VON APERITIF, WEIN,
CHAMPAGNER, BIER, DIGESTIF UND
HEIßGETRÄNK.................................. 245

KAPITEL 11 – GETRÄNKE BEI TISCH UND
VERANSTALTUNGEN 246

WASSER UND SOFTDRINKS IM
TAGUNGSGESCHÄFT 247

DAS GETRÄNK ZUR BESPRECHUNG 247
Kaffee oder Wasser? 247
Mineralwasser...............................248
Eiswürfel.......................................250
Kokosnusswasser..........................251
SAFT 252
„Voll im Saft stehen" 252
Tomatensaft im Flugzeug.............252
Zaubertrank..................................253
Vorkoster und Mundschenk..........253

KAPITEL 12 – BIER AUF WEIN, DAS LASSE
SEIN.. 254

BIER... 255

DAS KÜHLE BLONDE UND DAS BRAUNE
GEHEIMNISVOLLE 255
Met – Honigwein 255
Umtrunk 255
Bier trinken statt in Bier ertrinken .256
Pils, Kölsch, Altbier oder Weizenbier?
....256
König Gambrinus 259
Herrengedeck 260

WEIN 262

DER WEINSERVICE 262
„Im Wein liegt die Wahrheit"........ 262
Die Weinflasche wird präsentiert.. 262
WEIN UND STIL 265
Trinkfreuden – Das passende
Weinglas 265
Trinktemperatur........................... 266
Glühwein....................................... 266

CHAMPAGNER 268

DAS GETRÄNK DER KÖNIGE UND DIE, ... 268
Wie voll werden die Gläser
geschenkt?.................................... 269

KAPITEL 13 – VON COCKTAILS UND
HOCHPROZENTIGEM....................... 270

„GESCHÜTTELT, NICHT GERÜHRT".....271

WER SORGEN HAT, ... 271
... hat auch Likör.......................... 271

DER DIGESTIF................................. 272

VON COGNAC BIS LIKÖR 272
Digestif – Das Getränk nach dem
Essen 272
Service des Digestifs.................... 272

AN DER BAR.................................. 275

EIN ORT MIT ATMOSPHÄRE.................... 275
Entspannen an der Hotel-Bar........ 275
Die amerikanische Bar 277
Cocktail – der Hahnenschwanz? ... 277
Arak, Tuak, Tuba und Palmwein ... 279
Vom Whisky und Whiskey............. 279
Cognac 280
Sake.. 281
‚Geschüttelt oder gerührt?' – Der
Martini-Cocktail 281
Singapore Sling 282

Pitahaya-Cocktail 282

Mocktail 282

„VOLL WIE EINE HAUBITZE".............283

ALKOHOL: SUCHT ODER GENUSS? 283

Alkoholische und alkoholfreie
Getränke 283

Nunc est bibendum – Jetzt ist es Zeit
zu trinken 283

Voll wie eine Strandhaubitze......... 284

KAPITEL 14 – DAS HEIßGETRÄNK 285

KAFFEE 286

VOM ESPRESSO BIS ZUM MOKKA 286

Kaffee – das verteufelte Getränk?'286

Kaffee international 286

Kopi Luwak 287

TEE 289

DAS AROMATISCHE GETRÄNK...................289

Der Fünf-Uhr-Tee............................289

SCHOKOLADE....................................294

DAS GETRÄNK DER AZTEKEN...................294

Kakao oder Schokolade 294

Service von Trinkschokolade..........295

EPILOG..296

DEM BAUCH SCHMEICHELN 296

Das Leben genießen........................296

STICHWORTVERZEICHNIS 297

UMGANG MIT MENSCHEN 308

Adolph Freiherr Knigge.................308

Prolog

Die Made im Speck, oder ...

„Erst kommt das Fressen, dann kommt die Moral."
Eugen Berthold Friedrich Brecht (Die Dreigroschen Oper), dt. Schriftsteller und Regisseur
(1898 - 1956)

... die Grille im Schokomantel?

Das große Thema dieses Buchs dreht sich um Kulinarisches und Gastronomisches.

In der lateinischen Sprache gibt es ‚culinarius', was soviel bedeutet wie ‚auf feiner Kochkunst bestehend'. Beim Kulinarischen geht es um die Kunst der Speisenzubereitung, die für den Genuss zubereitet wird. Auch wenn das vorliegende Buch kein Kochbuch ist, behandelt es viele Themen, die den Einsatz von Speisen (und Getränken) betreffen.

Die griechische Sprache bietet ‚gastronomia' an, was so viel wie ‚Magenkunde' oder ‚Bauch' bedeutet. Es geht um die Bewirtung, den Verzehr von Speisen (und Getränken), sowie die Berücksichtigung der Tisch- und Trinkkunst. Dem Magen soll geschmeichelt werden, was der ‚wachsende' Bauch manchmal auch anderen Personen offenbart.

Im vorliegenden Buch werden keine Unterschiede zwischen der Systemgastronomie (zum Beispiel Fast-Food), der ‚rustikalen' Gaststätte, der ‚regionalen' Küche (ein ehemaliger deutscher Bundeskanzler kredenzte seinen Staatsgästen gerne eine seiner Lieblingsspeisen: Saumagen) oder der ‚gehobenen' Gastronomie, deren Regeln weltweit gelten, gezogen.

Auch gelten viele Angaben für den privaten Bereich zu Hause, das Verhalten im Restaurant bis hin zur Situation bei großen Veranstaltungen.

Gastrosophie – Komponenten der Bereiche Kulinarisches und Gastronomisches

Bei der Bearbeitung der Bereiche Kulinarisches und Gastronomisches bleibt es nicht aus, auf bestimmte ‚Komponenten' zu stoßen, die das Thema einnehmen.

Der Oberbegriff lautet Gastrosophie. Der altgriechische Begriff ‚gaster' steht für ‚Bauch' und ‚sophia' für ‚Weisheit'. Damit ist die Weisheit, das Wissen rund um die Ernährung – die Zufriedenstellung des Bauchs – gemeint.

So gehören mehrere Komponenten in den gastrosophischen Bereich. Unter anderem folgende Bereiche:

- Esskultur: Das Umfeld der Ernährung, auch Dekoration, sowie die regionale Berücksichtigung der Speisen.
  - ➢ Zum Beispiel: Eingedeckter Tisch, Buffetgestaltung, Serviettenformen, welche Speisen gehören zusammen?, Besonderheiten von Gerichten mit regionalem oder nationalem Bezug.
- Trinkkultur: Verhalten rund um die Zubereitung, den Service und den Genuss von Getränken
  - ➢ Zum Beispiel: Kaffee- und Teeservice, Probeschluck beim Wein, passende Cocktails im Barservice.

- Tischsitten: Die Art und Weise, wie in Gesellschaft bei Tisch Speisen und Getränke konsumiert werden.
  - ➤ Zum Beispiel: Wann wird mit dem Essen begonnen? Benutzen von Bestecken oder mit den Fingern Speisen zuführen?
- Ritual: Festgelegter, feierlicher, formaler Ablauf mit Symbolcharakter.
  - ➤ Zum Beispiel: Einzelne Schritte bei einer japanischen Teezeremonie, oder Vorgehensweisen bei Hochzeitsfeiern. Zuprosten und Anstoßen.
- Etikette und Knigge: Festgelegte Regeln der gesellschaftlichen Umgangsformen und Anleitungen und Anregungen zum sozialen Zusammenleben mit anderen. Anstand (‚schickliches Benehmen‘, Benimm) und Manieren (lat. ‚manuarius‘ für ‚passend‘):
  - ➤ Zum Beispiel: Nicht kreuz und quer reden bei Tisch, Höflichkeiten, Hierarchie, Anredeformen. Rolle Gastgeber/Gastgeberin, Betreuung von Ehrengästen, Beachtung der Dienstleister, wie das Servicepersonal. Das menschliche Miteinander, Wertschätzung, Toleranz.
- Habitus: Die Gesinnung, Geisteshaltung und die Grundhaltung eines Menschen.
  - ➤ Zum Beispiel: Das arrogante oder empathische Auftreten, die Ausstrahlung (Aura) und die Art der positiven oder negativen Einstellung zu Lebenssituationen.

Eine Menge Bereiche, die die vorliegende Thematik der Gastrosophie betreffen. In der Praxis werden sich einige Komponenten immer mal überschneiden.

Viele der Texte sind aus den kleinen Knigge-Ratgebern (siehe Buchanhang) entliehen, um ein zusammenhängendes Gesamtbild der Themen rund um das Kulinarische und Gastronomische abzubilden.

Der Genussmensch

Uns geht es gut, wir sind glücklich, wir können das Leben genießen. Zumindest die meisten von uns. So wird mancher sagen: „Die leben ja wie die Maden im Speck!"

Damit soll ausgedrückt werden, dass wir mehr oder weniger alles essen und trinken können, was wir wollen (und medizinisch betrachtet: dürfen) und zumindest theoretisch auch (fast) alles käuflich ist, was das kulinarische Angebot hergibt.

Statistisch gesehen, verbringt der Mensch 50.000 Stunden seines Lebens (das sind immerhin etwa fünfeinhalb Jahre, 24 Stunden lang, dauernd, ohne Schlaf) mit dem Verzehr von Speisen und Getränken, wobei echte Trinkgelage nicht eingerechnet sind.

Im Laufe des (Durchschnitts-)Lebens, gerechnet bei 75 Jahren, sollen Sie, liebe Leserin, lieber Leser, angeblich Folgendes verzehrt haben:

4.600 kg Brot und Brötchen, aber nur 670 kg Schokolade, 725 kg Nudeln, allerdings mehr als 17.250 Eier. 90 kg Chips, aber weit mehr als 3.850 kg Fleisch, etwa 5.100 l Tee, sowie 12.650 l Kaffee (Liter, nicht Tassen!), beruhigenderweise nur etwa 6.600 l Bier (wobei es hier ganz bestimmt Menschen gibt, die die Statistik ins Wackeln bringen könnten).

Fairerweise muss angemerkt werden, dass in den Industrienationen bedauerlicherweise auch tonnenweise Lebensmittel weggeworfen werden. Aber das ist ein anderes Thema.

Bei obigen Zahlen (aus verschiedenen Quellen und unterschiedlichen Jahren, aber immer auf Deutschland bezogen) lässt sich sehr leicht der Eindruck gewinnen, dass ein beachtlicher Teil unseres abwechslungsreichen Lebens mit dem Verzehr von Rohem oder Zubereitetem, mit Trinken diverser wohltuender Flüssigkeiten und mit dem atmosphärischen Drumherum zu tun hat.

Der Gast, der Gastgeber und der Gastronom

Ein Grund mehr, weshalb das vorliegende Buch einen Einblick in die Materie geben soll. Lassen Sie uns die Thematik einmal aus Sicht des Gastes, ein anderes Mal aus Sicht des Gastgebers, aber auch aus der des Gastronomen betrachten.

Schauen wir uns den Ablauf einer Einladung, von den notwendigen Vorbereitungsarbeiten, über das herzliche Begrüßen und Betreuen der Gäste, inklusive kurzweiligem Smalltalk, bis hin zur Persönlichkeit des Gastes angepassten Kommunikation an.

Klären Sie die Fragen rund um den Tisch. Was ist wie und wo eingedeckt? Welche Blume sagt was aus? Wie kann dekoriert werden? Welche Umgangsformen werden bei Tisch erwartet? Und wie läuft denn nun das Verhalten bei Tisch, angefangen von einer hörenswerten Tischrede, über die korrekte Umsetzung des Probeschlucks bis hin zum souveränen Umgang mit möglichen Pannen.

Tauchen Sie ein in die Themenvielfalt der Getränke. Der Umgang mit jeder Getränkegruppe wirft Fragen auf, angefangen bei Aperitif, über Wasser, Wein, Bier, Digestif bis hin zum Heißgetränk.

Und dann natürlich das Speisenangebot; Fingerfood, Snacks, gesetzte Menüs, Speisenbuffets und andere Angebotsformen mehr.

Was gibt es bei ausgefallenen, kulinarischen Köstlichkeiten zu beachten? Darf eine Grille im Schokomantel mit den Fingern zu Munde geführt werden? Ja. Wie lautet die Pluralform von ,Spaghetti'? Spaghetti ist bereits die Mehrzahlform. Ja, wie ist dann die Einzahlform? Spaghetto! Haben Sie es gewusst? Bravo!

Egal, ob zu Hause, während des Arbeitsessens oder anlässlich eines ausgefallenen Events – die meisten Anwesenden bevorzugen es, sich selbstsicher und selbstbewusst, ohne egoistisch und aufdringlich zu wirken, bewegen zu können.

In welche Rolle Sie auch schlüpfen, Gast, Gastgeber oder Gastronom, ein freundliches und wohltuendes gast-freundliches Auftreten wird hoch geschätzt.

Im vorliegenden Buch wird deshalb in 14 Kapiteln neben der Basis auf die Themenvielfalt der kulinarischen und gastronomischen Feinheiten und Raffinessen eingegangen.

Das Buch sollte ein Muss sein für den modernen Gast, den perfekten Gastgeber und den kundenorientierten Gastonomen, um ihnen allen für ihren gegenseitigen empathischen Umgang ein ,Danke' zuzurufen.

Viel Spaß beim Lesen der folgenden Seiten – und genießen Sie mal die Heuschrecke im Schokoladenmantel. Guten Appetit!

Horst Hanisch

Teil I
Gäste und Gastgeber, Smalltalk, Platzierung und Blumen-Sprache

Kapitel 1 – Gast und Gastgeber

Die offizielle Einladung

„Wir erlauben uns, Sie herzlich einzuladen ..."

Einladung analog und digital

„Eine Einladung in Papierform?" So mögen viele – vorwiegend die ‚jüngere Generation'– denken. „Papierverschwendung, kostet zu viel, dauert zu lange – und ist altmodisch." Das mag alles stimmen.

Aus Zeit-Ersparnisgründen, aus der Idee, um Porto zu sparen, oder aus – echten oder vorgeschobenen – Umweltschutz-Gründen gehen auch vermehrt Unternehmen zur virtuell übermittelten Einladung über.

Ja, es mag sein, dass es im Zeitalter der elektronischen Kommunikation im ‚familiären' Rahmen auch möglich ist, eine Einladung per E-Mail zu verschicken.

Trotzdem: Wer es ‚seriös', ‚wertvoll' bevorzugt, wird auf die Papiervariante – auf edles Papier – nicht verzichten wollen. Immerhin sollen die meisten Einladungen etwas Besonderes bedeuten und natürlich auch in sehr guter Erinnerung bleiben.

„Jemanden einladen heißt, ihm seine Zuneigung beweisen."

Die Überschrift ist ein Zitat vom französischen Schriftsteller René François Armand ‚Sully' Prudhomme (1839 – 1907), immerhin der erste Nobelpreisträger für Literatur. Die Aussage zeigt die besondere Wertschätzung, die der Einladende dem Gast gegenüber zeigt.

Nicht nur eine hochoffizielle Feier ist ein Grund, eine Einladung auszusprechen. Auch eine kleine ‚gemütliche Kaffeetafel', ein Treffen am Abend, um ein Gläschen Wein miteinander zu trinken, oder eine informelle Grillparty hinterm Haus sind Anlässe für eine Einladung.

Sogar eine klassische Einladung zum Abendessen unterliegt gewissen Kriterien.

Dabei ist darauf zu achten, dass auf der Einladung die folgenden vier Punkte vermerkt werden.

- Datum
- Uhrzeit
- Ort
- Anlass

Die Einladung muss natürlich nicht mehr – wie früher üblich – durch einen Boten überreicht werden. Es genügt vollauf, die Einladung brieflich zu verschicken. Adressat und Absender gehen aus der Umschlag-Beschriftung hervor.

Die Einladung selbst wird handschriftlich vom Gastgeber beziehungsweise von beiden Gastgebern unterschrieben.

Je persönlicher und aufmerksamer die Einladung gehalten wird, desto mehr Wert wird auf die individuelle Gestaltung der Einladungskarte gelegt.

Handgeschriebenes, auch wenn das mehr Aufwand bedeutet, steht immer noch an erster Stelle. Hier ist eine sehr gute, unbedingt leserliche Handschrift gefragt. Der Verfasser vermeidet Schreibfehler oder Korrekturen.

U.A.w.g.

Nichts geändert hat sich an dem Hinweis ‚U.A.w.g.' Die Abkürzung heißt: ‚Um Antwort wird gebeten', was an sich schon eine Selbstverständlichkeit sein sollte.

Beachten Sie die zu treffenden Vorbereitungen, wie Einkäufe, Organisation und Arrangements. Es ist mehr als unhöflich, auf eine Einladung nicht zu reagieren, sei es als Zusage oder als Absage.

Antwort auf eine Einladung

Beantworten Sie alle Einladungen deshalb möglichst umgehend, spätestens aber innerhalb einer möglicherweise angegebenen Frist. Wählen Sie bei der Antwort die gleiche Form, in der Sie eingeladen wurden.

Sollten Sie der Einladung nicht folgen wollen, sagen Sie bestenfalls sofort dankend ab. Begründen Sie nach Möglichkeit Ihre Absage.

Wenn Sie eingeladen sind, heißt das nicht, dass Ihr soziales Umfeld mit eingeladen wurde. Es gilt als unhöflich, eine weitere Person unaufgefordert mitzubringen.

Unschön ist es, den Einladenden unnötig auf eine Antwort warten zu lassen. Manche Gäste reagieren überhaupt nicht, da sie die Empathie dem Gastgeber gegenüber vermissen lassen.

Andere halten sich mit der Zusage bewusst zurück – es könnte ja noch eine andere – eine interessantere – Einladung erfolgen.

Das ist zwar denkbar, dem Einladenden gegenüber aber bestimmt nicht fair, sich so kalkulierend zu verhalten.

Während der Einladung

Auch wenn der Anlass noch so begeisternd ist, bedeutet das nicht, dass manche Gäste sich gehen lassen. Besser: Bewahren Sie immer eine entsprechende Form. So, dass am nächsten Tag keine peinlichen Gewissensbisse zu beklagen sind.

Gehen Sie vorsichtig mit Alkoholgenuss um. Bei vielen Menschen hebt Alkohol die Stimmung und vernachlässigt gegebenenfalls die gewünschten Umgangsformen.

Nach der Einladung

Aus Sicht des Gastgebers: Gäste zum Besuch animieren kann aufwendig sein. Gäste wieder zu verabschieden ist manchmal noch schwieriger, speziell, wenn sie sich ‚festsetzen'. Deshalb: Als Gast wissen Sie, wann Sie aufbrechen werden. Vermeiden Sie – Ausnahme: Sie sind der einzige Gast – dass Sie als Letzter gehen.

Bedanken Sie sich am nächsten Tag kurz für die Einladung. So bleiben Sie als Gast in guter Erinnerung.

Einladung zum Essen außer Haus

„Darf ich Sie zum Essen einladen?"

Einladung außer Haus

Gäste bei sich zu Hause einzuladen, zeigt ein gewisses Vertrauen oder eine mentale Nähe dem Gast gegenüber.

Nicht immer ist es von Vorteil oder räumlich machbar, Gäste zu sich nach Hause einzuladen. Glücklicherweise bietet die Gastronomie ein sehr breites Angebot, um so gut wie allen Bedürfnissen gerecht zu werden.

Vorteile der Einladung außer Haus

Es gibt viele Gründe, seine Gäste in ein Restaurant oder in ein Hotel einzuladen. Der häufigste Grund: Nicht jeder wird im privaten Heim über so viel Platz verfügen, eine größere Gesellschaft unterzubringen und vor allem auch bewirten zu können.

Zum anderen entsteht erheblich weniger Arbeit, wenn Gäste außer Haus eingeladen werden. Die Vorbereitung der Speisen, das Anrichten und Auftragen und auch das Bedienen entfallen dann.

Der Gastgeber kann sich intensiver um seine Gäste kümmern und wird dadurch vieler Sorgen enthoben.

Im Restaurant können Sie ausgefallene Speisen wählen, zu deren Zubereitung Ihnen zuhause entsprechende Geräte oder das nötige Fachwissen fehlen.

Ein weiterer Vorteil zeigt sich besonders bei größerer Gästezahl: Alle Gedeckteile, Hilfsmittel, Bestecke, alles Geschirr, alle Gläser, die Servietten, Dekorationsgegenstände und vieles andere mehr stehen im Restaurant in genügend großer Auswahl zur Verfügung.

Das Gedeck auf der professionell eingedeckten Tafel wird einheitlich sein und muss nicht etwa ‚zusammengestoppelt' werden.

Abräumen und Abwasch entfallen; stattdessen können Sie sich Ihren Gästen widmen. Zu guter Letzt wird ein ausgezeichneter und freundlicher Service ebenfalls als besonderes Erlebnis zu bewerten sein. Nicht zu vergessen, dass durch ein entsprechendes Ambiente die Gäste sehr beeindruckt werden können.

Nachteile der Einladung außer Haus

All diesen Vorteilen stehen jedoch gewisse Nachteile gegenüber. Der größte ‚Gegenpunkt' dürfte der finanzielle Aspekt sein. Jeder Handgriff, jede Leistung in einem Restaurant muss bezahlt werden.

Es gilt deshalb abzuwägen, ob der Preis der angebotenen Leistung entspricht und die Entscheidung für eine Einladung für ‚außer Haus' fällt.

Auch die örtliche Lage des Restaurants soll berücksichtigt werden. Wie kommen die Gäste zum Treffpunkt und wie wieder zurück? Gibt es genügend Parkplätze oder einen Shuttle-Service?

Ist das Restaurant abgelegen oder liegt es zentral? Gibt es eventuell die Möglichkeit einer Übernachtung? Gibt es einen Ruheraum?

Im geschäftlichen Interesse ist eine professionelle Umsetzung einer Einladung fast zwingend notwendig, um den gewünschten (geschäftlichen) Erfolg zu gewährleisten.

Catering

Nach der Gegenüberstellung von Vor- und Nachteilen soll hier noch eine weitere Option erwähnt werden. Der Gastgeber kann sich Speisen und Getränke nach Hause (oder an einen anderen Ort) bringen lassen.

Der Caterer (engl. ‚to cater‘ für ‚Lebensmittel liefern‘, ‚versorgen‘, ‚jemanden verpflegen‘) oder der Party-Service hilft.

Er stellt auf Wunsch Geschirr, Gläser, Bestecke, ja sogar Stühle und Tische sowie Pflanzen und Dekorationsmaterial bereit. Wenn gewünscht, sorgt er für professionell arbeitendes und gepflegtes Personal mit guten Umgangsformen.

Holen Sie rechtzeitig Angebot(e) ein, erkundigen Sie sich nach Referenzen und/oder Bewertungen.

Klären Sie Details im Gespräch, sodass es möglichst zu keinen Missverständnissen kommt oder unangenehme Überraschungen folgen.

Vereinbaren Sie auch, wann der Caterer das Equipment wieder abholen kann.

Bei Team-Veranstaltungen im Freien kann sich die an einen seriösen Caterer ‚outgesourcte‘ Arbeit rechnen. Steht doch die gewonnene Zeit für die Team-Arbeit, ansonsten für die Gäste, zur Verfügung.

Ist eingeladen gleich eingeladen? Oder doch Selbstzahler?

- Person A fragt Person B: „Darf ich dich zum Essen einladen?"
- Person A bezahlt. Eine Einladung liegt vor.
- Person A schlägt Person B vor: „Wollen wir zusammen essen gehen?"
- Jederzeit für sich. Es wurde keine Einladung ausgesprochen, sondern lediglich die Frage nach einer gemeinsamen Aktion.

Natürlich steht es trotzdem jedem der beiden frei, einen Teil der Rechnung zu übernehmen.

- Person B antwortet: „Ja, lass uns gerne zusammen etwas essen gehen. Ich übernehme die Getränke."
- Person B zahlt die Getränke. Die Speisen werden von jedem individuell beglichen.

Schon in der schriftlichen Einladung weisen Sie Ihre Gäste darauf hin, in welchem Umfang sie tatsächlich eingeladen sind und was sie selbst bezahlen müssen. Aus einer Einladung kann der Eingeladene zum Beispiel entnehmen,

- dass es sich um ein ‚gemütliches‘, also ‚ungezwungenes‘ Treffen handelt. Festliche Garderobe wäre hier unangebracht,
- dass es frisch gezapftes Bier geben wird, das vom Gastgeber bezahlt wird,
- dass Speisen angeboten werden, die aber im Fall einer Bestellung jeder selbst bezahlen soll.

Aus der Einladung entnimmt der Gast, ob Speisen vom Gastgeber ganz, teilweise oder gar nicht bezahlt werden.

Eine teilweise Bezahlung durch den Gastgeber könnte wie folgt geregelt werden:

- zeitlich

  ➢ Bis 24.00 Uhr alles auf Gesamtrechnung, danach Selbstzahler. Oder: zwischen 20:00 Uhr und 24:00 Uhr alles auf Gesamtrechnung,

- räumlich

  ➢ Im Festraum ‚Balthasar' alles auf Gesamtrechnung, außerhalb (zum Beispiel an Bars) alles Selbstzahler,

- alle Speisen und Getränke, die an der Tafel gereicht werden, auf Gesamtrechnung,

- eine bestimmte Menge Gutscheine für Speisen und Getränke werden verteilt, die als Gegenwert für Bargeld dienen.

- nach Art des Verzehrs

  ➢ alle Speisen auf Gesamtrechnung, alle Getränke Selbstzahler,

  ➢ alle alkoholischen Getränke, außer Bier und offenem Wein, Selbstzahler.

Übrigens: Am 19. Dezember 45 v. Chr. soll Gaius Julius Caesar (100 – 44 v. Chr.) den Rhetoriker Marcus Tullius Cicero (106 – 43 v. Chr.) zum Abendessen besucht haben. Caesar erschien mit seiner Entourage. Diese bestand aus etwa 2.000 Personen inkl. Sklaven und Freigelassenen. Ob es wirklich so war?

Übersichtsblatt für die Service-Leitung

Für die Service-Leitung legen Sie am besten ein Übersichtsblatt an, aus dem das Personal ersehen kann, wer was zu bezahlen hat. So werden Missverständnisse vermieden. Beispiel:

Veranstaltung: *Weihnachtsfeier* im Raum: *Blauer Saal* Datum: *23.12.20xx um 20.00 Uhr*			
	im Festraum	GG	
	außerhalb Festraum		SZ
	im Festraum	GG	
Getränke	außerhalb Festraum	GG	
	an der Bar	GG	
Tabakwaren, Telefon, Unterbringung, Garage, Taxi			SZ
sonstige Extras			SZ

Hierbei bedeutet GG = Gastgeber und SZ = Selbstzahler. Das Personal soll angewiesen sein, Extras direkt abzuhalten; bei einem Menü spätestens während oder unmittelbar nach dem Kaffee-Service.

Bei größeren Veranstaltungen empfiehlt es sich zu überlegen, ob eine dieser zwei Einschränkungen festzulegen ist:

- zeitlich, zum Beispiel bis 1.00 Uhr nachts

- räumlich, zum Beispiel an den Bars Selbstzahler.

Diese Einschränkungen sind dann nötig, wenn der Gastgeber nicht für jenen ‚harten Kern' aufkommen will, der die Bar erst dann verlässt, wenn die ersten Gäste sich bereits wieder zum Frühstück einfinden.

Erkennungszeichen

Findet eine Veranstaltung in einem großen Hotel statt, ist es denkbar und gegebenenfalls ratsam, die Eingeladenen mit einem Erkennungszeichen zu versehen, das dem Personal bekanntgegeben wird.

Durch dieses Zeichen wird vermieden, dass irrtümlicherweise andere Hotelgäste auf Kosten des Gastgebers Speisen oder Getränke verzehren. Sehr sinnvoll ist dies zum Beispiel bei ‚open bar' (alle an der Bar eingenommenen Getränke gehen zu Lasten des Gastgebers).

Denkbare Erkennungszeichen:

- Anstecker, Armband, Brosche, Namensschild oder Orden

- Ausweiskärtchen

- Besonderes Kleidungsstück, zum Beispiel Uniform

Durch die Art des Erkennungszeichens könnte sogar eine wertmäßige Abstufung erreicht werden:

	auf Gesamtrechnung
grüne Anstecknadel	alles
gelbe Anstecknadel	alles außer Getränken
rote Anstecknadel	alles außer Spirituosen

Ein Erkennungszeichen wird umso wichtiger, je größer die Gästezahl, je größer das Hotel ist und je länger die Veranstaltung dauert, (die ja über einige Tage stattfinden kann). Das kann auch gelten, wenn in mehreren Räumen gefeiert wird.

Nochmals sei betont, dass eine Kennzeichnung der Service-Leitung, je nach dem Rahmen der Veranstaltung, auch der Hotelleitung rechtzeitig bekannt sein muss, damit das Personal entsprechend eingewiesen werden kann.

Sicherlich wird der Ansprechpartner im Restaurant interessante und sinnvolle Vorschläge bereithaben.

Die weiter oben erwähnte Anstecknadel könnte entweder mit der Einladung, beziehungsweise nach der Zusage zugeschickt oder dem Gast bei Ankunft überreicht werden.

Wer es modern mag, könnte den Gästen einen Chip (zum Beispiel als Bändchen am Handgelenk) geben, der bestimmte Leistungen kostenfrei zulässt.

Wertmarken und Bons

Als letzte Möglichkeit seien die sogenannten Biermarken oder Wertmarken erwähnt. Diese Marken werden vom Gastgeber vorab gekauft und können individuell, also mengen- und oder wertmäßig an die Eingeladenen verteilt werden.

Die Gäste erhalten gegen die Wertmarken an Bars, Theken oder Büffets bestimmte Speisen beziehungsweise Getränke. Anstelle der Biermarken können genauso gut Gutscheine oder Bons ausgegeben werden.

Die Gäste treffen ein

„Treten Sie ein"

Pünktlichkeit und Akademisches Viertel

Das Akademische Viertel: Gibt es das überhaupt noch? Das sogenannte ‚akademische Viertel' stammt aus vergangenen Zeiten, als die einzige Uhr in der Stadt am Kirchturm hing.

Beim Schlag der vollen Stunde hieß es: Auf zum Unterricht beziehungsweise zur Uni! Deutlich überholt im Zeitalter der Armbanduhren und Zeitangaben auf den Smartphones.

Bei Einladungen mit überschaubarer Gästezahl gilt die angegebene Uhrzeit als vorgegeben. Ist vereinbart 19:00 Uhr, bedeutet das 19:00 Uhr. Es gilt als unhöflich, jetzt später zu erscheinen.

Bei größerer Gästezahl wird der Gastgeber es einrichten, eine gewisse Zeitspanne – die dann auch als Aperitif-Zeit genutzt werden kann – einzuplanen.

Auf der Einladung könnte dann zum Beispiel stehen: Aperitif zwischen 19:00 Uhr und 19:30 Uhr. Dann gilt 19:30 Uhr als spätester Zeitpunkt. Sollten Sie folgende Abkürzungen vorfinden, stehen diese für:

c.t.	cum tempore	‚mit Zeit'. Eingeweihten offenbart diese Abkürzung, dass sie 15 Minuten später kommen können als angegeben. Statt 10:00 Uhr erst um 10:15 Uhr.
s.t.	sine tempore	‚ohne Zeit'. Das bedeutet, dass bei der Zeitangabe 10:00 Uhr die Veranstaltung auch um 10:00 Uhr beginnt.

Pünktlichkeit ist die Höflichkeit der Könige und der Königinnen!

Der Gastgeber richtet sich genau auf den angegebenen Zeitpunkt ein und nicht auf einen späteren. Dies gilt ganz besonders in Deutschland, in der Schweiz und in Österreich, sowie in einigen anderen Ländern, wie Japan.

Allerdings ist es ebenso unschicklich, bereits vor dem angegebenen Zeitpunkt zu erscheinen. Falls Sie vor der angegebenen Zeit ankommen, wäre ein kleiner Spaziergang angebracht.

Zu früh angekommen?

Der Gastgeber könnte bei einem zu früh eintreffenden Gast – will er ihm doch seine ungeteilte Aufmerksamkeit schenken – unter Umständen in arge Bedrängnis für noch zu erledigende Vorbereitungen kommen.

In anderen Ländern können deutlich andere Zeitvorstellungen gelten. So ist es in einigen afrikanischen und südamerikanischen Ländern durchaus üblich und auch richtig, erst eine volle Stunde oder noch später als zum angegebenen Zeitpunkt zu erscheinen.

Wer zu spät kommt, den bestraft das Leben …

Angeblich soll der ehemalige sowjetische Staatspräsident Michail Sergejewitsch Gorbatschow (1931 – 2022) diese Äußerung getätigt haben. Ok, es wurde aus dem Zusammenhang gerissen, aber das soll hier unberücksichtigt sein.

Es geht auch ohne Bestrafung. Trotzdem wird absolute Pünktlichkeit – in diesem Fall vor Beginn anwesend – erwartet: Theater/Oper/Konzert, Kino, Gottesdienst, Arztbesuch, Prüfungen.

Zu spät kommen – aber noch vor Beginn

- nach der Pause im Theater

  ➢ an schon Sitzenden so vorbeigehen, dass der Rücken zur Bühne zeigt. Der Sitzende steht – wenn möglich – auf.

- in der Kirche

  ➢ am schon Sitzenden so vorbeigehen, dass der Rücken nicht zum Altar zeigt. Die Sitzenden rücken, wenn möglich – auf.

- Wer zu spät kommt entschuldigt sich.

  ➢ Platznachbarn dezent grüßen, zumindest zunicken.

„Darf ich bei der Garderobe behilflich sein?"

Wenn die Garderobe entgegengenommen wird, ist es korrekt, dass der eingeladene Herr seiner Begleitung aus der Garderobe hilft und die Garderobe an den Gastgeber weiterreicht.

Sicherlich ist es bei größeren Veranstaltungen angebracht, jemanden dafür abzustellen, die Garderobe entgegenzunehmen und zu verwahren.

Der Herr zeigt der ihn begleitenden Dame die nötige Höflichkeit, wenn er sich um ihre Garderobe kümmert. (Das Gleiche geschieht später bei der Verabschiedung.)

Es ist aber immer die Pflicht des Gastgebers oder einer von ihm beauftragten Person, die Garderobe der Dame beziehungsweise des Gastes zu verwahren.

Währenddessen legt der Herr seine Garderobe ab und reicht sie an den Gastgeber weiter.

Jedem – unabhängig des Alters – darf grundsätzlich aus der Garderobe geholfen werden. Diese Hilfe kann eingeleitet werden mit der rhetorischen Frage:

- „Darf ich Ihnen bei der Garderobe behilflich sein?", um – ohne die Antwort abzuwarten – zu helfen.

Die Handschuhe

Besonders ältere Damen trugen hin und wieder Handschuhe, die sie auch anbehielten.

Dazu die Bemerkung: Ältere Damen bevorzugten in früheren Zeiten Handschuhe, damit das Gegenüber die vom Alter gezeichneten Hände nicht sehen konnte. In ‚edlen' Kreisen taten dies übrigens auch die Herren.

Alle anderen Handschuhe, Wetter- oder Winterhandschuhe werden mit der Garderobe abgegeben.

Bei der Begrüßung wird zuerst der rechte Handschuh ausgezogen und mit der linken Hand gehalten, damit die rechte Hand zum Gruß frei ist.

Die Garderobe im Restaurant

Findet die Einladung in einem Restaurant mit eingerichteter Garderobe statt, geben die Gäste dort ihre Garderobe selbst ab, bevor sie zu den Gastgebern gehen.

Der Herr hilft der Dame beziehungsweise dem Gast aus dem Mantel, überreicht ihn zusammen mit seinem Mantel der Garderobiere und nimmt gegebenenfalls die Garderobenmarke entgegen.

Ist eine solche Garderobe nicht eingerichtet und sind stattdessen nur Garderobehaken angebracht, hilft auch hier der Herr zuerst der Dame aus dem Mantel und hängt ihn auf.

Erst dann zieht er den eigenen Mantel aus, um ihn aufzuhängen. Die Dame wartet solange neben ihrem Begleiter.

Vor dem Betreten des Veranstaltungsraums besteht die Möglichkeit, sich die ‚Hände zu waschen', was heißt, die Toiletten aufzusuchen, bevor die Eingeladenen gemeinsam den Festraum betreten.

Hände waschen

Vielleicht wollen die Gäste noch einen kritischen Blick in den Spiegel werfen, die Frisur zurechtrücken, die Brille putzen (zum Beispiel bei Schnee oder Regen) oder ganz einfach die Toilette benutzen.

Der weitsichtige Gastgeber zeigt deshalb unaufgefordert zu Beginn eines Besuchs, wo die Gästetoilette zu finden ist. Er gibt den Hinweis: „Hier können Sie sich die Hände waschen."

Gemeint ist: Hier können Sie die Haare kämmen, das Make-up kontrollieren und Vergleichbares – und natürlich auch die Einrichtung nutzen.

Die Gäste werden damit auch wissen, wo die Toilettenräume zu finden sind und müssen später nicht extra danach fragen. Auch dann nicht, wenn sie sie später aufsuchen wollen.

Interessanterweise ist es vielen Menschen unangenehm, nach dem Gäste-WC zu fragen.

Sollten die Gastgeber versäumt haben, auf diesen Ort hinzuweisen, fragt der Gast zum Beispiel „Wo bitte, kann ich mir die Hände waschen?"

Tischzucht

Ab dem 13. Jahrhundert bis ins auslaufende Mittelalter gab es sogenannte Tischzuchten. Sie dienten dazu, richtiges Benehmen bei Tisch zu beschreiben. Zuerst gedacht für den Adel, später für die Bürger.

Zucht stand dabei für Ordnung, sowie Gehorsam und Disziplin. Manche meinen, es müsse auch heute noch „Zucht und Ordnung" herrschen.

Aus einem Text des deutschen Dichters Hans Sachs (1494 – 1576), der später in diesem Ratgeber nochmal auftaucht, stammen folgende Zeilen:

> *„Hör, Mensch! wenn du zu Tisch willst gahn,*
> *Dein Hand sollt du gewaschen han. ...*
> *Am Tisch setz dich nit oben an,*
> *Der Hausherr wölls dann selber han! ...*
> *Daß du nit schmalzig machst den Wein!*
> *Trink sittlich und nit hust darein!"*

Grüßen – Begrüßen

„Eine gewisse Leichtigkeit im Umgange also, die Gabe, sich gleich bei der ersten Bekanntschaft vorteilhaft darzustellen, mit Menschen aller Art zwanglos sich in Gespräche einzulassen und bald zu merken, wen man vor sich hat, ..., das sind Eigenschaften, die man zu erwerben und auszubauen trachten soll.“

Adolph Freiherr Knigge, aus dem Buch
„Über den Umgang mit Menschen“, 1788
(1752 - 1796)

„Hallo allerseits“

Es gibt einen Unterschied zwischen grüßen und begrüßen.

Sie grüßen beim Betreten und Verlassen eines Bahnabteils oder eines Wartezimmers, beim Platznehmen und Aufstehen in einer Gaststätte, falls noch Fremde am selben Tisch sitzen; im Theater oder Konzertsaal die links und rechts sitzenden Nachbarn.

Der Gast tritt ein und wird vom Gastgeber begrüßt.

Grundsätzlich wird der Gastgeber – sollten keine Angestellten oder freundliche Hilfskräfte den Empfang übernehmen – den Gast zuerst ins Gebäude bitten, um ihn anschließend höflich willkommen zu heißen.

Er wird nicht vergessen, sich zu bedanken (!), dass der Gast seiner Einladung Folge leistet. Der Gastgeber bedankt sich für den Besuch. Es stellt damit den Gast als ‚wertvoll‘ dar.

Sehr hilfreich erweist sich die Begrüßung an der Tür durch einen Firmenangehörigen, einen Familienangehörigen oder eine Hilfskraft. Vor allem, wenn eine größere Anzahl Gäste erwartet wird, ist der Gastgeber nicht an einen einzelnen Gast ‚gebunden‘.

Es wird doch eine Weile dauern, bis er sich dem nächsten widmen kann. Er ist nicht ‚belegt‘ und kann sich allen Gästen gleichermaßen zuwenden.

Übrigens: Das Fernsehgerät laufen zu lassen bei Gästebesuch wirkt nicht zwingend als gastorientiertes Verhalten.

Auf den Tisch klopfen

Sitzen mehrere Gäste schon bei Tisch, kann der später Dazukommende mit den Finger-Knöcheln einer Hand zweimal kurz auf die Tischplatte klopfen. Dieses Klopfen gilt als Begrüßung.

Da eine andere Regel sagt, dass sich erst gesetzt wird wenn alle Gäste anwesend sind und wieder eine andere Regel sagt, dass es unhöflich ist zu spät zu kommen, gilt das Klopfen auf die Tischplatte nur in bestimmten Fällen.

Zu einer Besprechung wird der Spezialist gebeten. In diesem Fall sitzen die anderen Teilnehmer bereits am Tisch. Der Spezialist betritt jetzt den Besprechungs-Raum.

Um nicht jedem die Hand geben zu müssen – das könnte zeitraubend sein oder eine bestehende Kommunikation stören – kann hier zur Begrüßung das Klopfen auf den Tisch sinnvoll sein.

Auch bei einer vorzeitigen Verabschiedung passt das Klopfen auf die Tischplatte. Die anderen Gäste oder Teilnehmer einer Veranstaltung bleiben noch sitzen. Der Weggehende will auch hier die Kommunikation der Gäste untereinander nicht stören.

Allerdings ist es unabdingbar, sich vom Gastgeber beziehungsweise der Gastgeberin mit Handschlag zu verabschieden.

Gleichgeschlechtliche Paare

Beispielgebend wird in den beschriebenen Situationen bei einem Paar von einer Dame und einem Herrn ausgegangen. Wie wird sich richtig verhalten, wenn zwei Damen oder zwei Herren, offensichtlich als gleichgeschlechtliches Paar auftreten?

- Gehen Sie gedanklich nicht von Dame und Herrn aus, sondern von
  - ➢ Gastgeber/Gastgeberin und
  - ➢ Gast/Gästin
- Damit ergibt sich die Möglichkeit, dass zwei Damen oder zwei Herren gleichzeitig auftreten und zwar
  - ➢ eine der beiden Personen tritt in der ehemaligen Herren-Rolle (jetzt Gastgeber/Gastgeberin-Rolle) auf und
  - ➢ die andere tritt in der ehemaligen Damen-Rolle (jetzt Gast/Gästin) auf.
- Um die Rollenverteilung für Dritte sichtbar zu machen, gehen/stehen und damit auch sitzen die beiden (aus deren Blickrichtung betrachtet) so:
  - ➢ Gastgeber/Gastgeberin in Blickrichtung links
  - ➢ Gast/Gästin in Blickrichtung rechts
- Beide sitzen nun nebeneinander. Gastgeber/Gastgeberin dunkel dargestellt, Gast/Gästin gestreift.

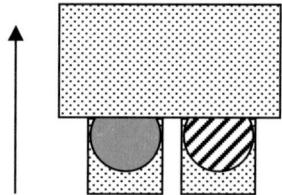

- Womit die Frage nach der Platzierung bei Tisch geklärt ist.

Im Sinn der Gleichberechtigung werden gleichgeschlechtliche Paare selbstredend ‚gleichberechtigt' behandelt.

Das gilt selbstverständlich auch für den Umgang mit Personen, die sich dem Dritten Geschlecht zuordnen oder sich in anderer Form einer nichtbinären Geschlechtsidentität verbunden fühlen.

Menschen mit eingeschränkter Mobilität

Als Behindertenfeindlichkeit wird die Ablehnung, Diskriminierung und das Drängen der Menschen mit Behinderungen an den Rand der Gesellschaft verstanden.

Als Behinderung wird die individuelle Beeinträchtigung eines Menschen bezeichnet, die vergleichsweise schwer und/oder lang anhaltend ist.

Die Diskriminierung erfolgt aufgrund eines psychischen oder allgemein körperlich außergewöhnlichen Zustandes. Zwar regeln zahlreiche Gesetze und Verordnungen, wie Diskriminierungen vermieden werden müssen.

Aber die Praxis zeigt immer wieder wie knifflig – weil ungewohnt – es scheint, mit Mitbürgern und Mitbürgerinnen dieser Personengruppe umzugehen.

Haben früher noch viele von ‚Behinderten' oder ‚behinderten Menschen' gesprochen, so wird heute in erster Linie der Mensch gesehen.

Also muss es korrekt heißen ‚Mensch mit Behinderung', oder besser ‚Mensch mit eingeschränkter Mobilität'. Dabei sind sowohl die Einschränkungen der körperlichen als auch der geistigen Mobilität gemeint.

Es kann jeden treffen! Ein Unfall ist schnell geschehen. Soll es nie passieren! Zeigen Sie Verständnis den Betroffenen gegenüber und unterstützen Sie Hilfestellung wie aufgelistet.

Ratschläge für den Umgang mit ...

... Sehgeschädigten:

- Wenn Sie mit einem Sehgeschädigten sprechen, sprechen Sie direkt mit ihm – nicht mit der Begleitperson.
- Unterstützen Sie nur dort, wo das <u>fehlende</u> <u>Sehvermögen</u> auszugleichen ist.
- Wenn Sie einen Sehbehinderten zu einem Ort führen, zum Beispiel zu einem Sitzplatz im Restaurant, legen Sie seine Hand auf die Stuhllehne, damit er sich orientieren kann.
- Bei Tisch nehmen Sie die Angaben eines Zifferblatts zur Orientierung. „Das Glas steht auf 3 Uhr." „Das Gemüse liegt auf 11 Uhr auf dem Teller."
- Geben Sie genaue Erklärungen. Wörter wie „dort, da hinten, hier drüben" helfen dem Gesprächspartner nicht.
- Kündigen Sie an, wenn Sie das Gespräch beenden oder sich entfernen.

(Quelle: Deutscher Blindenverband e. V.)

... Schwerhörigen und Ertaubten:

- Wenn Sie mit einem Hörgeschädigten sprechen, sprechen Sie direkt mit ihm – Schauen Sie ihn an, damit er Ihnen von den Lippen ablesen kann.
- Platzieren Sie sich in gute Lichtverhältnisse, sodass der Gesprächspartner Ihre Mimik gut erkennen kann.
- Fragen Sie nach, ob der Schwerhörige Sie verstehen kann.
- Schreiben Sie gegebenenfalls wichtige Angaben, wie Daten, Termine, Zahlen, Adressen und so weiter auf.

(Quelle: Deutscher Schwerhörigenbund e. V.)

Aberglauben

Auch wenn Sie nicht abergläubisch sind – Ihr Gast könnte es sein. Deshalb bringen Sie Ihren Gast nicht in Verlegenheit!

- Vermeiden Sie, Hände über Kreuz zu reichen.
- Vermeiden Sie, genau 13 Personen an derselben Tafel zu platzieren.

Weiterhin zählt zum Aberglauben, was hier folgt. Es soll Glück bringen:

- Schornsteinfeger berühren
- Geschirr/Scherben zum Beispiel beim Polterabend
- Glücksschwein zu Silvester, aber auch ein 4-blättriges Kleeblatt

Es soll Unglück bringen:

- Wenn das Käuzchen schreit, stirbt im Haus jemand.
- Wenn die Möbel knarren, stirbt jemand in der Verwandtschaft.
- Dreht sich der Bräutigam oder die Braut nach der Trauung im Hochzeitszug um, so sucht sie beziehungsweise er sich einen anderen Mann oder eine andere Frau.
- Wenn sich ein starker Wind erhebt und der Schleier der Braut auffliegt, werden sich die jungen Leute nicht gut vertragen.
- Ein zerbrochener Spiegel bringt gleich sieben Jahre Unglück.
- Salzstreuer umschütten.
- Brotlaib auf den Rücken legen.

So können Sie 13 Personen platzieren, ohne dass alle 13 an einer Tafel sitzen. Sie schieben zwei unterschiedliche Tisch aneinander. Auf diese Weise kann dem Aberglauben ein Schnippchen geschlagen werden.

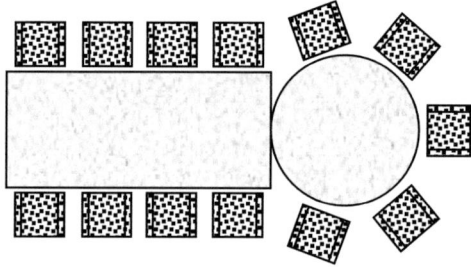

Oder Sie ergänzen einen vierzehnten Platz, auf dem Sie einen ‚Platzhalter' (zum Beispiel ein Plüschtier) platzieren.

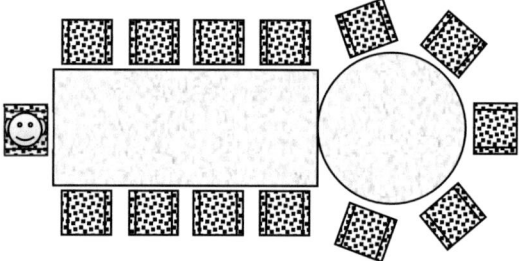

Auf diese Weise sind vierzehn Gedecke vorgesehen. Gleichzeitig wurde die Unglückszahl 13 ‚ausgetrickst'.

Habitus – Auftreten und Umgangsformen

Die Haltung des Gastes

„Was wir jetzt wie das liebe Brot brauchen, ist weder Monarchie noch Republik, weder Königschafft noch Präsidentschaft, sondern königswürdige Gesinnung."

Friedrich Lienhard; dt. Schriftsteller
(1865 - 1929)

„Wie die Umstände, so auch die äußere Erscheinung."

Bei aller Betrachtung der Speisen, der Getränke und des Drumherums, darf der Mensch nicht vergessen werden. Der Mensch in der Rolle als Gast/Gästin oder Gastgeber/in.

Erasmus von Rotterdam (1469 – 1536), holländischer Theologe, gibt schon einen Hinweis zum sichtbaren Erscheinungsbild eines Menschen: „Wie die Umstände, so auch die äußere Erscheinung." Glücklicherweise hat es die Natur eingerichtet, viele verschiedene Charaktere entstehen zu lassen. Beim Zusammentreffen mehrerer Gäste wirken einige sofort aufgeschlossen, andere halten sich dezent zurück.

„Was bist du denn für einer? Wessen Geistes Kind bist du?" So mag sich mancher Gast fragen, wenn er andere Anwesende beobachtet. „... so, wie der sich verhält ..."

Die Geisteshaltung ergibt sich durch die Gesinnung. Nämlich: Wie zeige und ‚gebe ich mich' anderen gegenüber? Wie denke ich über andere? Aus der Gesinnung und der Geisteshaltung ergibt sich die Haltung des Menschen – oder etwas altmodischer ausgedrückt –, das Gehaben.

Das Gebaren, also das Gehaben ist die Art, wie eine Person auftritt, wie sie sich benimmt. Tritt ein Gast übertrieben arrogant auf, wird unter Umständen von einem hochnäsigen Gehabe gesprochen. „Fürchterlich, dieses arrogante Gehabe."

Der Begriff ‚Habitus' (lat. ‚habere' für ‚haben', ‚Gehaben'), obwohl selten gebraucht, ist ein relativ wichtiger Begriff im Bereich der Gastrosophie. Auch wenn er aus dem sprachlichen Gedächtnis vieler verblasst oder verschwindet, drückt er doch einen nicht zu unterschätzenden Einfluss auf das zwischenmenschliche Miteinander aus.

Frei übersetzt bedeutet Habitus das Gebaren, die Haltung, das Erscheinungsbild eines Menschen. Habitus demonstriert die Art, wie der Mensch denkt, wie er sein Leben führt, wie er seine Ziele verfolgt, wie er auftritt, sein Erscheinungsbild und natürlich auch, wie er mit anderen Anwesenden umgeht.

Im Privaten, im Beruflichen, als Gast oder Gastgeber, als Kunde oder Dienstleister.

Das Innere bestimmt das Äußere

Durch seine Prägung besitzt ein Mensch eine innere Einstellung zu allem Möglichen. Diese Einstellung tritt nach außen durch seine Erscheinung auf.

Begegnet ein Gast einem – ihm nicht bekannten – anderen, fällt beispielsweise sofort die Kleidung auf. Wirkt diese gepflegt, lässig, konservativ, farbenfroh, modern, trendig, polarisierend, auffallend, provozierend und so weiter?

Und weitere Fragen stellen sich: Passt das Outfit zum Anlass des Treffens, zur Jahreszeit und vor allem zur Person selbst? Falls ja, dann ist sie stimmig.

Die Kleidung sagt bekanntlich viel über ihren Träger aus. Rückschlüsse auf die Persönlichkeit werden automatisch gezogen. Vorurteile sind allgegenwärtig.

Gegebenenfalls geht es sogar so weit, dass Vermutungen auf Vorlieben und Stärken gezogen werden. Bisher gesammelte ‚Voreingenommenheit' steckt den Betrachteten in eine bestimmte Charakterschublade.

Nicht nur die Kleidung passt zur Person, sondern auch Schmuck, Accessoires, Frisur, Make-up und so weiter. Dinge, die der Gast an oder mit sich trägt.

Ausstrahlung – Aura

Im nächsten Schritt mag die Bewegung des anderen Gasts auffallen. Seine Körpersprache, die Körperhaltung, seine Körpersignale geben bewusst und unbewusst Hinweise auf den emotionalen Zustand eines Menschen.

Wirkt die Person entspannt, gestresst? Geht sie flott oder bummelt sie nur? Schaut sie interessiert oder desinteressiert?

Eine Königin würde nicht zu einem Termin rennen, sollte sie sich verspätet haben. Sie wird ‚würdigen' Schritts zum vereinbarten Ort schreiten – eben ihrer Rolle, ihrer Stellung entsprechend. Sie bewegt sich passend zu ihrem Habitus – würdevoll.

Die französische Königin Marie-Antoinette von Österreich-Lothringen (1755 – 1793), verheiratet mit Ludwig XVI. (1754 – 1793) schritt am 16. Oktober 1793 erhobenen Hauptes aufs Schafott auf dem ‚Place de la Révolution'.

Sie wusste, dass sie nicht mehr lange zu leben hatte. Trotzdem hielt sie ihre würdevolle Haltung bei. Das Volk meinte bewundernd: „Sie sieht aus wie eine Königin."

Im Lateinischen steht das Wort ‚aura' für ‚Lufthauch' oder für ‚Lichtglanz'. Ein Hauch ist gerade noch wahrnehmbar.

‚Schwebt' ein Gast an einem anderen vorbei, ist ein Lufthauch zu spüren. Die vorbeigehende Person hat eine ‚matte', kaum wahrnehmbare, oder eine ‚glänzende' Ausstrahlung.

Demnach verbreitet eine Person eine nicht greifbare – aber trotzdem wahrnehmbare – Aura um sich, wohlgemerkt allein durch ihr Auftreten inklusive der Körperhaltung, der Kleidung, der Mimik und Ähnlichem. Sie dominiert mit ihrer Erscheinung sofort die Situation.

Andere Gäste verhalten sich dann schon fast ehrfürchtig, fast ein wenig unterwürfig. „Da passt alles."

Der bewunderte Gast bewegt sich selbstbewusst, unbeeindruckt von anderen, und scheint keine Scheu zu haben, sich durch die Menge der Anwesenden zu bewegen. Manch einer wird deshalb neidisch. Er möchte gerne auch solch ein beeindruckendes Erscheinungsbild sein Eigen nennen.

Wer fair ist, hält sich mit einer Wertung anderer zurück. Egal, wie er sich verhält, wird er als Gast wertgeschätzt und ihm gleichartig freundlich begegnet.

Die Haltung des Gastes entscheidet mit, wie harmonisch ein Zusammentreffen anlässlich einer Einladung verläuft. Seine guten Umgangsformen helfen dabei.

Wer will, kann ‚würdig' auftreten. Mit Würde, so wie es Marie-Antoinette tat, obwohl sie wusste, was Schlimmes passieren würde.

Jeder kann dazu beitragen, das Zusammenkommen ‚würdevoll' und erinnerungswert zu gestalten.

Kapitel 2 – Sekt und Smalltalk

Der Aperitif

Ein Glas Champagner oder einen Sherry?

„Beim Bordeaux bedenkt, beim Burgunder bespricht,
beim Champagner begeht man Torheiten."
Jean Anthelme Brillat-Savarin, frz. Schriftsteller
(1755 - 1826)

Das Getränk vor dem Essen

Der Aperitif gilt als appetitanregendes Getränk, das vor dem Essen gereicht wird. Dies kann am Tisch erfolgen oder auch in einem besonderen Raum.

Der Aperitif soll trocken, fruchtig oder bitteraromatisch sowie kühl und erfrischend sein.

Zu den klassischen Aperitif-Getränken zählen zum Beispiel:

- Wein-Aperitifs
  - Martini, Cinzano, Dubonnet
- Bitter-Aperitifs
  - Campari, Amer Picon, Cynar
- Anis-Aperitifs
  - Pastis, Pernod, Ricard

Aber auch Mixgetränke werden gewählt.

- Cocktails
  - Manhattan, Martini dry, White Lady, Side Car

Aperitif in einem separaten Raum

Lassen es die räumlichen Gegebenheiten zu, kann in einem Raum, der zwischen dem Hauseingang/Wohnungseingang und dem Zimmer liegen sollte, in dem das Essen gereicht wird, der Aperitif angeboten werden.

Bei sonnigen Temperaturen eignen sich auch Balkon und Terrasse.

Warten auf die Gäste

Die Gäste haben bereits die Garderobe abgelegt, wenn sie den Aperitif-Bereich betreten.

Der Aperitif wird gereicht oder der Gast bedient sich selbst. Die Zeit vor dem Essensbeginn wird genutzt, um sich gegenseitig bekanntzumachen, beziehungsweise um vorgestellt zu werden und vor allem, um auf die anderen Gäste zu warten.

Der Aperitif gibt den Gästen die Möglichkeit, sich zu ‚akklimatisieren'.

Solange der Aperitif eingenommen wird, können sich die künftigen Tischpartner kennenlernen, um dann gemeinsam zur Tafel zu gehen.

Ist kein Tischplan aufgestellt, kommen die Paare zusammen an den Tisch. Singles suchen sich vorab ihre Tischpartner, um dann ebenfalls gemeinsam zur Tafel zu gehen.

‚Mise en place' in Geschäftsräumen

Mise en place des Aperitif-Buffets heißt die Vorbereitung des Aperitifs und die Bereitstellung der benötigten Hilfsmittel. Bei vielen Gästen kann auch ein Aperitif-Buffet aufgebaut werden.

Angenommen, Sie möchten in Ihren Räumen ein Aperitif-Buffet aufbauen lassen. Gehen Sie wie folgt vor:

Auf einen, auf festen Füßen stehenden Tisch wird ein sauberes Tischtuch gelegt oder ein Tafeltuch rund um den Tisch gespannt.

Die Seite des Tisches, die beim Betreten des Raumes gesehen wird, kann ‚bespannt' (Skirting) werden. Ein besonderes Tuch wird mit Nadeln so angeheftet, dass es kunstvolle Falten wirft (siehe bei Buffetbespannung).

Auf dem Buffet stehen

- Zutaten und Hilfsmittel wie zum Beispiel:

  - ➢ Sherry, trocken
  - ➢ Bitter, wie Campari
  - ➢ (Orangen-)Saft, frisch gepresst

  - ➢ Champagner oder Sekt
  - ➢ eventuell Cocktails
  - ➢ Mocktails (Cocktails ohne Alkohol)

- Dazu die nötigen Gläser und Materialien wie zum Beispiel:

  - ➢ Sherrygläser
  - ➢ Longdrinkgläser
  - ➢ Sektgläser
  - ➢ Champagnerschalen oder Sektkelche
  - ➢ Glaskaraffe für Saft
  - ➢ kleine Tabletts

  - ➢ Eiswürfel im Eiswürfelbehälter
  - ➢ Eiszange auf Mittelteller
  - ➢ Weinkühler auf Mittelteller, über dem Kühler eine Handserviette
  - ➢ Knabbereien wie Erdnüsse, Oliven ohne Kerne, Salzgebäck in Schälchen

- Oder auf kleinen Tellern:

  - ➢ kleine (Papier-)Servietten
  - ➢ Kerzenschmuck, Kerzen

  - ➢ Blumenschmuck

Selbstverständlich ist es möglich, nur ein ausgesuchtes Aperitif-Getränk zu reichen, wie Kir Royal, Hugo oder Sekt/Orange. Dieser Aperitif darf bereits eingeschenkt sein und wird auf Tabletts präsentiert.

Etwa fünfzehn Minuten vor dem Eintreffen der ersten Gäste soll der Aperitif-Raum fertig hergerichtet sein.

Falls geraucht werden darf

Falls im privaten Umfeld geraucht werden darf: Aus hygienischen Gründen sollten die Aschenbecher auf kleinen Tischen oder anderen Abstellmöglichkeiten im Raum verteilt sein. Dort können auch benutzte Gläser abgestellt werden. Kleine Päckchen mit Streichhölzern neben die Aschenbecher legen. Auch können Standascher im Raum aufgestellt werden.

Die Zeit, in der sich Nichtraucher in eine rauchfreie Zone flüchten mussten ist vorbei. Stattdessen wird den Rauchern ein geeigneter Raucherbereich zugewiesen.

Der Weinkühler – der Sektkühler

Sie werden zu etwa einem Drittel mit Eiswürfeln gefüllt und kurz vor Eintreffen der ersten Gäste mit einem weiteren Drittel kaltem Wasser aufgefüllt.

Die Sektflaschen werden in die Kühler gestellt und die Handserviette über den Kühler gelegt. Wenn sich die Gäste selbst bedienen sollen, können die Flaschen vorher geöffnet werden.

Flaschengrößen

1/4-Flasche (Pikkolo, Piccolo)		0,187 l	2 Gläschen
1/2-Flasche (Demi)		0,375 l	kleiner Anlass zu zweit
1/1-Flasche	1 x 1/1	0,750 l	6 bis 8 Glas
Magnum	2 x 1/1	1,5 l	wenn es sehr repräsentativ sein soll
Doppel-Magnum (Jeroboam)	4 x 1/1	3 l	
Rehoboam	6 x 1/1	4,5 l	außergewöhnliche Größen für außergewöhnliche Gelegenheiten
Methusalem	8 x 1/1	6 l	
Salmanasar/Salmanazar	12 x 1/1	9 l	die ganz großen Formate zum Anlass ganz großen Formats
Balthasar	16 x 1/1	12 l	
Nebukadnezar	20 x 1/1	15 l	
Melchior	24 x 1/1	18 l	

Gebräuchliche Handelsgrößen sind die ¼-Flaschen (Pikkolo) bis Doppel-Magnum-Flaschen. So skurril die großen Flaschen anmuten, sie haben einen ganz konkreten Grund: Die Qualität und die Haltbarkeit.

Denn, je kleiner der leere Raum unter dem Korken im Verhältnis zum Volumen des Inhalts ist, desto besser ist die Qualität.

Ein Champagnerkorken kann immerhin mit bis zu 40 km/h aus der Flasche fliegen.

Öffnen von Sektflaschen

Biegen Sie die Metallschlaufe (Agraffe), die den Korken in der Flasche hält, nach außen weg. Drehen Sie die Schlaufe auf oder biegen Sie sie so lange hin und her, bis der Metallring aufbricht.

Mit der linken Hand halten Sie den Korken fest, den Daumen immer oben auf dem Korken lassen. Mit der rechten Hand greifen Sie um den Flaschenbauch.

Drehen Sie die Flasche aus dem Korken, indem Sie sie hin- und herdrehen. Dabei die Flasche nicht loslassen.

Halten Sie die Flasche beim Öffnen schräg, um ein vorzeitiges Auslaufen des Getränks zu verhindern. Beim Öffnen der Champagnerflasche darauf achten, dass der Flaschenhals nicht in Richtung der Gäste zeigt.

Das kann gefährlich werden, falls sich ein Korken zu schnell lösen sollte und unkontrolliert den Flaschenhals verlässt. Der Korken soll sich lediglich mit einem leisen, bescheidenen ‚Plopp' lösen.

Kerzen für die Gemütlichkeit

Alle Kerzen sind angezündet, die Beleuchtung ist eingeschaltet; und dezente Hintergrundmusik kann einen angenehmen Eindruck vermitteln.

Es dient der Sicherheit, dass Kerzen stoßfest stehen, um Unfälle zu vermeiden. Sollten mehrere Kerzen anzuzünden sein, gehen Sie wie folgt vor: Lange bevor die Gäste eintreffen, die Kerzen einmal anzünden, damit das Wachs um den Docht schmilzt. Dann die Kerzen wieder vorsichtig auspusten. Eine Hand mit der hohlen Innenfläche hinter die Flamme halten, damit beim Ausblasen keine Wachsspritzer entstehen.

Kurz vor dem Eintreffen der Gäste können nun die Kerzen viel schneller angezündet werden.

Sitzmöglichkeiten beim Aperitif

Einige Sessel oder bequeme Stühle stehen bereit, damit sich ältere oder körperlich eingeschränkte Gäste setzen können.

Der Aperitif als Appetit-Anreger

Am besten herbe Getränke oder Mischgetränke anbieten, die nicht allzu viel Alkohol enthalten.

Der Aperitif soll nicht dazu dienen, die Gäste in alkoholisierten Zustand zu versetzen, sondern er soll anregend auf das anschließende Essen einwirken.

Werden die Aperitif-Getränke gereicht, wird ein Mitarbeiter oder eine Hilfskraft mit einem Tablett, auf dem einige gefüllte Gläser stehen, zwischen den Gästen umhergehen und die Getränke anbieten. Leere Gläser werden später auf dieses Tablett abgestellt.

Der Gast nimmt (nacheinander) höchstens zwei Glas Aperitif.

Es ist aber auch möglich, ein aufgebautes Aperitif-Buffet zu bestellen, um den Service dann selbst durchzuführen.

Anbieten des Aperitifs

Sobald der erste Gast die Garderobe ablegte und den Raum betritt, wird ihm ein Aperitif angeboten. Er wird zum Buffet geleitet und nach seinem Getränkewunsch gefragt. Zu vermeiden ist die Frage, die mit ‚Nein' beantwortet werden kann:

- „Darf ich Ihnen etwas anbieten?" oder
- „Wollen Sie was trinken?"

Die korrekte Antwort müsste dann nämlich höflichkeitshalber lauten:

- „Nein, danke!"

Das wäre weder im Sinne des Gastgebers noch des Gasts. Deshalb könnte offen oder alternativ gefragt werden:

- „Was darf ich Ihnen anbieten?"

Diese Frage lässt erkennen, dass etwas genommen werden soll. Aber besser:

- „Möchten Sie lieber einen Sherry oder ein Glas Sekt?"

Auf diese Alternativfrage kann nicht sinnvoll mit ‚Nein' geantwortet werden. Der Gast wird sich zwischen Sekt und Sherry entscheiden – oder erwidern:

- „Darf ich lieber einen Saft haben?"

Auch möglich:

- „Bitte, bedienen Sie sich!"

Der Gast wird aufgefordert, sich selbst zu bedienen.

Der Sekt im Glas

Sekt darf ins Glas nachgeschenkt werden. Der Gastgeber oder eine von ihm beauftragte Person kann durch den Raum gehen und aus der Sektflasche nachschenken.

Alle anderen Getränke werden am Buffet nachgeschenkt. Hinweis: Der einfühlsame Gastgeber nötigt seine Gäste nicht zum Alkoholkonsum!

Wie voll werden die Gläser geschenkt?

Das Glas randvoll einzuschenken gilt als unelegant. Besser:

- maximal ¾ des Glases wird gefüllt bei:
  - ➢ Sekt wird wegen der Schaumbildung erst höchstens bis zur Hälfte des Glases eingeschenkt, dann nachgegossen
  - ➢ Sekt mit Orangensaft
  - ➢ Kir oder Kir Royal
  - ➢ Weiß- oder Roséwein
  - ➢ Saft (im Sektglas gereicht)

- maximal 2/3 des Glases wird gefüllt bei:
  - ➢ Rotwein
- Besondere Füllmengen haben zum Beispiel:
  - ➢ 5 cl Sherry und Portwein
  - ➢ 4 cl Bitter, wie Campari, eventuell mit Orangensaft aufgefüllt oder ergänzt mit Eiswürfeln

Übrigens: Das Getränk Kir (etwas Johannisbeerlikör, aufgefüllt mit Weißwein) ist nach dem französischen Domherrn und Oberbürgermeister Félix Adrien Kir (1876 – 1968, Kanonikus Kir) von Dijon benannt.

Beim Kir Royal wird der Wein durch Champagner ersetzt.

Halten des Glases

Das Stielglas wird am oberen Teil des Stiels gehalten. Nicht am Glaskelch anfassen, da dort die Finger unschön anzusehende Fingerabdrücke hinterlassen können.

Außerdem würde das Getränk im Glas durch die Körperwärme erwärmt. Das ist zumindest bei Sekt oder Weißweinen nicht gewünscht.

Wohin mit den leeren Gläsern?

Der Gast hält sein Glas in der linken Hand, damit die rechte Hand zum Grüßen frei ist. Er darf das Glas kurzfristig auf einem dazu vorgesehenen, bereitstehenden kleinen Tisch abstellen, nicht aber auf dem Aperitif-Buffet.

Die ausgetrunkenen Gläser werden auf diesen kleinen Tisch gestellt. Sie werden von dort weggeräumt.

Zeitdauer des Aperitifs

Die Zeit, die für den Aperitif eingeplant wird, sollte 30 bis 45 Minuten nicht überschreiten. Es entstünde die Gefahr der Langeweile und des erhöhten Alkoholkonsums.

Sherry

Der Dessertwein Sherry stammt aus einem genau umgrenzten Anbaugebiet rund um die Stadt Jerez in Spanien. Je heller das Getränk, desto trockener, je dunkler, desto süßer.

Bezeichnung	Unterscheidung	Bezeichnung	Unterscheidung
Fino	• hell bis hell-gold • trocken	Oloroso	• dunkelgold • trocken bis halbsüß
Amontillado	• bernstein-farben • halbtrocken	Cream	• dunkel • dickflüssig • lieblich bis süß

Vom Smalltalk zum Bigtalk

Die Kunst des kleinen Gesprächs

„Sich kurz fassen ist auch eine Form der Höflichkeit."
Erich Limpach, dt. Dichter
(1899 - 1965)

Wann wird Smalltalk geführt?

Nutzen Sie die vielfältigen Möglichkeiten, sich zwanglos auszutauschen:

- vor einem Essen – während ein Aperitif gereicht wird,
- während einer Vernissage (Eröffnung einer Ausstellung),
- bei einem Geburtstagsempfang,
- im Aufzug,
- auf dem Weg vom Empfangsort zum Besprechungszimmer,
- zu Beginn einer Verhandlung.

Ziel eines Smalltalks

Der Smalltalk soll

- eine gewisse Zeit überbrücken (im Aufzug, auf dem Weg in ein anderes Büro)
- die Möglichkeit geben, anderen Gesprächspartnern vorgestellt zu werden
- die Möglichkeit geben, andere Gesprächspartner kennenzulernen
- Kontakte herstellen
- Gemeinsamkeiten finden
- dem Gast die Möglichkeit geben, sich zu akklimatisieren, sich an die neue Umgebung zu gewöhnen, sich an die Raumtemperatur anzupassen
- die Möglichkeit geben, mit anderen Gästen in harmonischer Runde beisammen zu sein
- eine angenehme Atmosphäre schaffen
- Verbundenheit signalisieren

Deshalb soll während des Smalltalks eine harmonische Gesprächssituation vorherrschen. Diskussionen sind zu vermeiden. Diskussionen erfordern wenigstens zwei Meinungen und die können im ungünstigsten Fall genau entgegengesetzt sein.

Es bestünde somit die Gefahr, dass die Gesprächspartner in disharmonische oder gar aggressive Stimmung gerieten. Das soll der Gastgeber vermeiden.

Deshalb wird er von Gästegruppe zu Gästegruppe wechseln, um immer darauf achten zu können, dass die positive und harmonische Atmosphäre bestehen bleibt.

Tabuthemen

Natürlich gibt es bestimmte Themen, die sich besser für einen Smalltalk eignen als andere. Um keine unnötige Diskussion während eines Smalltalks aufkommen zu lassen, sollten folgende Tabuthemen gemieden werden:

- Religion (außer bei kirchlichen Treffen)
- Krankheit
- Tod
- Politik (außer bei politischen Treffen)
- Rassenfragen
- Sexualität

Korrekt geführter Smalltalk

Die klassischen Fehler, Pannen und Peinlichkeiten können Sie vermeiden, wenn Sie sich an den folgenden Punkten orientieren.

Quantität ist nicht gleich Qualität

Viele tun sich schwer, einen lockeren Smalltalk zu führen.

Weil manche Menschen ihr Gegenüber beeindrucken möchten, reden sie und reden und reden. Der ‚Gesprächs-Partner' erhält einen Eindruck – allerdings keinen positiven. Wenn Sie ihren Gesprächspartner überzeugen wollen, reden Sie nicht zu viel, sondern lassen Sie ihn reden.

Haben Sie es nötig, sich zu profilieren? Geben Sie doch Ihrem Gegenüber die Chance zu zeigen, wer er ist. Das beeindruckt ihn eher.

Manchmal wird pausenlos gesprochen, um Unsicherheit zu verbergen.

Wenn Sie wirklich möchten, dass sich Ihr Gast oder Geschäftspartner wohlfühlt, geben Sie ihm Gelegenheit von sich zu erzählen.

Deshalb gilt es als überheblich und falsch, wenn Sie im Smalltalk nur von und über sich selbst reden. Das entspricht dann keinem Dialog, sondern einem Monolog.

Müssen Sie demonstrieren, dass Sie der Beste und Größte sind, sollten Sie sich überlegen, lieber auf einer Bühne aktiv zu werden. Als gleichberechtigte Gesprächspartner darf und soll jeder eine vergleichbare Anzahl von Redebeiträgen haben dürfen.

Demnach sollen Zuhören und Reden etwa zu 50:50 verteilt sein (bei zwei Personen) – korrekt ist eine Ausgeglichenheit des Gesprächs. Wenn Sie und Ihr Gesprächspartner nach dem Gespräch zufrieden sind, haben Sie Ihr Ziel erreicht.

Geben Sie daher Ihrem Gesprächspartner deutlich die Möglichkeit, sich zu äußern. Also: Quantität entspricht noch lange nicht Qualität. Wer meint, dass viel Reden auch viel Information oder Richtigkeitsgehalt hat, irrt womöglich.

Aktiv wahrnehmen

Zum Smalltalk gehören mindestens zwei Teilnehmer. Achten, beachten und wertschätzen Sie den/die anderen.

Menschen, die dem anderen immer wieder ins Wort fallen, kennen häufig die Aussage ‚aktiv wahrnehmen' nicht. Ist es nicht viel wichtiger, wirklich zu hören und zu verstehen, was der andere sagt?

Wenn Ihr Gegenüber eine Geschichte erzählt, dann hören Sie nicht nur scheinbar interessiert, sondern aufmerksam zu. Setzen Sie keine eigene Geschichte obendrauf.

Das entspricht nicht dem aktiven Zuhören! Ihr Gesprächspartner erkennt, dass Sie sich wenig für seine Informationen interessieren und schon gar nicht echtes Interesse zeigen.

Hinterfragen Sie: Stellen Sie Fragen, die Ihrem Gesprächspartner die Gelegenheit geben, seine Informationen genauer darzustellen.

Sichtbare Wertschätzung

Ihr Gesprächspartner ist ‚nur' Ihr Mitarbeiter? Dann ist es ja sowieso nicht so wichtig, was er sagt! Falsch! Gleich auf welcher hierarchischen Ebene sich Ihr Gesprächspartner befindet – er ist ein Mensch, so wertvoll wie alle anderen auch – also auch wie Sie selbst.

Schenken Sie ihm deshalb aufrichtig:

- Verständnis
- Wertschätzung
- Achtung
- Respekt
- Anerkennung

Übernehmen Sie die Rolle eines Moderators. Begegnen Sie dem Gesprächspartner mit Interesse und Neugier. Sorgen Sie, dass das Gespräch in Fluss bleibt. Achten Sie darauf, dass jeder zu Wort kommt.

Unfair sind:

- Sarkasmus, Ironie und Zynismus, denn Sie wirken dann leicht kleinkariert, bösartig und überheblich.
- Versteckte Vorwürfe. Erstens vergiften sie die Atmosphäre und zweitens: „Steht Ihnen das Recht zu, andere so zu kritisieren?"
- Verbale Abwertung des Gesprächspartners.
- Fachwörter, die möglichst kein anderer versteht. Sie wirken schnell überheblich. Rhetorisch schwache ‚Unwörter', wie ‚halt', ‚quasi', ‚eigentlich', ‚man sollte' und vergleichbare.
- Persönliche Angriffe.
- Das Korrigieren oder Belehren des Gesprächspartners.

Körpersprache richtig einsetzen

Das verbal Gesprochene ist wichtig. Natürlich auch die nonverbale Körpersprache. So heißt es, die ‚Sprache des Körpers' richtig einzusetzen.

Manche Gesprächspartner stehen stocksteif, verziehen keine Miene und starren die Gesprächspartner regungslos an. Manche Menschen glauben, das wirke seriös und aufmerksam. Allerdings erscheint das steife Dastehen den meisten als überheblich, desinteressiert und vor allem als distanziert.

Zeigen Sie Emotionen, damit Ihr Gesprächspartner sieht, dass – und wie – Sie emotional empfinden. Ihr Gegenüber soll sehen, dass Sie ihm folgen. Er erkennt das daran, dass Sie zum Beispiel:

- Blickkontakt aufnehmen. Schauen Sie Ihren Gesprächspartner an und lassen Sie sich nicht durch anderes stören.
- Werfen Sie hin und wieder zustimmende Aussagen ein wie: „Ja, finde ich auch." „Da kann ich zustimmen." „Das ist richtig, ..."

Spiegeln Sie die positive Körpersprache Ihres Gegenübers, so wie Sie sich im Spiegel sehen würden.

- Setzen Sie Körpersprache ein, indem Sie zum Beispiel zustimmend mit dem Kopf nicken.
- Spiegeln Sie die Mimik Ihres Gegenübers. Wenn er etwas Lustiges erzählt, dann lachen Sie, bei Ernstem blicken Sie ernsthaft drein.
- Diese Verhaltensweise ist wirkungsvoll, denn Menschen, die die Körpersprache spiegeln, empfinden sich als sympathisch und vertrauenswürdig. Sie erkennen sich sozusagen im Gegenüber wieder.

In anderen Kulturen sagen Gesten unter Umständen anderes aus als hierzulande.

Beispielsweise wird das ‚OK'-Zeichen in Italien und in der Türkei als große Beleidigung empfunden.

Sympathisch wirken

Mögen Sie unsympathisch wirkende Menschen? Wer sympathisch wirkt, wirkt kompetent! Ein Mensch empfindet andere Menschen, die ihm sympathisch sind, sofort als fachkompetenter, zuverlässiger und überzeugender.

Zeigen Sie sich menschlich und sympathisch! Bei der Konversation die Sonnenbrille absetzen, damit sich beide Gesprächspartner offen in die Augen schauen können.

Kurzer Hinweis: Kaugummikauen mag gesund sein, aber während einer Konversation hat der Kaugummi nichts im Mund verloren. Er gehört in das (metallene) Einwickelpapier zurück, wird eingesteckt und bei passender Gelegenheit entsorgt.

Langweile vermeiden

Langeweile ist fast eine Todsünde beim Smalltalk. Vielleicht wollen auch Sie mit Ihrem Fachwissen beeindrucken? Oder Sie kennen keine anderen Themen außer Ihren beruflichen?

Zeigen Sie Profil, zeigen Sie sich interessiert, stellen Sie Fragen, lächeln Sie, zeigen Sie, dass Sie sich freuen, anwesend zu sein.

Smalltalk soll unterhalten, es muss nicht brottrocken zugehen. Feiner Humor ist erlaubt. Damit ist keineswegs gemeint, einen Witz nach dem anderen zu erzählen, denn so mancher Witz ist deplatziert. Auch sind Sie nicht als Entertainer oder als Allein-Unterhalter engagiert.

Feinen Humor zeigt zum Beispiel, wer über sich selbst lachen kann, denn dieser Mensch kommt beim Gegenüber als humorvoll, menschlich und sympathisch an. Lachen verbreitet eine gute Stimmung, wobei natürlich nicht in ausuferndes Gelächter übergegangen werden muss.

Diskretion wahren

Nicht alles, was gesagt werden kann, muss ausgesprochen werden.

In Gegenwart von Begleitpersonen und Gästen werden keine dienstlichen Gespräche geführt.

Der Gebrauch von Abkürzungen im heterogenen Kreis ist eine Rücksichtslosigkeit. Die Tischdame kann nicht wissen, ob ABC „Alphabet", „Arbeitsgemeinschaft berufstätiger Christen" oder „Afrikaanse Boeren-Congress" bedeutet.

Werturteile über Vorgesetzte und Kollegen sind unpassend; negative Werturteile sind ungehörig.

Hüten Sie sich, jemanden durch mangelnde Diskretion zu verletzen. Dies ist dann der Fall, wenn religiöse Gefühle, politische Meinungen, Einstellungen zur Kunst und so weiter angegriffen werden.

Unsachliche, hitzige und laute Debatten schicken sich nicht. Nicht nur Erzählen ist eine Kunst, sondern auch Zuhören. Wer andere ausreden lässt und aufmerksam zuhört, beweist Takt und eine gute Kinderstube.

Weiterhin sollte keine direkte Schuldzuweisung auf eine Person erfolgen, noch Kritik irgendwelcher Art an Anwesenden geübt werden.

Im Gegensatz zum Bigtalk (ein bestimmtes Ziel soll erreicht werden) kann der Smalltalk jederzeit unterbrochen werden.

Kommt eine weitere Person zu den im Smalltalk Befindlichen, ist das nicht als Störung zu betrachten, sondern als Bereicherung. Selbst dann, wenn der eben geführte Smalltalk unterbrochen wird.

Freuen Sie sich über die mögliche Vielfalt der Meinungen und darauf, andere Menschen kennen zu lernen.

Einstieg in den Smalltalk

„Der Sinn für Unterhaltung besteht weniger darin, selbst viel Geist zu zeigen,
als anderen Gelegenheit zu geistvollen Reden zu geben.“
Jean de La Bruyère, frz. Schriftsteller
(1645 - 1696)

Smalltalk

So scheinbar belanglos ein freundlicher Plausch zu sein scheint, so groß kann seine Wirkung sein. Denn: Ob Sie sympathisch, überzeugend, glaubhaft oder zuverlässig erscheinen, entscheidet sich bereits in den ersten Sekunden. Dieses Bild vertieft sich nach der Verhandlung, beim Essen, in der Kaffeepause oder beim Gang zum Treffpunkt.

Obwohl es nicht für jeden leicht ist, direkt in ein Gespräch einzusteigen, muss diese Hemmschwelle überwunden werden, um nicht zu riskieren, isoliert stehenzubleiben. Also: Einmal tief Luft holen, auf eine Gruppe zugehen und sich in das Gespräch einklinken.

- Möglich ist, dass Sie sich vorstellen:
  - ➢ „Ich darf mich eben vorstellen. Mein Name ist …“
- Knüpfen Sie an Feiertage und Jahreszeiten an:
  - ➢ „Na, haben Sie die Festtage gut verbracht?“
- Auf dem Bahnsteig bitten Sie um Informationen (Uhrzeit, Richtung, Weg):
  - ➢ „Wissen Sie, ob der Zug Verspätung hat?“ Im Anschluss daran:
  - ➢ „Wohin fahren Sie?“

Geeignete Smalltalk-Themen

Folgende Fragen könnten Sie im Vorfeld zur Vorbereitung der Smalltalk-Situationen klären: Was sind Zweck und Rahmen der Veranstaltung? Mit welchem Publikum ist zu rechnen?

Was immer Ihren Gesprächspartner interessiert, gilt als ein interessantes Thema. Also klären Sie durch entsprechende Fragestellung:

- „Essen Sie auch so gerne wie ich?“
- „Haben Sie schon Urlaubspläne?“

Aber auch Fragen nach dem beruflichen Umfeld sind erlaubt:

- „Welche Funktion übernehmen Sie denn hier im Haus?“

Wenn Sie sich mit dem Thema Ihres Gegenübers nicht auskennen, kann das als beste Voraussetzung für einen guten Smalltalk angesehen werden.

Stellen Sie Ihrem Gesprächspartner so lange abwechslungsreiche Fragen, bis Sie das Thema verstehen. Sie erfahren dabei Neues und vielleicht gewinnen Sie dadurch zukünftig einen netten Bekannten.

Unverfängliche Themen

Alle interessanten Themen scheinen nun als Tabuthemen abgestempelt? Nun ja. Hier einige unverfängliche und damit mögliche Smalltalk-Themen.

Mit diesen Themen können Sie relativ leicht in einen Austausch eintauchen. Versuchen Sie es.

- Anlass des Treffens
  - „Bin mal gespannt, was mich hier erwartet."
- Veranstaltung, auf der Sie sich befinden
  - „Waren Sie schon mal zu solch einer Veranstaltung hier?"
- der Raum, in dem Sie sich befinden
  - „Angenehm gestalteter Raum hier."
- der Veranstaltungsort (Stadt, Dorf), in dem Sie sich befinden
  - „Liegt schön im Grünen."
- die Anfahrt zum Veranstaltungsort
  - „Sind Sie mit dem PKW angereist?"
- die Umgebung des Veranstaltungsorts
  - „Ist ein interessantes Gebäude."
- Kunst, wie Literatur, Filme, Theater, Konzert, Oper und andere
- aktuelle Ereignisse (außer Tabuthemen)
- Urlaub
- Hobby (eventuell) und Freizeitgestaltung
- Sport (eventuell und nur dann, wenn es andere Gesprächspartner nicht langweilt)
- Wetter (wenn wirklich nichts anderes mehr einfällt)

Anrede mit dem Vornamen

Im formellen als auch im privaten Rahmen ist im angelsächsischen Raum die Nennung und die Anrede mit dem Vornamen unter Gleichgestellten und von Älteren zu Jüngeren ebenso wie von Vorgesetzten zu Mitarbeitern gebräuchlich.

Auch der Dienstgradhöhere redet den Dienstgradniedrigeren, wenn er ihn gut kennt, mit dem Vornamen an.

Der umgekehrte Weg ist verpönt. Die Anrede mit dem Vornamen hat nichts mit Duz-Bruderschaft zu tun.

Die Zeiten scheinen lässigeren Umgang zu akzeptieren, sodass sich in manchen Situationen schnell geduzt wird. Wer das ‚Sie' bevorzugt, soll nicht zum ‚Du' genötigt werden.

Die linke und die rechte Hand

Die Aperitif-Zeit bietet eine hervorragende Möglichkeit einen Smalltalk zu halten.

Dabei halten Sie Ihr Getränk mit der <u>linken</u> Hand. Um zu trinken, wird das Glas allerdings erst in die <u>rechte</u> Hand gewechselt.

Das Halten in der linken Hand hat den Vorteil, dass die rechte Hand (die sogenannte Greifhand) frei bleibt.

Wenn Sie einen neu hinzukommenden Gast per Handschlag begrüßen wollen, geben Sie diesem bekanntlich die rechte Hand. Auch benutzen Sie die rechte Hand, um zum Beispiel eine Tür zu öffnen.

Stehen zwei Gesprächspartner direkt gegenüber, zeigen sie damit den anderen Gästen, dass sie lieber alleine bleiben möchten. Wichtige Zweier-Gespräche gehören nicht in den Bereich des Smalltalks. Hier scheint ein intensives Bigtalk-Gespräch geführt zu werden.	
Öffnen sich die Gesprächspartner hingegen leicht zu einer Seite, sind sie bereit, einen weiteren Gesprächspartner gerne willkommen zu heißen. Da die Zeit des Smalltalks auch dazu dient, mit anderen Gästen Kontakt aufnehmen zu können, ist die zweite Art zu stehen zu bevorzugen.	

Übrigens: Hände gehören beim Gespräch nicht in die Hosentasche. Eine Hand darf zwar in der Tasche sein, wirkt aber auf viele als etwas arrogant.

Mauerblümchen oder Kontakt aufnehmen? – Zugehen auf eine Gruppe

Wenn Sie als neu hinzukommender Gast den Aperitifraum betreten, wenden Sie sich am besten einem Alleinstehenden, einer Zweiergruppe oder einer anderen Gruppe zu, die durch die Art des Stehens signalisiert, dass ein weiterer Gesprächspartner willkommen ist.

Stehen zwei Gesprächspartner leicht zur Seite geöffnet gegenüber, zeigen Sie damit den anderen Gästen, dass sie willkommen sind.	

So können Sie vorgehen:

- Treten Sie auf die Gruppe zu, warten Sie einen Augenblick und begrüßen Sie dann mit einem Lächeln die Anwesenden. Zum Beispiel so:
  - ➢ „Einen schönen Guten Abend, darf ich mich vorstellen? Mein Name ist …"
  - ➢ „Ich hoffe, ich störe nicht. Ich heiße …"
  - ➢ „Hallo und Guten Tag. Sie haben sicherlich nichts dagegen, wenn ich mich zu Ihnen geselle?"

Für die meisten Menschen ist es nicht einfach, sich anderen anzuschließen. Es muss schon eine kleine Hemmschwelle überwunden werden.

Der Tipp ist eindeutig: Klinken Sie sich so schnell wie möglich in eine Gruppe ein. Je länger Sie warten, desto schwieriger wird es für Sie, Anschluss zu finden.

Wenn Ihnen der Mut fehlt, können Sie schnell zu einem ‚Mauerblümchen' werden. Wer hat gerne mit Mauerblümchen zu tun?

Natürlich wird es für Sie wesentlich leichter, wenn Sie einer Gruppe vom Gastgeber oder der Gastgeberin vorgestellt werden. Sind Sie der Gastgeber, dann helfen Sie Ihren Gästen, sich einander bekannt zu machen.

Sprechen Sie Ihr Gegenüber mit seinem Namen an. Das macht Sie sympathischer, das Gespräch menschlicher und Sie werden den Namen Ihres Gesprächspartners leichter behalten. So können Sie Gäste später leichter wiedererkennen und gleich mit dem richtigen Namen ansprechen.

Hin und wieder die Gruppe wechseln

Es bilden sich Grüppchen von drei bis vier Personen. Die Erfahrung zeigt, dass sich eine Gruppe ab etwa fünf oder sechs Personen bald in zwei Gruppen teilt. Die Konversation in kleineren Gruppen wird offensichtlich bevorzugt.

Genauso schwierig wie es scheint, auf eine Gruppe zuzugehen, kann es auch sein, sich von dieser Gruppe wieder zu entfernen.

Die Smalltalk-Zeit sollte nicht dazu benutzt werden, Gespräche immer mit denselben Gästen zu führen.

Nutzen Sie die Chance, auch andere Gäste kennenzulernen. Schauen Sie deshalb während des Smalltalks hin und wieder (allerdings nicht zu auffällig) in die Gästerunde. Haben Sie Gäste entdeckt, die Sie begrüßen möchten, verabschieden Sie sich von Ihren augenblicklichen Gesprächspartnern zum Beispiel so:

- „Entschuldigen Sie bitte, aber ich sehe gerade ...“

Diese oder eine ähnliche Formulierung können Sie auch wählen, wenn Sie keinen Bekannten sehen, aber trotzdem die Gesprächsrunde wechseln möchten.

Es könnte auch sein, dass Ihr Gesprächspartner Sie mit seinen Ausführungen langweilt oder Sie so stark in Beschlag nimmt, dass ein Smalltalk mit anderen Gästen kaum möglich ist.

Hier scheint es nur die Lösung zu geben, sich relativ radikal aus der Bindung zu befreien. Zum Beispiel so:

- „Das Gespräch mit Ihnen ist wirklich interessant. Wir sollten es zu einem späteren Zeitpunkt fortführen. Sicherlich sehen wir uns heute im Laufe des Abends (Anlasses) noch. Viel Vergnügen wünsche ich Ihnen. Bis später.“

Nun sollten Sie so schnell wie möglich das Weite suchen.

Weshalb die Gruppe wechseln?

Durch den Wechsel zu anderen Gruppen erreichen Sie, dass Sie mit verschiedenen Gästen ins Gespräch kommen können. Auf diese Weise lernen Sie andere Menschen kennen.

Sicherlich entwickeln sich dadurch auch interessante Kontakte. Aber nicht vergessen: Für tiefergehende Geschäfte aller Art ist der Smalltalk nicht gedacht. Es steht Ihnen aber frei, sich zu einem späteren Zeitpunkt (an einem der Folgetage) zu verabreden.

Sollte im Anschluss der Aperitif-Zeit ein Bankett oder Essen folgen, suchen Sie zeitig vor dem Wechsel zum Tisch den gewünschten oder zugeordneten Tischpartner auf. Beim Wechsel in den Bankettraum bleibt das Aperitifglas im Aperitifraum zurück.

Die Tisch- und Sitzordnung

Wer sitzt wo?

„… der ranghöchste Gast sitzt nun mal zur Rechten, der Rangniedrigste wird irgendwo kaschiert.
Und wenn man nicht ganz sicher ist, ob man jemand ein zweites Mal empfangen möchte,
drückt man ihm am besten ein Hummerbesteck in die Hand.“
Esther Margareta Vilar, dt. *Schriftstellerin,*
Der betörende Glanz der Dummheit, dtv 11260, Seite 30
(*1935)

Richtig platziert – das Placement

Die Gäste richtig zu platzieren kostet nicht nur bei hoch offiziellen Anlässen einige Haare, beziehungsweise verwandelt diese in eine weiß-graue Tönung. Placement, früher eher: der Umgang mit dem Tafel-Orientierungsplan. Es stellt sich bei Veranstaltungen schnell die Frage, wer neben wem sitzen soll und darf.

Der Gastgeber wird hier manchmal einen rauchenden Kopf bekommen, wenn er all seinen Gästen gerecht werden will. Frau Mertens mag Herrn Schulze nicht, demnach dürfen beide nicht nebeneinander platziert werden. Herr Robertz würde gerne mit Frau Killian geschäftlich in Kontakt kommen – hier wäre eine nahe Platzierung förderlich. Natürlich wollen bestimmte Gäste recht nahe beim Gastgeber sitzen, um ihre eigene Wichtigkeit zu unterstreichen.

Um die Platzierung korrekt vorzunehmen, ist auch der Rang der Gäste zu beachten. Zum Beispiel ist der Rang der Gäste höher als der Rang der Verwandten. Aber auch die ältere Person ist ranghöher gegenüber der jüngeren.

Da scheint es vielleicht ungerecht zu sein, aber einfach für die Platzierung, dass Kindern der unterste Rang zugeordnet wird. Es sei denn, dass sie gerade an diesem Anlass als Ehrengäste anzusehen sind (Geburtstage, Konfirmation und so weiter).

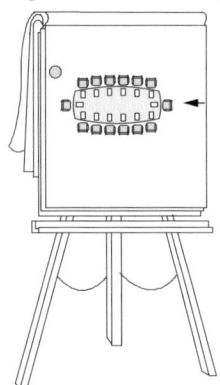

Auf dem Plan ist die Tafel eingezeichnet, eventuell die Umrisse des Raumes und der Eingang, damit der Gast weiß, aus welcher Richtung er auf die Tafel zugeht.

Bei großen Räumen werden andere Orientierungshilfen wie Säulen, Fenster und Vergleichbares eingezeichnet.

Auf der Tafel sind die Namen aller Gäste, fehlerfrei, sauber und gut lesbar geschrieben.

Sind Damen und Herren eingeladen, statt ‚Frau' oder ‚Herr' lieber den Vor- und Nachnamen schreiben. Damit ist ein genderkonformer Weg gewählt, die Geschlechterbenennung zu vermeiden.

In die Gedecke werden Tischkarten mit den Namen der Gäste aufgestellt. Die Tischkarten werden in gleicher Weise beschriftet wie auf dem Tisch- und Tafelplan.

Die Beschriftung erfolgt auf der Vorder- und Rückseite der Tischkarte. So kann der gegenüber Sitzende jederzeit den Namen seines Gesprächspartners lesen.

Kennzeichnung der Tische

Sitzt eine größere Gesellschaft an mehreren Tischen, sollten die Tische nummeriert oder mit Buchstaben versehen sein, um das Auffinden des richtigen Tisches zu erleichtern.

Wenn sich der Gast am Tisch- und Tafelplan informiert hat, weiß er wo sein Platz ist. Das lästige Herumsuchen entfällt.

Wohin bin ich platziert?

An gut zugänglicher Stelle wird ein Tisch- und Tafelplan (Placement) ausgelegt beziehungsweise ausgehängt.

Dort kann der Gast ablesen, welcher Platz ihm an der Tafel zugedacht ist.

Des Weiteren kann er sich kundig machen, wer seine Tischnachbarn sind und wie sie heißen.

Der Tisch- und Tafelplan wird gerne in jenem Raum aufgehängt, in dem der Aperitif gereicht wird.

Oft ist der Plan nahe der Tür zum eigentlichen Festraum angebracht.

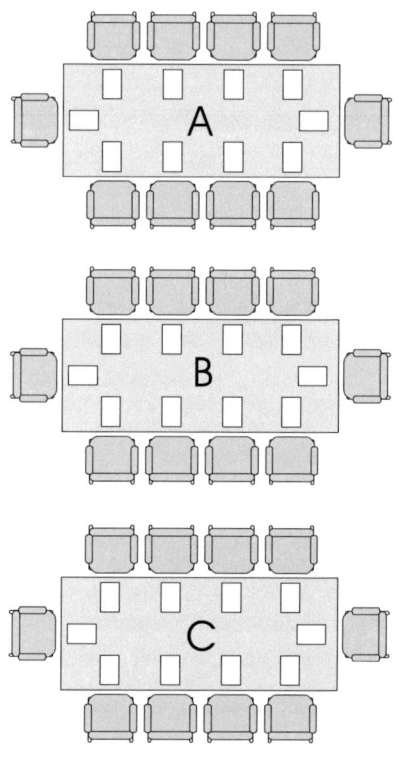

Einige Grundregeln

Der Gastgeber sitzt so, dass er den kompletten Raum übersehen kann, möglichst mit Blick zur Eingangstür. Die Gastgeberin sitzt in der Nähe der Tür.

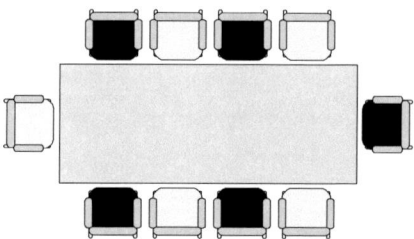

Die Tür ist links.

Heller Platz links vor Kopf: Gastgeberin.

Dunkler Platz rechts vor Kopf: Gastgeber.

Die Gastgeber können auch nebeneinandersitzen. Dabei sitzt der Herr in Blickrichtung links der Dame.

Sitzordnung der Gäste – Paarweise oder getrennt bei großen Feiern?

Eines der heikelsten Themen ist und bleibt die Sitzordnung – seit gefühlten Ewigkeiten.

Die goldene Bulle

Je höher der Stand, desto näher wollen die Gäste beim Gastgeber sitzen. Und wenn der Gastgeber sogar Karl IV. (Karl IV. 1316 – 1378) ist, dann erst recht. Der ranghöchste Gast sitzt rechts neben dem König. Der Erzbischof von Mainz war sich sicher, dass er der ranghöchste Gast war.

Derselben Meinung war allerdings der Erzbischof von Köln ebenso. Oh, oh, was tun? Einen der beiden einfach nicht einladen? Das käme einem Affront gleich.

Karl IV. musste ein für alle Mal klären, wie im Heiligen Römischen Reich alles mit rechter Ordnung zugehen sollte. Ein Regelwerk musste her: die Goldene Bulle, eingesetzt ab 1356. Alles wurde geregelt und notiert, damit sich ein jeder orientieren konnte.

In Kapitel III wird geklärt, wo die drei Erzbischöfe von Köln, Mainz und Trier zu platzieren waren. („Von dem sytzzen/ der gaistlichen Kurfürsten vnd Ertzbischofe/von Mainz/ Trier/ vnd Cöllnn/in kayserlichem oder königklichem hofe.").

Nachdem nun Kapitel III Rang und Sitzordnung der drei Erzbischöfe von Mainz, Trier und Köln regelte, geht es im Kapitel IV um Rang und Sitzordnung der übrigen Kurfürsten. Für weitere Fälle regelt Kapitel XXVIII die Tischordnung für Kaiser, Kaiserin und Kurfürsten. Jetzt war endlich Ruhe und jeder konnte seinen ihm zustehenden Platz einnehmen.

Angenehme Platzierung für den Gast

Wie sieht es heutzutage aus? Die Gäste sollen so platziert werden, wie sie harmonisch zusammenpassen. Folgende Gäste können gut nebeneinandersitzen:

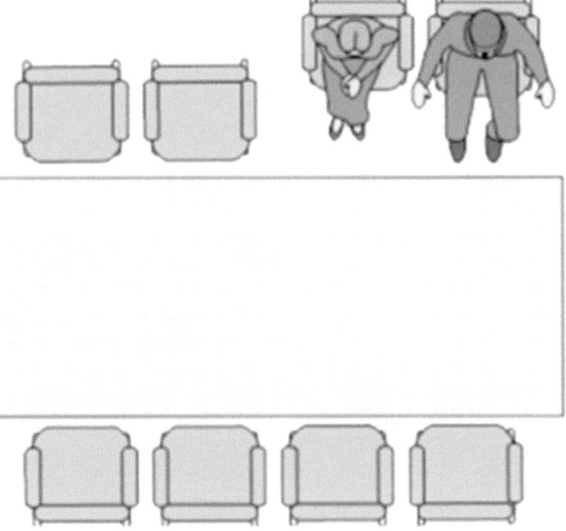

- Gäste, die sich bekannterweise mögen,

- Gäste, die ähnliche Interessen haben,

- Gäste mit gleichem Niveau,

- Gäste, die sich sprachlich verständigen können.

Im Vorfeld entscheidet der Gastgeber, ob die Gäste paarweise oder getrennt Platz nehmen sollen. Ältere Gäste werden gerne paarweise gesetzt. Auch bei sehr großen Veranstaltungen werden die Gäste paarweise platziert.

Bei mittleren bis kleineren Veranstaltungen und im ,Lustigen Kreis' kann das ,Getrennt-Sitzen' eine besondere Note in die Gesellschaft bringen. Besteht die Absicht, die Gesellschaft zu ,mischen', können Paare getrennt sitzen. Sitzen die Gäste paarweise, dann sitzt der Herr links neben der Dame. Das bedeutet, dass seine Tischpartnerin rechts und eine Tischnachbarin links neben ihm sitzen.

Die Rangfolge

Sitzen die Gastgeber an einer langen, rechteckigen Tafel in der Mitte, werden die Plätze an den Kopfenden ,gefühlsmäßig' am rangniedrigsten eingestuft.

Bei größerer Gästezahl und bei mehreren runden Tischen werden einige hochrangige Firmenmitarbeiter an verschiedene Tische gesetzt. Dadurch erhöht sich der ,Wert' der Tische. Gäste können paarweise oder diagonal platziert werden. In den folgenden Beispielen wird immer davon ausgegangen, dass Gästepaare eingeladen wurden.

Helle Plätze für Damen; dunkle Plätze für Herren.

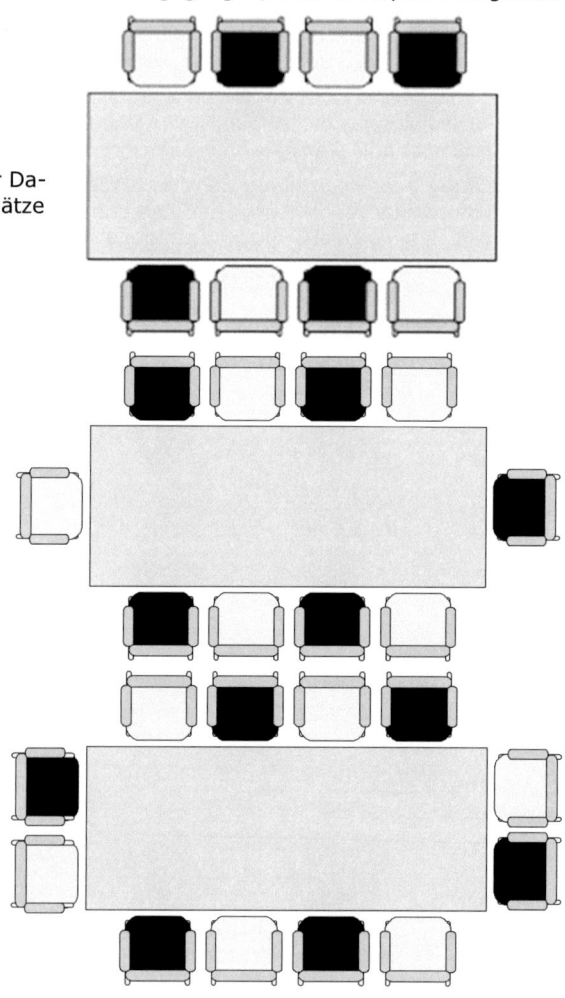

Paarweise Platzierung:

Die nebeneinander sitzenden Paare bilden ein Gästepaar und sind Tischpartner .

Dame A   Herr A   Dame B   Herr B   Dame C   Herr C

Tischpartner von Dame B ist Herr B. Tischnachbar von Dame B ist Herr A.

Hier sitzen die Gäste paarweise.

Diagonale Platzierung:

Gäste sitzen nun nicht neben den eigenen (Ehe-)Partnern, sondern können sich mit anderen Gästen austauschen.

Hier sind die Gäste diagonal platziert.

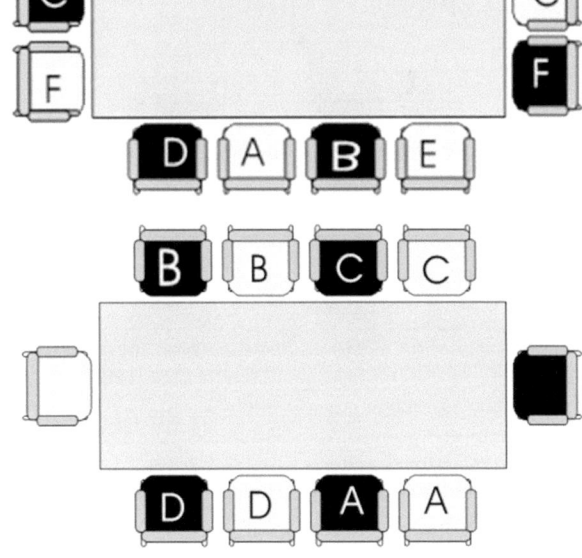

Paarweise Platzierung. Die Gastgeber sitzen an den Kopfenden:

Das hat den Vorteil, dass es mehr ‚aufgewertete' Plätze gibt. Hier sind die Gäste paarweise platziert. Neben der Gastgeberin sitzen die Herren B und D, neben dem Gastgeber die Damen A und C.

Platzierung am runden Tisch:

Die Gäste können paarweise platziert werden. Alternativ lassen sich die ranghöchsten Gäste auch rechts und links neben die Gastgeber bitten. Beim Einsatz mehrerer runder Tische könnten Gastgeberin und Gastgeber an zwei Tischen sitzen, um so zwei besonders ,wertvolle' Tische zu erhalten.

Übrigens: Ehrengäste werden unmittelbar neben den Gastgebern platziert.

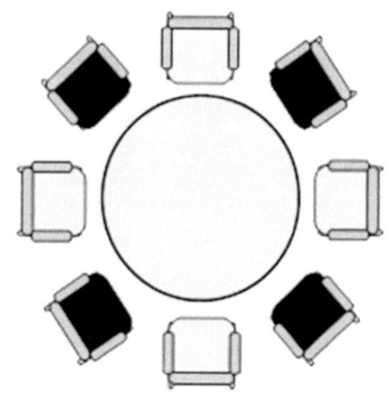

Tafelformen

Werden zwei oder mehrere Tische zu einem Arrangement gestellt, so wird von Tafeln gesprochen. Hier einige der üblichsten Formen.

U-Form oder Hufeisenform	*C-Form*	*Rechteck-Form*

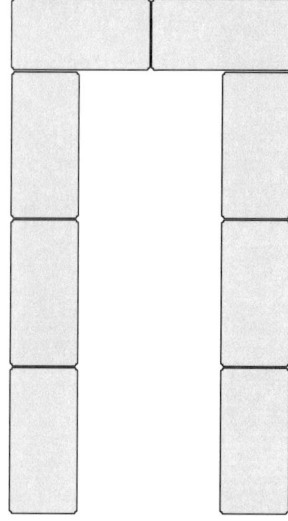

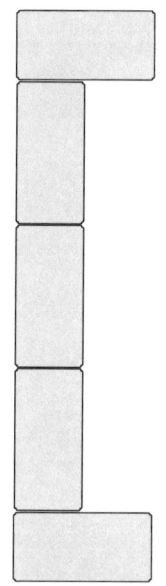

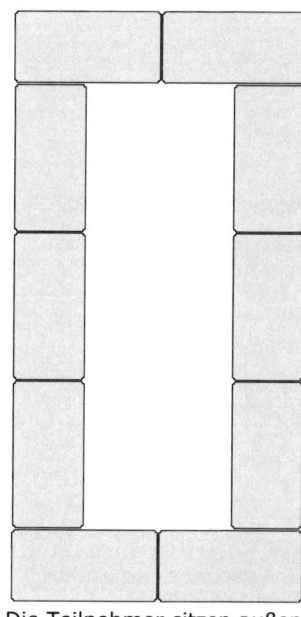

Die Ehrengäste sitzen vor Kopf. Die ranghohen Gäste oben an den Tafelschenkeln.

Je nach Größe der Tafel lassen sich die Gäste nur an den Außenseiten der Tafelschenkel oder an Innen- und Außenseiten platzieren.

Die Gäste werden nur an der (hier linken) Außenseite der Tafel platziert.

Einsatz dieser Tafel denkbar, wenn (hier rechts) eine Darstellung geboten wird.

Die Teilnehmer sitzen außen an der Tafel.

Je nach Größe der Tafel und des damit entstehenden Raums in der Mitte, kann dort zum Beispiel ein Blumenarrangement aufgebaut werden.

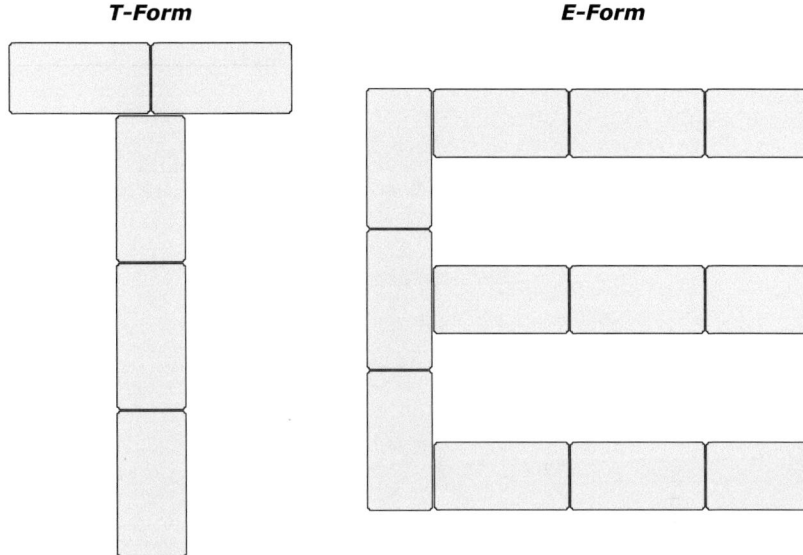

T-Form

E-Form

Gastgeber und Ehrengäste sitzen vor Kopf.

Die Gäste werden an den Außenseiten der Tafel platziert.

Gastgeber und Ehrengäste sitzen vor Kopf.

Die Gäste werden an den Außenseiten der Tafelschenkel platziert.

Doppel-Block

Breiter Doppel-Block

Die Teilnehmer sitzen außen an der Tafel.

Je breiter – tiefer – die Tafel wird, desto schwieriger wird die Konversation mit den gegenübersitzenden Gästen.

Block

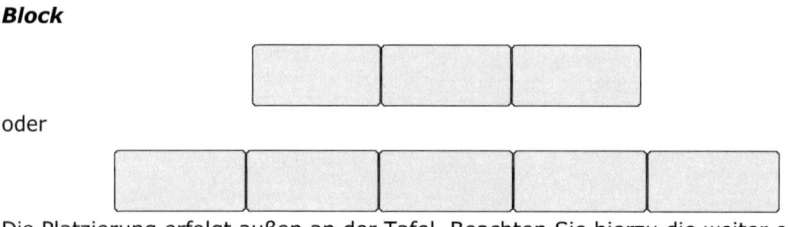

oder

Die Platzierung erfolgt außen an der Tafel. Beachten Sie hierzu die weiter oben auf-gelisteten Informationen.

Billard-Formen

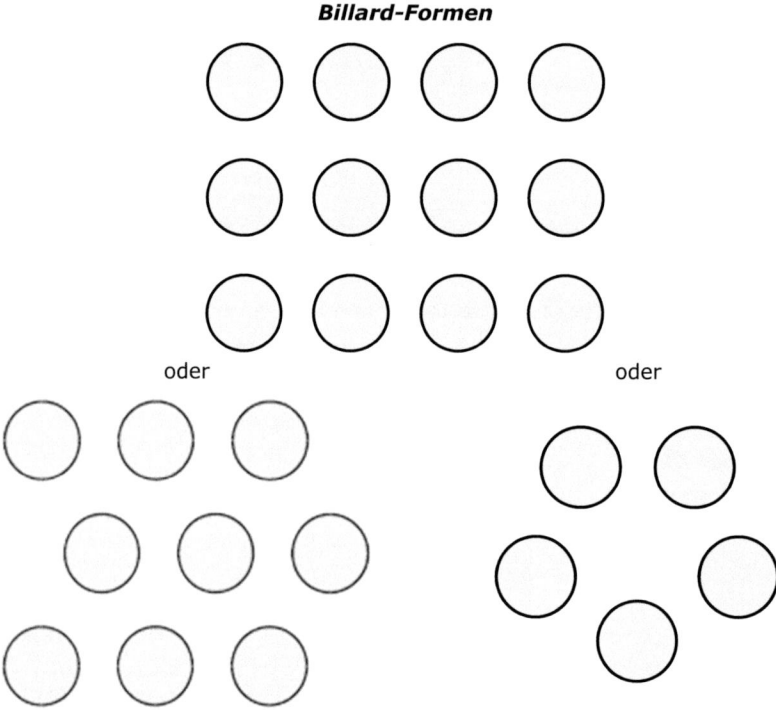

oder   oder

Die Tafeln, an denen Gastgeber und Ehrengäste sitzen, gelten als A-Tische. Die Tafeln, die am weitesten entfernt stehen, werden als C-Tische bezeichnet. Gäste an A-Tischen haben meist den besseren Blick auf die Bühne oder den kürzesten Weg zur Tanzfläche.

Führungskarten

Führungskarten – das Wort klingt altmodisch – passen bei bestimmten Veranstaltungen trotzdem. Bei besonderen Anlässen und großer Gästezahl können sogenannte Füh-rungskarten am Tafelorientierungsplan ausliegen.

Auf der Vorderseite steht jeweils der Name eines Herren. Auf der Rückseite der Name der Dame, die er als Tischpartnerin zu Tisch geleitet.

Kapitel 3 – Präsente und Blumen

Geschenke, Mitbringsel und Blumen

Kleine Geschenke erhalten die Gastfreundschaft

„Das Leben hat mir nichts geschenkt, aber viel gegeben."
Hans Dietrich Genscher, dt. Politiker
(1927 - 2016)

„Das wäre aber nicht nötig gewesen ..."

„... Na, dann nehme ich das Geschenk wieder mit." In sehr verblüffte Gesichter wird der Gastgeber schauen, wenn der Gast so auf die oben aufgeführte Floskel reagiert.

Geschenke werden gleich nach der Begrüßung überreicht. Der Beschenkte bedankt sich für das Geschenk, auch wenn er noch nicht weiß worum es sich handelt.

Werden von anderen Gästen Geschenke erwartet, wird ein kleiner Geschenketisch im Aperitif-Raum bereitgestellt oder dort, wo die Feierlichkeit stattfinden soll. Darauf werden die Geschenke im verpackten Zustand abgestellt, um sie später auspacken zu können.

Auspacken der Geschenke

In hiesiger Kultur ist es üblich, die Geschenke in Anwesenheit der Gäste auszupacken. Das muss nicht sofort nach Überreichen geschehen, besonders dann nicht, wenn viele Gäste zu begrüßen sind.

Sollte es aufgrund einer sehr hohen Gästezahl praktisch einfach nicht möglich sein, die Geschenke im Beisein der Gäste auszupacken, ist es sinnvoll, dass der Schenkende eine Karte oder Visitenkarte an sein Geschenk heftet, damit der Beschenkte weiß, wem das Geschenk zuzuordnen ist.

Manchmal fehlt dem Gastgeber bei der Ankunft seiner Gäste die Zeit zum Auspacken und ‚Bewundern' der Geschenke. Er will sich vorzugsweise um die bereits anwesenden und die neu hinzukommenden Gäste kümmern.

Das voreilige Auspacken könnte sogar als neugierig oder gierig angesehen werden. Andererseits sehen es die Gäste gerne, wenn ihre Geschenke ausgepackt werden.

Wäre nicht nach dem Essen, dann also, wenn zum ‚ungezwungenen Teil' übergegangen wird, ein günstiger Zeitraum, sich die Geschenke anzusehen? Der Gastgeber wird nicht vergessen, sich für die Geschenke zu bedanken. Ein herzliches „Danke" genügt voll und ganz.

Hinweis: In der Türkei Gegenstände im privaten Bereich nicht überschwänglich bewundern, da sich sonst die Gastgeber unter Umständen verpflichtet fühlen könnten, Ihnen diesen Gegenstand zu schenken.

Die tolle Eingeborenen-Maske

Um den Beschenkten nicht in Verlegenheit zu bringen, sich über ein Geschenk freuen zu ‚müssen', sollte der Schenkende vorher überlegen, welches Geschenk wirklich Freude bereitet.

Nicht jede im Ausland erworbene und handgeschnitzte Maske, auch nicht jedes selbstgemalte Landschaftsbild erzeugt automatisch Begeisterungsstürme. Wenn also ein Geschenk, dann eins, über das sich der Beschenkte tatsächlich freuen wird.

Es ist heute kein Tabu mehr, den zu Beschenkenden im Vorfeld zu fragen, was ihm möglicherweise gefallen könnte. Auch über Dritte (Partner, Kollegen, Freunde) lässt sich manche wertvolle Information erhalten.

Was tun, wenn das Geschenk nicht gefällt?

Bedanken Sie sich trotzdem, gehen aber nicht weiter auf das Geschenk ein.

An sich sollte der Schenkende sein Geschenk so gut ausgesucht haben, dass er ziemlich sicher sein kann, dem Beschenkten wirklich eine Freude zu bereiten.

Um den Beschenkten mit einem unwillkommenen Geschenk nicht in Verlegenheit zu bringen, können Sie zum Beispiel so verfahren:

- „Wenn Ihnen ‚das Teil' nicht gefällt, können Sie es natürlich umtauschen."
- „Falls Sie ‚das Teil' schon in Ihrer Sammlung besitzen, können Sie es natürlich umtauschen."

Aber aufpassen: Sie erhielten ein Geschenk, das absolut nicht Ihrem Geschmack entspricht? Sie wollen es weiterverschenken? Es soll schon vorgekommen sein, dass der Erst-Schenkende nach einem gewissen Umlauf sein eigenes Präsent zurückerhielt.

Peinlich wird es allerdings, wenn Sie unüberlegterweise das Geschenk nach einer gewissen Zeit dem Schenkenden direkt zurückschenken.

Kennen Sie das?

Die Kollegin hat Geburtstag. Eine andere besorgt nach Absprache mit allen Kolleginnen und Kollegen das Geschenk. Nun wird der Rechnungsbetrag gesplittet und jeder bezahlt seinen Anteil.

Zahlen Sie Ihren Anteil sofort. Runden Sie den Betrag auf. Es gilt eher als pingelig, wenn Sie die 2 Euro 37 genau abgezählt überreichen. Des Weiteren ist es verpönt, den Anteil mit gesammelten 1 und 2-Cent Münzen zu begleichen.

Mitbringsel

Unter Mitbringsel wird eine Kleinigkeit verstanden, die jederzeit mitgebracht werden kann. Es muss nicht die klassische Erwartungshaltung bestehen, wie zum Beispiel bei einem Geburtstag oder einer mit Ritualen vollgestopften Hochzeit.

Sie sind zu einem Kaffeeplausch geladen? Dann passt ein Mitbringsel. Sie besuchen jemanden unangemeldet? Dann passt ein Mitbringsel. Beim Mitbringsel kommt es nicht auf den materiellen Wert an, sondern auf die gezeigte Aufmerksamkeit.

Geldgeschenke

„Die haben ja schon alles, was soll ich denen nur schenken?" Manche befreien sich mit einem Geldgeschenk von der Mühe, sich Gedanken machen zu müssen, was dem zu Beschenkenden gefallen könnte.

Manchmal sind die Generationen so weit auseinander, dass der Opa nicht weiß, was dem Enkel gefallen könnte. Der Griff in die Geldbörse scheint hier die einfachste Lösung.

Andererseits sind die gefürchteten drei Toaster bei der Hochzeitsfeier auch nicht zu bejubeln. Eingebürgert hat sich der sogenannte Hochzeitstisch, der von dem zukünftigen Brautpaar in einem Kaufhaus eingerichtet wird.

Die gewünschten Geschenke sind dort aufgebaut und können von den Gästen ausgesucht, gekauft und geschenkt werden.

In einigen Fällen scheinen Geldgeschenke aber tatsächlich sinnvoll zu sein. Der Jugendliche will sich eine Computeranlage oder ein E-Scooter kaufen. Hierbei ein Teil des Geschenkes zu besorgen, scheint kaum möglich.

Ein Geldgeschenk zu diesem Wunsch ist angebracht, wenn sich beim Schenken auf den Kaufwunsch bezogen wird.

Oder – die Beschenkten wollen in Urlaub fahren. Durch Geldgeschenke wird es ihnen leichter gemacht, sich den Urlaub gönnen zu können.

Wägen Sie als Schenkende/r ab, ob Geldgeschenke angebracht sind oder der Toaster doch die bessere Alternative darstellt.

Gutscheine

Sie wissen, dass sich Ihre Gastgeber seit Langem einen Wellness-Aufenthalt wünschen? Dann kann es ein Gutschein sein, der diesen Aufenthalt abdeckt. Vorher genau klären, wann und wo der Aufenthalt stattfinden kann!

Geschenke und Gutscheine zum Thema Wohlfühlen, Fitness, Aussehen können aber auch ins Auge gehen. Der Ehemann schenkt seiner Frau einen Gutschein für eine Gesichtsbehandlung ... Gut gemeint, kommt aber nicht immer gut an.

Gutscheine für Bücher (bitte aus der Buchhandlung, in der der Beschenkte in der Regel einkauft), Gutscheine für kulturelle Veranstaltungen (Kino, Theater, Oper und so weiter), Gutscheine für ein Essen außer Haus, Eventveranstaltungen und Vergleichbare sind oft gern angenommene Geschenke.

Abgesehen davon sollte berücksichtigt werden, dass ein Gutschein irgendwann verfällt. Bestimmt haben Sie selbst beim Aufräumen einen Ihnen vor Jahren geschenkten Gutschein ‚gefunden‘, den Sie nie eingelöst haben.

Wie viele Gutscheine wohl dieses Schicksal teilen?

Weihnachten und Geschenke

Am 11.12.2011 titelte die Frankfurter Allgemeine Sonntagszeitung „Geschenke gehen immer daneben: Treffsicher verfehlen wir den Geschmack unserer Liebsten. Aber wir geben nicht auf."

Na wenigstens etwas. Ist es demnach wirklich so schwierig, das richtige Geschenk zu finden? Dass ein Geschenk ‚von Herzen kommen soll‘, ist die Basis für das Finden eines guten Geschenks. Natürlich wird Empathie, also Einfühlungsvermögen verlangt.

Worüber freut sich der Beschenkte wirklich? Je besser Sie den zu Beschenkenden kennen, desto leichter sollten Sie ein passendes Geschenk finden.

Rund um die Weihnachtstage kommt allerdings noch ein Einfluss auf die Geschenkeauswahl dazu, der bei vielen Menschen erheblichen Stress hervorruft. Nämlich die Erwartungshaltung des zu Beschenkenden. Gerade an Weihnachten, dem Fest der Freude. Ui, ui.

Wer hier danebengreift, hat nichts mehr zu lachen. Und werden die Geschenke dann wirklich noch gekauft, weil sie ‚von Herzen kommen sollen' oder nur noch, weil eben Weihnachten ist und irgendetwas geschenkt werden <u>muss</u>?

Wohlfahrtsverlust

Erschwerend kommt dazu, dass der Beschenkte häufig den Wert des Geschenks zu ermitteln sucht, zumindest dem Gefühl nach. Kauft jemand ein Geschenk für 20 Euro und der Beschenkte schätzt es auf 10 Euro, dann erleidet dieses Geschenk nach dem US-amerikanischen Ökonomen Joel Waldfogel einen sogenannten Wohlfahrtsverlust von 50 Prozent.

Waldfogel schätzt, dass der geschätzte Wert bei den Geschenken etwa 84 Prozent ausmacht. Immerhin.

Am besten gelingen Geschenke wohl bei guten Freunden. Hier lag der ermittelte Wert bei satten 98 Prozent; bei den Geschenken der Großeltern hingegen nur bei 62 Prozent. Nicht umsonst wählen deswegen viele Großeltern das Geldgeschenk. Hier liegen sie zumindest bei genau 100 Prozent.

Beliebte Weihnachtsgeschenke

Was sind denn nun die beliebtesten Weihnachtsgeschenke? Neben Gutscheinen und Geld hat statista.com folgende Daten ermittelt, die für das Jahre 2017 gelten: Bücher (auch E-Books) liegen zu 46 Prozent der Geschenke unter dem Weihnachtsbaum. Kleidung knapp darunter mit 36 Prozent, ebenso Spielwaren.

Kosmetika und Schmuck liegen nicht ganz so nah beieinander (28 und 22 Prozent) und (nach anderer Statistik) Reisen immerhin noch bei 8 Prozent.

Die Prozentzahlen weichen bei anderen Quellen leicht voneinander ab, zeigen aber trotzdem immer einen vergleichbaren Wert.

Die Seite hotelier.de berichtet am 22.11.2014 über die Top 10 der beliebtesten Weihnachtsgeschenke aus dem Vorjahr. Dabei wurden Suchanfragen ausgewertet.

Auf Platz 10 kamen Bücher, auf den siebten Platz Parfums (für Damen allerdings auf Platz 1). Erlebnisgeschenke, zum Beispiel Veranstaltungstickets, landeten hier auf dem 4. Platz. Spielzeug auf dem 3. und Tablets sowie Smartphones auf den ersten beiden Plätzen.

Im Jahr 2024 liegen Bücher, Spielwaren und Geldgutscheine nach wie vor auf den ersten fünf Plätzen.

Häufige Geschenke in der Vergangenheit

In den 50er Jahren waren nicht nur die Jungs heiß auf Modelleisenbahnen. Fleischmann, Märklin, Minitrix und andere standen hoch im Kurs.

Heute spielen diese Geschenke nur noch eine unbedeutende Rolle. Die jungen Leute von heute spielen lieber an ihrem Computer. In den 90er Jahren begann das mit dem Game Boy, einer tragbaren Spielekonsole des Unternehmens Nintendo.

Erstmals im Jahre 1989 auf dem Markt, wurden mittlerweile angeblich über 118 Millionen Konsolen verkauft (laut wikipedia).

Die Barbie Puppe ist seit 1959 auf dem Markt. Damals wurden 300.000 Puppen verkauft. In einem Jahr! Da durfte Playmobil natürlich nicht nachstehen. Seit 1974 wurden immerhin über 3 Milliarden (!) Figuren hergestellt.

Schließlich soll auch nicht der Zauberwürfel Rubiks Cube vergessen werden, der 1976 das farbige Licht der Welt erblickte. Ab 1982 verschwand er wieder von den Geschenketischen, nachdem er immerhin 160 Millionen Mal gekauft wurde.

Überlegungen zum richtigen Schenken

Worüber würden Sie sich freuen? Vielleicht über ein Geschenk, das Sie sich selbst nicht leisten können oder wollen? Ein weiteres Teil für Ihre Sammlung?

Oder würden Sie sich eher darüber freuen, wenn ein Geschenk eine soziale Verbindung herstellt. Gemeint ist damit eine Einladung zum Essen, in eine kulturelle Veranstaltung, auf einen Trip? Und zwar zusammen mit dem Schenkenden?

So können sich Schenkender und Beschenkter beide an dem Geschenk erfreuen. Oder doch lieber ein Gutschein für ein Buch oder eine Reise, sodass Sie sich selbst das aussuchen, was Sie am ehesten wollen?

Bei Hochzeiten ist es fast schon üblich, von einem Hochzeits-Geschenke-Tisch zu profitieren. Der Beschenkte sucht aus, was er braucht und gerne als Geschenk erhalten würde und der Schenkende sucht nach seinem Geldbeutel das aus, was er schenken möchte.

Jüngst wurde ein vergleichbarer Geschenketisch für ein Kind zum Geburtstag geortet. Pro: Das Kind bekommt das, was es oder die Eltern wollen. Der Schenkende muss sich keine großen Gedanken mehr machen. Contra: Dem Schenkenden werden die Eigeninitiative und die Individualität genommen. Ein gewisser Preisrahmen wird diktiert.

Nun, wenn Sie sich Gedanken machen, worüber Sie sich freuen würden, können Sie den ‚Spieß umdrehen'. Versuchen Sie herauszufinden, worüber sich der Beschenkte ‚wirklich' freuen würde. Gehen Sie dann auf die Suche.

Nicht zwangsläufig ist der materielle Wert wichtig, also der Einkaufspreis des Geschenks. Die Originalität spielt eine höhere Rolle.

Erkennt der Beschenkte, dass sich der Schenkende die Mühe machte, ein Präsent auszusuchen, das 100-prozentig zum Beschenkten passt, fühlt er sich besonders wertgeschätzt und geachtet.

Lassen Sie sich dabei Zeit. Vermeiden Sie Stress, um auch das Passende finden zu können.

„Schenkst du mir Rosen ..."

„Blumen sind das Lächeln der Erde."
Ralph Waldo Emerson, US-amer. Philosoph
(1803 - 1882)

Blüten, Blumen und Blätter

Blumen sind nicht zwangsläufig gleichzusetzen mit Geschenken. Geschenke erhalten die zu Beschenkenden (zum Beispiel Geburtstagskinder, Jubilare).

Blumen können auch Partnern überreicht werden und haben dann einen etwas anderen Stellenwert als reine Geschenke.

Falls Ihre Gäste Blumen mitbringen, werden sie diese nun gleich überreichen. Hier handelt es sich in der Regel um Schnittblumen.

Sollten Topfblumen oder sonstige Pflanzen mitgebracht werden, gelten diese als Geschenke und werden anders gehandhabt (bitte schauen Sie weiter unten). Diese Blumen werden als Blumengruß bezeichnet.

Blumen werden der Umwelt zuliebe nicht (mehr) in Klarsichtfolie überreicht. Nach wie vor werden Blumen aber in Papier eingewickelt. Dieses Papier sollten die Gäste vor dem Klingeln an der Wohnungstür entfernen! Das Papier wird zusammengeknüllt in der Hand gehalten. Es muss nicht versteckt werden oder gar im Briefkasten des Gastgebers landen.

Der Gastgeber wird vielleicht nach dem Blumenpapier fragen, um es dann in den Abfall zu geben. Wenn nicht, können die Gäste das zusammengeknüllte Papier bedenkenlos auf eine Ablage oder an die Garderobe legen.

Früher wurden Blumen ausschließlich der Gastgeberin überreicht; das hat sich geändert. Blumen können sowohl der Dame als auch dem Herrn überreicht werden. Sie sind schließlich für beide gedacht – natürlich auch für den Single.

Die Blumen werden in die dafür vorbereiteten Vasen gestellt. Mit Wasser gefüllte Blumenvasen (bei größerer Gästezahl auch Eimer) stehen ‚versteckt' bereit.

Dort hinein kommen die Blumen. Unprofessionell: Die Gastgeberin, entzückt über die schönen Blumen, verschwindet in die Wohnung, um verzweifelt nach einer passenden Blumenvase zu suchen, wobei die Gäste hilflos stehenbleiben.

Die Blumen gehören nicht auf die bereits gedeckte Tafel, sollten aber gut sichtbar in der Wohnung aufgestellt werden. Es wäre Zufall, wenn die mitgebrachten Blumen das bereits bestehende Tisch- und Blumenarrangement optimal ergänzen würden.

Pflanzen, Arrangements, Kakteen

Falls ein Blumenstrauß passend scheint:

- Zimmerpflanzen können geschenkt werden, wenn jemand eine Wohnung oder ein Haus neu bezieht.

- Ein Gutschein für Blumen ist passend, wenn viele Gäste mit Blumen zu erwarten sind.

- Kakteen werden üblicherweise nur Kakteen-Sammlern geschenkt.

- Blumen-Arrangements in einer Schale sind geeignet, wenn diese sehr lange halten und in Erinnerung bleiben sollen.

- Über die räumliche Distanz sind Dienstleistungen vom Blumenversand einsetzbar.

Sag es mit Blumen! Die Blumen-Sprache

Die Sprache der Blumen erscheint heute manchem etwas unmodern – aber es bleibt doch immer noch ein kleiner ‚versteckter' Hinweis.

Umgehen mit der strengen, sozialen Blumen-Etikette

In vergangenen Zeiten war es nicht schicklich, dass Frauen und Männer ‚einfach so' miteinander kommunizieren konnten. Um sich dennoch heimliche Informationen zuzusenden, war die Sprache der Blumen wunderbar geeignet.

Im 18. Jahrhundert fasste die englische Schriftstellerin Lady Mary Wortley Montagu (1689 – 1762) in einem Buch mit dem Titel ‚Kommunikation mit Blumen' die individuelle Symbolik einzelner Blüten zusammen.

Ca. 50 Jahre später erschien das Werk ‚Le Langage des Fleures', frei übersetzt mit ‚Die Sprache der Blumen'. Somit war es gelungen, die relativ strengen sozialen Vorschriften des Umgangs miteinander zu umgehen, ohne die Etikette zu verletzen.

Nicht nur die Art der gewählten Blumen und deren Farbe, sondern auch die Anzahl der Blüten pro Strauß sowie das Alter der Blumen hatte eine Bedeutung.

Generell kann für farbige Blüten festgehalten werden:

- Je heller die Blüten sind, desto schwächer soll das übermittelte Gefühl sein.
- Je dunkler die Blüten sind, desto stärker soll das Gefühl dargestellt sein.

Auch möglich: Wird der Blumenstrauß mit den Blüten nach oben überreicht, dann gelten die versteckten Signale positiv, sonst sind sie als negativ zu deuten.

Die beiden folgenden Regeln kennt fast jeder:

- Rote Rosen sind immer noch ein Zeichen des Liebesbeweises.
- Weiße Lilien sollten älteren Menschen nicht geschenkt werden, da sie als ‚Todesblumen' gelten. Sonst sind weiße Blüten in Sträußen oder Arrangement häufig anzutreffen.

Rote Rosen – die Blüten und die Farbe der Liebe. Das ist bekannt. Gelbe Rosen – die Farbe der Eifersucht. Nicht gut für ein Hochzeitpaar.

Hier eine Auswahl, wobei die Aussagekraft je nach Region verschieden sein kann.

Bedeutung der Blüten

Im Folgenden kann der Blumengruß verstanden werden als …:

A

Akazienblüte: Ich vertraue dir.

Alpenveilchen: Ich bin bescheiden; schüchtern.

Anemone: Freude; Ich bin gerne bei dir; ich fühle mich verlassen.

Aster: Alles Schönste für dich; von deiner Treue bin ich nicht ganz überzeugt.

B

Bambus: Du bist attraktiv.

Beißbeere: Schmerz.

Belladonnalilie: Du bist schön, aber nicht ungefährlich.

Bellis: Demut; ich bin ganz verliebt in dich.

Brennnessel: Ich verwehre dir alles; ich habe dich durchschaut.

Buchsbaum: Du bist spröde; soll ich mich fügen?

C

Calla: Du bist schön; du bist attraktiv; du bist rein und vollkommen.

Christrose: Ich teile ein langes Leben mit dir; ich schütze dich.

Chrysantheme: Mein Herz ist frei; grenzenlose Treue.

D

Dahlie: Du bist mir treu und gibst mir Glück; ich bin aber schon vergeben; sei geduldig.

E

Edelweiß: Du bist wunderschön.

Efeu: In stillen Gedanken bei dir; ich bin treu.

Engelstrompete: In deinen Händen liegt mein ganzes Glück.

Erika: Du bist mein Alles; aber ich liebe die Einsamkeit.

Espe: Du bist mir zu ängstlich.

F

Farnkraut: Ich mache nicht gern lange Worte; in stiller Einsamkeit mit dir.

Federnelke: Ich denke an dich; du bist mir zu leichtsinnig.

Feuerlilie: Ich bin in glühende Liebe zu dir verfallen.

Flieder: Unser schönstes Glück ist unsere Liebe; meine Liebe zu dir beginnt; wirst du mir auch treu sein?

Frauenhaar: Ich träume im Geheimen von dir.

G

Gänseblümchen: Ich bin bescheiden; unschuldig.

Geranie: Ich bin zufrieden mit unserem Leben; ich erwarte dich an bekannter Stelle.

Glockenblume: Unsere Herzen schlagen im gleichen Takt.

Goldlack: Ich bin tief glücklich mit dir; ich sehne mich nach dir.

H

Heidekraut: Ich liebe die Einsamkeit.

Hopfen: Ich bin dir verfallen; ich lasse mich aber nicht überrumpeln.

Hyazinthe: Ich vertraue dir; deine Kälte lässt mich schmachten.

I

Immergrün: Ich stehe in unvergänglicher Liebe zu dir.

Immortelle: Ich werde dich nie vergessen.

Iris: Ich stehe für dich ein; ich bin neugierig auf dich.

J

Jasmin: Du bringst uns Glück; du bist bezaubernd.

Jelängerjelieber: Liebesverlangen.

K

Kastanienblüte: Unsere Liebe gibt unserem Leben einen Sinn; kannst du mir verzeihen?

Kirschblüte: Ich will dich küssen.

Klee: Du darfst alles, was du willst.

Klette: Ich möchte dich necken; du bist mir zu anhänglich.

Korbweide: Für dich ist mir keine Arbeit zu viel.

Kornblume: Du bist ein frohes Wesen; zärtlich.

Krokus: Wenn du da bist, ist alles voller Freude; ich brauche noch Zeit, um mich zu entscheiden.

L

Lindenblüte: Träume süß und denke an mich.

Löwenzahn: Werde gesund.

Lilie: Glaube, Reinheit, Unschuld und Jungfräulichkeit.

M

Männertreu: Sei auf der Hut vor Geschwätz.

Maiglöckchen: Du bist allein.

Malve: Du weißt dich zu pflegen.

Margerite: Reinstes Glück für mein Leben; auch: Lass mich in Frieden.

Mistel: Beharrlichkeit; Gut und Blut will ich mit dir teilen.

Mohn: Ich will in deinen Armen trunken sein vor Glück.

Myrte: Wir werden bald heiraten.

N

Nachtschatten: In Erinnerung an das Glück unserer Nacht; sei nicht eifersüchtig.

Narzisse: Du bist eitel; tue mir nicht Unrecht.

Nelke, gelb: Ich verachte dich.

Nelke, rot: Heiße Liebe.

Nelke, weiß: Ich bin noch zu haben; ich sehne mich nach dir.

O

Orchidee: Liebe; Leidenschaft; ich verehre dich; ich verneige mich vor deiner Schönheit.

P

Papyrus: Schreib mir was Schönes.

Petersilie: Ich möchte dir was Liebes gönnen; ich liebe die schlichte Häuslichkeit.

Pfingstrose: Lass uns zusammenkommen.

Primel: Zufriedenheit, weil ich dich habe.

Q

Quittenblüte: Ich bete dich an.

R

Rhododendron: Wann sehen wir uns wieder?

Rose, blau: Du bist mir treu.

Rose, gelb: Sei nicht eifersüchtig.

Rose, rot: Ich liebe dich über alles.

Rose, weiß: Ich liebe dich unsterblich; Reinheit; ich sende gute Wünsche.

Rosmarin: Abschied; ich habe dich aufgegeben.

S

Sanddorn: Werde gesund!

Sauerampfer: Lass uns wie Kinder sein; sei nicht so empfindlich.

Schafgarbe: Meine Gedanken sind bei dir; ich habe Geduld.

Schilf: Ich will mit dir alleine sein; entscheide dich endlich.

Schwertlilie: Ich werde um dich kämpfen.

Seerose: Höchste Erfüllung.

Seidelbast: Du sollst nicht auf diesen Angeber hereinfallen.

Sonnenblume: Du bist meine Sonne; sei nicht so anspruchsvoll.

Stachelbeerblüte: Ich bin beleidigt; musst du mich quälen?

Stiefmütterchen: Meine Liebe zu dir ist heiß entbrannt.

T

Tausendgüldenkraut: Ich kann dir das Bittere nicht ersparen; du liebst nur mein Geld.

Tollkirsche: Ich habe dich durchschaut.

Tulpe: Du bist zu keinem echten Gefühl fähig; liebst du mich wirklich? Ich liebe dich.

V

Veilchen blau: Wie innig wir uns lieben, ist mein süßes Geheimnis; habe Geduld; wir respektieren einander.

Vergissmeinnicht: Denk an mich; vergiss mich nicht; wahre Liebe.

W

Weidenröschen: Ich sehne mich nach dir.

Weinlaub: Lass uns feiern; wollen wir heute Abend ausgehen?

Weißdorn: Ich freue mich.

Wicke: Zärtlich mit dir ganz vereint.

Winde: Schade, dass die Zeit vorbei ist; mich wirst du nicht los.

Wolfsmilch: Jemand mag uns nicht.

Auf dem glatten Parkett

Das Tanzbein schwingen

„Lasst uns tanzen, lasst uns springen! Lasst uns laufen für und für!"
Denn durch Tanzen lernen wir eine Kunst von schönen Dingen.
Paul Fleming, dt. Dichter
(1609 - 1640)

„Darf ich bitten?"

Ursprünglich: „Darf ich um einen Eintrag in Ihr Tanzbüchlein bitten?"

Und so funktioniert es ganz formell: Der Herr schließt sein Jackett und geht zur Dame. Dort bittet er sie zum Tanz. Ganz korrekt vorgehend wird zuerst der die Dame begleitende Herr gefragt, ob er die Dame zum Tanz auffordern darf.

Fordert der Herr eine Dame zum Tanz auf, so ist er ihr beim Aufstehen behilflich. Auf dem Wege zur Tanzfläche räumt er Stühle oder andere Hindernisse aus dem Weg.

Nach dem Tanz begleitet er die Dame an ihren Tisch oder an den Platz, den sie wünscht.

Es gilt noch, dass die Dame beim Herrn eingehakt zum Tanzen geht und zurückgebracht wird.

Nach dem Tanz bedankt sich der Herr mit Worten und einer leichten Verbeugung.

Gute Manieren zeigt, wer beim Tanz nicht nur <u>eine</u> Dame als Partnerin bevorzugt; in keinem Falle am eigenen Tisch, hier wird mit jeder Dame wenigstens einmal getanzt.

Damen am eigenen Tisch allein sitzenzulassen ist unhöflich.

Jüngere Menschen mögen über diese ,altmodischen' Regeln lächeln. Wo gibt es noch Veranstaltungen, auf denen sich wie oben beschrieben verhalten wird?

Heute tanzen Menschen ungezwungen in Clubs, allein, zu zweit oder auch in Gruppen.

Die Körpersprache beim Tanzen ist deutlich und bewusst eingesetzt. Sie ist mit allen vollzogenen Bewegungen sehr aussagekräftig.

Der Tänzer und die Tänzerin zeigen sich und machen sich gegenseitig begehrenswert. Sich ,anziehende' Tänzer ,umtanzen' einander und zeigen in gewissen synchronischen Tanzbewegungen, wie gut sie sich aufeinander einstellen können.

Je nach Tanz kommen sich die beiden körperlich näher – näher, als es mit Fremden üblicherweise toleriert werden würde.

An sich ein überflüssiger Hinweis, aber trotzdem ein notwendiger. „Nein" heißt „Nein". Wünscht jemand den Kontakt oder die Nähe nicht, ist dem geäußerten Hinweis bedingungslos zu folgen.

Teil II
Events und Feiern, Dekoration und Mottos, Speisen- und Getränkebuffet

Kapitel 4 – Gelungene Feste

Feste und Feiern

Der passende Rahmen für den gegebenen Anlass

„Klage eines stillen Zechers: Wenn man betrunken ist, das sieht jeder,
bloß, wenn man Durst hat, das sieht keiner."
Willy Reichert, dt. Kabarettist
(1896 - 1973)

Der, die oder das Event?

Am häufigsten wird dem Begriff Event der Artikel ‚der' und ‚das' vorangestellt. Da Event kein deutscher Begriff ist, zeigt es sich immer wieder als Herausforderung, den ‚richtigen' Artikel zu bestimmen. Oft wird sich dann nach der deutschen Variante gerichtet:

- Das Fest, das Jubiläum (gleich das Event)

- Die Party, die Veranstaltung (gleich die Event)

- Der Abschiedsball, der Anlass (gleich der Event)

Der Duden schlägt vor: ‚das' oder ‚der'. In diesem Ratgeber wurde sich für ‚der' Event-entschieden.

Gründe für Events

Gründe für Feste und Feiern gibt es wohl genug. Zu welchen Anlässen laden Sie Gäste ein? Anlässe für eine kleinere oder eine größere Feier finden sich zahlreiche. Es muss nicht immer nur die goldene Hochzeit sein, um eine Feier ‚standesgemäß' auszurichten. Auch eine weniger wichtige Angelegenheit, wie der Kauf eines neuen Einrichtungsgegenstands könnte Anlass sein, ein – wenn auch kleines – Fest zu veranstalten.

Ein Jubiläum, der Abiball, eine Beförderung, der Wohnungsumzug, die Geburt eines Kindes, die Pensionierung, Geburtstage aller Art …

Auch müssen nicht gleich Hunderte geladener Personen anwesend sein, soll ein Fest gegeben werden. Die kleinste Gruppe der Zusammenkommenden besteht aus zwei Personen.

Vielleicht haben Sie schon einmal von After-Work-Partys, Pyjama-Partys, Stag-Partys (Junggesellenabschied), Block-Partys (Stadtviertelfeste) gehört? Waren Sie schon einmal bei großartigen Galas, zum Beispiel einem Tanzball eingeladen? Ein Candle-Light-Dinner dürfte Ihnen geläufig sein.

Was halten Sie von einem ‚Dinner in the Dark' – wie sieht es damit aus? Sie sehen absolut nichts und sind dann auf die anderen Sinne angewiesen, die außergewöhnlich angeregt werden. Ein fast unheimliches Erlebnis. Wie gefällt Ihnen ein Krimi-Dinner, ein Dracula-Dinner, ein Western-Dinner oder ein Musical-Dinner?

Nahmen Sie schon einmal teil an Firmen-Events, Indoor wie Outdoor, zur Teambildung oder Kundenbindung? Auf Modeschauen oder in Spielcasinos? Es könnte fast der Eindruck entstehen, das komplette Leben bestünde nur aus Feiern …

Feiern Sie mit! Für Gäste gilt: Nehmen Sie mit, was Ihnen das Leben oder anderen Menschen (an-)bieten!

Gäste wollen unterhalten werden. So sind nicht nur die Gastgeber gefragt, ihre Gäste zu begrüßen und sie in einer angenehmen Atmosphäre feiern zu lassen.

Gäste erwarten die Möglichkeit, ihr soziales Netzwerk ausbauen zu können. Wer könnte beruflich oder privat ‚interessant' sein?

Geschickte Gastgeber stellen ihre Gäste – soweit möglich – untereinander vor. Idealerweise auch mit einem Hinweis zur Person (mein Chef, mein Kollege, meine Tante, meine Nachbarin ...). Wenn es sinnvoll erscheint, mit weiterem Hinweis, der den Gästen hilft, den Einstieg in einen Smalltalk zu erleichtern:

- ... meine beste Freundin, die ein Handtaschengeschäft leitet.

- ... mein Nachbar, der den Kuchen gebacken hat.

- ... ein Bekannter, der eine Weltumseglung vor sich hat.

Die Gäste können so zwanglos ins Gespräch kommen, was deutliche Vorteile für den Aufbau einer guten Stimmung bringt. Eingeladene Künstler unterhalten zwischendurch, Reden sind kurzweilig und dem Anlass entsprechend.

Das Speisen- und Getränkeangebot ist sorgfältig ausgesucht und liebevoll präsentiert. Für jeden ist das Passende dabei, egal ob es sich um Vegetarier, Veganer oder Fleischgenießer handelt. Die Räumlichkeit ist picobello aufgeräumt und ansprechend dekoriert.

Eigene oder fremde Geburtstage

Für die Gestaltung einer Einladungskarte zur eigenen Geburtstagsfeier können Sie Motive wählen, in denen sich die Zahl Ihres Geburts-Tages widerspiegelt.

Viele lachende Gesichter, Luftballons, lustige Fotos von damals und heute und so weiter. Einladungen zu Kindergeburtstagen sind etwas Aufregendes für die Kinder.

Die Einladungen sollten bunt und ‚fröhlich' sein, um die jungen Gäste neugierig zu machen. Was halten Sie davon, eines der folgenden Dinge in den Umschlag der Einladungskarte zu legen?

- einen Luftballon,
- eine Süßigkeit,
- eine kleine Clown-Figur oder ein kleines Spielzeug,
- einen Malstift, um die Karte selbst ausmalen zu können,
- einen Mini-Kuchen oder einen Keks.

Auch die Volljährigkeit, also eine Einladung zum 18. Geburtstag, ist etwas Besonderes im Leben eines jungen Menschen.

Deshalb könnte eine Einladung in Form der Zahl 18, eines Führerscheins oder Wahlzettels ‚gestylt' sein. Ebenso ein Auto-Nummernschild mit den Initialen des Einladenden und oder der Gäste ist sicherlich originell.

BN OO 7

An einem schönen lauen Sommerabend eine Grillparty im Freien ... Dazu gehören Luftballons, Lampions, Fackeln, eine Lichterkette und neben dem Grill, Würste, Steaks, Holzkohle und ein Fass gut gekühltes Bier.

Runde Geburtstage

Zu allen ‚runden' Geburtstagen eignet sich als Motiv die jeweilige Jahreszahl (30, 40, 70 und so weiter), aber auch ¼ für 25 Jahre, ½ für 50 Jahre, fünfmal die 11 (55 Jahre), goldene Buchstaben (50 Jahre). Letzthin fand sich auf einer Einladung folgende nette Beschreibung: „Einladung zum 10 und dreißigsten Geburtstag."

Hochzeit

Hier einige Motive, die zur grünen Hochzeit (Hochzeitsfest anlässlich der Eheschließung) auf Einladungskarten, aber auch auf Menü- und Tischkarten zu finden sind:

- ein Paar Tauben
- ein Ring oder ein Paar Eheringe
- Hochzeitskleid, Schleier

- ein Brautpaar
- eine Hochzeitskutsche
- die Hochzeitsglocken.

25 Jahre später, zur Silberhochzeit, werden Karten gerne mit Silberschrift beschrieben oder in silberfarbenen Tönen gehalten. So finden sich:

- Silberbesteck
- Silberbecher

- Silberschmuck
- Silberbarren einer Bank.

Zum 50. Hochzeitstag steht natürlich die goldene Farbe im Vordergrund. Karten auf Goldpapier, versehen mit goldenen Kordeln, beklebt mit (künstlichen) Goldbarren, Goldmünzen, Goldnuggets oder einem Lederbeutel mit Golddukaten. Hier die Auflistung ‚krummer' Hochzeitstage:

Hochzeitstag	...-Hochzeit				
1.	Papier-...	10.	Rosen- oder Zinn-... (USA)	35.	Korallen- oder Leinen-... (USA)
2.	Baumwolle-...	11.	Stahl-...	37 ½.	Aluminium-...
3.	Leder-...	12.	Leinen-...		
4.	Seiden-...	12 ½.	Petersilien-... (Gast lädt sich selbst ein)	40.	Rubin-...
5.	Holz-...	13.	Spitzen-...	50.	Gold-...
6.	Zucker-...	14.	Elfenbein-...	60.	Diamant-...
7.	Kupfer- oder Wolle-...	15.	Kristall-...	65.	Eisen-...
8.	Bronze- oder Salz-...	20.	Porzellan-...	67 ½.	Stein-...
9.	Keramik- oder Töpfer-...	25.	Silber-...	70.	Gnaden-...
		30.	Perlen-...	75.	Kronjuwelen-...

Kirchlich bedingte Feiern

Zur Geburt oder Taufe finden sich häufig Motive wie

- eine Wiege mit Säugling,
- eine Milchflasche und Nuckel, aber auch

- das Bild einer Hebamme
- ein Kreuz

- der Klapperstorch darf nicht vergessen werden.

Es überwiegen die Farben rosa, hellblau oder weiß. Zur Kommunion oder Konfirmation eignet sich ein Bild des Abendmahls, die Bibel, ein Kreuz oder eine Kerze.

Wer den Namenstag feiert, wird den Namen hervorheben und könnte seine Einladung mit einem Kalenderblatt, mit Blumen und auch mit einem Heiligenbild (Bild des Namenspatrons) schmücken. Zur Verlobung gehören die Ringe, vielleicht Tauben und gegebenenfalls die Bibel.

Ostern

In Einladungen zu Ostern finden sich die üblichen Motive wie Osterhase, Ostereier, Küken und Osternest, aber auch Vögel und Blumen, sowie die Bibel (Bild der Auferstehung). Die Eier stehen für die (Wieder-)Geburt und das Leben.

Meist werden an den Ostertagen sanfte, pastellfarbene Farbtöne gewählt, vorzugsweise gelb und grün.

Der Jahreswechsel und seine Glückssymbole

Der letzte Tag des Jahres hat begonnen. Freudige Erwartungen zum Wechsel des Jahres lassen die Stimmung ansteigen. Silvester, der letzte Tag im Jahr, muss gebührend gefeiert werden. Menschen, die sich mögen, tauschen Kleinigkeiten aus – in der Familie oder bei Besuchen.

Dazu gehören:

- das Glücksschweinchen aus Marzipan,
- der Schornsteinfeger,
- ein vierblättriges Kleeblatt,
- ein Glücks-Pfennig oder Glücks-Cent,
- die Zahlen des alten und des neuen Jahres,
- ein Fliegenpilz,
- viele lustige Gesichter,
- Sekt-/Champagnerflaschen mit entsprechenden Gläsern
- und der gute Karpfen.

Diese Glücksbringer können auch gemalt, ausgeschnitten oder andersartig gebastelt sein. Das Symbol der Sektflasche oder die Flasche gleich selbst, darf nicht fehlen.

Der Sektkühler hat origineller Weise die Form eines Zylinders (die Kopfbedeckung des Schornsteinfegers – wie passend!).

So nebenbei: Ein Korken kann blitzschnell aus einer geschüttelten Sektflasche mit einer Geschwindigkeit von 40 Kilometern pro Stunde aus der Flasche fliegen. Um Mitternacht darf es natürlich ordentlich knallen. Die Gäste stoßen mit ihrem Glas Sekt/Champagner an und wünschen sich ein frohes neues Jahr. „Prosit Neujahr!"

Übrigens: Viele Symbole spiegeln einen kleinen Aberglauben wider. Zu Silvester gehören auch Luftschlangen, Konfetti oder Luftballons.

Immer wieder kommt es zu Überlegungen, inwieweit das Silvesterfeuerwerk noch zeitgemäß ist. Naturschutz, Umwelt, Schutz der Tiere, Vermeidung von Verletzungen und so weiter. Ursprünglich diente die Knallerei dazu, böse Geister zu vertreiben.

Käsewürfel und Trauben auf dem Spießchen

„Schatzi, hast du vergessen, dass wir heute Abend bei Schulzes eingeladen sind?" „Oh nein! Das habe ich ja total verdrängt. Können wir das nicht ausfallen lassen? Müssen wir da wirklich hingehen?" „Ja, da müssen wir leider hin. Der Abend wird schon vorbeigehen. Komm, mach` dich fertig."

Kommt Ihnen eine Szene dieser Art bekannt vor? Nach einem arbeitsreichen Tag kommt diese ‚unangenehme' Überraschung, die Sie schon längst aus dem Kopf verdrängt hatten. Aber es hilft alles nichts. Sie <u>müssen</u> da hin.

Nebenbei sei bemerkt: Wenn Sie einer Einladung folgen <u>müssen</u>, ist es wirklich an der Zeit zu fragen, ob Sie dort hinwollen und tatsächlich müssen.

Ein Besuch auf eine Einladung sollte idealerweise freiwillig und mit gewisser Vorfreude geschehen. Dann wird auch aus diesem Anlass ein gelungenes Ereignis.

Eine ernst gemeinte Einladung soll schöne Momente für die Gäste, wie auch für die Gastgeber bringen. Eine Einladung erfordert Zeit und Geld. Beides soll gut angelegt sein.

Gastgeber und Gäste sollen sich schon im Vorfeld auf das Zusammensein freuen.

Das Miteinander mit allem Drumherum soll ein Erlebnis darstellen. Und schließlich wäre es schön, die Feier auch noch Jahre später positiv in Erinnerung bewahren zu können.

Aber ist es andererseits nicht auch verständlich? Wie oft haben Sie sich schon von Kartoffelsalat zu Kartoffelsalat gequält? Wie viele Würstchen und Käsewürfel haben Sie auf Feten schon in sich ‚reingesteckt‘? Wie viele Salzstangen mussten schon ‚dran glauben‘?

Umso überraschter – und zwar angenehm überrascht – werden Sie sein, wenn Sie zu einem Anlass eingeladen werden, der unter einem Motto steht.

Und ganz abgesehen davon – es entspricht dem Zeitgeist, eine Einladung unter ein Motto zu stellen.

Mettigel

Die Zeiten des Mettigels auf dem Buffet sind vorbei. Sie sind verschwunden, wie die Igel aus den Gärten. Dabei waren beide in den 50ern bis 70ern sehr populär.

Eine große Portion Schweinemett (die für alle Gäste ausreicht) wird in Form eines Igels – von oben betrachtet – gegeben. Die Augen und die Nase werden durch schwarze Olivenhälften markiert. Zwiebelstückchen stellen die Stacheln dar.

Aufgrund der nicht gewährleisteten Hygiene und der sich möglicherweise bildenden Salmonellen, darf der Igel nicht zu lange auf dem Buffet verbleiben.

Des Deutschen Lieblingsspeise – Ein Hoch auf die Kartoffel

„Was macht den Deutschen aus?" So werden Menschen anderer Kulturen gefragt. Die Antwort: „Lederhose, Bier und Kartoffeln."

Die Lederhose bleibt bei Getränken und Speisen in diesem Ratgeber außen vor. Es sei denn, die Einladung wurde unter ein bayerisches Motto gestellt.

Zum Bier ist in diesem Ratgeber viel geschrieben. Es fehlt die Kartoffel.

Dabei fing alles verzwickt an. Im frühesten Mittelalter kannten die hier lebenden Menschen die Kartoffel noch gar nicht. Sie kam erst Mitte des 16. Jahrhunderts mit spanischen Seefahrern nach Europa, und noch ein paar Jahrzehnte später nach Deutschland.

Die Menschen konnten mit der Kartoffel nichts anfangen, zumindest solange sie sie roh verspeisten. Erst 1756 erlässt Friedrich II. (1712 – 1786) einen sogenannten Kartoffel-Befehl, um den Anbau und den Verzehr der Kartoffel zu fördern. Hungersnöten sollte vorgebaut werden.

Bis Mitte des 20. Jahrhunderts durften zubereitete Pellkartoffeln nicht mit Silberbesteck geschnitten werden. Das Silber lief schwarz an. Bei den heute üblichen Bestecken besteht kein Risiko des Anlaufens mehr. Kartoffeln sollten mit der Gabel gebrochen werden. Dadurch entstand eine raue Oberfläche, die Sauce besser aufnehmen konnte.

Übrigens: In anderen europäischen Ländern werden mehr Kartoffeln gegessen als hierzulande. Egal – ein Hoch auf die Kartoffel, ob Bratkartoffel oder Pommes frites!

Motto für einen Event

> *„Ein Nachtclub ist ein Lokal,*
> *in dem die Gäste reservierter sind als die Tische."*
> **Charlie Chaplin [bürgerlich Charles Spencer], brit.** *Schauspieler*
> *(1889 - 1977)*

Ein Besuch im Moulin Rouge

Warum Ihre Einladung oder Ihr Buffet nicht unter ein bestimmtes Motto stellen? Das ist dann sinnvoll, wenn häufiger Veranstaltungen stattfinden oder wenn Abwechslung in den üblichen Ablauf gebracht werden soll.

- Besuch im Zoo
- Besuch auf dem Bauernhof
- Gefangen hinter Gittern
- Wir fliegen ab
- Im Spielzeugladen
- Ali-Baba und die 24 Gäste
- Musik belebt die Welt
- In der Schule wackeln die Wände
- Zeitungs-Ente
- Zirkus, Manege, Clowns
- Reise durch Disney-World
- Die Feuerwehr geht ab
- Götterdämmerung

- Mit der Eisenbahn zur Familie xyz
- Unser Baby ist da!
- Olympiade bei uns
- Von Wien bis Paris
- Besuch im Moulin Rouge
- Als die alten Römer kamen
- Das Dschungelbuch
- Oldtimer-Rallye
- Agent 007
- Vor 1 Million Jahren
- Im Himmel ist die Hölle los
- Paradies auf Erden
- Karneval in Rio

- Wie damals im Mittelalter
- Auf Burg Katzenstein
- Im Wilden Westen was Neues
- Wir feiern wie Kaisers
- Im Pyjama
- Bad Taste
- Geschlechter-Tausch
- Rock n' Roll
- La Dolce Vita
- Waldmeister-Party
- Oma und Opa zu Besuch
- Neon-Party
- Piraten auf hoher See
- KI ist gegenwärtig

Unter einigen Mottos können Sie sich bestimmt etwas vorstellen. Sie sehen Dekoration, sehen die Gäste verkleidet und können auch Essen und Trinken nach dem Motto ausrichten.

Sogar die Einladungskarte kann und soll auf das Motto ausgerichtet sein, indem sie aus einem entsprechenden Material hergestellt, nach einem bestimmten Motiv ausgeschnitten oder bemalt wurde. Angenommen, Sie laden zu einem italienischen Abend ein. Dann wird jeder Gast erwarten, regionale Speisen vorzufinden. Es sollen nicht fehlen:

- Spaghetti
- Tortellini
- Pizza

- Lasagne
- Käse
- große Salatschüsseln

- Tiramisu
- Eisgerichte
- Chianti-Wein

Originellerweise würden Sie dann Ihre Einladungskarte auch italienisch ‚einfärben', indem Sie zum Beispiel ein Bild des schiefen Turms von Pisa aufdrucken oder eine venezianische Gondel.

Die Farben auf der Einladungskarte sind hauptsächlich grün, weiß und rot, was den Landesfarben entspricht. Diese Farben können sich auf Ihrer Tafel wiederfinden. Nehmen Sie ein grünes Tischtuch, weißes Geschirr und rote Servietten.

Wählen Sie Blumenschmuck mit roten und weißen Blüten. Der Festraum ist geschmückt mit rot-weiß-grünen Papierbändern. Es finden sich sogar Blumengebinde, die aus (verpackten) Teigwaren gestaltet sind.

Natürlich fehlt die italienische Hintergrundmusik nicht. Schon fühlen sich Ihre Gäste nach Italien versetzt. Nun setzen Sie noch ein Tüpfelchen oben auf, indem Sie sich etwa italienisch kleiden. Vielleicht wie ein Gondoliere?

Teilen Sie Ihren Gästen auf der Einladungskarte bereits mit, wen Sie als Gäste erwarten:

- Gondoliere
- ‚typische' Touristen
- Primadonnen
- Eisverkäufer

- Casanova
- süditalienische Marktfrauen
- Pizzaioli (Pizzabäcker)

- und vielleicht auch das eine oder andere Mitglied diverser Familien aus Sizilien …

Selbstverständlich soll bei keiner Kleidung oder Verkleidung bei diesem oder den folgenden Mottos jegliche Diskriminierung verbunden sein.

Beispiele einiger Mottos

Unter den jeweiligen Mottos sind als Anregung Ideen aufgeführt, die als Dekorationsgegenstände oder Kleidung eingesetzt werden können.

Könige und Kaiser

Der Raum ist wie ein Bankettsaal in einem Schloss dekoriert. Auf dem Tisch liegt eine schwere Tischdecke aus Brokat. Mehrarmige Kerzenleuchter sind von ausladendem Pflanzen- und Blumenschmuck umrankt.

Auf der Tafel sind (Schokolade-)Dukaten verteilt. Edelsteine (Glasperlen) sind in einer Glasschale dekorativ präsentiert.

Unter den geladenen Gästen ist alles, was Rang und Namen hat, vertreten. Da kommen neben Gräfin Dubarry und Kaiser Napoleon auch Großherzöge, Gesandte, Burggrafen, Hofdamen, Prinzessinnen und Königinnen.

Die Gastgeber gewähren allen Gästen fürstliche Audienz bei einem Glas Champagner, während die Gastgeschenke entgegengenommen werden. Jeder Gast erhält einen wertvollen Orden erster Klasse (vielleicht einen alten Karnevalsorden?). Ein Butler liest das auf Büttenpapier handgeschriebene Menü vor.

Und mit einem lauten Fanfarenstoß wird die Tafel eröffnet. Während die Gäste ihre Plätze einnehmen, ertönt im Hintergrund klassische Spinett- und Harfenmusik.

Kinder-Karneval in Rio

Ein bunter Maskenball für Kinder! Harlekins, Clowns, Till Eulenspiegel, Star Wars Figuren, Batman, Pippi Langstrumpf und viele andere treffen, bestens gelaunt, zum lustigen Rosenmontagszug ein.

Trommelwirbel und Trompetenmusik begleiten das bunte Treiben. Jedes Kind wirft Luftschlangen und darf Bonbons lutschen.

Der Buffettisch ist mit einer farbigen Lackfolie bespannt, auf der, zwischen allerlei Leckereien, bunte Luftballons und viele kleine Smarties verstreut liegen. Spiele im Haus und – bei entsprechendem Wetter im Freien – runden das gelungene Fest ab.

In Neptuns Reich

Die Gastgeberin als Meerjungfrau verkleidet und der Gastgeber als Neptun mit Dreizack begrüßen an der Wohnungstür die Gäste, die aussehen wie Seepferdchen, Nixen, Moby Dick, Piraten und Seeungeheuer. Fischernetze (einen oder mehrere leere Zwiebelsäcke aufschneiden) sind von der Decke zur Wand gespannt.

Im Netz hängen Muschel-Schalen und Seesterne. Selbstverständlich sind die angebotenen Speisen hauptsächlich ‚Früchte', die das Wasser hergibt. Vielleicht findet sich jemand im Bekanntenkreis, der Ihnen ein Kanu ausleiht, das als Buffet umgewandelt wird?

Aus einer Schatztruhe können sich die Gäste kleine Schätze aussuchen, die zum Beispiel für Tanzspiele benutzt werden können.

Domino ‚(Schwarz/Weiß)'

Die benötigten Räume werden mit schwarzen und weißen Gegenständen dekoriert. Schnell werden Sie feststellen, dass nicht jedes und alles nun schwarz oder weiß sein muss, denn spätestens bei den Speisen sind einige Grenzen gesetzt.

Nehmen Sie an, das Speisenangebot ist auf Buffets hergerichtet. Die Buffets werden mit schwarzer oder weißer Lackfolie bespannt. Schwarz, wenn das aufgestellte Geschirr weiß ist und umgekehrt.

Es soll sich ein krasser optischer Gegensatz ergeben. Entsprechend werden schwarz und weiß eingefärbte Blumen oder Blumenschmuck auf das Buffet gestellt oder gelegt. Schwarze und weiße Kerzen runden das Gesamtbild ab.

Haben Sie helle Wandverkleidung, können hier schwarz/weiße Masken aufgehängt werden. Diese könnten aus Karton geschnitten und überdimensional groß sein. Bei schwarzem Geschirr sind die Gästetische weiß eingedeckt. Es ergibt sich eine etwas ‚schauerliche' Atmosphäre. Verwenden Sie Gläser mit schwarzem Fuß und Besteckteile mit schwarzem Griff.

Die Menükarten sind aus schwarzem Papier und weiß beschriftet. Dasselbe gilt für die Tischkarten. Es gibt Glasmurmeln oder Glasnuggets in allen Farben.

Wählen Sie hier schwarze Nuggets, die auf dem Tisch verteilt werden. Die Nuggets haben den Vorteil, dass sie durch ihre nicht-runde Form nicht vom Tisch rollen können. Auch hier gehören wieder schwarze Kerzen auf den Tisch. Quer durch den Raum sind schwarz/weiße Girlanden gezogen.

Hilfskräfte (falls welche zur Verfügung stehen) oder Freunde, die zur Hand gehen, sind wie erwartet schwarz/weiß gekleidet. Für diesen Anlass könnten Sie den Hilfskräften schwarz/weiß karierte Fliegen, Krawatten, Einsteck- oder Halstücher geben.

Es wäre eine sehr schöne Ergänzung, wenn an einem schwarzen oder weißen Flügel Hintergrundmusik geboten werden könnte.

Ein Wort zu den Speisen und Getränken: Ein guter Hobbykoch wird selbst viele Ideen haben, wie er an schwarze beziehungsweise weiße Lebensmittel kommt.

Dabei darf leicht geschummelt werden. Es gelten auch Farben, die annähernd in diese Richtung gehen. Hier einige Beispiele:

- Aal
- Aubergine
- Baiser
- Bananeneis
- Rote Beete
- Bircher Müsli
- Blaubeeren
- Blutwurst
- schwarze Bohnen
- Brombeeren
- Brombeermarmelade
- Champignons
- Chinesische Morcheln
- Domino-Steine schwarz/weiß
- das Weiße vom Ei
- Fischfilet
- Frischkäse

- Garnelenfleisch
- Geflügelfleisch
- Grießbrei
- Heidelbeeren
- Hirn
- Hummerfleisch
- Kalbfleisch
- Kaviar
- schwarze Kirschkonfitüre
- Klöße
- Knoblauch
- Knochenmark
- Kokosnuss-Fleisch
- Korinthen
- Lauch
- Lychees
- Mayonnaise
- Mehl
- Melonenfleisch

- Miesmuscheln
- fast schwarze Paprika
- Perlzwiebeln
- Pfeffer schwarz bzw. weiß
- Pumpernickel-Brot
- Quark
- Reis, Naturreis
- Rettich
- Roggenbrot
- Rotkohl
- Sahne
- Salz
- weiß gebundene Sauce
- Schaumgebäck schwarz und weiß
- Schokolade
- weiße Schokolade

- Schokoladeneis
- Schokoladen-Sauce
- Schokoladen-Waffel
- Schokostreusel
- Schwarzwurzeln
- Sellerie
- Spargel
- Teigwaren
- blaue Trauben
- Trüffel schwarz oder weiß
- Vanilleeis
- Vanillestange
- Weichkäse
- Yoghurt
- Ziegenkäse
- Zitroneneis
- Zitronensorbet
- Zucker

Es genügt aber auch das ‚Wort', in dem die Farbe auftaucht, wie bei:

- Weißkohl
- Schwarz-, Weißbrot
- Schwarzwälderkirschtorte

Einige Getränke

- Dunkelbier
- Altbier
- Milch
- Dickmilch

- Bananensaft
- Kokosnussmilch
- Mokka

- schwarzer Kaffee
- schwarzer Tee
- Weißwein

- Berliner Weiße
- Cola-Getränk
- Mokka

Da es auf die Dauer sehr wahrscheinlich langweilig wird, nur schwarze oder weiße Speisen zu sich zu nehmen, könnten Sie das Gericht mit einer extrem leuchtenden Farbe dekorieren. Hier eignen sich frische grüne Kräuter, Radieschen, Tomaten.

Als Farbtupfer für die Dekoration passt zum Beispiel eine knallig rote Rose zu jedem Gedeck oder ein Rosenstrauß mit leuchtend roten Blüten mitten auf der Tafel.

Wenn Sie Ihre Gäste rechtzeitig auf das Motto hinweisen, werden Sie überrascht sein, wie viele Gäste versuchen werden, sich dem Motto entsprechend (hier weiß/schwarz) zu kleiden.

Es gibt ja sogar schwarzmalenden Lippenstift und Nagellack für schwarze Fingernägel …

To be in the pink

Frei übersetzt mit „munter sein" oder „optimistisch sein". Alternativ zu schwarz/weiß ließe sich jede andere Farbe wählen, die sich dann überwiegend auf die Kleidung, Accessoires und das Make-up beziehen würde. Das Speisenangebot bliebe von der vorgegebenen Farbe unberücksichtigt.

Übrigens gibt es einen fruchtigen, pinkfarbenen Cocktail namens Pink-Lady (Grenadine, Gin, Zitronensaft).

Markttag

- große Sonnenschirme
- Stiegen mit Obst
- große Körbe mit rohem Gemüse
- Kartoffelsack mit Kartoffeln

Musik-Festival

- verschiedene, auch antike Musikinstrumente
- Notenständer
- Notenbücher
- Obstplatte wie eine Gitarre auslegen

In Afrika

- typisch afrikanische Gerichte
- entsprechende Musikuntermalung
- Tierfiguren, geschnitzt aus Holz
- Schmuck/Kriegsgeräte afrikanischer Stämme
- Koch aus Afrika

Herbstwald

- Laub
- Äste
- Kastanien
- Baumstämme
- Spazierstöcke
- Pilze

Auf dem Bauernhof

- Schubkarre
- Milchkannen
- Stroh
- Melkschemel
- Arbeitsgeräte

Im Wilden Westen

- die einzelnen Buffet-Tische mit Holzfassaden verkleiden
- Kutsche
- Holzfässer
- Lasso
- Halfter
- Sattel

Exotisches Buffet

- Palmen
- Muscheln
- Sonnenschirmchen
- Buddha-Skulpturen
- Rikscha
- Tempel-Attrappe
- viele exotische Früchte

Im Schwarzwald

- Spezialitäten aus der dortigen Gegend
- Bedienungspersonal in Tracht
- Tannen
- Kuckucksuhren

Dekoration und Gestaltung

„Ein Gastgeber ist wie ein Feldherr:
Erst wenn etwas schiefgeht, zeigt sich sein Talent.“
Horaz [Quintus Horatius Flaccus], röm. Dichter
(65 - 8 v. Chr.)

Gestaltungstipps für verschiedene Anlässe

Nun einige Tipps zur Gestaltung Ihres Fests, zum Beispiel Motive für Einladungskarten, die aber auch auf Menükarten passen. Dazu der eine oder andere Hinweis zur Dekoration.

Wie dekoriere ich?

Bei allen Überlegungen wird davon ausgegangen, dass es unnötig ist, alles im Haus und endlos umzugestalten. Es genügen hierzu lediglich Andeutungen der Dekoration.

Ihr Gast weiß natürlich, dass er sich in einem Tagungsraum oder Restaurant oder bei Ihnen zu Hause im Wohnzimmer befindet. Bestimmte Einrichtungen und Geräte können und sollen nicht weggeräumt werden.

Die dekorierten Gegenstände werden in das Gesamtbild eingefügt. So genügt es, einige große Grünpflanzen im Eingangsbereich aufzustellen, um das Bild zu erwecken: „Ich bin im Urwald.“

Der Gast ist bereit, sich mit kleinen Mitteln in eine Fantasiewelt versetzen zu lassen. Dekorationselemente können enthalten sein:

- In der Tischdekoration
- In der Raumdekoration
- Im Programm
- Im Vorfeld, zum Beispiel durch die Einladung
- Im Gästebereich
- Im Speisen- und Getränkebereich

Beispiele hierzu:

In der Tischdekoration

- Blumenschmuck
- Besteckteile
- Gläser
- Geschirrteile
- Serviettenfarbe
- Serviettenform
- Tischkarte
- Menükarte
- Speisekarte
- Getränkekarte
- Tisch- bzw. Tafeltuch
- Sets
- Tischläufer
- Spiegelplatten
- sonstige Dekoration

In der Raumdekoration

- Wandbehänge
- Deckenbehänge (Girlanden, Tücher)
- Wandverkleidungen
- Stellwände
- Kulissen
- Teppich
- Bodenbelag
- Stein, Sand, Erde, Pflanzen auf dem Boden
- Pflanzen

In der Atmosphäre

- Geräuschkulisse
- Musikuntermalung
- Kapelle
- Gerüche
- Lichtquellen
- Sprache

Im Programm

- Showeinlagen
- Gesangseinlagen
- Tanz
- Vorträge
- Ausstellungen
- Tombola

Im Gästebereich

- Kopfbedeckung
- Kleidung
- Kostüme
- Verkleidung
- Schmuckelement
- Maske

Im Speisen- und Getränkebereich

- passende Getränke
- passende Aperitifs
- passende Speisen
- passendes Buffet
- passende Buffetdekoration
- passende Speisendekoration

Im Vorfeld

- Einladungen
- Werbung
- Raumdekoration von außen

Die Dekoration für das Buffet

Die Dekoration auf einem Buffet darf den angerichteten und angebotenen Speisen nicht die ‚Show stehlen'. Sie soll aber die Schönheit und das Angebot der Speisen herausheben.

Deshalb soll die Dekoration:

- zeitgerecht sein (keine Tannenzapfen im Sommer, keine Herbstblätter im Frühling)
- sachbezogen sein (bei einem Fischbuffet gerne eine Königskrabbe oder gar ein Becken mit lebenden Fischen, aber keine Jägerhüte oder ein Jagdgewehr)
- im gleichen Stil sein (also n u r Musikinstrumente oder n u r Jagdgeräte. Nicht mischen, wie zum Beispiel einen Spazierstock, eine Autorallyemütze und eine Angel)
- unterstreichend wirken, nicht ablenkend

Die Dekoration kann den optischen Höhepunkt des Buffets ausmachen:

- Butterskulptur oder Eisskulptur
- eine aus Obst oder Gemüse geschnitzte Figur, wie Kürbis bei Halloween
- ein großer alter Schlitten
- ausgestopftes Wild
- riesiges Blumengesteck

Eine Dekoration kann:

- aus verschiedenen, passenden Weinflaschen bestehen, um dem Gast eine Getränkeanregung zu geben

- aus großen Stücken bestehen, zum Beispiel mit Gemüsen ausgelegter Karren, Marmorfiguren
- aus angezündeten Kerzen in passenden Leuchtern bestehen
- Blumenschmuck sein
- aus einer großen Schauplatte mit frischem Obst oder Gemüse bestehen
- gleichzeitig auch eine Platte mit verzehrbaren Speisen sein
- ein aus Lebensmitteln gestaltetes Firmen- oder Familiensymbol darstellen
- ein Fischbecken mit lebenden Tieren sein
- ein künstlicher Wasserfall sein

Eine Dekoration soll nicht

- aus hygienischen Gründen, mit den für die Gäste bestimmten Speisen, in Berührung kommen
- überladen wirken
- verschmutzt sein
- abstoßend wirken

Kunstvoll gebrochene Servietten können ebenfalls einen Dekorationsanteil am Gesamtbild stellen. So gibt es den üblichen ‚Schwanenhals', der unter Platten gelegt werden kann.

Die Lotosblüte und die Seerose eignen sich bestens für Applikationen vorn am Buffettuch, als künstliche Blumenarrangements auf dem Buffet, oder als Untersatz unter Schalen und Bowlengläsern.

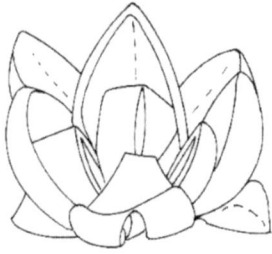 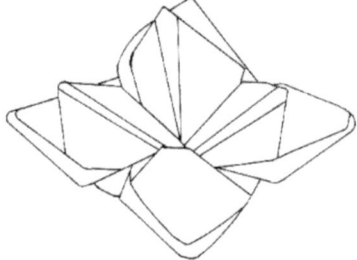

Lotosblüte   Seerose

Ein Motto auch bei der Tischdekoration

Das Motto kann sich bei der Tischdekoration wiederfinden. Hier einige Anregungen, dekoriert mit relativ wenig Aufwand.

Tischdekoration zum Mitnehmen

Das sind Kleinigkeiten, die die Gäste als Erinnerungsstücke mitnehmen können. Diese ‚Give Aways' liegen unmittelbar beim oder um das Gedeck und sind eindeutig als solche erkennbar. Das heißt, die Gäste wissen, dass sie diese Dinge mitnehmen dürfen/sollen (im Gegensatz zu den berühmten Silberlöffelchen ...).

Denken Sie an Silvester. Hier könnten Sie als Dekoration zum Mitnehmen folgende Dinge auf die Tafel legen:

- kleine Tröten und andere Lärmmacher
- Glücksbringer wie Glücksklee, Glückspfennig, Glücksschweinchen
- Schornsteinfegerfiguren
- bunte Hütchen
- Knallbonbons

Zur Dekoration können essbare Dinge verwendet werden. Beispiel Silvester: Ein kleines Marzipanschweinchen als Glücksschwein.

Bei einem anderen Anlass geben Sie Ihren Gästen einen Schokoladentaler mit der Prägung Ihrer Heimatstadt mit. ‚Give aways' könnten identisch sein mit den Tischkarten.

Holen Sie sich noch einmal den oben beschriebenen italienischen Abend ins Gedächtnis zurück. Hier könnten Sie als Tischkarte eine kleine Schokoladengondel einsetzen, in die die eigentliche Tischkarte gelegt wird.

Hinweis: Erkundigungen beim Konditor einholen. Dieser kreiert ausgefallene Kleinigkeiten aus Schokolade, Zuckerguss oder Zucker, die als Tischkarte und gleichzeitig als ‚Give Away' eingesetzt werden können.

Und – sollte jemand seine Tischkarte aufessen – nun, dann wünschen Sie ihm einen guten Appetit.

Kinderpartys

Feste für Kinder werfen zusätzliche Herausforderungen auf. Kinder feiern gerne und sind relativ leicht zu begeisternde Gäste.

Auf der geschriebenen Einladung neben dem Anlass, die genaue Uhrzeit, den genauen Ort, die gewünschte (strapazierfähige) Kleidung angeben.

- Kinder mögen es gerne abwechslungsreich, manchmal turbulent und laut.
  - o Deshalb Platz schaffen und Zerbrechliches zur Seite räumen.
  - o Porzellangeschirr muss nicht unbedingt sein.
  - o Die Nachbarn rechtzeitig informieren.
- Halten Sie in den Toiletten-Räumen viel WC-Papier bereit. Ziehen Sie den Schlüssel ab, um Einschließen zu verhindern.
- Wählen Sie eine farbenfrohe Dekoration.
- Laden Sie (oder lassen Sie einladen) nur Kinder ein, die vom eigenen Kind auch wirklich eingeladen werden wollen.
  - o Grob gerechnet verträgt jedes Lebensjahr einen Gast; 7 Jahre gleich 7 Gäste
  - o Ungefähr gleiche Altersgruppe wählen. Maximal plus/minus 2 Jahre Altersunterschied.
- Klären Sie das Bringen und Abholen der Kinder. Überlegen Sie auch eine Sammelfahrt zum Holen oder Bringen.
- Beginnen Sie pünktlich und enden Sie pünktlich.
- Bringen Sie Wechsel durch Aktionen und schöpferische Pausen.
- Bevorzugen Sie Team- statt Einzelwettbewerb, um einen Verlierer zu vermeiden.
  - o Verteilen Sie viele kleine Preise, mit denen die Kinder etwas anfangen können.
- Bieten Sie Speisen und Getränke an, die die Kinder gerne haben.

- Nicht unbedingt: „Das ist ungesund."
- Übergeben Sie den jungen Gästen bei der Verabschiedung kleine ‚Give aways', kleine Aufmerksamkeiten zur Erinnerung.

Familienfeiern

Familienfeiern bereiten oft Kopfzerbrechen, gerade dann, wenn die Familie nicht so harmonisch funktioniert wie gewünscht. Wer gehört zur Familie?

Alle Familienangehörige oder doch nicht? Was ist mit den Partnerinnen und Partnern der Familienangehörigen?

Mögliche Lösung: Zur Familie gehören jene, mit denen Sie auch üblicherweise zu tun haben, wenn nicht gerade Feste anstehen.

Vermeiden Sie Intrigen und Missklang. Machen Sie sich Gedanken über die Sitzordnung und sorgen dafür, einen harmonischen Ablauf zu gewährleisten.

Manchmal sorgen Familientreffen schon im Vorfeld für ein böses Brummen in der Magengegend. Ob sich wieder über lange Zeit Zurückliegendes gestritten wird? Werden wieder alte Vorwürfe ‚geschickt' in die Kommunikation eingebunden?

Oder schaffen es die Anwesenden einige Stunden des Zusammenseins harmonisch und vorurteilsfrei miteinander zu verbringen? Nach dem Prinzip: „Jeder soll so leben, wie er möchte."

Vielleicht hilft es, den sachlichen Grund des Zusammenkommens in den Vordergrund zu schieben.

Familien-Tag

Glücklich dürfen sich diejenigen bezeichnen, die sich wirklich darauf freuen, einander wiederzusehen. Wer weiß, ob beim nächsten Treffen wieder alle dabei sein können.

So haben einige Familien einen sogenannten Geschwister-Tag oder Familien-Tag etabliert. Einmal im Jahr treffen sich alle Nachfahren mit deren Lebenspartnern im Elternhaus (wenn vorhanden) oder an einem dritten Ort.

So bleiben Kontakte bestehen und neue werden geknüpft.

Vorbereitungsarbeiten

„Man sollte den Gästen einen guten Trunk geben,
damit sie fröhlich werden."
Martin Luther, dt. Theologe und Reformator
(1483 - 1546)

Erst die Arbeit, dann das Vergnügen

Je besser die Vorbereitung, desto erfolgreicher der Ablauf.

Das wusste bereits der Gastrosoph Carl Friedrich von Rumohr (1785 – 1843). Die Gastrosophie bringt das Wissen von Ernährung, Gesellschaft und Esskultur zusammen. Also genau die Bereiche, die in seinem Buch beschrieben werden.

Aus seinem Buch ‚Geist der Kochkunst', (Insel-Verlag, Erstauflage 1822 veröffentlicht unter dem Namen seines Leibkochs Josef König. Ab der 2. Auflage unter dem eigenen Namen) folgender Abschnitt:

‚Wie ein Knab zum Tische sich anschickt und denselben bereiten soll. „Ehe du zu Tische sitzest, so bereite und ordne vorhin alle Dinge; nämlich Wasser, Wein, Bier usw., wasche und säubere die Trinkgeschirre, lege das Tischtuch auf, desgleichen Messer, Salzfaß, Teller, Löffel, Brot, welches du, wo es verbrannt wäre und Asche, Kohlen oder etwas Unsauberes an sich hätte, fein beschneiden und auf die Teller teilen sollst."'

Oder, etwas später, nämlich 1901, im Verlag Otto Maier, Leipzig, schreibt Oswald Marschner in seinem Buch ‚Takt und Ton in allen Lebenslagen': ‚Den Hauptschmuck der Tafel wird stets blendend weißes Tischzeug, feines Porzellan, blinkendes Krystall und schimmerndes Silber bilden.'

Nicht immer muss es um Silber und Kristall gehen. Aber: Die Überlegung der ‚sauberen' Vorbereitung bleibt heute noch aktuell.

Bevor Sie einladen

- Welche Art von Event soll es werden?
- Wo und wann soll der Event stattfinden?
- Wie viele Gäste und wen wollen Sie einladen?
- Passen Ihre Gäste zusammen?

Bevor Sie loslegen

- Einladungskarten schreiben und verschicken
- Nachbarn informieren oder mit einladen
- Speisen und Getränke besorgen
- Wohin mit Ihren Haustieren?
- Wohin mit Kleinkindern?

Bevor Ihre Gäste eintreffen

- Achten Sie auf passende Beleuchtung
  - ➢ zu hell kann ungemütlich wirken
  - ➢ zu dunkel kann schnell müde machen
- Licht einschalten, Kerzen anzünden
- Musik einschalten
- Gefäß mit Wasser bereitstellen, wenn Sie Blumen erwarten
- Garderobe freihalten beziehungsweise bereitstellen
- Genügend Geschirr, Gläser, Bestecke, Servietten und eventuell Aschenbecher bereitstellen.

Party, Party, Party

„Auch fliegen um, das mögt mir glauben, gebratene Hühner, Gäns' und Tauben; wer sie nicht fängt und ist so faul, dem fliegen sie selbst ins Maul."

Hans Sachs, dt. Dichter
(1494 - 1576)

Flying Buffet, Fliegendes Buffet

Bisher wurde immer davon ausgegangen, dass Gäste zum Buffet gehen, um sich dort am Speisen- oder Getränkeangebot zu bedienen. Oder, dass den Gästen ein Menü serviert wird.

Nicht jeder Gast will sich von seinem Gesprächspartner lösen, um dann in einer langen Schlange an einem Buffet anzustehen. Nun denn, dann wird der ‚Spieß' umgedreht'. Lassen Sie das Buffet zum Gast kommen.

Als ‚fliegende Buffets' werden angerichtete Platten bezeichnet, die vom Service-Personal zu den (stehenden) Gästen gebracht werden. Gäste bedienen sich nach Wunsch von den einzelnen Platten.

Auf den Platten, von denen sich bedient wird, können die Speisen in einer Art Fingerfood angeboten werden. Die Speisen sind in kleinen Portionen bereits auf Geschirr angerichtet, sodass sich der Gast verschiedene mundgerechte Leckereien nehmen kann.

Alternativ sind die Portionen so gestaltet, dass sie mit den Fingern genommen und zum Munde geführt werden können.

Im Idealfall wird komplett auf Besteck verzichtet. Das erspart Aufwand, erfordert aber von der Küche die Speisen so anzurichten, dass sie ohne Besteckteile verzehrt werden können.

Kleinere (Papier-)Servietten werden zusätzlich gereicht, damit der Gast seine Finger sauber halten kann.

Das Personal bewegt sich zwischen den (stehenden) Gästen und bietet immer wieder Speisen an. Bei größerer Gästezahl achtet das Personal darauf, auch in die hintersten Ecken vorzudringen, damit die Gäste sich dort nicht nur sehnsüchtig den Hals nach den Leckereien verrenken müssen.

Mitdenkendes Personal wird auch immer mal andere Wege durch die Gästegruppe einschlagen, um jedem die Möglichkeit zu geben, aus dem vollen Angebot zu schöpfen.

Im Ablauf kann sich auch hier vom Speisenangebot her an eine gewisse Menüfolge gehalten werden. So könnten zuerst kleine Süppchen angeboten werden, schließlich kalte, dann warme Fingerfoods und zum Abschluss dann eine Auswahl von Käse oder Süßem.

Fingerfood

Wie es das Wort Fingerfood bereits verrät, handelt es sich hier um kleine Snacks, die (im Idealfall) ohne Besteck verzehrt werden können.

Der Vorteil liegt sozusagen auf der Hand beziehungsweise zwischen den Fingern: Da kein Besteck benötigt wird, haben die Gäste die Hände frei und können im Stehen problemlos die Speise verzehren.

Die jeweilige Menge der Fingerfood-Kreationen ist überschaubar, sodass nach wenigen Bissen die Hände wieder frei sind. Ein Gast bedient sich nach und nach an mehreren angebotenen Köstlichkeiten.

Alle Speisenzubereitungen, die sich handlich anbieten lassen, sind grundsätzlich dafür geeignet, als Fingerfood eingesetzt zu werden. Gebratenes oder Gegrilltes, Gemüse- oder Obstschnitten, kleine Spießchen, Mini-Baguettes und Mini-Pizzas finden hier ihren Einsatz.

Für jede Portion gibt es eine neue (Zellstoff-)Serviette, sodass sich der Gast immer die Finger sauber halten kann.

Manchmal sind die Speisen direkt auf einem speziellen Löffel, dem Gourmet-Löffel, angerichtet. Der Gast nimmt mit dem Löffel die Speise auf und legt den gebrauchten Löffel anschließend wieder ab.

Snacking

Ein eher selten auftretender Begriff ist das Snacking. In ihm steht das englische Wort ,snack' für ,Kleinigkeit für Zwischendurch', oder ,Häppchen'.

Es handelt sich um kleine, abwechslungsreiche Portionen. Sie sind gesund, vielfältig und bieten unterschiedliche Geschmacksrichtungen, sodass ,für jeden was dabei' ist.

Gleichzeitig kann sich von der klassischen Menüfolge (Vorspeise, Hautgericht, Nachtisch) gelöst werden.

Vor wenigen Jahrzehnten war es wichtig, dass die Menüfolge möglichst international aufgestellt war. Solch eine interkulturelle Zusammenstellung galt als etwas Besonderes.

Heutzutage bevorzugen viele Gäste oft regional produzierte Speisen, allein schon aufgrund des Umweltschutzes.

Tapa/s

Wunderbar eignen sich sogenannte Tapas, die in Spanien zu Hause sind. Bei einem Tapa handelt es sich um einen kleinen würzigen Leckerbissen, einen pikanten Happen. Mehrere Tabus werden zeitgleich serviert.

Das Wort ,tapa' bedeutet ursprünglich ,Abdeckung'. Es gibt die Theorie, dass früher die Gäste eine Abdeckung – tapa – auf das vor ihnen stehende Wein- oder Bierglas legten, um keine Insekten ans Getränk fliegen zu lassen.

Sushi

Aus Japan stammen ursprünglich die Sushi, die als kleine exklusive Köstlichkeiten gelten.

Sushi sind handgeformte Röllchen aus mild gesäuertem und schwach gesalzenem Reis, in denen sich schmalgeschnittene Streifen von rohem Fleisch, Krustentieren oder Gemüse befinden.

Der japanische grüne Meerrettich namens Wasabi – übrigens sehr scharf – wird vorsichtig auf die Sushi gerieben.

Mezze

Der Nahe Osten bietet Mezze (auch Meze) an. Das Wort stammt aus dem Persischen ,mazze' für ,Geschmack'. Mehrere Vorspeisen werden gleichzeitig serviert.

Antipasto/Antipasti

Natürlich darf das italienische Antipasto, Mehrzahl Antipasti, nicht fehlen. In der italienischen Sprache steht ‚anti' für ‚vor' und ‚pasto' für ‚Speise', also für ‚vor der Speise' oder auch ‚Vorspeise' beziehungsweise ‚vor der Mahlzeit'.

Der große Tag ist da

Der Tag der Veranstaltung ist gekommen. Fast alle Eingeladenen haben rechtzeitig zugesagt, sodass Sie bestens planen und organisieren konnten. Alles ist fertiggestellt – der Veranstaltungsort strahlt mit einladender Dekoration, die Gastgeber und Helfer harren mit leicht klopfendem Herzen auf das Eintreffen der ersten Gäste.

Und dort kommen sie schon. Wie zu vielen anderen Gelegenheiten auch, zählt der erste Eindruck immens. Setzen Sie Ihr strahlendstes Lächeln auf, das idealerweise ehrlich gemeint ist.

Zeigen Sie Freude darüber, dass der Gast Ihrer Einladung gefolgt ist. Begrüßen Sie ihn herzlich, heißen ihn willkommen und führen einen Smalltalk mit ihm. Geben Sie ihm das Gefühl, einer der wertvollsten Gäste zu sein.

Schmeicheleinheiten verteilen

Schmeicheln Sie ruhig etwas. Sodann übergeben Sie ihn einer helfenden Kraft und bringen ihn mit anderen Gästen zusammen. Vergessen Sie dabei nicht, formvollendet vorzustellen.

Alternativ weisen Sie ihn auf einen Ort hin, an dem sich die Gäste sammeln oder an dem ein Getränk auf ihn wartet.

Widmen Sie sich dann den neu eintreffenden Gästen.

Die Gäste sind eingetroffen und befinden sich im Smalltalk in kleinen Grüppchen. Die Stimmung ist gut und eine Erwartungsfreude ist zu spüren.

Begrüßen Sie nun alle Gäste offiziell mit einer kurzen, kurzweiligen, meist leicht humorvollen Begrüßungsrede. Weisen Sie auf den Ablauf der Veranstaltung hin und gehen Sie dann zum ersten Programmpunkt über.

Unterstreichen Sie das gemeinsame Zusammensein mit einem ebenso gemeinsamen Toast oder Zuprosten.

Nach Befinden erkunden

Als aufmerksame/r Gastgeberin oder Gastgeber suchen Sie im Laufe der Veranstaltung möglichst jeden Gast einmal auf. Erkundigen Sie sich nach seinem Befinden, klären Sie, ob es einer Information, Hilfe oder Unterstützung bedarf. Es genügen wenige Minuten für dieses Zusammenkommen.

Sie halten sich durch diese Vorgehensweise informiert, bekommen Stimmungen bei den Gästen mit und können möglicherweise sich anbahnende Unannehmlichkeiten im Vorfeld beseitigen. Sorgen Sie für eine positive Atmosphäre.

Bei den Gästen verstärkt sich der Eindruck, dass er willkommen und betreut ist. Er fühlt sich wohl und wertgeschätzt. Genauso, wie es idealerweise sein soll.

Alle Sinne einbinden

Je mehr Sinne beim Gast angeregt werden, desto eher wandern die Wahrnehmungen ins Gehirn und speichern dort einen bleibenden, hoffentlich positiven Eindruck.

Dabei wird optisch die perfekt dekorierte Location, der schön gedeckte Tisch, der Blumenschmuck und so weiter wahrgenommen.

Das Gehör empfindet die angenehme Geräuschkulisse, die entsteht, wenn Menschen zusammenkommen. Musik im Hintergrund unterstreicht das Gesamterlebnis.

Die Geschmacks- und Geruchsnerven werden durch die angebotenen Getränke und Speisen in Fülle angeregt.

Auch der Tastsinn wird nicht vernachlässigt, da dem Gast gleich nach dem Eintreffen ein Glas mit erfrischendem Aperitif gereicht wird.

Dem Gast steht nichts mehr im Wege, in die Gesamtatmosphäre mit allen Sinnen einzutauchen und den Event vom ersten Augenblick an zu genießen.

Sinnesrauschen

Etwas zugespitzt könnte ausgedrückt werden, dass der Gast von überwältigenden Eindrücken berauscht würde. Der Gast wird ‚mit allen Sinnen' in die Veranstaltung eingebunden.

Dadurch gelingt es ihm, eine Weile dem Alltag zu entfliehen.

Manche mögen einwerfen, dass gegebenenfalls eine kurze Reizüberflutung stattfinden könnte. Auf einen Einzelnen mag das eventuell zutreffen. Die große Mehrheit ist es hingegen gewohnt – und erwartet es – mit immer neuen Eindrücken die eigene Wahrnehmung zu reizen.

Natürlich ist es weder die Quantität noch eine schwache Qualität, die überzeugt. Die Erwartungshaltung des Gastes ist hoch und soll entsprechend mit Qualität und Originalität befriedigt werden.

„Danke fürs Kommen"

Neigt sich die Veranstaltung dem Ende zu, werden sich die Gäste nach und nach von Ihnen verabschieden. Nutzen Sie noch einmal die Gelegenheit, sich für das Kommen zu bedanken.

Das unterstreicht die Wertschätzung dem Eingeladenen gegenüber. Verabschieden Sie sich mit Augenkontakt, freundlich lächelnd und netten Worten.

Die Gäste sollen das Gefühl haben, einer fantastischen Veranstaltung beigewohnt zu haben. Das Zusammensein wird noch lange in guter Erinnerung bleiben und nachwirkend ein angenehmes Gefühl erzeugen.

Auf ein baldiges Wiedersehen!

Das Team-Event

Wer im beruflichen Umfeld aktiv ist, wird immer wieder einen Hinweis zur Team-Arbeit wahrnehmen. „Mein tolles Team ..." „Dank unserer effektiven Team-Arbeit ... "

Immer wieder wird betont, wie wertvoll der Team-Zusammenhalt im Berufsleben ist.

Die fruchtbare und erfolgreiche Team-Entwicklung geschieht allerdings nicht ‚einfach so'.

Neben dem professionellen und fachlichen Austausch, dem Einbringen der eigenen Stärken, benötigt eine optimale Team-Arbeit Vertrauen, Kommunikation, sowie einen wertschätzenden Umgang untereinander.

Die Team-Leitung sorgt für die Basis des harmonischen Austauschs und die Möglichkeit der Umsetzung zielorientierter Arbeitsprozesse.

In einem gut arbeitenden Team kommt bald von den ‚Teamern' (die, die die miteinander arbeiten) der Wunsch auf, auch einmal außerhalb des beruflichen Zusammenseins ein gemeinsames Treffen zu arrangieren.

Sie möchten etwas gemeinsam unternehmen.

Teambuilding

Schon liegt die Idee nach einem Team-Event greifbar in der Luft. Schnell werden für ein Teambuilding die ersten Ideen und Vorschläge eingeworfen:

- „Kletterpark"
- „Kanufahrt"
- „Floß bauen"

- „Rallye"
- „Escape Room"
- „Bungee-Trampolin"

- „Krimi-Dinner"

und viele andere mehr.

Bei den meisten Vorschlägen ist direkt erkennbar, dass es sich um eine gemeinsame Aktion handelt. Jeder Teilnehmende kann/soll (durch innere Motivation) dazu beitragen, ein gemeinsam gestecktes Ziel zu erreichen.

Je nach Zahl der teilnehmenden Personen können auch mehrere Teams im Wettbewerb gegeneinander antreten.

Team-Geist – Team-Spirit

Der Team-Geist ist geweckt. Das Team ist be-geist-ert. Das Team freut sich darauf, den Team-Zusammenhalt zu stärken, das Vertrauen zueinander zu vertiefen, und Teamer anders als im beruflichen Umfeld kennenzulernen.

Auch (und gerade) schwach arbeitende Teams sollten sich ein Team-Event gönnen. Allerdings sollten die Mitwirkenden solch ein Event nicht als Strafe verstehen, sondern als Option, das Zusammenwirken auszubauen.

Selbstverständlich wird durch ein Team-Event Arbeitszeit investiert und Kosten erzeugt. Wird der Event so umgesetzt, dass kein Teilnehmender bloßgestellt wurde, sich alle einbringen konnten und die Möglichkeit hatten, sich von ihrer ‚besten' Seite zu zeigen, werden sich die Kosten schnell amortisieren.

Die Teilnehmenden freuen sich, lachen und haben Spaß.

In den nächsten Monaten wird höchstwahrscheinlich das Zusammenwirken reibungsloser und stressfreier funktionieren. Die Teilnehmenden sind stärker motiviert, Fehlzeiten werden geringer.

Gleichzeitig steigt die positive Atmosphäre im Unternehmen. Beschäftigte wie Geschäftsführung haben durch solch eine Aktion gewonnen.

Kapitel 5 – Rund um das Buffet

Speisen- und Getränkeangebot in Buffetform

Größere Auswahl oder eher Unruhe?

„Was man bei einer Diät am schnellsten verliert, ist die Geduld."
Helmut Heinrich Waldemar Schmidt, dt. Politiker
(1918 - 2015)

Vor- und Nachteile des Buffetservices

Immer mehr im Trend: Neben dem herkömmlichen Menü setzen sich Speisenbuffets durch. Auch kann bei einem Menü mit mehreren Gängen der Buffetservice mit dem Service am Tisch kombiniert werden. Die kalten Vorspeisen könnten auf einem Buffet angerichtet sein, der Hauptgang könnte am Tisch serviert werden. Auch das Dessert lässt sich sehr gut auf einem Buffet anrichten.

Vorteile eines Buffets

Die Vorteile, einen oder zwei Gänge auf einem Buffet anzurichten sind:

- Die Gäste haben eine viel größere Auswahl innerhalb eines Speisengangs.

- Es lassen sich größere oder teurere Gerichte auf einem Buffet anrichten und solche, deren individueller Service nur sehr schwierig durchzuführen wäre.

- Der Ablauf des Essens wird ungezwungener, nicht ganz so steif wie das bei einem reinen Menüservice sein könnte.

- Die Gäste kommen in Bewegung, was gut für das Wohlbefinden sein kann.

- Die Gäste kommen auch mit jenen Gästen in Kontakt, die nicht gerade neben ihnen an der Tafel sitzen.

- Der Service wird entlastet.

- Ein Buffet ermöglicht dem Gastgeber, sich intensiver um seine Gäste zu kümmern. Diese werden es ihm danken!

Nachteile eines Buffets

Nachteile können sein:

- Durch das Aufstehen vom Tisch und das Gehen zum Buffet kommt es zu einer gewissen Unruhe. Es kann zu unliebsamen Störungen bei den Sitzenden und Vorbeigehenden kommen.

- Gebrechliche und ältere Gäste können Schwierigkeiten haben, ihre Speisen selbst an den Tisch zu bringen.

- Es wird unter Umständen mehr Geschirr benötigt, da der Gast mehr als einmal zum Buffet gehen kann.

- Der Aufbau des Buffets erfordert eine längere Vorbereitungszeit und es sollte ansprechend dekoriert werden.

- Das aufgebaute Buffet nimmt möglicherweise viel Platz in Anspruch, der dann anderswo fehlt.

- Es wird mehr Zeit für das Gehen zum Buffet gebraucht. Dadurch dauert das Essen etwas länger.

Gehen zum Buffet und Bedienen am Buffet

Vor dem Gang zum Speisenbuffet legen Sie Ihre Serviette auf der Sitzfläche Ihres Stuhls ab. Tischpartner gehen gemeinsam zum Buffet. Der Ranghöhere hat den Vortritt. Wenn Sie zum Tisch zurückkommen, stellen Sie zuerst Ihren Teller auf dem Tisch ab, dann nehmen Sie Ihre Serviette wieder auf und nehmen Platz.

Sitzen Sie mit mehreren Gästen – mehr als vier – am Tisch, dann können Sie es so einrichten, dass immer wenigstens zwei Personen am Tisch bleiben. Einerseits vermeiden Sie unnötiges Schlange stehen am Buffet und andererseits bleiben die am Tisch zurückgelassenen Handtaschen unter Aufsicht.

Oft ist die tolle Auswahl am Buffet sehr verlockend. Wohin Sie schauen, verleiten leckere Speisen dazu, auf den Teller ‚geladen‘ zu werden. Aber Achtung! Die Speisen sollen miteinander harmonieren. Denken Sie an Ihren Magen, der alles verarbeiten muss.

Die richtige Zusammenstellung der Speisen am Buffet ist nicht so einfach, wie es aussehen mag. Auch die ausgewählte Menge soll noch in vernünftigem Rahmen bleiben. Nahezu als Schande kann es bezeichnet werden, wenn Gäste sich ihren Teller übermäßig voll schaufeln, dann das meiste stehen lassen, um sich erneut zu bedienen.

Berücksichtigen Sie:

- Schaffen Sie sich einen Gesamtüberblick über das Buffet und das Speisenangebot. Genießen Sie dabei auch den Gesamteindruck, den Aufbau und die Dekoration am Buffet – soweit das bei der ‚Schlacht am kalten Buffet‘ noch möglich ist.
  - o Beachten Sie auch die Laufrichtung am Buffet.
- Sie können so oft zum Buffet gehen, um sich zu bedienen, wie Sie möchten.
  - o Auch wenn nur eine bestimmte Besteckzahl eingedeckt ist, wird Ihnen in einem gut geführten Restaurant bei Bedarf sofort weiteres Besteck nachgedeckt.
- Vorgesehen ist die Reihenfolge wie in der klassischen Menüfolge.
  - o Zuerst Vorspeisen, dann Hauptgerichte und schließlich Nachspeisen.
  - o Sie können aber auch in einer anderen Reihenfolge vorgehen oder zum Beispiel nur dreimal eine Vorspeise wählen.
- Buffets sind oft nach dem C-B-A–Prinzip aufgebaut. Dabei steht das
  - o A für noble, aufwändig zubereitete, etwas teurere Speisen und
  - o C für eher kostengünstige, leicht zuzubereitende Speisen.
  - o B-Speisen werden dazwischen angerichtet.
  - o Hinweis: Damit sich ungeübte Gäste ihre Teller nicht ausschließlich mit Kaviar, Hummer oder Austern vollpacken, sind A-Speisen gewöhnlich nicht an vorderster Stelle aufgebaut, sondern etwas im Hintergrund.
    Leicht greifbar hingegen sind die klassischen Speisen, bei denen es ‚nichts ausmacht‘, wenn sich jemand damit den Magen vollschlägt.
- Bei einem korrekten Aufbau sind zur Speise passende Dressings, Saucen, Zutaten direkt neben den Platten oder Schüsseln aufgebaut.
- Benutztes Geschirr auf dem Tisch lassen, um sich am Buffet frisches zu nehmen.

Übrigens: Am Buffet nicht direkt von den Platten naschen oder beim Frühstücks-Buffet im Stehen schon mal ein Glas Orangensaft in sich ‚kippen‘.

Die klassischen Speisen- und Getränke-Buffets

Speisen-Buffets

Das Speisen- und das Getränke-Buffet

Auf den folgenden Seiten werden unterschiedliche Speisen- und Getränke-Buffets auf-gelistet, die in der Praxis häufig vorkommen. Bei allen Beispielen wird auch davon aus-gegangen, dass sie in einem Unternehmen ohne allzu großen Aufwand umgesetzt wer-den können.

Nach oben hin sind der Kreativität natürlich keinerlei Grenzen gesetzt. Aber manchmal genügt auch schon die Grundform, um Gäste, Geschäftspartner oder auch Mitarbeiter anlässlich eines Jubiläums zu beeindrucken.

Salat-Buffet

Ein beliebtes Buffet, das sehr gerne eingesetzt wird und eine vielfältige Auswahl für Ihre Gäste bieten kann, ist das Salat-Buffet. Gehen Sie so vor:

1. Mehrere Tische nebeneinanderstellen. Bespannen. Unterbauten aufstellen, wie:

- große Holzbalken
- Holzbretter
- echte(r) Schlitten

2. Untergrunddekoration aufbauen:

- Stroh
- Blumen
- Tannenzweige
- Blätter
- Stoffe

3. Speisen aufbauen.

4. Dekoration fertig ausbauen:

- Blumen
- Obst und Gemüse
- Weinflaschen

5. Vorlegebestecke in jede Salatschüssel geben.

Beachten Sie beim Aufbau der verschiedenen Salatschüsseln, dass ein gewisses Far-benspiel entsteht. Also folgende Salate nicht unbedingt nebeneinanderstellen: Toma-tensalat, roter Chicorée, Radieschen, Rotkrautsalat, Rote Beete. Besser: Die Farben immer wechseln.

Gern verzehrte Salate:

- Rettichsalat
- Grüner Salat
- Krautsalat
- Radieschensalat
- Maissalat
- Reissalat
- Gurkensalat
- Selleriesalat
- Nudelsalat
- Tomatensalat
- Waldorfsalat
- Eiersalat
- Grüne-Bohnen-Salat
- Rote-Bete-Salat
- Fleischsalat
- Weiße-Bohnen-Salat
- Endiviensalat
- Wurstsalat
- Rote-Bohnen-Salat
- Chicoreesalat
- Ochsenmaulsalat

- Fischsalat
- Krabbensalat

- hart gekochte Eier

- Oliven (ohne Kern) grün und schwarz

Dazu gehören verschiedene Dressings wie:

- Italian Dressing
- Roquefort Dressing

Bei einem großen Buffet Dressings direkt neben die entsprechenden Speisen stellen. Bei einem kleinen Buffet werden die Dressings an einer Seite aufgestellt. Salatteller oder kleine Schalen nicht vergessen!

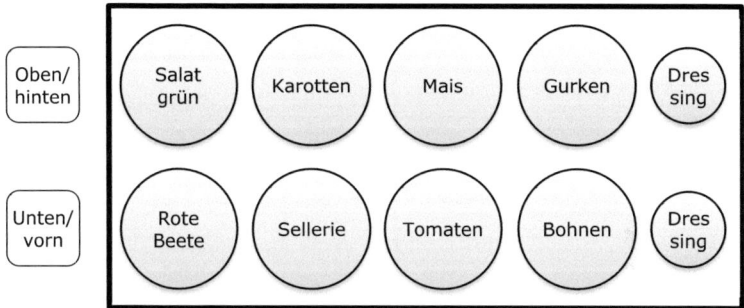

Fisch-Buffet

Das ist ein – meist exklusives – Buffet, überwiegend bis ausschließlich (außer Beilagen) mit Fischgerichten. Neben unzähligen Fischsalaten, warmen und kalten Fischgerichten, wird auch eine geräucherte Lachsseite aufgelegt, die dann vor den Augen der Gäste tranchiert wird. Schalen- und Krustentiere aller Art passen auf ein Fisch-Buffet.

Vorschläge:

- Fischsuppe
- Bouillabaisse
- Fischpastete
- Marinierte Heringe
- Fischgratin
- Matjesfilets
- Rollmops
- Makrelenfilets
- Aal
- Graved Lachs

- Miesmuscheln
- St.-Jakobsmuscheln
- Krabbenpastete
- Krebse
- Garnelen
- Shrimp-Cocktails
- Meeresfruchtspieße
- Fischsalate
- Tintenfischringe
- Deutscher Kaviar

- Iranischer Kaviar
- Hummer
- Langusten
- Kaisergarant
- vor den Gästen flambierte Scampi
- Muscheln in Weißwein
- Langostinos
- Königskrabbe
- Austern

Als besondere Attraktion könnte auch ein Becken mit lebenden Fischen in die Buffetdekoration eingebaut werden.

Dekoration:

Hier gibt es endlos viele Dinge, die sich gut als Dekoration eignen. Wie gefallen Ihnen:

- große Teile von Fischerbooten
- Ruder
- Netze
- Angeln

- Seesterne
- Seeigel
- Schatztruhen
- Meereslebewesen

- Neptuns Dreizack
- eine Meerjungfrau (in diesem Fall keine echte)

Schweden-Buffet – Smörgåsbord

Ein Buffet, das typischerweise in Schweden und Finnland angetroffen wird. Das Buffet wird in drei Bereiche gegliedert:

1. Bereich mit eiskalten Speisen
2. Bereich mit kalten Speisen
3. Bereich mit ofenwarmen Speisen

Der Gast bedient sich beim Schweden-Buffet viermal.

1. mit Heringsgerichten
2. mit anderen Fischgerichten
3. mit Fleisch oder Wurst, sowie Salaten
4. mit warmen Gerichten

Es werden genügend kalte und warme Teller bereitgehalten, um dem Gast immer wieder einen sauberen Teller bieten zu können.

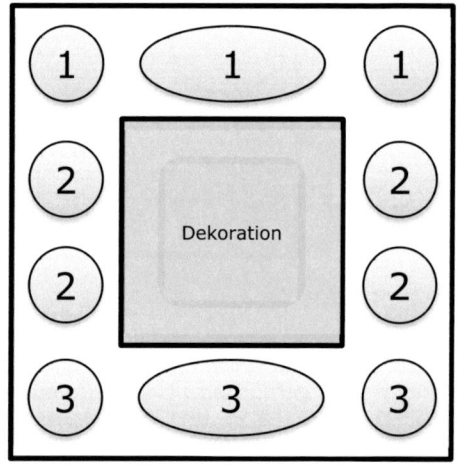

Eiskalte Speisen, angerichtet auf gestoßenem Eis (1):

- Matjesfilets mit saurer Sauce

- Gurkensalat
- Heringssalat

- geräucherter Hering
- saurer Hering

Kalte Speisen (2):

- Lachs
- Aal
- Roastbeef
- Schinken

- Kalbsleberpastete
- Zunge
- Hartgekochte Eier
- Leberpastete

- Käse
- verschiedene schwedische Brotsorten

Ofenwarme Speisen im Wärmebad (3):

- Kartoffeln, Zwiebeln, Anchovis, Sahne, alles überbacken

- im Fett gebackene Petersilie
- Fleischklöße

- Omelette
- überbackener Hering

Ein eiskalter Aquavit sollte nicht fehlen.

Wäre es nicht originell, das komplette Buffet in einer Art Wikinger-Schiff aufzubauen?

Kalt-Warmes Buffet

Eine Kombination aus dem Schweden-Buffet und dem Kalten Buffet. Ein Dessert-Buffet ist in der Regel in das Kalt-Warme Buffet integriert. Beim Kalt-Warmen Buffet kann aus der großen Auswahl der Gerichte nach Belieben kombiniert werden.

Ein Buffet dieser Art kann fast zu jeder Gelegenheit angeboten werden. Es wird sich für jeden Gast etwas finden lassen. Beim Buffet werden viele Arbeitsgänge vor dem Eintreffen der Gäste erledigt sein. Es bleibt also mehr Zeit für den Gastgeber, sich direkt seinen Gästen zu widmen.

Dekoration:

Bei der Dekoration ist ein einheitlicher Stil gewahrt. Auch hier zeigt sich wieder, dass ein Motto, unter das der Anlass gestellt wurde, eine große Zahl Dekorationsmöglichkeiten auch für ein Buffet bietet. Eine kunstvolle Buffet-Bespannung hebt den Eindruck noch mehr hervor, gerade bei einem Buffet dieser Art, das mit Sicherheit längere Zeit von den Gästen in Anspruch genommen wird und damit immer wieder positiv auffällt.

Kaltes Buffet

Auf diesem Buffet werden ausschließlich kalte Gerichte angeboten. Sobald auch nur eine warme Suppe gereicht wird, gilt es – wenn es ganz korrekt vorgehen soll – nicht mehr als Kaltes Buffet. Kristall, feines Porzellan, Spiegel und mehr passen sehr gut auf dieses Buffet.

Einige Anregungen (als Mindestanforderung gemeint):

- Crevettencocktail
- Austern auf Eis
- Wachteleier
- Riesengarnelen
- Räucheraal

- Graved Lachs
- Matjesfilets
- Salate aller Art
- Bündnerfleisch
- Ballotines

- Geflügel
- Käseplatte
- gefüllte Früchtecocktails
- Wildpastete

Kein Schweinefleisch und/oder Vegetarier

Hinweis: Erwarten Sie Besucher muslimischen beziehungsweise jüdischen Glaubens, sollten Sie Speisen anbieten, die nicht vom Schwein stammen. Zumindest sollten solche Gerichte alternativ angeboten werden, da diese Gäste sonst aus religiösen Gründen am Buffet nicht teilhaben könnten.

Bei dieser Gelegenheit soll auch auf vegetarisch lebende Gäste hingewiesen werden. Der einfühlsame Gastgeber wird bei der Speisenauswahl dafür Sorge tragen, dass auch diese Zielgruppe eine leckere Auswahl finden kann.

Bauernbuffet

Dieses Buffet zeichnet sich durch seinen rustikalen Charakter aus. Kristallschalen und Silberplatten sind hier fehl am Platze. Sogenannte feine Speisen, wie Crevetten, Austern, Feingebäck und Vergleichbares gehören nicht auf ein Bauernbuffet. Hingegen passen sich gut in das Gesamtbild ein: Holzplatten, Keramikschüsseln, Töpferware und andere mehr.

Neben einem Salatbuffet richten Sie einen Abschnitt für kalte Gerichte ein, sowie einen Bereich für warme Gerichte und den letzten Teilbereich für die Nachspeisen.

Einige typische Gerichte für das Bauernbuffet:

- Frankfurter Rippchen, Sauerkraut, Senf
- Schinken im Brotteig
- Waadtländer Wurst
- Hauspastete
- Wurstaufschnitt-Platten
- Fleischwurstring
- Schinken roh und gekocht
- Parmaschinken
- Bündnerfleisch
- Kartoffeln
- heiße Bohnen
- heißer Mais
- heiße Karotten
- Braten am Stück, der vor dem Gast aufgeschnitten wird

Der Pfeil gibt die Laufrichtung der Gäste an.

1 = Salate
2 = Kalte Gerichte
3 = Warme Gerichte
4 = Desserts

Barbecue

Dieses Buffet ist ideal für Gartenfeste im Freien.

Im geschlossenen Raum ist diese Buffet-Art weniger zu empfehlen, da hier viele Grillgerichte angeboten werden.

Neben einigen Salaten finden Sie folgende Speisen:

- Mixed Grill (Lammkotelette, Würstchen, Steak, Tomate)
- Heringsspieß
- Fleischspieß
- Zigeunerspieß
- T-Bone-Steak
- Gegrillter Mais
- Schweinespeck
- Würste
- Steaks
- Koteletts
- Filets
- gegrilltes Geflügel
- Grilltomate
- Idaho-Kartoffel
- Kartoffeln in Folie
- Salate

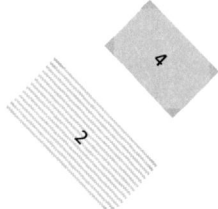
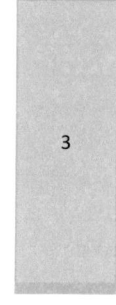

1 = Teller, Beilagen
2 = Grill
3 = Salate, Teller
4 = Mise en place

Spezielle Buffets

„Tiere, die Menschen verspeisen, nennt man Bestien.
Menschen aber, die Tiere verspeisen, nennt man Feinschmecker."
Werner Mitsch, dt. Aphoristiker
(1936 - 2009)

Kontinentales Frühstücks-Buffet

Weshalb nicht mal zum Frühstück einladen? Bekannterweise ist das Frühstück die erste Mahlzeit des Gastes am Tag. Daher muss der Aufbau des Buffets besonders munter und freundlich wirken.

Je nach Größe beziehungsweise Personenzahl werden mehrere Tische aneinandergestellt und kunstvoll bespannt.

Alle Speisen und Getränke werden hier aufgebaut, eventuell mit Ausnahme der warmen Getränke wie Kaffee, Tee, Kakao und so weiter, die dem Gast auf Wunsch an den Tisch gebracht werden.

Eierspeisen werden in der Küche oder in einer ‚Show-Küche' – vor den Augen des Gastes – zubereitet; lediglich warme, weich gekochte Eier werden wegen gesundheitlicher Risiken oft nur auf Nachfrage gereicht.

Hart gekochte Eier können in einem abgedeckten Körbchen auf dem Buffet stehen.

Das Frühstücks-Buffet kann in drei Abschnitte unterteilt werden:

1. Abschnitt: Brot

- verschiedene Brotsorten auf Holzbrettern, jeweils eine Handserviette und ein Brotmesser
- Brotkörbchen für die Gäste

- Brotkorb mit Reservebrot
- Korb mit Brötchen
- Korb mit Croissants
- Brezel oder Laugenbrötchen

- Brett mit Portionsbrot wie Knäckebrot, Pumpernickel, Zwieback
- mit einer Serviette abgedeckter Korb mit Toastbrot, Toaster

aber auch

- (trockene) Kuchen
- Gebäck

- Kekse
- Muffins

- (jahreszeitlich bedingt) Lebkuchen

2. Abschnitt: Sonstiges und andere Lebensmittel

- Mittelteller
- Portionskonfitüre
- Portionshonig oder große Schalen mit Konfitüre und Honig
- Portionsnougat
- sonstiger Brotaufstrich
- Wurst- und Käseaufschnitt auf Platten
- Käseeckchen

- weich gekochte und hart gekochte Eier im abgedeckten Körbchen
- Eierbecher
- kalte Milch
- Streuzucker
- Cornflakes und Getreideflocken
- dazugehörige Schälchen

- Joghurt, Müsli
- Butter, Margarine, Diätmargarine
- Obst
- warme Speisen
- Sonnenblumenkerne und Pinienkerne
- Rosinen
- Nüsse
- Trockenobst

3. Abschnitt Getränke

- Saftauswahl
- Mineralwasser
- Sekt
- Saftgläser mit der Öffnung nach unten

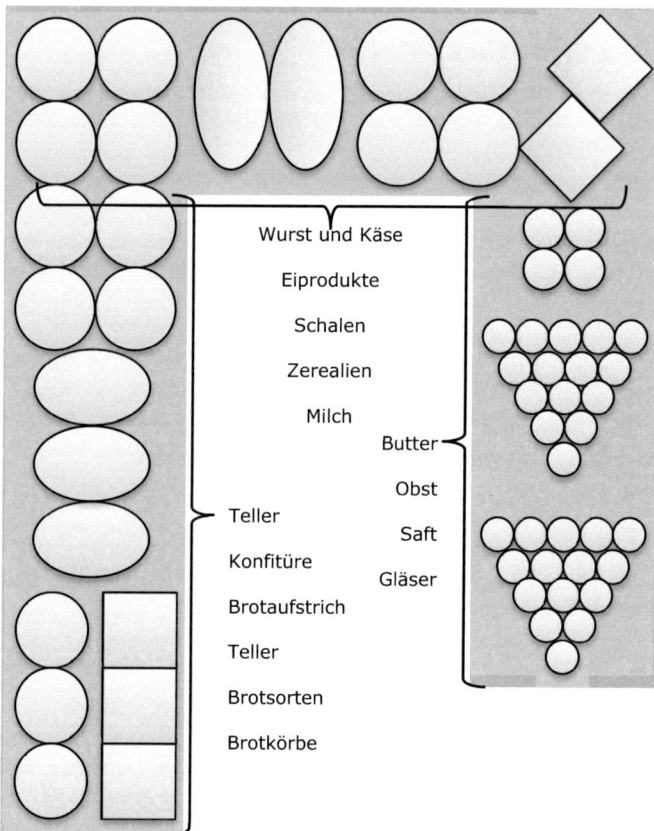

Brunch

Breakfast plus Lunch ergibt Brunch. Eine Kombination aus Frühstück und Mittagessen. Der Brunch beginnt am Vormittag um 10:00 Uhr, manchmal auch um 11:00 Uhr oder sogar noch etwas später und zieht sich bis zum Nachmittag, 14:00 Uhr, manchmal 15:00 Uhr.

Das Speisenangebot besteht zuerst aus den klassischen Frühstückszutaten, danach werden Speisen des Kalt-Warmen Buffets ergänzt und zum späten Mittag hin gegebenenfalls mit Kuchenauswahl abgeschlossen.

Wer zum Brunch einlädt, sollte demnach genügend Zeit einplanen. Wer eingeladen ist, kann auf ein Frühstück zu Hause verzichten.

In der Gastronomie findet der Brunch oftmals am Wochenende statt, besonders sonntags, da sich an diesen Tagen die Gäste mehr Zeit nehmen können oder wollen, um sich den kulinarischen Genüssen hinzugeben.

Ein weiterer Aspekt besteht darin, dass auch Familien mit (Klein-)Kindern problemlos teilnehmen können, da die lästige Suche nach einer Kinderbetreuung für den Abend entfällt.

Der Gast tut gut daran, sich nicht gleich zu Beginn den Bauch vollzuschlagen, sondern sich erst einmal einen Gesamtüberblick über das Speisen- und Getränkeangebot zu verschaffen. Da der Brunch sich über mehrere Stunden hinziehen kann, kann die Auswahl an Speisen auch über einen längeren Zeitraum erfolgen.

Käse-Buffet

Ein Käse-Buffet ist ein ganz spezielles Buffet. Im geschäftlichen wie auch im privaten Bereich wird es gerne gesehen. Dieses Buffet ist allerdings relativ kostspielig.

Gerade bei einem umfangreicheren Menü hilft der Käse-Gang bestens, die mögliche Strenge des Menüs aufzulockern und die Menüfolge zeitlich auseinander zu ziehen und somit Platz für neue Speisen im Magen zu schaffen.

Auf einem Käse-Buffet sollten möglichst alle Arten von Käse vertreten sein wie zum Beispiel:

- Extrahartkäse
- Weichkäse
- Hartkäse
- Frischkäse

sowie Käse aus mehreren Ländern (sofern Ihre Einladung nicht unter dem Motto eines bestimmten Landes steht). Zum Beispiel:

- Deutscher Romadur und Weißlacker
- Französischer Carré de l'Est und Munster
- Niederländischer Edamer und Gouda
- Schweizer Appenzeller und Bergkäse
- Dänischer Danablu und Danbo
- Italienischer Taleggio und Bel Paese

Auch gibt es immer wieder ansprechende Käsespezialitäten, die mit Nüssen, Mandeln, Rum oder anderen Zutaten angereichert wurden. Hier einige Anregungen:

Aufgeschnittene Käsesorten:

- St. Paulin
- Emmentaler
- Gruyère
- Tilsiter
- Edamer
- Gouda
- Geheimratskäse
- Appenzeller

Ganze Käse-Räder (Manchmal stellen Lieferanten ganze Räder leihweise zur Verfügung)

- Emmentaler
- Käse-Blocks
- Sbrinz
- Appenzeller
- Parmesan

Nicht aufgeschnittener Käse:

- Camembert
- Danablu
- Vacherin
- Tortenbrie
- Roquefort

Schüsseln mit

- angemachten Frischkäsen
- Käsesalaten

- Porzellanplatte mit Mainzer Handkäse oder

Harzer Roller, sowie einer Schale mit Essig-Zwiebel-Kümmel-Sauce

Portionskäse

- gewöhnliche Schmelzkäsezubereitungen verschiedener Geschmacksrichtungen
- Spezialkäse wie den Tête de Moine, der in einer besonderen Art geschnitten wird
- Englischer Stilton, dem eine oder zwei Stunden vor dem Servieren etwas Rotwein oder Sherry zugesetzt wird

Heißer Käse

- Raclette-Käse, der in einem Spezialofen oder vor Holzkohlenfeuer geschmolzen wird. Dabei wird der angeschmolzene Käse nach und nach auf einen bereitstehenden Teller abgestrichen, auf dem sich Pellkartoffeln, Silberzwiebeln (Japanperlen) und Cornichons befinden

Auf dem Käse-Buffet stehen zusätzlich mehrere essbare Zutaten wie:

- Radieschen
- Silberzwiebeln
- Oliven
- Rettich
- Weintrauben

- Petersilie
- Rosinen
- Mandeln
- Mandelsplitter
- Tomaten

- Pellkartoffeln
- roter Paprika
- Gurken (Cornichons)

Legen Sie ausreichend Käse-Messer bereit, damit der Blauschimmel-Käse nicht mit demselben Messer geschnitten werden muss, mit dem auch der Emmentaler geschnitten wird.

Je nach Gästezahl empfiehlt es sich, schon vorab etwas Käse aufzuschneiden, da erfahrungsgemäß das Abschneiden und Portionieren der Käse-Sorten einige Zeit in Anspruch nimmt und der Gast sich für gewöhnlich nicht nur mit einer Sorte Käse zufriedengibt.

Dekoration:

Wie gefällt Ihnen eine Dekoration aus:

- Käse
- Rotweinflaschen
- Flaschenkörben

- Weinfässern
- Weingläsern
- Traubenreben

- herbstlichen Motiven
- Keltern

Butter und mehrere vorgeschnittene Brotsorten auf dem Buffet nicht vergessen.

Canapé-Buffet

Canapés sind kleine, dünn belegte Brotscheibchen, meist aus Weißbrot oder Toastbrot. Sie können rund, oval, dreieckig, quadratisch sein oder sonst eine rechteckige Form haben. Charakteristisch ist, dass der Brotbelag genau mit dem Brotrand abschließt, also nicht überhängt. Verwendet werden verschiedene pikante Wurstsorten, Bündnerfleisch, Lachs, Crevetten, Kaviar, Spargel, Käse, Salate und so weiter.

Canapés werden ohne Besteck gegessen. Servietten, am besten Papierservietten, dürfen nicht fehlen.

Angerichtet auf Spiegelplatten

Ein besonders gefälliger optischer Eindruck wird erzeugt, wenn Sie die Canapés auf einem oder mehreren Spiegeln anrichten. Die Spiegel stellen Sie an der dem Gast abgewandten Seite leicht hoch.

Berücksichtigen Sie aber, dass die Spiegel nicht vom Buffet rutschen sollen, gerade dann, wenn große oder schwere Spiegel verwendet werden.

Das Canapé-Buffet kann sehr gut mit dem Aperitif-Buffet kombiniert werden, da die Canapés als Appetitanreger dienen sollen. Bei dieser Art von Buffet bleiben die Gäste üblicherweise stehen.

Zu dreiviertel leere Platten sollten gegen neu gefüllte Platten ausgetauscht werden. Der Gast soll nicht den Eindruck bekommen, dass er Reste aufessen muss.

Kuchen-Buffet

Das Kuchen-Buffet gilt als verhältnismäßig einfach aufzubauendes Buffet, das ausschließlich mit verschiedenen Backwaren bestückt ist.

Manchmal sind Kuchen-Buffets bereits fest eingebaut in die Einrichtung eines Gastraumes. Zum Gast zu ist es geschützt durch eine (Plexi-)Glaswand.

Eine leichte Kühlung des Buffets hat sich als positiv erwiesen, obwohl die Vibrationen, die durch den Motor der Kühlung entstehen können, manchmal die Torten nach gewisser Zeit in sich zusammensacken lassen.

Einige Anregungen:

- Buttercreme-Torten
- Sahne-Torten
- Pudding-Torten
- Obstböden
- Früchtetörtchen (Tartelettes)
- Rosinenkuchen
- Marmorkuchen
- Gugelhupf
- Gebäckstückchen
- Blätterteig-Stückchen
- Crême-Schnitten

- Punschringe (Savarins)
- Diätkuchen
- Berliner
- Krapfen
- Brezel
- Kekse
- Feingebäck
- Zimtkranz
- Zopf
- Baiser
- Mürbeteigtörtchen

- Cupcakes
- Florentiner
- Schuhsohlen
- Heiße Waffeln
- Frankfurter Kranz
- Stollen
- Petit Fours
- Streuselkuchen
- Mandelkipferl
- Amerikaner
- Windbeutel

Halten Sie frisch geschlagene Sahne bereit. Berücksichtigen Sie auch, dass die angeschnittene Torte so stehen muss, dass der Gast die Schnittstelle sieht, da er gerne wissen möchte, was im Kuchen ist.

Backwaren aus hygienischen Gründen nicht mit bloßen Händen anfassen. Immer Tortenheber oder Gebäckzangen benutzen. Abgeschnittene Tortenstücke werden so auf den Teller gegeben, sodass die Tortenspitze zum Gast zeigt.

Eis-Buffet

Im Aufbau und in der Durchführung ist dieses Buffet ziemlich schwierig umzusetzen. Die Bewunderung Ihrer Gäste über das Eis-Buffet belohnt Sie aber ausreichend.

Die Schwierigkeit beim Eis-Buffet besteht darin, das Buffet gekühlt zu halten. Sollte es keine eingebaute Vorrichtung geben, muss improvisiert werden.

Eis aus gefrorenem Wasser lässt sich nur bedingt einsetzen, da dieses Eis relativ schnell schmelzen wird, zumal es in den Bankett-Räumen sicherlich ziemlich warm sein dürfte. Entweder Sie bauen das Buffet direkt in eine offene Eistruhe, die der Lieferant zur Verfügung stellen kann.

Dabei geben Sie unten in die Truhe Styropor oder große Kartons, um eine nicht zu tiefliegende Abstellfläche zu bekommen.

Oder Sie arbeiten mit Trockeneis. Die Herausforderung hier dürfte darin liegen, Trockeneis zu bekommen. Sicherlich kann Ihnen ein Eis-, Getränke- oder Fischlieferant (zum Beispiel Ihrer Kantine) weiterhelfen.

Beachten Sie, dass Trockeneis extrem kalt ist (ca. minus 79°C) und nicht direkt mit der Haut (den Fingern) in Berührung kommen darf, da sonst die Haut am Eis festkleben und schwere ‚Verbrennungen' erzeugen kann. Also mit Handschuhen arbeiten!

Aufbau:

- Zuerst einen Tisch mit Zeitungspapier auslegen,
- darauf Brocken von Trockeneis geben und
- schließlich Alufolie über die Eisbrocken legen oder gar über das komplette Buffet spannen.

Der Aufbau ist nun soweit fertig, dass die Eisgerichte aufgestellt werden können.

Einige Anregungen:

- verschiedene Eiscoupes
- verschiedene Sorbets
- Eistorten
- Ananas, gefüllt mit Ananaseis
- Melone ausgehöhlt und gefüllt mit Meloneneis-Kügelchen, sowie Obststückchen
- Eis am Stiel, in eine Halbkugel aus Pappmaschee gesteckt
- Cassata
- (nicht essbare) Eisskulpturen
- Schüsseln mit Eiskugeln
- Eiswürfel, geschnitten aus einem Eisblock

Oberhalb des Buffets, aufgehängt an der Decke, können Sie eine Schale anbringen, in die Sie Stücke von Trockeneis legen. Gießen Sie nun kaltes Wasser über das Trockeneis, dann verdampft es. Kalte Nebelwolken laufen aus der Schale und ergießen sich über das Eisbuffet. Ein Riesenerfolg!

Es versteht sich, dass Sie das Eisbuffet erst kurz vor Benutzung fertig aufbauen können, da sonst ganz einfach die Speisen vorher schmelzen würden.

Das bedeutet, dass Sie sich vorher den Aufbau genauestens durchdenken und überlegen, damit später beim tatsächlichen Aufbau alles sofort stimmt. Die Eisspeisen können vorbereitet sein und in der Tiefkühlung stehen.

Werden aus einem Mehr-Liter-Behälter Eiskugeln geformt und in eine Schale gegeben, muss diese Arbeit ebenfalls schnell geschehen. Das fertig angerichtete Eis zügig wieder in die Kühlung stellen.

Es muss bei der Vorbereitung vermieden werden, dass das Eis anschmilzt und anschließend zusammenklebt, zumal dann eine gesundheitliche Gefährdung beim späteren Verzehr nicht ganz auszuschließen ist.

Ein Buffet mit großem Arbeitsaufwand – aber verbunden mit großem Erfolg.

Dessert-Buffet

Dieses Buffet steht als kleines Buffet oder auch auf einem fahrbaren Servierwagen, dem Dessertwagen. Mit diesem Wagen fährt das Personal direkt an den Tisch des Gastes, der sich dann aus einem reichhaltigen Angebot seinen Nachtisch aussuchen kann.

Der Dessertwagen wird ständig nachgefüllt. Der Gast soll nicht den Eindruck gewinnen, das letzte Stück nehmen zu müssen.

Auch sollen alle Nachspeisen stets frisch sein und einen verlockenden, appetitlichen Eindruck hinterlassen.

Ein umfangreicheres Dessert-Buffet wird gerne bei einem Kalt-Warmen Buffet mit eingebaut. Der Gast erhält somit eine große Auswahl an Nachspeisen.

Einige Anregungen:

- Eis
- Sorbets
- Crêmes
- Puddings
- Torten
- Kuchen
- Gebäckstücke
- Obst

- Obstsalat
- Käseplatte
- Mousses
- Petits fours
- Früchtebeignets mit warmer Vanillesauce
- Baisers
- Cupcakes

- Melone ausgehöhlt, gefüllt mit Melonenstückchen, Trauben, Ananaswürfel, Würfel der Pitahaya
- Obstkaskade
- Exotische Früchte

„Voller Bauch studiert nicht gern."

Das behauptet zumindest der Volksmund.

Hin und wieder sind Gäste zu beobachten, die sich ‚den Bauch so vollgeschlagen' haben, dass sie selbst darauf hinweisen müssen.

Sie lehnen sich im Stuhl zurück, drücken den Bauch nach vorn/oben, streiche(l)n mit beiden Händen darüber und stöhnen, ‚viel zu viel gegessen zu haben'.

Vielleicht sollte solch ein Gourmet (Genießer) oder eher der Gourmand (Vielfraß) das Zitat vom griechischen Philosophen Epikur von Samos (341 – 271 v. Chr.) durchdenken:

„Der Bauch ist nicht unersättlich, wie die Menge sagt, aber falsch ist die Vorstellung, dass man den Bauch unbegrenzt füllen müssen."

Nicht vergessen: Im Vordergrund steht Genuss – und nicht Menge.

Wie eingangs erwähnt, nimmt die Gastrosophie mit ihrem Wissen direkten Einfluss auf den Bauch und damit auf den kulinarischen Genuss.

Getränke-Buffets

„Ein Trinkgefäß, sobald es leer, macht keine rechte Freude mehr."
Heinrich Christian Wilhelm Busch, dt. Schriftsteller
(1832 - 1908)

Das Aperitif-Buffet

Das Aperitif-Buffet (lat. ‚aperire' für ‚öffnen') wird gerne aufgebaut, um Gästen vor einem (Abend-) Essen die Möglichkeit zu geben, sich zu sammeln, sich gegenseitig kennenzulernen und sich auf den folgenden Anlass hin einzustimmen.

Die Aperitif-Zeit leitet eine Veranstaltung ein, die sich den Gästen ‚öffnen' wird.

Im folgenden Beispiel wird angenommen, dass ca. 100 Gäste erwartet werden. Es soll für jeden Gast ein Glas Kir Royal gereicht werden – das ist ein Johannisbeerlikör mit Champagner aufgefüllt – oder ein Glas Orangensaft mit Champagner.

Hier kann ein Bartender (Barmann) seine Künste zeigen. Aus dem ausgesuchten Angebot bereitet er vor den Augen des Gastes kunstvoll die gewünschten Aperitifs zu. Je nach Wunsch mit oder ohne Alkohol.

Aufbau:

Drei oder vier rechteckige Tische nebeneinanderstellen, sodass Sie zum Servieren noch hinter die Tische gehen können. Deshalb das Buffet nicht zu nahe an die Wand bauen. Es werden Moltons aufgelegt, anschließend das Buffet kunstvoll bespannt.

Vorausschauend stellen Sie etwa 10 Prozent mehr Gläser auf, als Gäste erwartet werden, denn:

- es könnten überraschend mehr Gäste kommen als erwartet,
- es könnten Gläser zerspringen oder umfallen,
- es könnte Gäste geben, die mehr als ein Glas Aperitif wünschen.

Die Gläser gleich mit der Öffnung nach oben aufstellen, damit problemlos eingeschenkt werden kann und die Gläser nicht jedes Mal erst umgedreht werden müssen.

Wird deutlich früh vor Eintreffen der Gäste aufgebaut, können die Gläser gegen Staub abgedeckt werden.

Stellen Sie vier Sektkühler auf Mittelteller. Dazwischen legen Sie eine Serviette, die das Kondenswasser auffängt. Die Kühler werden etwa bis zur Hälfte mit Eiswürfeln oder Eis gefüllt und erst kurz bevor die Gäste eintreffen mit kaltem Wasser aufgegossen.

Beachten Sie dabei, dass durch das spätere Hinzugeben der Sektflaschen Volumen benötigt wird.

Legen Sie über jeden Sektkühler eine Handserviette. Eine oder mehrere Karaffen mit Orangensaft füllen. Die Karaffen stellen Sie ebenfalls auf Mittelteller. Den Likör bereitstellen. Einige Handservietten als Reserve auf den Beistelltisch (Guéridon) legen. Saftgläser für Kinder bereitstellen oder für Gäste, die keinen Kir trinken möchten.

Eventuell einige Snacks dazugeben, die aber auch auf benachbarten Tischchen aufgestellt werden können.

Sektkühler   Saftkaraffe   Sektkühler

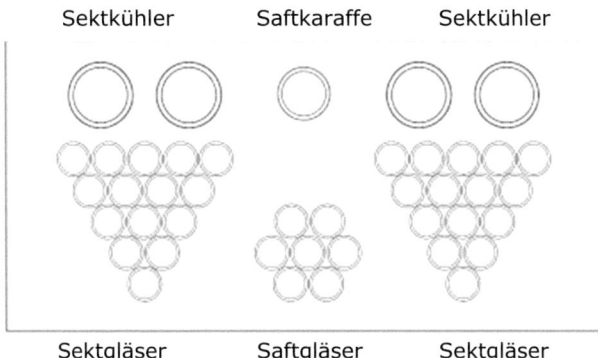

Sektgläser   Saftgläser   Sektgläser

Leere Flaschen gehören auf ein Beistelltischchen oder unter das Buffet. Sie können auf einem Aperitif-Buffet auch Getränke aufbauen, die à la carte, also nach Wunsch des Gastes bestellt werden. Hierfür benötigen Sie alkoholfreie Getränke sowie Spirituosen, um die gewünschten Mixgetränke, Cocktails, Aperitifs und andere zu mixen. Eine gute Vorbereitung ist nötig.

Hier kann der erwähnte Bartender tatsächlich sein Können beweisen. Alle in Frage kommenden Getränke bereitstellen. Ebenso Messbecher, Shaker, Eiswürfel, Zitronen, Messer, Zucker, Garnituren und so weiter.

Unterscheiden Sie zwischen folgenden Sektgläsern:

- Sektkelch im Menü,   - Sektflöte beim Aperitif,   - Sektschale beim Digestif.

Dekoration:

Außer der Buffet-Bespannung kann auf einem Aperitif-Buffet nicht allzu viel Dekoration aufgebaut sein, schon alleine aus Gründen des zur Verfügung stehenden Platzes.

Werden Kerzen aufgestellt, müssen sie so stehen, dass sie beim Einschenken und beim Überreichen der Gläser an die Gäste nicht umfallen oder Kleider angebrannt werden können.

Blumenarrangements können aufgestellt werden; aber auch hier so sicherstellen, dass weder der Gast noch der Bedienende um die Blumen ‚herumarbeiten' muss.

Service

Kurz bevor die Gäste eintreffen, die gekühlten Champagnerflaschen in die Sektkühler geben, beziehungsweise je eine, maximal zwei Flaschen je Kühler. Die anderen Flaschen in einer Wanne oder einer Kiste, die ebenfalls mit Eis gefüllt ist, bereithalten.

Sinnvollerweise steht diese Wanne in unmittelbarer Nähe zum Aperitif-Buffet, zum Beispiel unter dem Buffet. Kurz vor dem Eintreffen des ersten Gastes werden die Kerzen angezündet, und – je nach zu erwartender Anzahl der Gäste – die ersten Flaschen geöffnet.

Getränke-Buffet

Ein Getränke-Buffet ist ein Buffet, auf dem mehrere Getränke bereitstehen, die während der Mahlzeiten gereicht werden. Das Getränke-Buffet soll eine Erleichterung für die Gastgeber sein, besonders dann, wenn keine (Wein-)Getränke vorbestellt wurden.

Beispiel eines Getränke-Buffets:

Ein Bankettessen für 500 Personen ist geplant. Mit nur einem Getränkebuffet lässt sich der Getränkeservice kaum korrekt durchführen.

Daher werden mehrere kleinere Getränke-Buffets in den Räumen verteilt, von denen aus die Getränke serviert werden.

Sie ersparen sich unnütze Rennereien und verkürzen die Wegstrecken.

Bauen Sie beispielsweise auf:

- 100 Cola-Getränke
- 100 Limonaden-Getränke
- 100 Orangensäfte
- 20 Traubensäfte
- 20 Apfelsäfte
- 40 Chininhaltige Getränke

- 200 Biere
- 20 Flaschen Ausschankwein rot
- 20 Flaschen Ausschankwein weiß
- 1 Flasche Gin
- 1 Flasche Whisky
- 1 Flasche Rum

- Eiswürfel
- Flaschenöffner
- Korkenzieher
- Handserviette
- Schale oder Abfalleimer für Kronkorken

Flaschenweine stehen nicht unbedingt auf dem Getränkebuffet. Achten Sie beim Aufbau der Flaschen darauf, dass alle Flaschenetiketten grundsätzlich zum Gast hin zeigen. Alle Mineralwässer, Säfte, Biere und Weißweine sind vorgekühlt.

Alle Getränke sind (in der Hotellerie und Gastronomie) gezählt und registriert.

Sollte das Getränke-Buffet in Sichtweite des Gastes stehen, ist auch hier auf unbedingte Ordnung zu achten, Dekoration kann eventuell aufgestellt sein. Die Buffet-Bespannung muss korrekt durchgeführt worden sein.

Übrigens: Angeblich standen den Hofdamen des Hammurapi, König von Babylonien (1728 bis 1686 v. Chr.) täglich drei Liter Bier zu. Die babylonischen Hohepriester bekamen immerhin 5 Liter am Tag.

Champagner-Buffet

Es handelt sich hier um ein Buffet mit verschiedenen Champagner-Sorten, die zum Offenausschank gedacht sind. Zum Beispiel in einer Hotelhalle beim Eintreffen Ihrer Gäste.

Das Buffet bietet sich geradezu für eine Kombination mit Meerestieren, wie Austern, Hummer und Krabben an. Allein aus dekorativen Gründen reizt es, eine Magnumflasche oder gar eine Champagnerflasche noch größeren Volumens auf das Buffet zu stellen.

Die Etiketten der Flaschen zeigen deshalb zum Gast hin, damit dieser sich über das Getränkeangebot informieren kann. Genügend Sektkühler beziehungsweise Champagnerkühler und Eiswürfel sind bereitzuhalten; auch die Handserviette nicht vergessen!

Beim Öffnen der Champagnerflaschen den Flaschenhals von den Gästen wegdrehen, damit keine Unfälle geschehen können. Das Glas wird jeweils erst dann gefüllt, wenn der Gast an das Buffet getreten ist.

Vorschenken vermeiden, damit die Kohlensäure des Getränkes nicht schon zu stark entweicht, bevor die Gäste eintreffen.

Der professionelle Buffetaufbau

Aufstellen des Buffets

„Ein schönes Benehmen ist der Schmuck des Lebens,
und jeder angenehme Ausdruck hilft wundervoll von der Stelle."
Baltasar Gracián y Morales, span. *Schriftsteller*
(1601 - 1658)

Raumwahl für ein Buffet

Nicht oft werden Sie in der Praxis die Möglichkeit haben, unter mehreren Räumen einen geeigneten Raum zum Aufstellen eines Buffets zu wählen. Aber doch kommt es vor, auch im privaten und kleinen Kreis, dass Sie bereits zwischen zwei Räumen einen günstigen Buffet-Raum aussuchen können.

Zur Entscheidung trägt bei, welcher Raum am besten von der Küche aus beliefert werden kann, in welchen Raum die Gäste von ihren Sitzplätzen aus am einfachsten zum Buffet gelangen können, wie der Aufbau des Buffets an sich am praktischsten und eindrucksvollsten zu stehen kommt.

Hin und wieder werden Flure, Korridore und bei geeignetem Wetter auch Terrassen als Buffet-Räume benutzt. Es gilt, dass ein guter Platz für ein (Speisen-)Buffet gegenüber dem Eingang des Raums ist.

Das Buffet wird vom Gast gut eingesehen, sobald dieser den Raum betritt. Und noch viel wichtiger: Die am Buffet stehenden Gäste versperren nicht den Ein- und Ausgang des Raumes.

Innerhalb des Raumes empfiehlt es sich, ein Buffet in der Nähe des Zugangs zur Küche oder zu einem Lagerraum aufzubauen, damit problemlos für schnellen, reibungslosen und störungsfreien Nachschub gesorgt werden kann.

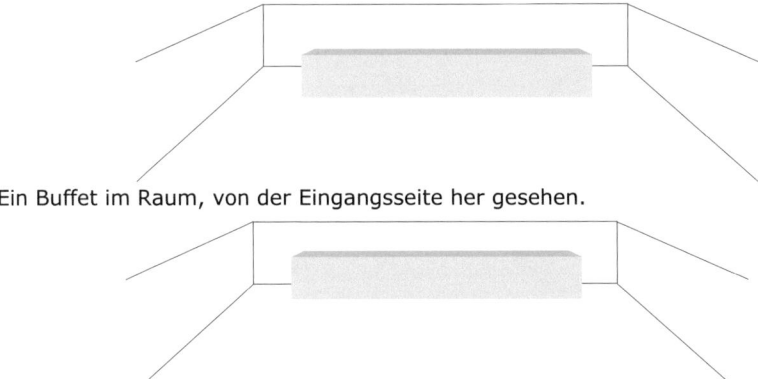

Ein Buffet im Raum, von der Eingangsseite her gesehen.

Das Buffet kann unmittelbar an eine Raumwand gestellt werden. Sollte davon ausgegangen werden, dass Personal hinter dem Buffet zur Bedienung steht, muss hierfür ein genügend breiter Raum zum Durchlaufen gelassen werden.

Dieser Platz wird auch benutzt, um Platten austauschen beziehungsweise nachstellen zu können. Die sich bedienenden Gäste würden dadurch nicht gestört.

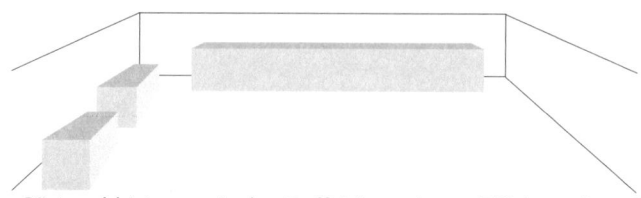

Bei größerer Gästezahl ist es gut, das Buffet in mehrere Blöcke aufzuteilen. Die Gäste verteilen sich so leichter an den Buffet-Tischen und es kommt nicht zu langen Wartezeiten.

Laufrichtung des Gastes

Leider viel zu oft unberücksichtigt: die Laufrichtung des Gastes. Den wenigsten Gästen bereitet es Vergnügen, wenn sie sich erst eine Viertelstunde die Füße in den Bauch stehen müssen, bis sie endlich an die heiß ersehnten Platten gelangen.

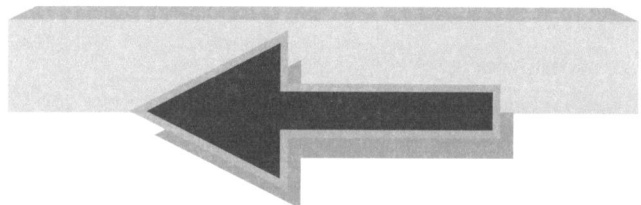

Deshalb: Sehr wichtig bei der Platzwahl ist die Laufrichtung des Gastes einzustufen. Die erfolgt üblicherweise von rechts nach links am Buffet entlang, da die meisten Menschen Rechtshänder sind. Sie halten dann mit der linken Hand ihren Teller und bedienen sich mithilfe der rechten Hand.

Auf dem Buffet liegen die Vorlegebestecke auf ‚Zwanzig nach Vier' auf Platten oder in Schüsseln. Sie zeigen nach ‚rechts unten', damit der Gast die Bestecke – in seiner Laufrichtung betrachtet – am besten greifen kann.

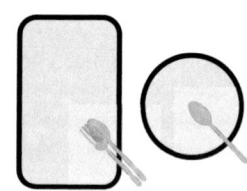

Es muss auch vermieden werden, dass sich zwei Laufrichtungen aufeinander zubewegen, um ‚Kollisionen' am Buffet zu vermeiden.

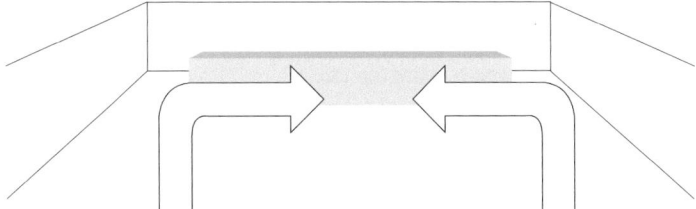

Deshalb bestimmt der Gastgeber den ‚Anfang' und das ‚Ende' des Buffets. Der Anfang ist die Stelle, an der die Teller aufgebaut sind und von wo aus der Gast sich am Buffet entlang bewegt.

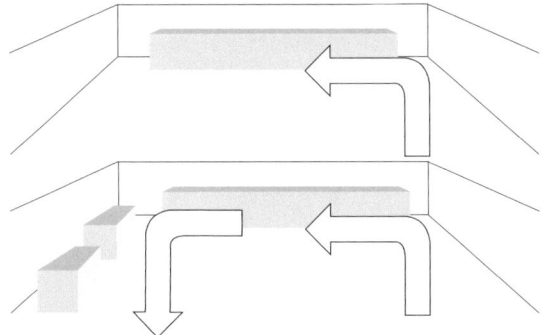

Die Gäste werden sich am Buffet aufreihen, also hintereinander aufstellen, da ein Buffet von einer vorbestimmten Seite her angelaufen wird. Diese Laufrichtung muss bei der Planung mit einkalkuliert sein, damit die Warteschlange die Ein- beziehungsweise Ausgänge zum Raum nicht verstellen und schon gar nicht dann, wenn alle Gäste nach dem Bedienen am Buffet gerade durch diese Tür, etwa zum Speiseraum oder Festsaal gehen müssen.

Werden besonders viele Gäste erwartet, kann das Buffet symmetrisch aufgestellt werden, sodass sich der Gästestrom teilt.

Dabei verzichtet die Hälfte der Gäste auf das einfache Zugreifen der Speisen, da ja ‚in verkehrter Richtung' gegangen wird.

Der gehaltene Teller in der linken Hand befindet sich dann gegebenenfalls über dem Buffet.

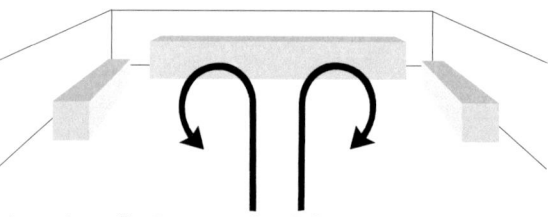

In diesem Beispiel werden alle Speisen ebenfalls symmetrisch und doppelt aufgebaut. Der Gast geht also nur an einer Hälfte des Buffets vorbei, um sich zu bedienen.

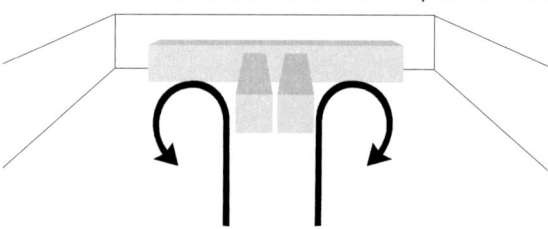

Übrigens: Nicht jeder zeigt sich als geschickter Jongleur mit einem oder zwei Tellern in der Hand.

Tischwahl und Form des Buffets

Wahrscheinlich eignen sich alle verfügbaren Tische und Unterstellflächen als Buffet-Tische. Es müssen demnach nicht unbedingt richtige Tische benutzt werden, sondern es können Auf- beziehungsweise Unterbauten, über zwei Tische oder Böcke gelegte Bretter, mehrere übereinander gestellte Kisten oder sonstige Behältnisse sein.

Insgesamt, bei mehreren nebeneinander gestellten Gegenständen, sollte dieselbe Höhe erreicht werden, damit sich ein möglichst einheitliches Gesamtbild des Grundbuffets ergibt.

Die Gesamthöhe des Grundbuffets ist so bemessen, dass sich jeder durchschnittlich ‚gebaute' Mensch leicht bedienen kann. Als Faustregel gilt hier, die Höhe des Buffets der Höhe der Gästetische anzugleichen, eher etwas höher, aber nicht tiefer.

Die Tiefe des Buffets, die Stellfläche für Speisen und Dekoration darf nicht tiefer sein, als der Gast ohne Mühe greifen kann. Ist das Buffet tiefer, muss hinter dem Buffet Personal stehen, das dem Gast vorlegen kann.

Die endgültige Form des Buffets kann sich nach mehreren Gesichtspunkten richten, nämlich:

- Welche räumlichen Möglichkeiten sind gegeben?
- Welche Buffet-Tische stehen zur Verfügung?

- Wie viele Gäste werden erwartet?
- Welche Art von Buffet wünscht der Gastgeber beziehungsweise der Auftraggeber?

Gerade bei längeren beziehungsweise räumlich größeren Buffets ist es vorteilhaft, das Buffet entweder in mehrere kleine Abschnitte zu unterteilen, oder kleine Podeste aufzubauen, um optische Reizpunkte zu erzielen.

Ein kleiner Dekorationsaufbau auf einem Buffet bietet bereits einen optischen Anziehungspunkt.

Richtlinien beim Aufstellen des Buffets

Folgendes gilt es zu berücksichtigen:

- Alle benutzen Tische haben dieselbe Höhe.
- Die verwendeten Aufbauten stehen stoßsicher.
- Moltons können untergelegt werden.
- Es ist genügend Platz für Personal hinter dem Buffet vorhanden.
- Es sind genügend Tische gestellt, sodass die Platten nicht zu eng stehen.
- Es sind nicht zu viele Tische aufgestellt, sodass sich die Platten auf dem Buffet nicht verlieren.
- Notausgänge werden freigehalten.
- Die einzelnen Tische hinterlassen einen zusammenpassenden Gesamteindruck.
- Die Speisen sind ‚logisch' aufgebaut (Reihenfolge: Vorspeisen, Hauptspeisen, Nachspeisen).
- Die ‚Mise en place' (Vorbereitung des Arbeitsplatzes und Bereitstellung benötigter Materialien) ist entsprechend gerichtet.
- Das Buffet ist einwandfrei bespannt.

Platten mit teuren oder sehr aufwändig zubereiteten Speisen (sogenannten A-Speisen) werden nicht an den Anfang des Buffets gestellt, also dorthin, wo sich der Gast zuerst bedienen wird.

Leider finden sich immer wieder Gäste, die sich sofort den Teller ‚vollhauen', ohne sich vom Gesamtangebot anregen zu lassen. Diese Gäste sollten sich nicht gerade mit den allerteuersten Gerichten den Bauch vollstopfen, zum Nachteil der anderen Gäste.

In Laufrichtung betrachtet, werden zuerst C-Speisen, dann B- und schließlich A-Speisen angeboten.

Buffet-Bespannung

Das Skirting

Es gibt einige Varianten, ein Buffet korrekt manuell zu bespannen. Wie das Tisch- beziehungsweise Tafeltuch bei einer schön dekorierten Tafel, zählt das Buffettuch beim Buffet zu einem maßgeblichen dekorativen Element. Neben der üblichen Tischwäsche gibt es besondere Buffet-Tücher, die entsprechend lang und breit gearbeitet sind. Greifen Sie auf übliche Tischwäsche zurück, gehen Sie wie folgt vor:

1. Staubsaugen

2. Tische zur gewünschten Buffet-Form aufstellen

3. Moltons auflegen

- Moltons verhindern das Rutschen der Tischwäsche

- Sie saugen eventuell verschüttete Flüssigkeiten mühelos auf

- Sie sorgen für einen geräuscharmen Service

- Die Platten stehen weich

- Die Tischoberfläche wird geschont

4. Tischtücher auf den Tisch legen.

Mit der Bespannung immer an der dem Eingang am weitesten entfernten Stelle beginnen. Müssen mehrere Tücher benutzt werden, zeigt sich diese Regel als wichtig. Denn immer dort, wo ein Tischtuch über das nächste zu liegen kommt, entsteht ein unschöner Spalt.

Werden die Tücher nach der oben empfohlenen Art gelegt, können diese Spalten vom Eingang her nicht gesehen werden. Es entsteht der Eindruck, das Buffet sei mit nur einem Tuch bespannt.

Zum Boden hin soll das Tischtuch nicht mit dem Teppich abschließen, sondern einen ca. 2 cm hohen Spalt lassen. Sollte ein Gast mit dem Fuß unter das Tischtuch geraten, wird er nicht die komplette Bespannung abreißen oder verschieben.

Achten Sie darauf, dass der Abschluss aller Tücher zum Boden hin möglichst gleichmäßig, also gleich hoch verläuft. Auf der dem Gast abgewandten Tischplatte kann es zu Unregelmäßigkeiten kommen. Hier können Sie sich mit kleinen Deckservietten oder Dekorationsgegenständen helfen, diese Unregelmäßigkeiten geschickt zu verdecken.

Das ideale, pflegeleichte und knitterfreie Buffettuch ist einige Meter lang; aufgerollt hat es die gleiche Breite wie der Tisch hoch ist. Da das Buffettuch aufgerollt aufbewahrt wird, entstehen keine Falten im Tuch. Auch lässt es sich gerollt einfach, sauber und Platz sparend lagern.

Die Buffettuch-Rolle wird senkrecht an das Ende des Buffets gestellt und von dort aus abgerollt. An der Tischkante wird es mit Stecknadeln, Reißzwecken, speziellen Klemmvorrichtungen oder durchsichtigem Klebestreifen befestigt. Je nach Gewicht des Tuchs kann auch Doppelklebeband benutzt werden. Der Vollständigkeit halber sei erwähnt, dass es fertig zu kaufende Buffet-Bespannungen, ‚Skirtings' gibt.

Es wird auch mit Lackfolie und anderen Materialien gearbeitet, um dem Buffet eine besondere Note zu verleihen. Ein Buffet kann selbstverständlich auch mit mehreren Tischtüchern bespannt werden.

Allerdings sind diese Tischtücher in der Regel breiter, als der Tisch hoch ist. Deshalb muss ein Teil des Tischtuchs auf die Tischplatte gelegt und dort befestigt werden.

In diesem Fall könnte die Oberseite des Buffets später mit Napperons, also mit kleinen Deckservietten, bedeckt werden, damit die Klebestellen nicht zu sehen sind.

Bei runden Tischen müssen die überliegenden Enden des Tischtuchs beziehungsweise der Tischtücher geschickt übereinandergelegt werden.

In den folgenden Fällen wird davon ausgegangen, dass ein einige Meter langes Buffettuch verwendet wird, dessen Breite der Höhe des Tisches entspricht.

Buffet-Skirtings

In den folgenden Darstellungen sehen Sie links das fertige Buffet, darunter die Skirtings-Bespannung mit Blick von oben.

Glatte Buffet-Bespannung

Z-Bespannung

Balkenbespannung

Bretterbespannung

Pyramidenbespannung

Wellenbespannung

Tropfenbespannung

Doppelte Tropfenbespannung

Dreifache Tropfenbespannung

Das Band muss breiter sein, als der Tisch hoch ist.

Die folgenden vier Bespannungen eignen sich auch gut als Hintergrundbespannungen, also zum Beispiel auf einem Buffetaufbau.

Einfache Schleppenbespannung

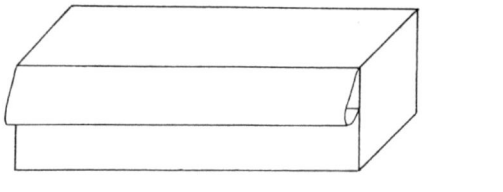

Zweifache Schleppenbespannung

Dreifache Schleppenbespannung

Theaterbespannung

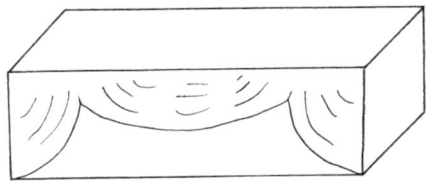

Diese Bespannung ist am besten möglich mit einem leichten Buffettuch, da sonst die Stecknadeln das Tuch nicht halten können. Besonders reizvoll wirkt diese Art der Buffet-Bespannung, wenn das Buffet vorher mit einem andersfarbigen Untergrund-Tuch bespannt wurde.

Geraffte Bespannung

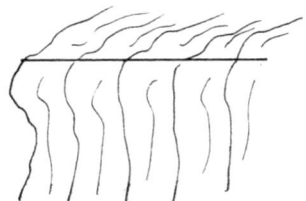

Ein viel breiteres und größeres Tuch als der Aufbau wird in vielen Falten und Wellen über den Aufbau gelegt.

Kunstvolle Buffet-Bespannung

Für ein Buffet der Länge ‚x' wird ein Buffettuch benötigt, das die ungefähre Länge ‚4 mal x' hat. Der Tischkante entlang wird das Tuch mit Stecknadeln angeheftet und zwar immer so, dass – wie bei der dreifachen Tropfenbespannung – immer drei Schlaufen zusammengenommen werden.

Anschließend wird jeder ‚Dreier-Strang' ca. eine Handbreit unterhalb der Oberkante zusammengeheftet.

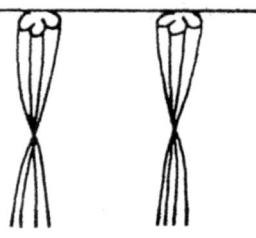

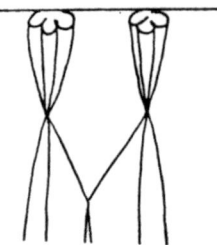

Von jeweils zwei benachbarten Strängen werden Außenwellen zusammengesteckt.

In der Mitte des Buffets anfangen, um später rechts und links einen symmetrischen Aufbau zu erhalten.

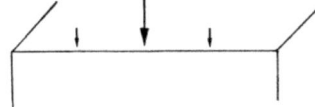

In der nächsttieferen Reihe werden die Originalstränge wieder zusammengeführt.

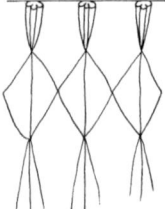

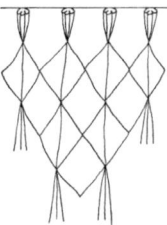

Nach diesem System wird weiter verfahren, bis ein Dreieck entsteht, das nach unten spitz zuläuft.

Nachdem Sie ein Dreieck erhalten haben, verfahren Sie ähnlich mit den benachbarten Strängen.

Zum Schluss können Sie bei den zuerst entstandenen Schlaufen an der Tischkante diese Schlaufen nach innen einstecken.

Fertiges Buffet

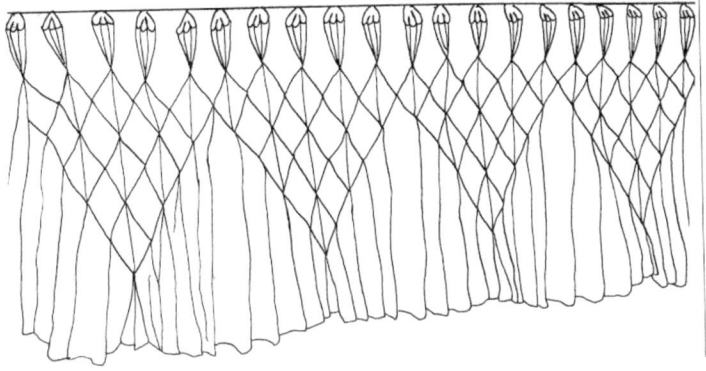

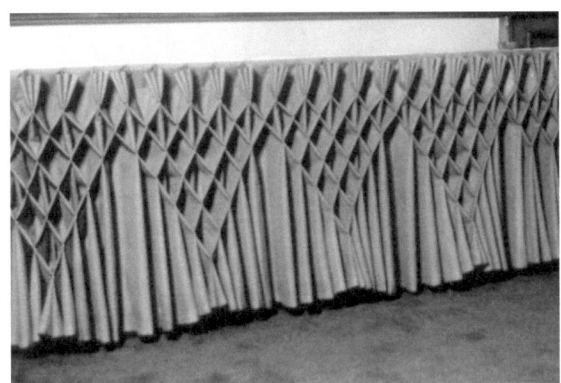

Kombinierte Bespannung

Die kunstvolle Buffet-Bespannung aus dem vorhergegangenen Abschnitt kann mit vielen anderen Buffetbespannungen kombiniert werden.

Hier ist die Bespannung mit der Balken-Bespannung kombiniert worden.

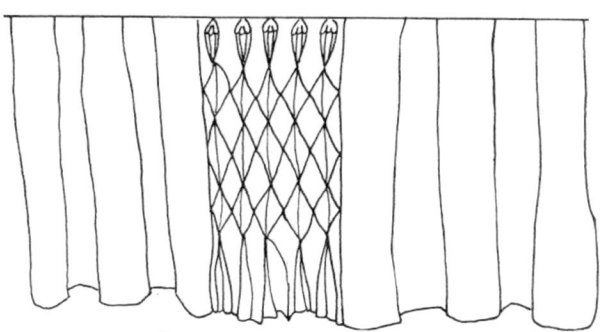

Teil III
Esskultur, zu Hause und in der Gastronomie, bei Tisch, das Arbeitsessen

Kapitel 6 – Esskultur und Stil bei Tisch

Das Auffinden des Restaurant -Tisches

Im Restaurant

Tischsitten

Desiderius Erasmus von Rotterdam (1466/69 – 1536) musste bereits erkennen, dass es nicht jedem leichtfällt, sich bei Tisch ‚anständig' zu verhalten.

Der niederländische Theologe veröffentlichte insgesamt etwa 150 Bücher, wovon sich einige auf das Verhalten beziehungsweise auf die Bildung des Menschen beziehen. Seine Zielgruppe war der Nachwuchs des Adels. Diese sollten standesgemäße Verhaltensmuster erlernen.

Im Jahr 1529 schrieb Erasmus ein 79-seitiges Buch mit dem Titel ‚De civitate morum puerilium', übersetzt etwa ‚Fähigkeit des Verhaltens des Kindes'.

Dieses Buch wird heute als eines der Benimmbücher beziehungsweise Anstandsbücher bezeichnet. So finden sich dort folgende Texte:

- „Die Nase darf nicht triefen."
- „Wer über Zoten und Obszönitäten lacht, ist ein Bruder Liederlich."

Der Spiegel November 2016 zitiert: „Weit gerissene Augen sind ein Zeichen von Stupidität, zu starren ein Zeichen von Trägheit, allzu scharf blicken zum Zorn Geneigte, allzu lebhaft und beredt ist der Blick von schamlosen … An den Nasenlöchern soll kein Schleim sein. Ein Bauer schnäuzte sich in Mütze und Rock, mit Arm und Ellbogen ein Wurstmacher.

Nicht sehr viel anständiger ist es, die Hand zu nehmen und dann am Kleid abzustreichen … Sitzt du mit Menschen von Rang zu Tisch, nimm den Hut ab, aber sieh, dass du gut gekämmt bist … Die fettigen Finger abzulecken oder am Rock abzuwischen ist unzivil. Man nimmt dazu besser Tischtuch oder Serviette."

Ganz schön schwierig, sich ordentlich zu verhalten. Bei den Beispielen ist gut zu erkennen, dass Erasmus das übliche Verhalten einfacher Leute beschrieb. Verhalten, das den Adeligen entgegenstand.

So werden auf den folgenden Seiten Themen rund um die Tischsitten beleuchtet und gezeigt, welches Verhalten in der klassischen oder gehobenen Gastronomie erwartet wird.

Das erste Restaurant und die Französische Revolution

Vom Französischen Hof ist bekannt, dass dem Adel täglich die feinsten Speisen kredenzt wurden. Das Volk hingegen hungerte. Das ist mit ein Grund, weshalb sich die Wut der Bürger im Jahr 1789 entlud.

Die Revolution ging in die Geschichte ein. Viele Adelige verloren sprichwörtlich ihren Kopf. Folge: Viele Spitzenköche hatten plötzlich keinen Arbeitgeber mehr.

Viele dieser Köche machten sich gezwungenermaßen selbstständig. Es entstanden nach und nach Restaurants, so wie sie heutzutage geläufig sind.

In der lateinischen Sprache findet sind ‚restaurare‘ für ‚wiederherstellen‘ oder ‚erneuern‘. Offensichtlich soll der Gast beim angenehmen Aufenthalt in einem Restaurant seine Energien wieder ‚aufladen‘ können.

Das Wort ‚restaurare‘ bedeutet auch so viel wie ‚sich stärken‘. Die Kräfte des nach einer Stärkung Suchenden sollten ‚wiederhergestellt‘ werden. In der Regel wurde deshalb damals eine starke Brühe in einer Art Suppenküche angeboten.

Folgende Restaurants konkurrieren in ihrer Region das erste gewesen zu sein.

- 1725 soll das Casa Botin in Madrid (Spanien) gegründet worden sein.
- 1765 soll der Koch Boulanger die erste Suppenküche namens ‚champ d'oiseau‘ (Vogelfeld) nahe Paris eröffnet haben.
- 1782 eröffnete Antoine B. Beauvilliers sein Restaurant ‚La Grande Taverne de Londres‘.

Das erste sehr luxuriöse Restaurant – im heutigen Sinne eines Restaurants – wurde kurz vor Ausbruch der französischen Revolution erfolgreich im Jahr 1782 in Paris eröffnet.

Der korpulente Inhaber, Antoine B. Beauvilliers (1754 – 1817) empfing seine Gäste stets modern gekleidet und mit einem Schwert versehen (!), voller Stolz in seinem Restaurant.

Die À-la-carte-Karte

Neu war die Einführung der ‚À-la-carte-Karte‘, aus der sich der Gast nach Belieben sein Menü zusammenstellen konnte.

Damals war es üblich, dass Damen alleine kein Restaurant betraten und demnach immer von einem Herrn begleitet wurden. Der Herr fungierte automatisch als Gastgeber und übernahm demnach auch die Rechnung.

Statt die Gäste wie Adelige an einer langen Tafel zu einem vorbereiteten Menü zu platzieren, boten die neuen Restaurants Einzeltische an. Gleichzeitig wurde die Speisekarte angeboten, aus der der Gast individuell – à la carte, ‚nach der Karte‘ – auswählen konnte.

Speisegaststätten hatten bis dato vorgegebene Tagesmenüs im Angebot. In Restaurants arbeiteten nun die qualifizierten Köche. So kam das Bürgertum in den Genuss der ‚gehobenen Küche‘.

Toque – die aussagekräftige Kochmütze

Ähnlich wie im Restaurant ist in der Küche ebenso eine strenge Hierarchie gegeben. Der Küchenchef hatte früher eine hohe gesellschaftliche Stellung, wobei er auch heute noch ein hohes Ansehen genießt.

Um den Küchenchef von außen direkt erkennen zu können, trägt er die höchste Kopfbedeckung, die sogenannte Toque (arab. ‚taqiya‘ für ‚Mütze‘).

Zwei Berühmtheiten gelten als Erfinder dieser Toque. Der französische Koch und Fachbuchautor Marie-Antoine Carême (1784 – 1833) könnte der erste gewesen sein.

In seiner Küche war durch die Höhe der Kochmütze deutlich erkennbar, welchen Rang ein jeder Koch einnahm. Folgerichtig trug Carême die höchste Kochbedeckung.

Immerhin durfte er im Jahr 1810 ein Hochzeitsbankett für Napoleon I. Bonaparte (1769 – 1821) und Marie-Louise von Österreich (1791 – 1847) ausrichten.

Charles-Maurice de Talleyrand-Périgord (1754 – 1838) könnte auch als Erfinder gelten. Er lebte in Paris und war dort beruflich in der Politik als Diplomat tätig. Er soll seinem Küchenchef die erste ansehnliche Kopfbedeckung verpasst haben.

Die Toque zeichnet sich durch mehrere Längsfalten aus. 100 Falten bedeuten, dass sein Träger 100 Varianten kennt, ein Hühnerei zuzubereiten. Ob dem wirklich so ist?

Auf dem Weg zum Tisch

Zwei Gäste betreten ein Restaurant. Hier wird beschrieben, wie im Restaurant ein Tisch aufgefunden wird, wenn es sich um eine mehr oder weniger ‚kleine' Einladung handelt.

Die kleinste Gesellschaft wäre dann eine ‚Zweier-Gesellschaft'. Nach Ablegen der Garderobe wird wie folgt verfahren:

Fall 1

Ein Tisch ist reserviert, es gibt einen Ober-kellner.

Hier wird angenommen, dass der Gastwirt, eine Hostess oder der Oberkellner die ein-treffenden Gäste zu ihren Plätzen führt. Der Einfachheit halber wird angenommen, dass dies von einem Oberkellner übernommen wird.

In diesem Fall geht der Ober vor, gefolgt vom Gast und am Ende vom Gastgeber.

Fall 2

Es ist kein Tisch reserviert, es gibt einen Oberkellner.

Die Einladung könnte so spontan erfolgt sein, dass es nicht möglich war, einen Tisch zu reservieren.

Ein Oberkellner steht bereit, die Gäste an den Tisch zu führen.

Fall 3

Es ist kein Tisch reserviert. Es gibt keinen Oberkellner. Der Gastgeber übernimmt die Rolle des Oberkellners.

In diesem Fall betritt der Gastgeber zuerst das Restau-rant oder die Gaststube. Beim Betreten des Hauses lässt der Gastgeber die Damen beziehungsweise alle Gäste vorgehen.

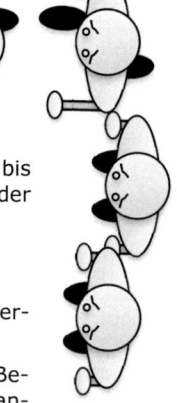

Wenn die Gäste durch die Eingangstür gegangen sind, warten sie, bis der Gastgeber an ihnen vorbeigegangen ist und die Führung wieder übernommen hat.

Zwei Damen oder zwei Herren

Besuchen zwei oder mehrere Gleichberechtigte ein Restaurant, über-nimmt eine der Personen die Rolle des Gastgebers.

Das gilt für die Reihenfolge des Gehens zum Tisch, wie auch für die Be-stellung, Bezahlung und so weiter. Stehen zwei Personen nebeneinan-der, tritt die Person, die die Gastgeber-Rolle übernimmt, einen kleinen Schritt nach vorn (in Blickrichtung links stehend).

Die Platzierung

„Darf ich bitten?"

„Benehmen ist ein Spiegel, in dem jeder sein Bild ausstellt."
Johann Wolfgang von Goethe, dt. Dichter
(1749 - 1832)

Aufsuchen des Platzes

Sie sind zu einer größeren Gesellschaft eingeladen. Alle Gäste sind eingetroffen und unterhalten sich im Smalltalk. Nun wird zum Essen gebeten.

Auf ein Zeichen des Gastgebers begibt sich der Gast mit seinem Tischpartner zu Tisch. Als Aufforderung kann schon das Öffnen der Tür zum Speisesaal gelten. Der Gastgeber geht mit seiner Tischpartnerin voran. Es versteht sich, dass hierbei weder gerannt, noch gedrängelt wird.

Beim Betreten des Speiseraums wird nicht (mehr) geraucht, auch werden keine halbvollen oder gar leeren Aperitif-Gläser mitgenommen.

Die Tischkarte

Zur besseren Orientierung und aus Gründen der Dekoration stehen bei den Gedecken Tischkarten mit den sauber, fehlerfrei und gut lesbar geschriebenen Namen der Gäste.

Die Schrift auf den Tischkarten soll nicht zu klein gewählt werden, damit auch Gäste mit Sehproblemen die Namen lesen können. Die Tischkarten stehen entweder auf oder hinter dem Platzteller oder neben dem Gedeck (Couvert).

Bei einer Feier in einem Restaurant werden die Tischkarten entweder auf Bestellung im Betrieb geschrieben oder durch den Betrieb besorgt oder aber vom Gastgeber selbst angefertigt und einige Tage vor der Feierlichkeit der Serviceleitung gebracht.

Der Gastgeber oder sein Beauftragter kann die Tischkarten kurz vor Beginn der Veranstaltung selbst aufstellen beziehungsweise aufstellen lassen.

Idealerweise sollen die Tischkarten aber bei den Gedecken eingedeckt sein, bevor die ersten Gäste eintreffen.

Sich hinter die Sitzplätze stellen

Sobald die Gäste ihre Plätze aufgefunden haben, bleiben sie hinter ihrem Stuhl stehen.

Der Gast schiebt nicht etwa den Stuhl oder Sessel zur Seite, um Platz zu nehmen.

Jeder wartet, bis alle Gäste den Speiseraum betreten und ihren Platz aufgefunden haben.

Solange die Gäste hinter den Stühlen stehen, können sie die sicherlich sehr festlich und mit viel Aufwand geschmückte Tafel im ‚Originalzustand' anschauen und bewundern.

Die Wartezeit bietet sich für einen kurzen Smalltalk an, der ausschließlich mit dem jeweiligen Tischpartner geführt wird, also keineswegs quer über die Tafel.

Abendtasche

Die Dame tritt an den Tisch und ist vor die Herausforderung gestellt: Wohin mit der Abendtasche? Ist die Abendtasche klein und handlich, kann sie tatsächlich auf den Tisch gelegt werden. Sie liegt dann unmittelbar neben oder hinter dem Gedeck.

Für eine größere Tasche ist oft auf der Sitzfläche vor der Stuhllehne Platz.

Eine Umhängetasche kann über die Stuhllehne gehängt werden. Ist die Tasche noch größer, bleibt nichts anderes übrig, als sie unter dem Tisch abzustellen. Besitzt die Tasche einen Trageriemen, kann dieser um ein Stuhlbein gelegt werden, um ein Verlieren der Tasche zu verhindern.

Wann wird sich gesetzt?

Bei den ,alten' und reichen Römern gehörte es noch zu den guten Tischsitten, die Gäste auf einem Speisesofa zu platzieren. Je nach Wohlstand waren die Auflagen golddurchwirkt oder purpurfarben gestaltet. Dazu ein Kissen, um sich bequem zu legen, wobei sich der Gast mit dem linken Ellenbogen aufstützte, um es sich bequem zu machen.

Das Liegen bei den Mahlzeiten half, die Speisen mit allen Sinnen genießen zu können. Diese Sitte wurde von den Griechen übernommen und war meistens ausschließlich den männlichen Gästen vorbehalten. Stühle und Bänke gab es auch.

Heute ziehen die Menschen in hiesiger Kultur Stühle vor. Sobald alle Gäste ihren Platz aufgefunden haben, gibt der Gastgeber das Zeichen, sich zu setzen.

Er kann dies mit einer direkten Aufforderung tun wie:

- „Bitte, nehmen Sie Platz!"
- „Darf ich Sie bitten, Platz zu nehmen?"
- „Wollen Sie bitte Ihre Plätze einnehmen!"

Schiebt der Gastgeber seiner Tischpartnerin den Stuhl zurecht, sodass sie Platz nehmen kann, gilt dies als Zeichen für die übrigen Herren, das gleiche zu tun.

Dem Gast beim Hinsetzen helfen

Der Herr, der links neben der Dame sitzt, wird nun seiner Tischpartnerin beim Platznehmen behilflich sein. Er tritt hinter die Dame und damit auch hinter ihren Stuhl.

Er zieht den Stuhl der Dame ein wenig vom Tisch ab, gerade so viel, dass sich die Dame vor die Sitzfläche des Stuhls begeben kann. Falls notwendig, hebt der Herr dabei den Stuhl leicht an.

Die Dame steht nun vor der Sitzfläche, lässt sich aber nicht in den Stuhl ,fallen'. Der Herr rückt den Stuhl ganz leicht in Richtung Tisch.

Dabei vermeidet er, dass die Kante der Sitzfläche der Dame in die Kniekehlen gedrückt wird, was ein augenblickliches ,Auf-den-Sitz-Fallen' zur Folge hätte.

Der Stuhl wird vielmehr vorsichtig in Richtung Kniekehlen geschoben – und die Dame setzt sich. Während des Hinsetzens darf der Stuhl noch ein wenig in Richtung Tafel geschoben werden.

Sobald die Dame sitzt, kann sie den Stuhl noch etwas in Richtung Tafel schieben. Der Stuhl steht dann richtig, wenn Sitzfläche und Tischkante auf einer senkrechten Linie zusammenlaufen.

Hinweis: Ersetzen Sie ‚Dame' durch ‚Gast', dann bedeutet das, dass Gastgeber oder Gastgeberin dem Gast oder der ‚Gästin' Hilfestellung beim Hinsetzen leistet.

Wann setzt sich der Herr?

Sobald die Tischpartnerin – beziehungsweise der Gast – Platz genommen hat, setzt sich der Herr – beziehungsweise der Gastgeber – auf seinen Stuhl.

Die Regeln für richtiges Platznehmen scheinen kompliziert zu sein. Es handelt sich jedoch nur um ganz wenige Augenblicke.

Aus Platzgründen mag es sein, dass die Hilfestellung beim Hinsetzen nicht so wie beschrieben ausgeführt werden kann. In den gegebenen Beispielen werden die klassischen Verhaltensregeln beschrieben.

In der Praxis müssen Richtlinien notfalls angepasst werden. Das gilt auch bei Sitzbänken, wo der Herr so gut wie überhaupt nicht behilflich sein kann.

Immer gilt jedoch, dass sich zuerst die Damen (Gäste) setzen und dann erst die Herren.

Hier im Überblick: (Herr/Gastgeber dunkel, Dame/Gast hell)

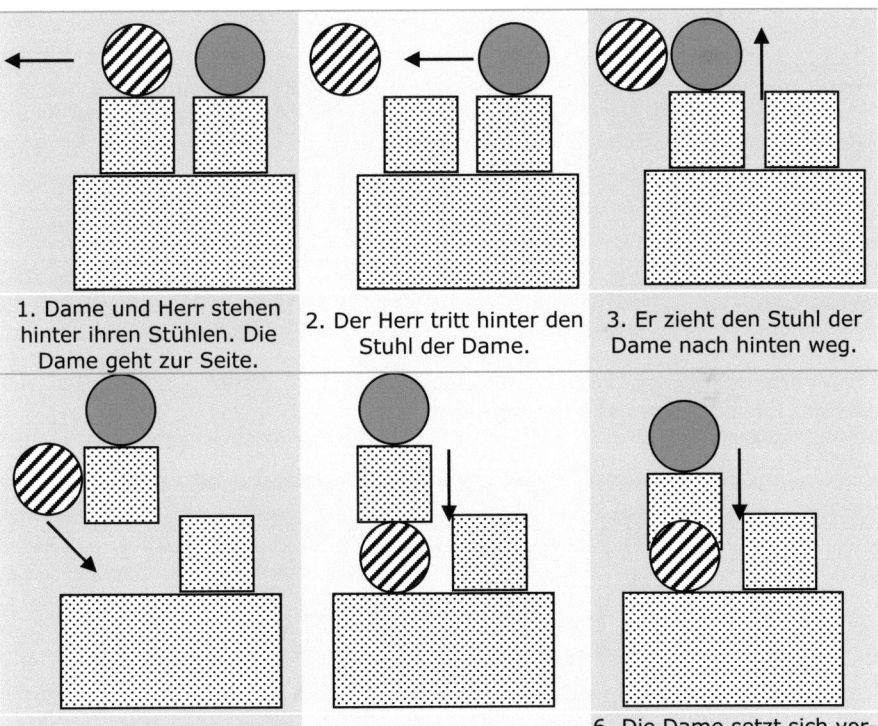

1. Dame und Herr stehen hinter ihren Stühlen. Die Dame geht zur Seite.

2. Der Herr tritt hinter den Stuhl der Dame.

3. Er zieht den Stuhl der Dame nach hinten weg.

4. Die Dame begibt sich zwischen Stuhl und Tisch.

5. Der Herr rückt den Stuhl etwas in Richtung Tisch.

6. Die Dame setzt sich vorsichtig, wobei der Herr den Stuhl weiter zum Tisch schiebt.

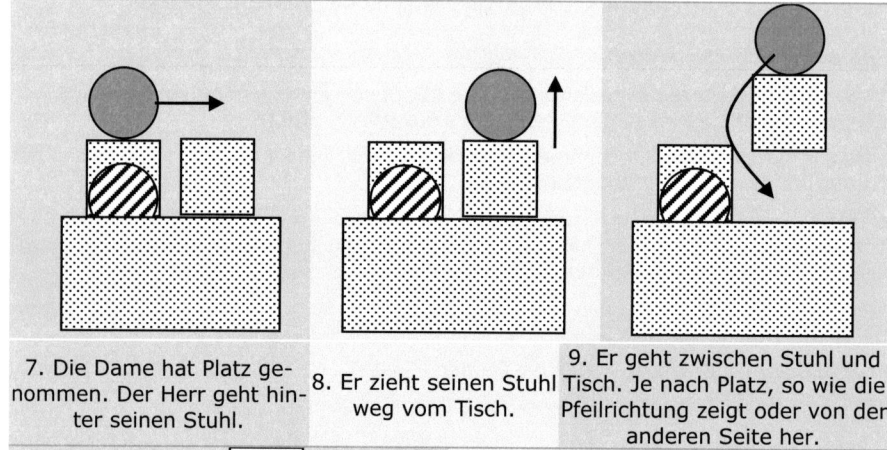

7. Die Dame hat Platz genommen. Der Herr geht hinter seinen Stuhl.	8. Er zieht seinen Stuhl weg vom Tisch.	9. Er geht zwischen Stuhl und Tisch. Je nach Platz, so wie die Pfeilrichtung zeigt oder von der anderen Seite her.

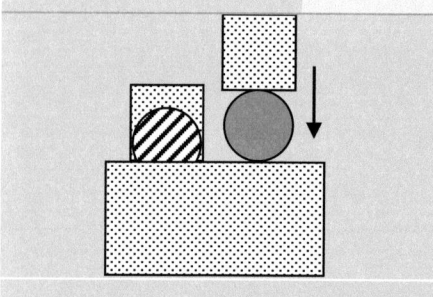
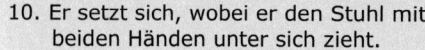

10. Er setzt sich, wobei er den Stuhl mit beiden Händen unter sich zieht.	11. Beide sitzen nun nebeneinander. Stuhlkante und Sitzfläche befinden sich auf einer Linie.

Die männlichen Gäste sind ihrer Begleitung behilflich. Zwei Frauen oder zwei Männer: Die jeweils jüngere Person hilft der älteren.

Hinweise zum richtigen Sitzen

So sitzen Sie richtig bei Tisch:

- Stuhlkante und Tischkante befinden sich auf einer Linie
- Die Hände liegen mit dem Handgelenk oder der Handkante auf der Tischkante. Arm oder Ellenbogen nicht auf den Tisch oder die Tischkante auflegen.

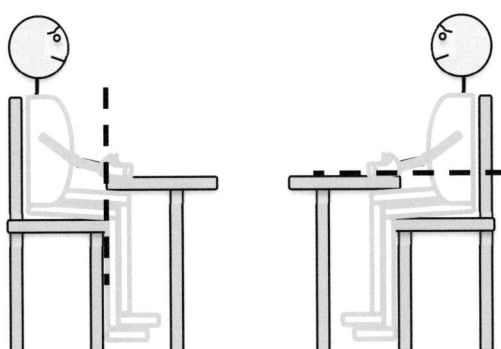

- Gerade und ungezwungen sitzen.
- Während des Essens mit nur einem Besteckteil bleibt die andere Hand an der Tischkante liegen. In einigen Ländern und Kulturen gilt die linke Hand als unrein und gehört während des gesamten Menüs auf den Schoß.
- Die Finger ruhig halten und nicht etwa auf dem Tisch trommeln oder mit den Besteckteilen spielen.
- Die Beine stehen geschlossen nebeneinander, werden weder gestreckt, noch gekreuzt. Auch wird nicht ein Bein über das andere geschlagen.
- Die Füße stehen nebeneinander und werden nicht hinter die Stuhlbeine geklemmt. Behalten Sie während des Essens die Schuhe an, auch wenn sie noch so drücken.
- Füße stillhalten – nicht im Takt der Musik wippen.
- Ruhig auf dem Stuhl sitzen. Den Stuhl weder hin- und herrücken noch als Schaukel- oder Wippstuhl benutzen.

Mit dem Hinsetzen warten

Eine Familie nähert sich dem Restauranttisch. Was geschieht? Die Kinder stürzen sich sofort auf die erstbesten Plätze.

Auch in der Familie gibt es eine gewisse Hierarchie, die bestimmt, dass zuerst die Mutter (oder wenn dabei die Großmutter), dann der Vater und schließlich die Jugendlichen Platz nehmen.

Der geschickt handelnde Vater weist die Plätze so zu, wie es den Regeln entspricht. Die Dame beziehungsweise der ranghöchste Gast erhält den ‚besten' Platz.

Zum Beispiel den, der mit dem Rücken ‚geschützt' zur Wand und mit Blick in den Raum zeigt.) und damit automatisch allen Gäste zusagt.

Er wird aktiv, bevor sich der erste Gast unbedacht niedergelassen hat.

Die Benutzung der Gedeckteile

„Oh Schreck, was wird wozu benutzt?"

Das Gedeck

Wie einfach wäre es, nur mithilfe der Finger, vielleicht auch mit Stäbchen, zu essen. Aber: Der Gast mag es ja höflich – so wie früher ‚bei Hofe' üblich – also mit Besteck.

Das Gedeck, in der Fachsprache das Couvert, besteht aus all dem, was der Gast benötigt, um die Speise zu sich zu nehmen. Dazu gehören Bestecke, Geschirr-teile, Gläser, Mundserviette und Dekorations-Gegen-stände.

Messer, Gabel, Scher und Licht ...

Die bei Tisch liegenden ‚alten' Römer konnten ver-ständlicherweise nicht mit Gabel und Messer hantie-ren, da sie sich ja auf einen Arm stützten.

Deshalb wurden möglichst alle Speisen – sofern sie nicht vor den Augen der Gäste tranchiert wurden – bereits in der Küche in mundge-rechte Stücke geschnitten. Nur mit dem Löffel konnte mit einer Hand eine Speise – zum Beispiel die Suppe oder eine Mehlspeise – zum Mund geführt werden.

Erst im Jahr 1379 gibt es in Frankreich einen ersten schriftlichen Beleg für den Gebrauch der Essgabel. Tatsächlich üblich wurde sie aber erst im 18. Jahrhundert. Die Gabel (althochdeutsch ‚gabala' für ‚Wagendeichsel', ‚Heugabel') fand zeitlich gesehen also erst deutlich später als Löffel und Messer bei Tisch Verwendung.

Anfangs wurde sie lediglich als Tranchiergabel mit zwei Zinken verwendet.

Noch später – im 16. und 17. Jahrhundert – wurde sie bei Hofe eingeführt, wobei die katholische Kirche anfangs keine große Begeisterung zeigte: a) Die Gabel wird mit der linken – der ‚bösen' Hand – geführt, und b) Sie sieht aus wie ein Dreizack des Teufels (deshalb auch <u>vier</u> Zinken, um Verwechslungen zu vermeiden).

In der Regel wird die Menügabel so benutzt, wie sie auf dem Tisch liegt. Allerdings war es, zum Beispiel in Großbritannien, möglich, die Gabel umgedreht auf dem Tisch ein-zudecken. So kann auch etwas aufgepickt werden, zum Beispiel ein abgeschnittenes Stück Grillfleisch.

Die Speisen auf dem Gabelrücken zu balancieren ist unüblich.

Wenn die Gabel als Spezialbesteck benutzt wird, zum Beispiel beim Verzehr von Spa-ghetti, können Teigwaren mithilfe der Gabel am Tellerrand eingedreht werden. Die Ga-bel wird dann mit der rechten Hand geführt.

Im 19. Jahrhundert wurde das Fischmesser (mit stumpfer Klinge) eingeführt. Angeblich befindet sich im britischen Königshaus kein Fischmesser, da die benutzten Bestecke aus dem frühen 18. Jahrhundert stammen. Wer ohne Fischmesser den Fisch bearbeiten möchte, nimmt 2 Gabeln oder eine Gabel und einen Suppenlöffel.

Führen der Besteckteile

Wie wird heute vorgegangen? Welches Besteckteil wird wozu benutzt?

- Vor und während des Hauptgangs werden die Besteckteile benutzt, die rechts und links neben der Serviette oder neben dem Gedeckteller eingedeckt sind.
- Das Messer, das rechts und die Gabel, die links unmittelbar neben dem Gedeckteller liegen, werden zum Hauptgang benutzt.
- Nach dem Hauptgang werden die Besteckteile benutzt, die hinter dem Gedeckteller liegen.
- Grundsätzlich gilt: Zuerst werden alle Besteckteile rechts und links vom Gedeckteller benutzt, danach erst die oben liegenden Besteckteile.
- Die Besteckteile kommen ‚von außen nach innen' und dann ‚von oben nach unten' zum Einsatz, jeweils in Bezug auf den Gedeckteller.
- Mit Ausnahme der Suppe, die nur mit dem Suppenlöffel gegessen wird, werden – von einigen Spezialgerichten abgesehen – immer zwei Besteckteile gleichzeitig benutzt.

Aufbau von Gläsern und Besteck

Trinkgläser stehen rechts im Gedeck. Messer und Löffel liegen rechts im Gedeck. Die Dessertbestecke liegen oberhalb des Platztellers und das Brotmesser liegt links auf dem Brotteller.

Alle Gabeln liegen links im Gedeck. Die Dessertgabeln liegen oberhalb des Platztellers.

Das am nächsten zum Gedeck stehende Glas wird in der Regel zuerst benutzt.

Von allen Tellern wird direkt gegessen, mit Ausnahme von Untertassen, Untertellern und Platztellern.

Diese letztgenannten dienen der Markierung des Gedecks, weswegen sie auch Gedeckteller genannt werden. Weiterhin dienen sie der dekorativen Verschönerung der Tafel und dem Schutz der Tischwäsche.

Der Platzteller wird spätestens vor dem Kaffeegang ausgehoben (vom Service abgeräumt). Warme Speisen werden auf warmen Tellern angerichtet, kalte Speisen auf kalten Tellern.

1. Das vollständige Gedeck – mit allen Besteckteilen und Gläsern.	2. Nach der kalten Vorspeise; zur Suppe	3. Nach der Suppe; zur warmen Vorspeise

| 4. Nach der warmen Vorspeise; zum Hauptgericht | 5. Nach dem Hauptgericht; vor dem Dessert | 6. Zum Dessert. Die Dessertbestecke wurden korrekt nach ‚unten' gezogen. |

Menagen und Gewürze

Pfeffer und Salz – Gott erhalt's. (Ursprünglich Hopfen und Malz – Gott erhalt's)

- Ein Salzstreuer kann auf dem Tisch stehen, muss aber nicht.
- Ein Pfefferstreuer gehört auf den Frühstückstisch. Ansonsten wird eine Pfeffermühle gereicht, so bei Spezialgerichten, wie Lachs und Schinken.
- Sonstige Gewürze, Mischungen und Kräuter werden nur bei Spezialgerichten gereicht, wie zum Beispiel Parmesankäse bei italienischen Gemüse- oder bei Nudelsuppen.
- Ketchup gehört nicht auf den Tisch und wird nur auf Verlangen gereicht.
- Zu besonderen Gerichten, zum Beispiel einer Wurstplatte, wird Senf im sauberen Senftöpfchen mit Senflöffel gereicht.

Salz war Jahrhunderte lang ausgesprochen schwer zu beschaffen. Deshalb war Salz auch im Preis sehr teuer, angeblich teilweise wertvoller als Gold.

Römische Soldaten wurden zum Teil mit Salz bezahlt. Hiervon leitet sich das Wort Salär ab (lat. ‚salarium' für ‚Salzration').

Aufgrund des früheren Wertes von Salz (das hauptsächlich zum Konservieren von Speisen verwendet wurde), galt es als unglückbringend, wurde ein Salzgefäß umgeschüttet oder Salz verstreut. Es drohen laut Aberglauben unglaubliche sieben Jahre Unglück. Also vorsichtig mit dem salzigen Gold umgehen.

Im Jahr 2021 wurden weltweit 290 Millionen Tonnen Salz produziert.

Knoblauch

Knoblauch soll angeblich gegen Vampire helfen. Wer will, kann es ausprobieren. Viele Gäste schwören auf den Einsatz von Knoblauch, der den Speisen einen entsprechenden Geschmack verleiht.

Nach dem Genuss von Knoblauch kann es sein, dass der Betreffende noch am nächsten Tag eine unangenehme Duft-Ausdünstung verbreitet.

Geschäftsleute, die am Tag nach einem genussvollen Essen eine Besprechung haben oder ein Meeting leiten, vermeiden, Knoblauch am Vortag zu genießen.

Der verstorbenen Queen Elizabeth II. (1926 – 2022) wird nachgesagt, dass sie kein Knoblauch in ihren Speisen wünschte. Gerüchteweise wird kolportiert, dass der komplette britische Hof auf Knoblauchkonsum verzichten musste.

Die Bestecksprache

Das Besteck kommuniziert mit dem Service-Personal

„Krieg bis aufs Messer."
José de Palafox y Melci, span. General
(1776 - 1847)

Benutzen der Besteckteile

Im Allgemeinen wird mit zwei Besteckteilen gegessen. Das sind üblicherweise Messer und Gabel. Die Gabel wird in der linken Hand gehalten.

Die Schneide des mit der rechten Hand geführten Messers zeigt nach unten oder in Richtung zum Teller. Keinesfalls wird mit Besteckteilen gedeutet oder gestikuliert.

Bei Gerichten, bei denen das Messer nicht gebraucht wird, wird es durch den Löffel ersetzt.

Der Löffel wird mit der rechten Hand gehalten, die Gabel weiterhin mit der linken Hand. Also Messer und Gabel oder Löffel und Gabel.

Es gibt nur wenige Ausnahmen, bei denen Spezialbestecke oder nur ein Besteckteil benutzt werden, so bei Pudding, Sorbet und Suppe.

Auch Kuchen, sollte er in einer Menüfolge erscheinen, wird, wie fast alle Desserts, mit Löffel und Gabel gegessen.

Mit dem Messer wird die Speise geschnitten, auf die Gabel geschoben und zum Mund geführt.

Die Gabel wird zum Mund geführt, nicht etwa das Messer! Nur wenn es sich beispielsweise um ein rustikales Ritteressen handelt, kann die Speise mit dem Messer zum Mund geführt werden.

Der Mund bleibt, wo er ist. Es wird sich nicht etwa mit dem Kopf weit über den Teller gebeugt, um so der Speise näher zu kommen. Es ist zwar richtig, dass so der Weg vom Teller zum Mund verkürzt wird. Aber der Kopf wird während des Essens weitestgehend aufrecht gehalten.

Sollte nur ein Besteckteil, wie bei der Suppe, benötigt werden, bleibt die linke Hand an der Tischkante liegen. Sie liegt, zumindest in Europa, nicht auf dem Schoß.

Müssen die Besteckteile abgelegt werden, weil Sie einen Schluck Getränk zu sich nehmen möchten, legen Sie das Messer und die Gabel so auf dem Teller ab, dass die Zinken und die Schneide auf dem Tellerrand liegen. Dabei zeigen die Zinken der Gabel nach unten und die Schneide des Messers zum Gast.

Sie können die Besteckteile auch so ablegen, wie im zweiten Bild dargestellt, allerdings weiter auseinandergezogen. Behält der Gast die Gabel weiterhin in der Hand, zeigt sie in Richtung Teller, die Zinken nach unten gerichtet.

Übrigens: Wird von jemandem behauptet, er habe ‚die Weisheit mit dem Löffel gegessen/gefressen' ist gemeint, dass jemand klug erscheinen will, tatsächlich aber dumm ist.

Bestecksprache

Allgemein gültig ist folgende Bestecksprache:

Die Besteckgriffe berühren das Tischtuch. Die Zinken der Gabel zeigen nach unten.		• Ich bin mit dem Essen noch nicht fertig. • Ich bin dabei, etwas zu trinken. • Ich lege eine Pause ein. • Bitte nicht abräumen.
Besteckteile liegen über Kreuz auf dem Teller. Die Zinken der Gabel zeigen nach oben.		• Ich bin noch nicht fertig. • Ich sähe es gerne, wenn mir noch etwas nachgereicht würde. • Ich habe noch Hunger. Bitte nicht abräumen.
Die Bestecke liegen parallel zueinander, das Messer rechts, mit der Schneide nach links. Die Gabel links, mit den Zinken nach oben.		• Ich bin mit dem Essen fertig. • Ich möchte nichts mehr haben. • Bitte abräumen.

Fehler beim Benutzen der Besteckteile

Ein nicht benutztes Besteckteil wird nach dem jeweiligen Gang abgeräumt. Unbenutzte Besteckteile bleiben nicht etwa im Gedeck liegen.

Ein falsch benutztes Besteckteil wird mit abgeräumt und sofort ein anderes diskret nachgedeckt. Damit kann der Gast sicher sein, das richtige Besteckteil in seinem Gedeck zu haben, sobald er es braucht.

Ich habe noch Appetit

Was tun, wenn Sie als Gast im Restaurant noch Appetit oder Durst verspüren? Wie teilen Sie als Gast dem Personal mit, dass Sie noch etwas essen möchten? Bei Speisen, die auf Tellern angerichtet aus der Küche kommen, gibt es keinen Nachservice.

Auf Platten servierte Hauptgerichte werden ein zweites Mal nachgelegt, sobald der Teller leer gegessen ist. In guten Häusern wird dann ein frischer Teller eingesetzt, hin und wieder wird auch ein frisches Hauptbesteck gereicht.

Gehen Sie so vor, wie oben in der zweiten Zeichnung dargestellt wurde. Legen Sie Ihre Besteckteile über Kreuz auf den Teller. Die Zinken der Gabel zeigen nach oben. Das heißt, dass Sie um Nachservice bitten.

Von Gemüse und Sättigungsbeilagen, die in Schüsseln gereicht und möglicherweise auf den Tisch gestellt wurden, kann nachverlangt werden. In manchen Betrieben wird eine Nachbestellung gesondert berechnet.

Das Abräumen

Wenn wirklich alle Gäste eines Tisches mit einem Speisegang ‚abgeschlossen' haben, kann abgeräumt werden. Ansonsten wird so lange gewartet, bis auch der letzte Gast seinen Gang beendet hat. Die Gäste zeigen durch das Legen der Besteckteile, dass (nach diesem Gang) abgeräumt werden kann.

Wird vom Personal abgeräumt, werden die Teller nicht vom hilfsbereiten Gast aufeinandergestellt. Das Personal wird dadurch größere Schwierigkeiten haben, auch wenn der Gast glaubt, ihm geholfen zu haben.

Linkshänder

In anderen Kulturen ist es gängig, generell nichts mit der linken Hand zu überreichen. Speisen würden auch nicht mithilfe der linken Hand zum Mund geführt.

Hierzulande, einige Jahrzehnte zurück, galt die linke Hand als ‚Hand des Teufels'.

Das ging so weit, dass Linkshändern unter Androhung von Strafen und Bestrafungen antrainiert wurde, mit der rechten Hand zu schreiben. Einigen Geplagten gelang das trotz großer Anstrengung bis ins hohe Alter nicht.

Diese Zeiten sind überholt. Der Linkshänder kann aufatmen.

Obwohl der Linkshänder im Beruflichen und im Gesellschaftlichen mittlerweile volle Akzeptanz genießt (es gibt sogar Werkzeuge wie Scheren, Spazierstöcke, Korkenzieher, Dosenöffner, Computermaus und andere Helfer für Linkshänder), arbeitet die Gesellschaft nach wie vor ausgerichtet auf Rechtshänder.

Beim Einsatz von Besteckteilen im Restaurant oder bei einer Veranstaltung ist es wahrscheinlich, dass diese nicht auf die Greifform der linken Hand angepasst sind. Das ist bei Tisch sowieso nicht üblich.

Was sich aber ändern lässt, ist die Anordnung der Besteckteile und Gläser im Gedeck. Sind Sie Linkshänder beziehungsweise Linkshänderin? Dann steht es Ihnen frei, sobald Sie Platz genommen haben, die rechtsliegenden Besteckteile gegen die linksliegenden auszutauschen.

Das könnte vom Gastgeber, wenn er weiß, dass Sie Linkshänder sind, schon beim Eindecken berücksichtigt werden.

Allerdings wird aus optischen Gründen eher darauf verzichtet, es sei denn, Sie werden vor Kopf platziert.

Stellen Sie sich eine schön gedeckte Tafel vor, an der jedes Glas an der gleichen Stelle im Gedeck steht. Nur bei Ihrem Gedeck wäre es vertauscht. Den Gästen würde diese Unregelmäßigkeit sofort auffallen – und das soll vermieden werden.

Unabhängig davon, auf welcher Seite die Bestecke schließlich eingedeckt sind, dürfen Sie – in hiesiger Kultur – problemlos das Messer oder den Suppenlöffel mit der linken Hand führen. Glücklicherweise gibt es diesbezüglich keine Einschränkungen mehr.

Die ‚gebrochene' Serviette

Das Auge isst mit

Die Mundserviette

Die kunstvoll geformte – in der Fachsprache gebrochene Serviette – wertet jeden gedeckten Tisch, jede festliche Tafel und jedes Buffet um ein Vielfaches auf.

Sie unterstreicht die Dekoration und bildet mit Tischtuch und Blumenarrangement eine vollkommene Einheit.

Die Zeit, Servietten zu kunstvollen Formen zu brechen, macht sich ‚bezahlt'. Schon das „Ah" und „Oh", das die Gäste beim Betreten des ‚Festraumes' vor Bewunderung ausrufen werden, zeigt, wie kunstvoll gebrochene Servietten das Gesamtbild einer festlich geschmückten Tafel prägen.

Nicht selten werden sich viele Gäste fragen, wie diese Kunstwerke aus Servietten entstanden sind. Selbst völlig fremde Tischnachbarn können dadurch ein erstes Gesprächsthema finden.

Einige Servietten-Formen

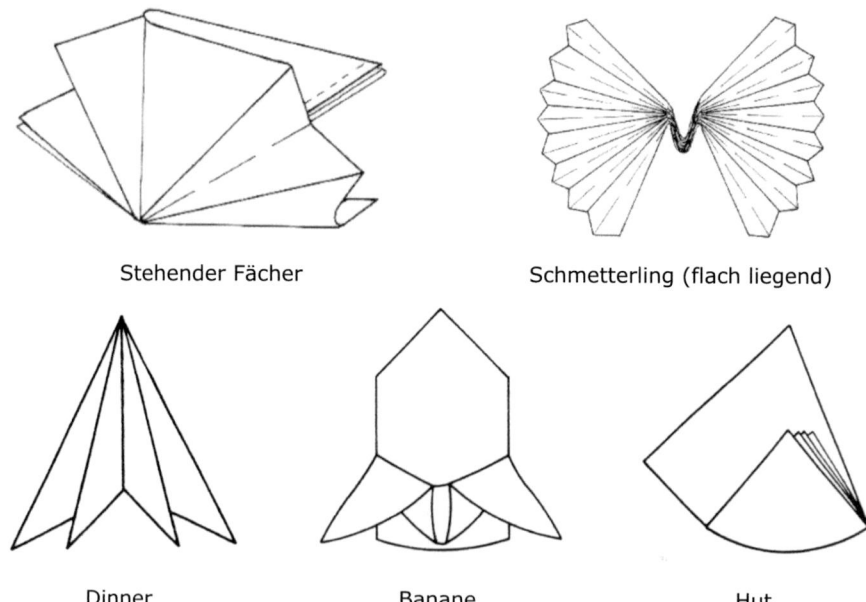

Stehender Fächer   Schmetterling (flach liegend)

Dinner   Banane   Hut

Die Serviette während des Essens

Nachdem der Gast seinen Platz eingenommen hat, nimmt er die Serviette auf und breitet sie auf seinem Schoß aus. Sie schützt dort in erster Linie die Kleidung vor Tropfen und Spritzern.

Damit ist schon geklärt, dass die Serviette nicht vor die Krawatte, hinter den Hemdenknopf oder gar in den Blusenausschnitt gesteckt wird.

Falsch ist auch, die Serviette während des Essens unberührt im Gedeck stehen zu lassen oder hinter dem Gedeck zu platzieren.

Vielleicht haben Sie schon gehört:

- „Es ist doch zu schade, die so schön geformte Serviette zu benutzen."

Aber zum Benutzen ist die Serviette letztlich vorgesehen. Der Ablauf des Service würde eher behindert, wenn sich noch Servietten auf dem Tisch befänden.

Die Serviette auf dem Stuhl?

Muss der Gast während des Essens aufstehen, wird die Serviette – mit der benutzten Seite nach innen – locker zusammengelegt, auf die Sitzfläche des eigenen Stuhls gelegt und nicht etwa auf den Tisch.

Letzteres wäre für das Personal das Zeichen, dass Sie nicht mehr an die Tafel zurückkehren werden.

Die benutze Serviette auf dem Tisch abgelegt signalisiert, dass der Gast das Menü beendet hat.

Die Serviette nach dem Essen

Während des Serviceablaufs bleibt die Serviette auf dem Schoß liegen. Zum Abschluss des Essens tupft der Gast sich mit der Serviette leicht den Mund ab. Dies darf er – wenn nötig – auch tun, bevor er ein Glas zum Mund führt, um Fettspuren am Glasrand zu vermeiden.

Nach dem Essen, bei einem Menü vor dem Kaffeeservice, legt der Gast die Serviette leicht zusammengefaltet vor sich auf den Tisch. Eine Spitze sollte nach rechts zeigen, damit das Personal die Servietten leichter wegnehmen kann.

Das Personal greift die Serviette an dieser Spitze mit der rechten Hand und nimmt sie vom Tisch weg. Hinter dem Rücken des Gastes fällt die Serviette wieder ganz auseinander und das Personal nimmt sie in die linke Hand, wo die Servietten ‚gesammelt' werden.

Also: Nach dem Essen bleibt die Serviette nicht auf dem Schoß liegen. Es wäre schon sehr peinlich, wenn das Personal die Serviette vom Schoß des Gastes nehmen müsste.

Eine Unart fällt auf: Nicht selten ist zu erleben, dass Gäste nach dem Essen die Zellstoff-Serviette leicht zerknüllen und <u>auf</u> den Teller legen. Selbst dann, wenn sich noch Speisereste darauf befinden. Auch bei Tellergerichten (zum Beispiel in einer Pizzeria) ist das Vorgehen nicht korrekt.

Dekorations-Servietten

Servietten, die ausschließlich zur Dekoration dienen, wie zum Beispiel unter Schalen, Vasen, Kerzenhaltern oder in Blumen-Arrangements, sowie die eindrucksvollen großen Fächer und Säulen als Hintergrund auf kalten Buffets, bleiben unberührt dort stehen.

Tafelaufbauten

Auf der schön eingedeckten Tafel sind die Gedecke zentimetergenau ausgerichtet, im gleichen Abstand nebeneinander und gegenüber. Die kunstvoll geformte Serviette und der/die Kerzenständer optimieren das harmonische Gesamtbild.

Früher standen prunkvolle Tafelaufsätze (Prunkgeschirr zur Dekoration) auf der Mittellinie der Tafel. Kunstvolle Darstellungen von Obst, Schiffen, Figuren, Tieren, Brunnen, meist aus Porzellan oder Silber sollten den eigenen Reichtum darstellen und die Gäste beeindrucken.

Es gab auch feingearbeiteten Tischschmuck aus Zucker oder Glas. Diese fantastischen Kunstwerke wurden auch ‚trompe l'oeil' genannt (optische Täuschung, ‚Täuschen des Auges'). Die fein ausgearbeiteten, farbigen Obststücke sahen täuschend echt aus. Sie bewiesen höchste handwerkliche Kunst der Goldschmiede.

Später wurden sogenannte Jardinièren (frz. ‚Gärtnerin'), längliche Blumenschalen, zur Aufnahme prachtvoller Blumengestecke bevorzugt.

Der Dresdner Hofgoldschmied Johann Melchior Dinglinger (1664 – 1731) fertigte für den Kurfürsten von Sachsen (Friedrich August I., genannt August der Starke, 1670 – 1733) einen in gold- und silberstrahlenden Aufsatz mit ca. 5.000 Diamanten, etwa 130 Figuren und mehreren Edelsteine zu einem Gegenwert von 60.000 Taler. Der Name der wertvollen Arbeit: ‚Hofstaat zu Delhi am Geburtstag des Großmoguls Aureng-Zeb'.

Prunkvolle Tischaufsatz dieser Art ist heute kaum mehr üblich. Auf Blumenschmuck und Kerzenleuchter wird hingegen meist nicht verzichtet.

Guten Appetit

Sobald sich alle Gäste eingefunden und am Esstisch Platz genommen haben, wird gemeinsam mit dem Verzehr begonnen. Manchmal fällt es ganz Hungrigen schwer, sich zu zügeln, bis es losgeht.

Die Mundserviette ist zum Schutz der Kleidung auf dem Schoß ausgelegt. Der Gastgeber oder die Gastgeberin vergewissert sich, dass alles Notwendige auf dem Tisch steht. Dann fordert er/sie auf, mit der Mahlzeit zu beginnen.

Meist wird dabei geäußert: „Guten Appetit.“

Manch ein Zeitgenosse findet diese Aufforderung unpassend. Das mag sicher bei „Guten Hunger“ stimmen. Weshalb?

Glücklicherweise müssen die wenigsten Gäste tatsächlich unter Hunger leiden. Deshalb gilt der gute Appetit als passender. Wem diese Aussage nicht gefällt, kann ausweichen auf: „Lassen Sie es sich munden.“

Übrigens: „Lasst es euch schmecken“ gilt auch als überholt. So bedeutet beispielsweise in der Schweiz ‚schmecken' unangenehm riechen. „Es schmeckt“ bedeutet dann nichts Gutes.

Vielleicht kennen Sie aus dem Schwäbischen die Aussage „es hat ein Gschmäckle“. Im übertragenen Sinne bedeutet das: „Da stinkt was! Das ist nicht ganz sauber.“

Beim gemeinsamen Essen soll hingegen alles munden, oder?

Aufstehen während des Essens

„Ich muss mal ..."

„Wenn das Blut in Wallung kommt,
so ist die Vernunft nicht mehr Meister der Seligkeit."
Adolph Freiherr von Knigge, dt. Jurist und Satiriker
(1752 - 1796)

Aufstehen oder nicht?

Grundsätzlich soll vermieden werden, während der gemeinsamen Mahlzeit aufzustehen. Sollte es wirklich unumgänglich sein, wird eine Pause in der Gangfolge abgewartet.

Bitte bedenken Sie, dass der jeweilige Gang ‚offiziell' erst dann beendet werden kann, wenn alle Gäste mit diesem Gang fertig sind.

Steht der Gast also während eines Speisengangs auf, ohne sein Besteck so auf den Teller zu legen, dass eindeutig zu erkennen ist, dass er nichts mehr essen möchte, heißt das für alle anderen: Warten, bis der Gast wieder zurück ist.

Als Gast deshalb versuchen, so schnell wie möglich zur Tafel zurückzukehren, damit die Speisenfolge ihren Lauf nehmen kann.

Wenn denn aufgestanden werden muss, wird lediglich der Tischpartner kurz informiert zum Beispiel mit:

- „Entschuldigen Sie bitte."

- „Entschuldigung."

- „Entschuldigen Sie bitte, ich komme sofort wieder."

Der Gast muss hier nicht sagen, dass er sich ‚die Hände waschen geht'. Es ist auch nicht nötig, dass er eine vollständige Erklärung darüber abgibt, ob oder wen er anrufen möchte.

Er bittet seinen Tischpartner nicht um Entschuldigung, dass er etwas zu erledigen hat, sondern, dass er ihn eine Weile allein lässt.

Zum Aufstehen wird der Stuhl leicht und geräuschlos zurückgeschoben oder zurückgehoben. Jeder Lärm und jede Störung der anderen Gäste soll vermieden werden. Die Mundserviette wird, leicht zusammengelegt, auf die Sitzfläche des Stuhles gelegt.

Zurückgekehrt, wird der Stuhl wieder leicht angehoben, um sich zu setzen. Nicht zu vergessen, die Serviette vorher wieder aufzunehmen und auf den Schoß zu legen.

Der zurückgekehrte Gast wartet einen Moment, ehe er sich wieder in das augenblicklich geführte Gespräch einschaltet.

Unpassendes bei Tisch

„Warum rülpset und furzet Ihr nicht?"

„Hat es Euch nicht geschmecket?"

„Hat es Euch nicht geschmecket?", so soll Martin Luther (1483 – 1546) gefragt haben. Davor stellte er eine andere Frage, nämlich: „Warum rülpset und furzet Ihr nicht?"

Was vor 500 Jahren noch üblich war, nämlich deutliche körperliche Geräusche von sich zu geben, ist heute – zumindest in hiesiger Kultur – nicht mehr üblich.

Im Gegenteil: Es gilt als ausgesprochen unhöflich, bei Tisch zu schmatzen, schlürfen, rülpsen und Vergleichbares verlauten zu lassen. Es wird möglichst ,gesittet' und geräuscharm gegessen und getrunken.

Mit dem Trinkhalm den Rest des Getränks zwischen den Eiswürfeln aus einem Cocktailglas saugen, kann ebenso ein unerwünschtes blubberndes Geräusch erzeugen.

Sie riskieren, dass Ihre Nachbarn mit hochgezogener Augenbraue und tadelndes Blickes auf Sie schauen.

In China hingegen ist es üblich – wird erwartet und praktiziert – durch lautes Schmatzen und andere Geräusche hörbar zu machen, wie gut es mundet. Das ist ein Kompliment für die Gastgeber.

Auch wird dort nie komplett aufgegessen, da gezeigt werden soll, dass alles im Überfluss angeboten wurde.

So gelten bei Tisch einige weitere Verhaltensmuster als unangebracht, nämlich all jene, die die anderen Gäste bei Tisch stören könnten. Dazu gehört auch der Umgang mit dem Smartphone.

Das mobile Telefon

Bekanntlich ist die Digitalisierung so weit fortgeschritten, dass der Mensch ohne die vielfältigen Möglichkeiten, die ihm das Internet anbietet, kaum noch leben kann.

So verwundert es auch nicht, wenn während eines Restaurantbesuchs immer mal wieder die Konversation unterbrochen wird, um eine eingehende Nachricht zu checken oder einen Anruf entgegenzunehmen.

Was hat Priorität? Ist der Anrufer wichtiger als die Person, die mit am Tisch sitzt?

Falls Sie der Technik Priorität geben, gelten folgende Tipps als angemessen.

Es gilt als sehr unfein, das Smartphone bei Tisch klingeln zu lassen. Stattdessen das Smartphone so einstellen, sodass es optische Signale gibt (blinkt oder leuchtet) oder vibriert.

Sollten Sie einen für Sie dringenden Anruf erwarten (unter der Berücksichtigung, eine damit vor Ort stattfinde Kommunikation zu stören), weisen Sie im Voraus darauf hin, dass ein Smartphone-Anruf erwartet wird.

Wenn sich der Anruf wirklich nicht vermeiden lässt, verlassen Sie den Raum. Freunde beziehungsweise Geschäftspartner informieren, wenn ein Anruf nicht erwünscht ist.

Sollte das Smartphone eingeschaltet sein und Sie von einem Anruf überrascht werden, haben Sie immer noch die Möglichkeit das Smartphone direkt auszuschalten. Sollten Sie aber auf den Anruf reagieren wollen, verhalten Sie sich so:

- Nicht bei Tisch sitzen bleiben, sondern aufstehen und in einen Nebenraum gehen, wo Sie andere Gäste mit Ihrem Gespräch nicht stören.
- Das Thema nicht ausdiskutieren, auch nicht im Flüsterton. Es gibt keine Geheimnisse den anderen Anwesenden gegenüber (ansonsten gehört das Telefongespräch schon gar nicht hierher)!
- Wenn denn ein Anruf in eine Gesellschaft platzt, um einen späteren Anruf bitten.
- Die Anwesenden um Entschuldigung bitten.
- Nach Gesprächsende, die Anwesenden freudig erregt über den Gesprächsinhalt informieren. Nein!

Mit den Nachbarn flüstern

Es gibt in Anwesenheit anderer keine Geheimnisse auszutauschen. Deshalb muss auch nicht geflüstert werden.

„Wer flüstert, lügt", meint der Volksmund.

Das, was gesagt wird, darf jeder Anwesende hören.

„Gesundheit!"

Es kribbelt Sie in Ihrer Nase: Sie merken, gleich müssen Sie niesen? Nur keine Panik! Wenden Sie sich von Ihrem Tischpartner ab. Tischpartner (Tischdame und Tischherr) sind immer die Personen, die paarweise nebeneinandersitzen. Der Nachbar zur anderen Seite ist der ‚Tischnachbar'.

Versuchen Sie, so geräuscharm wie möglich zu niesen. Benutzen Sie, wenn möglich, ein Taschentuch. Oder: Niesen Sie in Ihre linke Hand!

Die rechte Hand ist die Grußhand und sollte deswegen nicht als ‚Niesschutz' verwendet werden.

Gegebenenfalls entschuldigen Sie sich kurz mit einem dezent gemurmelten „Entschuldigung".

Die anderen Gäste wünschen Ihnen keineswegs „Gesundheit". Dieser höflich gemeinte Wunsch ist überholt, zeigt er doch, dass a) Ihr Niesen wahrgenommen wurde, und b) Sie offensichtlich als ‚krank' angesehen werden (da sonst keine Gesundheit gewünscht werden müsste).

In heutiger Zeit ist es offensichtlich nicht erwünscht, als ‚krank' angesehen zu werden.

Von den Mitmenschen wird erwartet, dass sie top fit sind und auf eine strahlende Gesundheit blicken können. Die Regel, sich nicht Gesundheit zu wünschen, gilt im geschäftlichen Bereich genauso wie im privaten Umfeld.

Natürlich ist es im privaten Bereich möglich, von der Regel abzuweichen und sich nach wie vor Gesundheit zu wünschen. Oder wenn jemand unüberhörbar mehrmals hintereinander niesen muss, darf auf die frühere Vorgehensweise zurückgegriffen werden.

Benutzen Sie die linke Hand, wenn Sie niesen oder auch husten müssen. Sie kommen dann nicht in Verlegenheit, Ihrem Gegenüber die (rechte) Hand zu reichen, auch wenn Sie gerade einen Hustenanfall hatten.

Einige Menschen bevorzugen es, in die linke Armbeuge zu niesen oder zu husten. Dabei wird sich vom möglichen Tischpartner mit dem Oberkörper weggedreht.

Sollte Sie Ihr Gegenüber so langweilen, dass Sie gähnen müssen, wird auch hier wieder die linke Hand schützend vor den Mund gehalten.

Schnäuzen bei Tisch gilt als ganz unangebracht. Dazu stehen Sie auf und verlassen kurzfristig den Tisch. Wenn Sie merken, dass Sie unter einem Hustenanfall und Niesanfall leiden, ist auch ein kurzzeitiges Entfernen vom Tisch vorzuziehen.

In der Nase bohren, an der Haut kratzen oder an den Fingernägeln kauen? Natürlich nicht.

Die Nase pudern oder die Wimpern nachziehen

Kaum jemand wird sich heute noch ‚die Nase pudern‘, auch wenn diese Redewendung – fälschlicherweise – hin und wieder benutzt wird. Sie wurde von einer Frau angewendet, wenn sie die Toilettenräume aufsuchen wollte.

Pudern, Lidschatten nachziehen, Lippen schminken oder sonstige Korrekturen werden bei Tisch üblicherweise nicht vorgenommen. Kleine Nachbesserungen sind bei Tisch zwar erlaubt, werden in der Praxis aber kaum umgesetzt.

Wenn Sie Ihr Make-up auffrischen möchten, begeben Sie sich in die dafür vorgesehenen Räumlichkeiten. Am besten schon, <u>bevor</u> Sie Platz genommen haben.

Auch das Stochern in Zahnzwischenräumen wirkt bei Tisch unhygienisch und unappetitlich. Scheint es wirklich nötig zu sein, halten Sie die linke Hand schützend vor den Mund und entfernen die Essensreste mit dem Zahnstocher in der rechten Hand.

Wer gerne Mohnbrötchen während einer Feier verzehrt, denkt unter Umständen nicht daran, dass sich Mohnkörnchen liebend gerne zwischen den Zähnen verstecken. Verstecken, aber trotzdem sichtbar – für die anderen.

Außerdem: Ellenbogen gehören nicht auf den Tisch.

Peinlichkeiten und Pannen

„Prüde Leute haben eine schmutzige Fantasie."
Jonathan Swift, ir. Schriftsteller
(1667 - 1745)

Die berüchtigte Sauce auf der Kleidung

Zack, der Fleck ist da! Natürlich genau mitten auf der Bluse oder deutlich sichtbar auf der Krawatte. Jetzt nur nicht in Panik geraten! Das kann immer mal passieren. Geschehen ist geschehen.

Je mehr Aufruhr Sie nun machen, ziehen Sie die Aufmerksamkeit der Anwesenden auf sich. Zwei Möglichkeiten bieten sich an:

Erstens: Gar nicht großartig reagieren und den Fleck lassen, wo er ist. Zweitens: Sie entschuldigen sich bei Ihrem Tischpartner (da Sie ihn nun allein lassen), bitten gegebenenfalls das Personal um ein Tuch und/oder Wasser und entfernen – so weit möglich – den Fleck abseits Ihrer Gäste.

Ist der Schaden durch Unachtsamkeit des Personals entstanden, wird der Besitzer des Restaurants für die Reinigungskosten aufkommen („Schicken Sie uns die Rechnung zur Begleichung.").

Sollten Sie Ihrem Nachbarn oder Ihrer Nachbarin die Sauce über die Kleidung gießen, bitten Sie zuerst um Entschuldigung, bieten dann Hilfe an (Wasser/Tuch holen) und erklären Sie sich bereit, die Reinigungskosten zu übernehmen, falls welche entstehen.

Es wäre schade, wenn Sie wegen eines Fleckens den Anlass Ihres Zusammenseins durch Gejammer oder Lamentieren kaputt machten. Entstandene Schäden lassen sich wieder gutmachen – zerstörtes Zusammensein nicht.

Pannen

Die Olive rutscht von der Gabel? Die Nudel fällt auf den Schoß? Der Rotwein tropft auf das Tischtuch? Alles halb so schlimm! Am besten drüber wegsehen. Je ‚normaler' Sie mit diesen Pannen umgehen, desto weniger fallen sie auf.

Ihrem Gegenüber klebt ein Reiskorn am Kinn? Am besten direkt und in normalem Ton drauf hinweisen. Merkt Ihr Gegenüber erst später, dass er Ihnen stundenlang mit einem Reiskorn im Gesicht gegenübersaß, wird es ihm noch peinlicher sein.

Pannen, die dem Personal geschehen, sollten durch Sie möglichst nicht beachtet werden. Ein Tablett voller Gläser fällt um, Besteck rutscht vom abgeräumten Teller, oder Klirren oder Klappern sollte Sie nicht interessieren und schon gar nicht, wenn das irgendwo im Restaurant oder in der benachbarten Küche geschieht.

Versuchen Sie sich in die Lage des Angestellten zu versetzen, der jetzt vor einem Haufen Scherben steht und mehrere Gäste-Augen sind auf ihn gerichtet. Bestimmt kein angenehmes Gefühl.

Abgesehen davon, lenken Sie die Aufmerksamkeit von Ihrem Tisch ab, unterbrechen möglicherweise ein gerade stattfindendes Gespräch.

Sie vermitteln den Eindruck, dass fremdes Geschehen wichtiger ist als das Gespräch an Ihrem Tisch. Das lässt sich als unhöfliches Verhalten deuten.

Kapitel 7 – Gastgeber beim Geschäftsessen im Restaurant

Das Geschäftsessen

Liebe geht durch den Magen

„Du sollst deinen Nächsten lieben wie dich selbst.“
Altes Testament
(3. Moses 19,18)

Das Arbeitsessen im Restaurant

Unzählige Restaurants leben davon – vom sogenannten Arbeitsessen.

Mögen die geschäftlichen Verhandlungen noch so lange gelaufen sein – nach einem guten Essen, passenden Getränken, in angenehmer Gesellschaft und entspannter Atmosphäre – hat sich schon manches geschäftliche Problem wie von selbst gelöst.

Liebe – so heißt es – gehe durch den Magen. Geschäftliches offensichtlich auch. Also: weshalb nicht (aus-)nutzen? Ein weiterer Vorteil lässt sich in die Überlegung einbringen: der Zeitvorteil.

Schlagartig werden die klassischen Mahl-Zeiten zu nutzbaren Geschäfts-Zeiten. Das gilt nicht nur für das Mittagessen oder das Abenddiner, sondern auch für das Frühstück und natürlich auch für die Kaffee-Zeit.

Zum gemeinsamen Frühstück einladen bedeutet, dass das geschäftliche Treffen recht früh stattfinden kann. Weshalb nicht schon zwischen sieben und acht Uhr morgens? Aber Vorsicht, für ein Arbeitsessen, das zum geschäftlichen Erfolg führen soll, gelten bestimmte Regeln.

- Reservieren Sie im Restaurant einen Tisch.
- Weisen Sie darauf hin, dass es sich um ein Arbeitsgespräch handelt.
- Der Tisch soll deswegen so platziert sein, dass Sie ungestört kommunizieren können.
- Ein zu kleiner Tisch eignet sich nicht, da Sie dort keine Unterlagen ablegen können.
- Informieren Sie sich vorab über das Speisen- und Getränke-Angebot.
- Fragen Sie zum Beispiel nach saisonalen Angeboten.
- Informieren Sie das Personal über Ihren Zeitrahmen.
- Klären Sie im Vorfeld, wie die Rechnungsstellung erfolgen soll.
- Informieren Sie das Personal, falls Ihr Gast/Ihre Gäste vor Ihnen eintreffen sollten.

Empfehlung: Verabreden Sie sich mit Ihren Gästen nicht direkt am Gästetisch. Vereinbaren Sie einen Treffpunkt in der Lobby oder zum Beispiel an der Tagesbar.

Auch wenn Sie sich in angenehmer Atmosphäre im Restaurant fühlen, denken Sie daran: Es handelt sich um ein Arbeitsessen und nicht um ein privates Rendezvous.

Sie repräsentieren nach wie vor Ihr eigenes Unternehmen. Verhalten Sie sich dementsprechend.

Vorsicht bei zu viel Alkoholgenuss!

Who is who im Restaurant?

Herr Ober – Frau Ober

Das Service-Personal wird in der gehobenen Gastronomie mit ‚Herr Ober' beziehungsweise ‚Frau Ober' angesprochen.

Auch wenn die zweite Formulierung fremdartig erscheint, ist sie doch korrekt.

Ansprechpartner im Restaurant

Der folgende Überblick über den hierarchischen Aufbau des Service-Personals soll in einem großen Hotel-Restaurant eine Hilfe sein, zu erkennen, wer wer ist.

Sofern keine Begrüßungs-Hostess eingesetzt ist, wird ein Oberkellner oder die Restaurantleitung den Gast am Restauranteingang begrüßen und zum Tisch führen.

Der Oberkellner, Stations-Oberkellner oder der zuständige Chef de Rang wird die Bestellung aufnehmen.

Er nimmt auch etwaige Reklamationen entgegen.

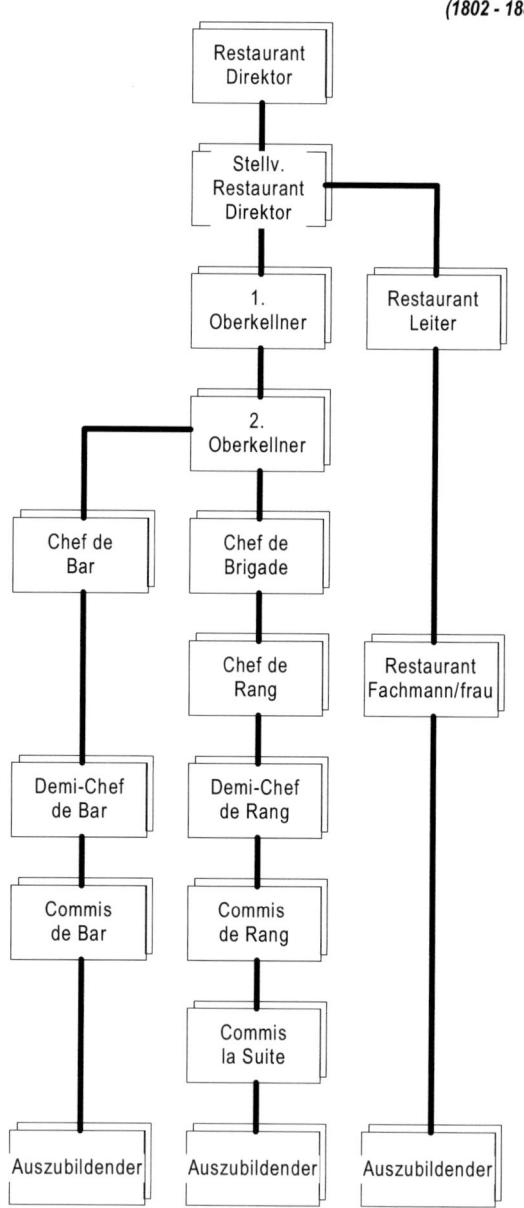

Verhalten des Restaurant-Personals

Bei den folgenden Informationen wird sich auf die sogenannte gehobene Gastronomie bezogen.

Das anwesende Personal sorgt zum einen für eine positive Atmosphäre und das Wohlbefinden des Gastes. Auf der anderen Seite ist es für die professionellen Arbeitsabläufe zuständig.

Deshalb genügt, zum Beispiel bei einem festlichen Menü, ein einmaliges ‚Danke‘ an das Personal. Der Gast muss sich nicht jedes Mal bedanken, wird ihm ein neuer Gang eingesetzt oder benutztes Geschirr ausgehoben.

Danach muss den Arbeiten des Personals keine gesonderte Aufmerksamkeit gewidmet werden. Diese Aussage soll keineswegs diskriminierend gemeint sein, sondern es soll dem Personal die Möglichkeit gegeben werden, im ‚Hintergrund‘ professionell seinen Arbeiten nachgehen zu können.

Das Personal arbeitet diskret und unterbricht durch seine Arbeiten möglichst wenig den Gast am Tisch.

Deshalb ist bei einem Arbeitsessen die ungestörte Kommunikation zwischen Gastgeber und Gesprächspartner wichtig und vorrangig.

In früheren Zeiten trugen die damals ausschließlich männlichen Servicekräfte neben schwarzen Anzügen weiße Handschuhe. Das ermöglichte ihnen ‚gleich‘ auszusehen, da die Individualität des Einzelnen bewusst aufgehoben sein sollte. Das Personal sollte fast ‚unsichtbar‘ arbeiten können.

Die Zeiten haben sich geändert, weiße Handschuhe werden so gut wie keine mehr getragen. Männer wie Frauen arbeiten im Service. Professionelle Service-Fachkräfte werden trotzdem versuchen, den Gast die Ziele seines Zusammenseins (zum Beispiel beim Kundengespräch) durch ihr eigenes, defensives Verhalten erreichen zu lassen.

Beim Verlassen des Restaurants ist es höflich, sich beim Hinausgehen vom Personal – auch auf Distanz – zu verabschieden.

KI und die Zukunft – Die Künstliche Intelligenz

Qualifiziertes und freundliches Personal ist nicht leicht zu finden. Das mag verschiedene Gründe haben, die den Gast nicht unbedingt interessieren.

So ist es eine Frage der Zeit, bis die menschliche Arbeitskraft Unterstützung von KI-gesteuerten Maschinen (Robotern) oder Humaniden (menschenähnlicher Roboter) erhält.

Die Helfer führen einfache Arbeiten aus, wie zum Beispiel das Bringen von Speisen und das Abräumen der Tische.

Tatsächlich gibt es Roboter im Einsatz, die Gäste begrüßen und sie zum gewünschten Ort bringen.

Es wird nicht mehr lange dauern, bis die bisher ‚einfach gestrickten‘ Systeme hocheffiziente Arbeiten durchführen können.

Ob die empathische Art der Restaurantfachkräfte und anderer Dienstleister durch die Künstliche Intelligenz abgedeckt werden kann?

Noch hat der Gast das Vergnügen, mit ‚leibhaftigen‘ Menschen konfrontiert zu sein. Dem motivierten Personal sei Dank.

Die Menükarte und die Speisekarte

Die Menükarte im Bankettgeschäft

„Brot und Spiele."
Juvenal, röm. Dichter
(60 - 127)

Vom Gastgeber selbst erstellte Menükarte

Der Gastgeber gibt sich sehr viel Mühe mit der Gestaltung einer originellen Menükarte. So kann sie ausgeschnitten, handgeschrieben oder auf ein Motto bezogen sein.

Der Gast sollte sich genügend Zeit nehmen, die Menükarte zu ‚studieren'. Er beachtet nicht nur die Aufmachung, die dem Anlass der Einladung angepasst ist, sondern auch den Inhalt.

Auch wenn es sich nur um eine Kaffeetafel oder ein Frühstück handelt, wird von einer Menükarte gesprochen.

Neben den Speisen und Getränken stehen auf der Menükarte auch der Anlass der Einladung, das Datum, der Ort und vielleicht sogar der Name des Gastes.

Die Menükarte kann ein nettes Erinnerungsstück werden. Der Gastgeber freut sich, wenn seine Menükarte als Souvenir mitgenommen wird.

So erkennt er, dass seine Mühe bei der Erstellung der Karte Anklang gefunden hat.

Die Karte kann gerollt sein und mit einem Band zusammengehalten werden, oder sie kann gefaltet und aufklappbar sein. Immer aber ist sie absolut sauber und fehlerfrei geschrieben.

Im Idealfall steht für jeden Gast eine Menükarte zur Verfügung. Zumindest aber sollte es eine Karte für jeweils ein Tischpaar geben.

Wo befindet sich die Menükarte?

Die Menükarte wird vor dem Eintreffen der Gäste auf den Tisch gegeben. Sie befindet sich

- hinter dem Couvert Gedeck
- zwischen zwei Gläsern
- unter der Serviette
- auf dem Platz- oder Brotteller
- zusammengerollt in eines der Gläser gesteckt

Auch kann die Karte die Funktion der Tischkarte erfüllen und ist dementsprechend gestaltet.

Sobald der Gast seinen Platz eingenommen hat, informiert er sich über das Speisenangebot.

Das Menü

Ein klassisches Menü soll aus mindestens drei Gängen bestehen:

- einer Vorspeise oder Suppe
- dem Hauptgericht
- einem Dessert oder Käse oder Obst

Der Hauptgang wiederum besteht aus mindestens drei Teilen:

- Fleisch, Fisch, Geflügel, Wild
- Gemüse
- Beilage (wie Reis, Kartoffeln, Teigwaren)

Diese drei Komponenten sind so auf dem Teller angerichtet, dass die Fleischkomponente zum Gast zeigt. Alternativ gilt natürlich eine vegetarische oder vegane Speise.

Die Menüfolge

Werden drei Speisengänge hintereinander serviert, wird von einem Menü gesprochen. Ein mehrgängiges Menü folgt heutzutage folgender Speisenfolge:

1. Kalte Vorspeise
2. Suppe
3. Warme Vorspeise
4. Sorbet
5. Hauptgericht
6. Käse
7. Dessert
8. Obst

Es dürfte sowieso die Ausnahme sein, acht Speisengänge in einem Menü hintereinander zu servieren. Zu Zeiten kurz vor der französischen Revolution waren Menüfolgen von 20, 30 oder noch mehr Gängen keine Seltenheit. Allerdings befanden sich damals auch viele ‚Schaugänge' darunter, von denen nicht gespeist wurde.

Der nächste Gang

Weshalb der Speisengang als ‚Gang' bezeichnet wird, ist nicht ganz sicher geklärt. Deshalb sollte sich zuerst in frühere Zeiten zurückversetzt werden. Ein hochherrschaftliches Haus, die Küche im Keller, die anwesenden Gäste in feinster Robe im festlich hergerichteten Speisezimmer.

Der Weg von der Küche bis zur kunstvoll gedeckten Tafel ist ein langer. Die hart arbeitende Servicebrigade hat mit den in der Küche hergerichteten schweren Silbertabletts einen langen Weg zurückzulegen.

Der Weg führt über Treppenhäuser durch verschiedene Gänge.

Und hier kommt das Wort ‚Gang' in den Sprachschatz. Für das nächste Gericht musste immer ein langer Gang zurückgelegt werden.

Anlehnend an diese Idee kann auch gelten, dass die Brigade der Service-Fachkräfte, sauber hintereinander aufgereiht, im Gang vor dem Speiseraum wartete, bis der Oberkellner das Zeichen gab, den Raum zu betreten und die Gäste zu bedienen.

Henkersmahlzeit

Tja, und irgendwann wird der letzte Gang serviert. Die zum Tode verurteilte Person wusste, jeder Tag konnte der letzte sein.

Und dann war es soweit. Am Abend vor der Hinrichtung wurde die sogenannte Henkersmahlzeit serviert.

Der Verurteilte durfte sich Essen und Trinken auswählen, so wie er wünschte. Dem Verurteilten wurde alles so angenehm wie möglich hergerichtet, sodass es ja zu keinen Beschwerden kam.

Der Verurteilte, wie aber auch das Kerkerpersonal, der Henker, die Richter und wer immer verantwortlich für den geplanten Tod des Delinquenten war, wusste sehr wohl, dass bei der Hinrichtung das Leben endete, die Seele aber weiterleben würde.

Ihre Überlegung: Wurde der Verurteilte am letzten Tag seines Lebens schlecht behandelt, musste befürchtet werden, dass er später fürchterliche Rache nehmen würde.

Da das verständlicherweise niemand wollte, wurde versucht, die bestmögliche Mahlzeit zu servieren, die Henkersmahlzeit.

Die korrespondierende Getränkefolge im Menü

Unter korrespondierenden Getränken werden die Getränke verstanden, die jeweils harmonisch zu den Speisen passen. Die Getränkefolge ist ähnlich aufgebaut wie die Speisenfolge.

Werden mehrere Getränke während des Menüs gereicht, stehen diese auf derselben Höhe wie der dazugehörende Speisengang auf der Menükarte.

Wird für mehrere Speisengänge hintereinander derselbe Wein angeboten, wird er nur einmal aufgeführt.

Das bedeutet, dass dieser Wein so lange gereicht wird, bis der nächste Wein vermerkt ist. Werden mehrere Weine hintereinander gereicht, dann gilt Folgendes:

- weiße Weine vor roten
- herbe Weine vor lieblichen
- jüngere Jahrgänge vor älteren

Aperitif und Digestif in der Menükarte

Werden Aperitifs an der Tafel gereicht, dann werden sie ebenfalls auf der Menükarte aufgeführt. Sie stehen vor dem ersten Wein. Werden Digestifs nach dem Essen an der Tafel gereicht, stehen diese in der Höhe des Mokkas.

Weine werden mit vollem Namen, Jahrgang und Anbaugebiet beschrieben. Die Angabe der Geschmacksrichtung kann eine wertvolle Hilfe für die Gäste sein:

- Aperitif
- Roséwein
- Sekt oder Champagner
- Weißwein
- Rotwein
- Digestif

Sekt oder Champagner kann auch als Aperitif gereicht werden. Außerdem kann er jeden anderen Getränkegang ersetzen.

Sekt oder Champagner kann aber auch während der kompletten Getränkefolge beibehalten werden. Dabei wird verfahren wie bei den Weinen:

- weiße Sektsorten vor roten
- herbe Sorten vor lieblichen
- falls Jahrgangs-Sekt: jüngere Jahrgänge vor älteren

Wo bleibt die Menükarte liegen?

Der Gast lässt die Menükarte während des Essens in seiner Sichtweite liegen. So kann er sich jederzeit über den nächsten Gang informieren und kann je nach Umfang des Menüs entsprechend disponieren.

Die Speisekarte im ‚À-la-carte-Geschäft'

„Ich wünsche, dass jeder Bauer am Sonntag
ein Huhn im Topf hat."
Heinrich IV., bourbonischer König
(1553 - 1610)

Die Speisekarte

Im Gegensatz zur Menükarte, die beim Bankettessen eingesetzt wird, wird die Speisekarte vom Service-Personal mit einer Speiseempfehlung überreicht.

Bei dieser Empfehlung handelt es sich zum Beispiel um saisonale Gerichte, die nicht unbedingt auf der Speisekarte stehen müssen, oder aber um besondere Kreationen des Küchenchefs, die nicht regelmäßig angeboten werden.

Wenn der Gast nicht der Empfehlung folgt, soll er sich genügend Zeit nehmen, sich auf der Speisekarte zu informieren.

Es kann aber auch sein, dass eine Menükarte gereicht wird. In der Menükarte ist – im Gegensatz zur Speisekarte – zum Beispiel ein Tagesmenü aufgeführt. Verwechseln Sie diese Menükarte nicht mit der aus dem Bankettessen.

In der Speisekarte hingegen befindet sich das umfassende Angebot, gegliedert nach der klassischen Menüfolge.

Das Überreichen der Speisekarte

Im Restaurant wird dem Herrn oder Gastgeber die Speisekarte überreicht. Dieser kann die Karte aufgeklappt oder auch ungeöffnet seiner Dame beziehungsweise seinem Gast weiterreichen. Er erhält eine zweite Karte.

Nach der Speisenauswahl gibt die Dame dem Herrn die Karte zurück, der dann beide Karten dem Chef de Rang zurückgibt.

So ist die ganz strenge Regel zu sehen, die in der heutigen Zeit selten genauso praktiziert wird.

Die Damenkarte – die Gastkarte

Kurz zurück zur strengen Variante: Damit sich die Dame/der Gast bei der Wahl der Speisengänge unbeeinflusst von der Preisangabe entscheiden konnte, wurde diese in der Karte einfach weggelassen.

Die Dame riskierte nun nicht, über- oder untertrieben gewählt zu haben. Sie konnte frei und wirklich nach eigenem Wusch und Geschmack aussuchen.

Nach und nach, verstärkt durch die Frauenbewegungen, zeigten sich auch Frauen allein in der Gastronomie. Was sollten sie dann mit einer Damenkarte anfangen?

Noch später zeigten sich im Berufsleben einladende Damen mit eingeladenen männlichen Geschäftspartnern. Hier müsste sich die Idee der Damenkarte ins Gegenteil wandeln. Wo bleibt die Gleichberechtigung?

Da auch heutzutage mache Gastgeber oder manche Gastgeberin ihren Gast oder ihre Gästin nicht durch die Preisangabe beeinflussen wollen, bieten manche Restaurants die Damenkarte auf Wunsch an.

Vorschlag: Wie wäre es, die Damenkarte in Gast- beziehungsweise Gästekarte umzubenennen? Dann wäre auch der Gleichberechtigung Folge geleistet.

Wählen aus der Speisekarte

Wird freigestellt, aus der Karte zu wählen, dann muss keine Rücksicht auf den Preis genommen werden. Für viele Gäste ist das aber eine peinliche Situation, weil sie nicht wissen, ob sie im hochpreisigen Sortiment wählen dürfen oder eher im preiswerten Bereich aussuchen sollen.

Um dem Gast eine kleine Hilfe zu geben, wird der Gastgeber deshalb als Tipp eine Richtlinie zeigen, indem er auf bestimmte Gerichte hinweist und somit auch eine gewisse Preisvorstellung offenlegt.

Er könnte dies tun, indem er sagt:

- „Haben Sie das tolle Rinderfilet gesehen?" (Kategorie ‚A')
- „Essen Sie auch gerne Rotbarschfilet?" oder
- „Das Hirschgulasch soll hier sehr schmackhaft sein."

Wird hingegen auf den herzhaften Kartoffelsalat mit Frankfurter Würstchen hingewiesen, handelt es sich offenbar um Kategorie ‚C'.

Durch Hinweise dieser Art bekommt der Gast einen Anhaltspunkt, was er aus der Karte aussuchen kann.

Die Getränkekarte

Die Getränkekarte wird erst nach der Wahl der Speisen gereicht beziehungsweise gelesen. Nur der Gastgeber erhält eine Getränkekarte. Er wird für seine Gäste mit aussuchen.

Heutzutage kann der Gastgeber vor der Auswahl der Getränke allerdings sehr wohl fragen, welcher Wein beziehungsweise welches Getränk bevorzugt wird.

Letztlich wird der Gastgeber die Entscheidung treffen und entsprechend bestellen. Da nicht jeder Gastgeber oder jede Gastgeberin in Sachen Wein als Spezialist zu bezeichnen ist, darf sie oder er die Entscheidung dem Chef de Rang oder dem zuständigen Weinkellner überlassen.

Sommelier – Sommelière

Hin und wieder treffen Sie auf einen ausgebildeten Sommelier (weibliche Form: die Sommelière). Das ist der Weinkellner, der Sie umfassend – und Ihrer Speisenbestellung entsprechend – berät.

Allerdings: Falls Sie auf einen Ober treffen, der beharrlich darauf besteht, dass Sie Ihren Getränkewunsch äußern, während Sie noch bei der Speisenwahl unschlüssig sind, dann informieren Sie ihn, dass Sie erst nach der Speisenwahl das korrespondierende Getränk auswählen können.

Falls Sie sich schon für einen Aperitif entschieden haben, wird diese Situation sowieso kaum eintreten.

Die Tischrede

„Es begab sich im Jahre des Gründers, 1862, ..."

*„Im Gespräch gelangt man zu einer Form der Überlegenheit gegenüber
aller monologischen Dominanz des Wissens.
Denn das ist ja das Geheimnis des Gesprächs,
dass der andere mir zurückgibt, was uns gemeinsam beschäftigt."*
Hans-Georg Gadamer, dt. Philosoph
(1900 - 2002)

Der Zeitpunkt der Tischrede

Noch vor wenigen Jahren pflegten Berufene mehr oder weniger lange ‚originelle' Tischreden vor dem Bratengang zu halten.

In der Praxis erweist sich dieser Zeitpunkt bei einem umfangreicheren Menü jedoch als recht ungünstig. Von der Serviceseite her gesehen ist gerade die Zubereitung des Hauptgangs sehr arbeitsintensiv.

Hier treffen neben Fleisch, Fisch, Geflügel oder Wild, das Gemüse, die Beilagen und Saucen zusammen oder eine fleischlose Zusammenstellung.

Erschwerend wirkt, dass diese Speisen warm angerichtet und warm serviert werden sollen. Gerade bei größerer Personenzahl kann es schon als kleines Kunststück angesehen werden, wenn jeder Gast seinen Hauptgang heiß bis wenigstens sehr warm erhält. Und das noch (fast) zeitgleich mit allen anderen Gästen.

Bei einem einfachen (kurzen) Menü ist eine Tischrede natürlich vor dem Hauptgang möglich.

Bei umfangreicheren Menüs gibt es jedoch genügend Zeit, lange vor dem Hauptgericht eine Rede zu halten.

Praktisch kann eine Tischrede zwischen jedem Gang gehalten werden. Die Zeit zwischen den ersten beiden Gängen wird nicht gerne gewählt, da die Gäste gerade dabei sind, ihren ersten Appetit zu stillen.

Ein im Menüablauf später liegender Zeitpunkt bringt den Vorteil, dass das Essen sich ‚setzen' kann oder dass eine kleine ‚Verdauungs-Pause' eingelegt wird.

Gehen Sie so vor:

- Die Rede kurz und interessant gestalten.
- Die Rede gut vorbereiten.
- Keine leeren Phrasen, keine unnötigen Wiederholungen einbauen.
- Beim Reden nicht stottern.
- Wollen mehrere Gäste eine Rede halten, sollte der Inhalt vorher aufeinander abgestimmt sein.

Die Rede beginnt

Zum Reden kann der Redner aufstehen und ein Zeichen geben, indem er zum Beispiel leicht an ein Glas klopft. Sofern nicht genaues Zahlenmaterial verlangt ist, wird er seine Rede frei halten.

Er versucht, alle seine Gäste der Reihe nach anzusehen und seinen Blick nicht nur auf eine Person zu richten.

Gilt die Rede aber einem Ehrengast, richtet er die Hauptaufmerksamkeit auf diesen und wird auch den Blick auf ihn richten.

Die Stegreifrede

Eine für den Redner vielleicht lustige Rede aus dem Stegreif zu einem späten Zeitpunkt, besonders am fortgeschrittenen Abend und vielleicht sogar noch in leicht alkoholisiertem Zustand halten zu wollen, sollte möglichst vermieden werden.

Daraus könnte für alle Beteiligten eine peinliche Situation entstehen.

Merken sollten Sie sich:

- Die Rede vorher beim Gastgeber anmelden und mit ihm abstimmen.
- Dem Gastgeber selbst steht die erste – und kurze – Tischrede zu, die er mit einem Spruch oder einem Trinkspruch verbinden kann.
- Beim Ausbringen eines Trinkspruchs müssen die Gläser aller Gäste gefüllt sein.
- Niemand soll zum Halten einer Tischrede genötigt werden. Vielen Menschen ist es äußerst unangenehm, vor mehreren Personen frei und vielleicht sogar unvorbereitet zu sprechen.

Eine Rede aus dem Stegreif erfolgt in der Regel ohne oder mit ganz kurzer Vorbereitung. Sie geschieht aus der Gegebenheit heraus. In manchen Fällen erfolgt nach der Rede ein anerkennender Applaus der Gäste.

Die Rede im Restaurant

Um eine Rede in einem Restaurant zu halten, in dem sich noch andere Gäste aufhalten, soll sich der Redner besonders rücksichtsvoll verhalten.

Wird eine Rede zum Beispiel in kleinerem Familienkreise gehalten, darf der Redner entgegen der üblichen Regel sitzen bleiben. Er wird sich vor Augen halten: Die anderen Gäste nicht stören!

In einem separaten Raum können und dürfen selbstverständlich Reden gehalten werden.

Abschließend sei bemerkt, dass das Essen nicht nur aus Tischreden bestehen sollte. Die Reden sind ein kleines ‚Tupferl' auf das ‚i'. Und das sollen sie auch bleiben.

Unterhaltung während des Essens

Unterhaltung während des Essens ist gestattet und gewünscht. Ein Gast redet in erster Linie mit dem Tischpartner, aber auch mit dem anderen Tischnachbarn.

Sofern die Tafel nicht allzu breit ist, darf auch mit dem gegenübersitzenden Gast und mit den diagonal gegenübersitzenden Gästen geredet werden.

Unterhalten Sie sich in ruhigem Ton. Sie müssen hingegen nicht geheimnisvoll ins Ohr des anderen flüstern. Es wird aber auch nicht geschrien, sodass alle anderen Gäste an der Unterhaltung teilnehmen müssen.

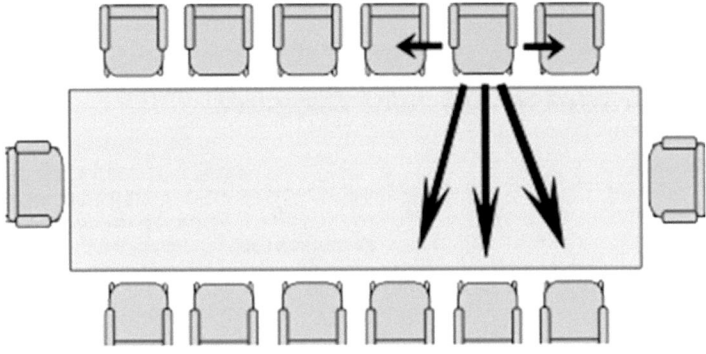

Das lästige Reden über Kreuz

Zwei Gesprächspartner reden diagonal miteinander. Jedes Paar übertrumpft das andere durch Lautstärke.

Lösung: Ein Paar muss das Gespräch einstellen oder, wenn dies im Ablauf des Essens möglich ist, geht es an einen anderen Ort und führt dort das Gespräch weiter!

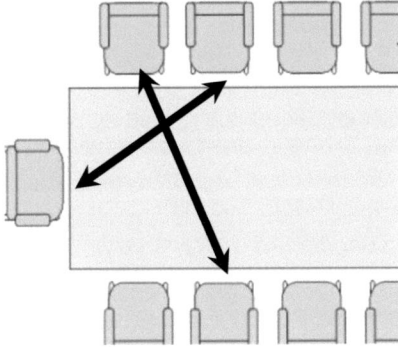

Es versteht sich von selbst, dass erst der Mund leer gegessen wird, bevor jemand das Wort ergreift. Mancher echauffiert sich bei seiner Kommunikation so stark, dass er seine Besteckteile zur Bekräftigung der Aussagen heranzieht und mit ihnen wild gestikuliert.

Die Hände bleiben während des Sprechens an der Tafel ruhig.

Der Speisenservice

Von der Vorspeise bis zum Dessert

„Das Brot, das du dem Dürftigen reichst,
vermag sein Leben nur einen Tag zu fristen.
Die Art aber, wie du es reichst,
kann ihm zum ewigen Heil gereichen."
Vinzenz von Paul, frz. Ordensstifter, Gründer der Caritas
(1581 - 1660)

Bei Tisch

„Wer neben dir zu Tisch ist gsessen,
den irre nit mit den Ellenbogen!
Sitz aufrecht, fein geschmogen!
Ruck nit hin und her auf der Bank,
dass du nit machest ein Gestank!"

So schreibt Hans Sachs (dt. Dichter, 1494 – 1576) in: ‚Ein Tischzucht'.

Das Beschriebene gilt auch heute noch. Nachdem Sie schließlich korrekt Platz genommen, Ihre Serviette auf den Schoß gelegt und die Speise- beziehungsweise Menükarte gelesen haben, wird Ihnen ein Brötchen beziehungsweise Brot gereicht.

Das Brot auf dem Brotteller

Auf den Brotteller, der links im Gedeck steht, wird zu Beginn des Menüs das Brötchen gelegt. Dazu gibt es Butter, Schmalz, einen anderen Aufstrich oder Öl.

Das Brötchen nicht etwa mit dem dabei liegenden Messer halbieren, mit Butter bestreichen und dann herzhaft hineinbeißen! Sondern:

• Ein mundgerechtes Stück vom Brötchen abbrechen.

• Dieses mit Butter oder Aufstrich mithilfe des Messers bestreichen.

• Auf Wunsch Salz aufstreuen.

• Den mundgerechten Happen zum Mund führen und verspeisen.

Wollen Sie ganz streng sein, gilt es auch, das Frühstücksbrötchen auf diese Art zu ‚bearbeiten'.

Beim Verzehren der hierzulande üblichen großen Brotscheiben sollten Messer und Gabel benutzt werden. Allerdings werden Sie solche Brotscheiben nicht auf dem Brotteller innerhalb eines Menüs finden.

Bestenfalls kleine Weißbrotscheibchen, Scheiben frisch gebackenen Brotes oder (wirklich getoastetes) Toastbrot. Diese werden auf die oben beschriebene Weise ‚bearbeitet'. Empfehlenswert sind aber nach wie vor die leckeren kleinen Cocktailbrötchen.

Eine große Auswahl in einem hübsch angerichteten Brotkorb angeboten, ist schon allein eine Wohltat für die Augen.

Es wird gegessen

In den folgenden Betrachtungen wird immer von einem Menü ausgegangen. Alles Gesagte gilt, teilweise leicht angepasst, auch bei allen anderen Gelegenheiten, wie Frühstück, Kaffeetafel und Ähnlichem.

Entweder werden die einzelnen Speisengänge zu den Gästen an den Tisch gebracht und dort serviert, oder der Gast begibt sich zu einem Speisenbuffet und bedient sich nach individuellem Wunsch selbst.

Das Bearbeiten von Speisen

Das Tranchieren oder Filetieren von Fleisch geschieht an einem Beistelltisch. Das Zerlegen der Speisen übernimmt der Gastgeber oder eine von ihm gebetene Person, sofern kein Servicepersonal vorhanden ist.

Es kann filieren oder filetieren gesagt werden. Beide Begriffe benennen denselben Vorgang: ein Filet wird aus einem Stück Fleisch, einem Fisch oder einer (Zitrus-)Frucht herausgelöst.

Das fachgerechte Tranchieren gilt als einer der Höhepunkte im Laufe eines Menüs. Das nimmt viel Zeit in Anspruch. Beim Tranchieren wird Fleisch, Fisch oder Geflügel fachgerecht zerlegt und von Knochen und Gräten gelöst.

Das Risiko der Abkühlung des Fleisches ist hingegen relativ groß, besonders dann, wenn keine vorgewärmten Teller und Warmhalteplatten verwendet werden können.

Ähnliches gilt auch für das Flambieren, das oftmals mit einer regelrechten ‚Show' verbunden ist. Es wäre sehr schön, wenn der Gast dem Vorgang eine größere Aufmerksamkeit schenken könnte.

Flambieren: Fleisch, Krustentiere, Früchte werden zur Geschmacksverfeinerung mit hochprozentigem Alkohol übergossen und angezündet. Der Alkohol verdunstet. Die Geschmacksstoffe bleiben im Gericht.

Platten und Schüsseln auf dem Tisch

Sobald Platten oder Schüsseln auf der Tafel eingedeckt sind, fordert der Gastgeber seine Gäste auf, sich zu bedienen. Der Herr nimmt eine Platte und bietet zuerst seiner Tischpartnerin die Speise an.

Die Speisen werden nicht übermäßig auf die Teller gehäuft. Auch bei der Selbstbedienung können Sie davon ausgehen, dass sich der Gast zweimal bedient. Wenn es ihm besonders gut mundet, kann er auch ein drittes Mal zulangen.

Die Gäste haben wirklich alle Hände voll zu tun, um sich zu bedienen. Für den Gast wird es sehr unangenehm, wenn mehrere verschiedene Speisen auf mehreren Platten, weit voneinander auf der Tafel aufgestellt sind.

Er muss entweder sehr lange warten, bis er an alle Speisen herankommt, oder er muss auf die eine oder andere Platte verzichten. Er müsste dann mehrere Personen bitten, ihm die Platte zu reichen und gegebenenfalls anschließend auch wieder über mehrere Personen zurückreichen lassen.

Deshalb achtet der Gastgeber darauf, dass die Platten von den Gästen weitergereicht werden. Das Vorlegebesteck zurück auf die Platte legen! Es wird auch nicht das eigene Besteck zum Vorlegen benutzt.

Erst wenn der Gastgeber festgestellt hat, dass alle Gäste bedient sind, beginnt das Mahl. Ansonsten wird gewartet, auch wenn das Essen noch so verlockend duftet.

Eine Ausnahme ist dann möglich, wenn tranchiert wird und wenn abzusehen ist, dass es lange dauern wird, bis alle Gäste einen vollen Teller erhalten haben.

In diesem Fall bieten die noch nicht bedienten Gäste den bereits bedienten an, schon mit dem Essen zu beginnen. Die so aufgeforderten Gäste dürfen und sollen nun mit dem Essen beginnen.

In einem Restaurant geschieht es leider immer wieder, dass die eine oder andere Speise bereits längst serviert ist, während die anderen Speisen lange auf sich warten lassen.

Es handelt sich hierbei zwar um einen – bestenfalls – mittelmäßigen Service, nur wäre es doch schade, das Essen kalt werden zu lassen.

„Bitte fangen Sie schon an", fordert der noch auf sein Essen Wartende auf. Dieser Aufforderung kann und soll gefolgt werden.

Knochen und Kerne

Kleine Knochenreste, Gräten, Olivenkerne und andere Kerne werden natürlich nicht ausgespuckt! Führen Sie die Gabel oder den Löffel zum Mund, die andere Hand halten Sie so, dass andere Gäste nicht direkt auf den Mund schauen können.

Die Knochenreste, Kerne und so weiter geben Sie auf das Besteck, mit dessen Hilfe sie dann auf den Tellerrand gelegt werden. Alles geschieht ‚nebenbei' und unauffällig.

Knochen, zum Beispiel von Hähnchen oder Ente, können auf einen Knochenteller gelegt werden. Der Knochenteller ist ein gewöhnlicher Teller, der zu Speisen gereicht wird, bei denen viele Knochen zu erwarten sind.

Auch Gräten, die der Gast beim Filieren seines Fisches löst, kommen auf einen dafür vorgesehenen Teller: den Grätenteller.

Fingerschale

Zwischen all den akkurat eingedeckten Besteckteilen, Gläsern, Servietten, den angezündeten Kerzen und den Tischaufbauten entdeckt der Gast bei jedem Gedeck eine Schale mit Flüssigkeit. Ist hier etwas Trinkbares vorbereitet?

Nein, es handelt sich um eine Fingerschale, eine Finger bowl. Kaltes Wasser oder warmes Wasser mit einem Zitronenachtel wartet auf die Reinigung benutzter Finger des Gastes.

Beispielsweise werden Riesengarnelen im Panzer als Vorspeise serviert. Der Gast darf/soll diese mit seinen Fingern auspulen. Die fettigen Finger werden anschließend in der Fingerschale gereinigt.

Zwischen der Schale und dem Unterteller liegt eine Serviette, die zum Trocknen der Finger verwendet werden soll.

Die reguläre Mundserviette bleibt dabei auf dem Schoß liegen und wird hierfür nicht verwendet.

Trinkkultur

„Fisch muss schwimmen"

„Es ist mir völlig gleichgültig, wohin das Wasser fließt,
solange es nicht in meinen Wein läuft."
Gilbert Keith Chesterton, brit. Kriminalautor
(1874 - 1936)

Gläser im Gedeck

Alle Gäste haben Platz genommen. Bevor die erste Speise an die Tafel gebracht wird, wird das erste Getränk eingeschenkt. Die dazu benötigten Gläser wurden bereits eingedeckt.

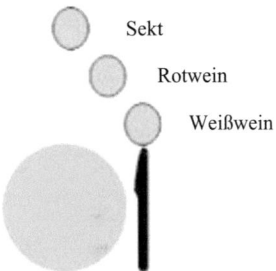

Sekt

Rotwein

Weißwein

Zuerst wird das Glas benutzt, das dem Gast am nächsten steht. Meistens handelt es sich dabei um das Weißweinglas.

Ist ein Aperitifglas eingedeckt, steht dieses als nächstes zum Gast, anderenfalls das Weißweinglas. Dann folgt das Rotweinglas, anschließend das Sektglas. Digestifgläser werden nicht eingedeckt.

- Der Aperitif kann auch an der Tafel gereicht werden; dann sind die Aperitif-Gläser eingedeckt.

- Anstelle des Aperitifs <u>kann</u> auch Sekt gereicht werden.

- Wird mit Sekt die Getränkefolge eröffnet, <u>kann</u> später wieder zu einem Sektgang zurückgekehrt werden (im Gegensatz zu den Weinen).

- Es <u>kann</u> während der kompletten Getränkefolge Sekt gereicht werden.

- Es <u>muss</u> kein Roséwein gereicht werden.

Aperitifs sollen den Magen öffnen, Digestifs den Magen schließen.

Die Getränkefolge

In der Wein- beziehungsweise Getränkekarte werden die Getränke wie folgt aufgeführt:

1. Aperitifs	4. Sekt und Champagner	7. warme Getränke
2. inländische Weine	5. Säfte und Limonaden	8. Digestifs
3. ausländische Weine	6. Biere	

Die ehemals verhältnismäßig strengen Regeln, welcher Wein zu welcher Speise gehört, sind weitestgehend gelockert. Jeder kann einen Wein wählen, wie er es für richtig hält.

(Mineral-)Wasser darf ständig zum Menü gereicht werden, ja es hilft bekanntlich zur besseren Verträglichkeit der Speisen.

Modern: Der Gast darf wählen, was er möchte. Der Gastgeber hält sich an die klassische Getränkefolge.

Neben der Esskultur gibt es die Trinkkultur: Das ist das Verhalten rund um Zubereitung, den Service und den Genuss von Getränken.

Der Weinservice

„In vino veritas – Im Wein liegt Wahrheit."
Alkaios, gr. Dichter
(um 620 - um 580 v. Chr.)

Der Weinservice

Nur dem Gastgeber, im Restaurant dem Besteller, wird die Weinflasche so präsentiert, dass er das Etikett leicht lesen kann. Er kann sich überzeugen, dass es sich um den bestellten Wein handelt.

Danach wird die Flasche an einem Beistelltisch (Guéridon) geöffnet. Im Familienkreis muss die Flasche nicht präsentiert werden, da sie vorher vom Gastgeber ausgesucht wurde.

Die Flasche wird am Arbeitstisch geöffnet, aber so, dass der Gastgeber den Vorgang beobachten kann.

Güteklassen beim Wein

Für den deutschen Wein sind bestimmte Güteklassen festgelegt.

- Tafelwein (mit mindestens 8,5 % Alkoholgehalt)
- Landwein
- Qualitätswein bestimmter Anbaugebiete (QbA) mit einer amtlichen Prüfnummer.
- Qualitätswein mit Prädikat (QmP)
  - ➤ Kabinett (voll ausgereifte Trauben)
  - ➤ Spätlese (spät gelesene Trauben)
  - ➤ Auslese (vollreife einwandfreie Trauben)
  - ➤ Beerenauslese (überreife und edelfaule Trauben)
  - ➤ Trockenbeerenauslese (eingeschrumpfte, edelfaule Trauben)
  - ➤ Eiswein (Trauben, die bei der Lese und Kelterung gefroren sind. Diese werden bei ca. – 7° C gepflückt und direkt verarbeitet.)

Das Weinetikett

Die Angaben auf dem Etikett sollen helfen, sich zurechtzufinden. So kann auch der Wein-Laie die ersten wichtigen Angaben von dort ablesen. Auf dem Weinetikett befinden sich folgende Angaben:

- Jahrgang (fakultativ)
- Anbaugebiet (obligatorisch)
- Güteklassen (obligatorisch)
- Amtliche Prüfnummer bei Qualitätsweinen (obligatorisch)
- Alkoholgehalt (obligatorisch)
- Erzeuger bzw. Abfüller (obligatorisch)
- Mengenangabe des Inhalts (obligatorisch)
- Lage oder Weinort (fakultativ)
- Rebsorte (fakultativ)
- Geschmacksbezeichnung (fakultativ)

Hat der Wein Korken?

Nach Öffnen der Weinflasche präsentiert Ihnen der Ober den Weinkorken.

Schauen Sie sich den Korken an. Ist er an dem Ende, das vorher in der Flasche war, deutlich feucht? Das ist ein Zeichen dafür, dass die Weinflasche liegend gelagert wurde.

Und das wiederum ist ein Zeichen, dass der Korken nicht ausgetrocknet ist. Je trockener ein Korken wird, desto poröser wird er. Der Sauerstoff kommt somit leichter mit dem Wein in Berührung. Das Risiko, dass der Wein oxidiert, also umschlägt, steigt.

Achten Sie weiterhin auf den sogenannten Korkenbrand. Damit ist der Aufdruck auf dem Korken gemeint. Daran erkennen Sie zum Beispiel das Anbaugebiet oder den Abfüller beziehungsweise Erzeuger.

Wurde der Wein am Herstellungsort direkt in die Flasche gefüllt, dann finden Sie auf dem Korken den Hinweis: ‚Mis en bouteille ...' (‚Abgefüllt in die Flasche' ...). Kristalle am Korken sprechen für die Qualität des Weins.

Befindet sich der (Natur-)Korken schon viele Jahre in der Flasche, wird er zum Korkenende hin gepresst wirken.

Je länger sich der Korken in der Flasche befand, desto länger braucht er, um die ursprüngliche Ausdehnung wieder anzunehmen. Das gilt natürlich nur für Naturkorken.

Der Korkenzieher

Der Korkenzieher wurde 1795 erfunden beziehungsweise patentiert. Das Patent wurde von Pfarrer Samuel Henshall (1764/65 – 1807, Königreich Großbritannien) eingereicht.

Restaurantfachleute verwenden ein ‚Kellnerbesteck', einen Hebelkorkenzieher. Hinweis: Den Korkenzieher nur so weit in den Korken hineindrehen, dass die Spitze am unteren Ende nicht durchsticht.

Rebouchage – Wein neu verkorken

In der Flasche abgefüllt, altert Wein. Da Sauerstoff im Laufe der Jahre durch den Naturkorken in die Flasche gelangt und den Wein oxidieren lässt – der Wein schmeckt nach Korken – kann es nach 25 bis 30 Jahren Zeit werden, den Korken zu ersetzen. Dieser Vorgang wird als Neuverkorkung beziehungsweise Rebouchage bezeichnet.

Ein neuer Korken soll den Austausch mit Sauerstoff verhindern, beziehungsweise verzögern. Die Neuverkorkung muss schnell geschehen. Auf dem Korken selbst, wie auch auf einem kleinen Rückenetikett an der Flasche, wird auf die Neuverkorkung hingewiesen. Manchmal wird der alte Korken in einem kleinen Plastikbeutel um den Flaschenhals der Weinflasche gehängt. Diese Vorgehensweise beugt der möglichen Manipulation des Weines – und des Weintrinkers – vor.

Bilder unten: Korken werden aus der Rinde der Korkeiche hergestellt.

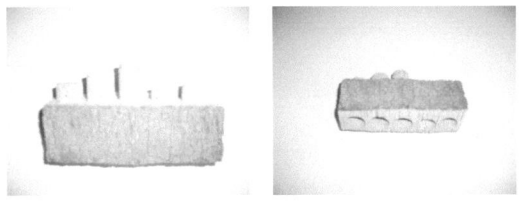

Der Korken aus Glas

Der Korken aus Glas ist seit etwa 2005 im Einsatz. Der Glaskorken (glass stopper), eventuell gesichert durch eine Kunststoffdichtung, sitzt fest und sicher in der Mündung der Flasche. Zusätzlich wird der Glasverschluss durch eine Sicherungskapsel, die sich abdrehen oder abziehen lässt, geschützt.

Die Industrie und die Winzer erhoffen sich durch diesen Korken eine deutlich geringere Zahl untrinkbarer Weine, die beim Einsatz von Naturkorken entstehen können.

Der Probeschluck

Die Beeren reifen und produzieren viel Zucker; nach der Ernte wird der Zucker von Hefepilzen in Alkohol umgewandelt. Beim Gärprozess entstehen angeblich bis zu 800 Aromastoffe.

So kann es als Kunst beschrieben werden, wenn der Weinkenner aus dieser Vielfalt einige ausschlaggebende Geschmacksrichtungen erkennt und wahrnehmen kann.

Hierbei helfen Tastrezeptoren in der Mundhöhle, Geschmacksknospen auf der Zunge und im Gaumen. Die Riechzellen der Nase runden die Sinneseindrücke ab. Das Gehirn fügt alle Eindrücke zu einer Gesamtvorstellung zusammen.

Dem Gastgeber wird nun ein kleiner Probeschluck eingeschenkt. Er prüft den Wein mit vier Sinnesorganen:

- Sehsinn – Die Farbe des Weins
  - ➢ U. a. Farbton, Farbtiefe, Klarheit, Brillanz
- Geruchssinn - Das Aroma des Weins
  - ➢ U. a. Intensität, Qualität, Aromen
- Geschmackssinn – Die Temperatur, eventuell auch Lage und Konsistenz des Weins
  - ➢ U. a. Frucht, Aromen, aber vor allem die Temperatur
- Tastsinn – Konsistenz, Kohlensäure
  - ➢ U. a. öliges Fließen des Weins über die Zunge, leichtes Prickeln bei jungem Wein

So wird vorgegangen: Der Gastgeber hebt das Glas etwas an und hält es gegen das Licht, auch gegen das Kerzenlicht. Deshalb leuchten manchmal auch tagsüber Kerzen auf dem Gästetisch. Sodann lässt er den Wein leicht drehen, indem er das Glas vorsichtig schwenkt.

Er kann erkennen, ob der Wein langsam oder schnell an der Innenwand des Glases zurückläuft.

Indem er leicht am Glasrand riecht, kann er den Geruch des Weins prüfen.

Schließlich wird der Gastgeber einen Schluck zu sich nehmen und kurz im Mund lassen, wo er mit seinem Geschmackssinn den Wein prüft. Er will feststellen, ob der Wein ,Korken' hat, ob er nach Korken schmeckt und damit ungenießbar ist.

In diesem Fall wird das Glas zurückgegeben und der Vorgang muss mit einer neuen Flasche Wein wiederholt werden. Auch prüft er die Temperatur, solange der Wein noch in der Mundhöhle ist.

Im Privatkreis kann der Gastgeber all dies vor dem Eintreffen der Gäste vorgenommen haben, oder er hat eine Person mit dieser Aufgabe betreut.

Reihenfolge beim Einschenken

Beim Einschenken des Weins soll eine gewisse Reihenfolge beziehungsweise Rangfolge nicht übersehen werden. Es gilt folgende Reihenfolge beim Einschenken:

1. Ehrengast
2. älteste Dame
3. ältere Damen
4. jüngere Damen
5. ältester Herr
6. ältere Herren
7. jüngere Herren
8. Mädchen
9. Jungen
10. Gastgeber

Bei mehr als acht Gästen wird von dieser Reihenfolge abgewichen. In diesem Falle wird, beim Ehrengast beginnend, der Reihe nach eingeschenkt, dem Gastgeber zuletzt. In jedem Fall gilt: Sobald das Weinglas des Gastgebers gefüllt wird, hat jeder Gast ein gefülltes Glas vor sich stehen.

Die Tafel ist eröffnet – Das erste Getränk

Das Essen beginnt mit dem ersten Getränk, dem jetzt der Speiseservice folgt. Werden mehrere Flaschen desselben Weins geöffnet, müssen nicht alle dem Gastgeber präsentiert werden. Lediglich die erste Flasche wird zum Probieren gereicht.

Bei anderen Weinen geht der Gastgeber entweder davon aus, dass sie ebenfalls gut sind oder er lässt sie von einer dazu bestimmten Person oder dem Weinkellner probieren.

Dem Gastgeber ist freigestellt, sich von der Pflicht des Probierens zu entbinden und gleich einschenken zu lassen. Trotzdem wird ihm als Letzter das Glas gefüllt.

Wird einem Gast ein anderes Getränk gereicht, wird nach Möglichkeit immer das entsprechende Weinglas benutzt. Dies gilt für Wasser, alle Säfte und gegebenenfalls auch für Bier. Dadurch bleibt die optische Harmonie erhalten.

Der Gastgeber prostet zu

Der Gastgeber erhebt sein Glas und ‚prostet' seinen Gästen zu. Jetzt wird nicht angestoßen. Der Gastgeber versucht, mit einem Blick jedem Gast zuzuprosten, indem er sein Glas in die Richtung des angeschauten Gasts richtet. Sodann sagt er „zum Wohl" oder Ähnliches, führt sein Glas zum Mund und nimmt einen Schluck.

Die Gäste erwidern, sobald der Gastgeber ihnen zuprostet, den Gruß, indem sie ihr Glas leicht in Richtung Gastgeber heben und ihm zunicken. Dann trinken sie mit dem Gastgeber gleichzeitig den ersten Schluck.

Wieder hebt der Gastgeber sein Glas reihum in Richtung aller Gäste, die ihm mit ihren Gläsern ebenfalls zuprosten. Dann wird das Glas abgestellt.

Der Gast nippt noch nicht an seinem Glas, bevor der Gastgeber sein Glas erhoben hat. Auch trinkt er sein Glas nicht ganz aus oder kippt das Getränk in sich hinein.

Sollten Sie einmal zur Verleihung des Nobelpreises beim Königspaar in Schweden eingeladen sein, finden Sie sich an einer festlich eingedeckten Tafel wieder.

Beachten Sie bitte Folgendes: Prosten Sie dem Königspaar weder zu, noch versuchen Sie mit ihm anzustoßen.

Sie brächten das Paar in Verlegenheit. Es müsste dann allen anwesenden Gästen die gleiche Reverenz erweisen, was praktisch kaum machbar ist.

Das Anstoßen und das Trinken

Noch im späten Mittelalter passierte es immer wieder, dass ein Neider einen vermeintlichen Konkurrenten beseitigen wollte.

Offensichtlich war es nicht schwierig, an das notwendige Gift zu gelangen.

Der Konkurrent wurde eingeladen, zwei Silberbecher mit erfrischendem Getränk bereitgestellt. In einem, für den Gast bestimmten, war das Getränk diskret mit Gift ‚verfeinert'.

Der Gefährdete wusste sich zu helfen. Er stieß mit seinem Silberbecher mit ordentlichem Schwung auf das Wohl des Gastgebers an. Dabei stießen die beiden Becher so heftig aneinander, dass von einem Getränk etwas in das andere Trinkgefäß überschwappte.

Trank der Gastgeber nun auch aus seinem Becher? Oder fürchtete er übergeschwapptes Gift nun auch in seinem Trinkgefäß?

Deshalb soll das Trinkgefäß nach dem Anstoßen nicht mehr abgestellt werden.

Soweit zur Annahme, wie das Anstoßen zustande kam.

Ohne anzustoßen wird nur einmal dem Gastgeber auf dessen Zuprosten beim ersten Getränk zugeprostet.

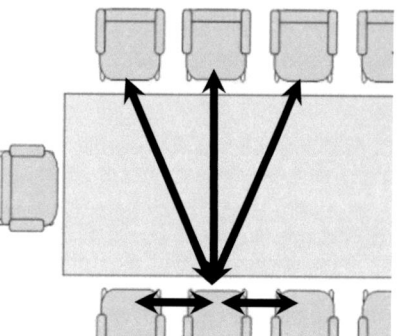

Im späteren Verlauf des Essens kann dem direkten Tischnachbarn, dem gegenüber und diagonal gegenüber Sitzenden zugeprostet werden, sofern der Tisch nicht zu breit ist. Das Anstoßen geschieht nur einmal während des Essens.

Der Gastgeber beziehungsweise die Gastgeberin stößt nur mit der Tischpartnerin beziehungsweise dem Tischpartner an.

Dabei berühren sich die Kelche an der weitesten Stelle, dem Glasbauch. Der Klang beim Anstoßen ist so am angenehmsten. Es ist nicht üblich, das Glas zu greifen, aufzustehen und sich von Gast zu Gast zu bewegen, um mit ihm anzustoßen.

Es wird mit Sekt- oder Weingläsern angestoßen. Ausnahme bei Volksfesten: dann auch mit Bierhumpen.

Das sind die Trinkregeln:

- Die rechte Hand führt das Glas zum Mund – also nicht den Kopf zum Glas hinbewegen.

- Das Glas am oberen Ende des Stiels greifen, nicht am Kelch.

- Das Getränk nicht in einem Zug austrinken (auch nicht Cognac, Korn, Likör und so weiter!).

- Beim Trinken wird weder geschlürft, geschmatzt noch gestöhnt.

Manche Gäste wollen mit dem Schlürfen zeigen, wie gut sie sich mit Wein auskennen. Sie zeigen damit aber, dass sie gerade nichts vom Wein verstehen. Diesem Verhalten am besten keine besondere Beachtung schenken.

Der Gastgeber möchte einen Toast aussprechen. Er erhebt sich, klopft dezent mit einem Besteckteil an sein Glas, damit die Anwesenden die Aufmerksamkeit auf ihn richten.

Er beginnt seine Rede, wobei er versucht Blickkontakt zu möglichst vielen Gästen aufzunehmen. Am Ende seiner Rede erhebt er das Glas in Richtung der geehrten Person (sofern sie anwesend ist) und/oder in Richtung der Gäste.

Da es ab einer bestimmten Personenzahl nicht mehr möglich ist, jedem Gast individuell zuzuprosten, erhebt er das Glas in Richtung Gäste auf einer Seite beginnend zur anderen Seite hin.

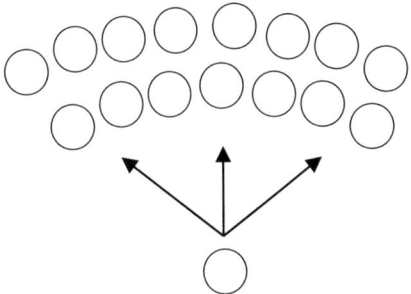

Ein Zuprosten auf Distanz ist möglich. Sehen Sie beim Dinner an einem entfernt stehenden Tisch einen Bekannten sitzen, können Sie ihm aus der Ferne zuprosten.

Sie erheben Ihr Glas in seine Richtung. Er wird sein Glas in Ihre Richtung heben. Wortlos, eventuell mit einem freundlichen Nicken, zeigen Sie einander das gesellschaftliche Wohlwollen.

Na denn – Prost, aus dem Lateinischen ‚Prosit' „Es möge gelingen".

Zutrinken

Zutrinken ist nicht dasselbe wie Zuprosten. In bestimmten Runden, denkbaren Studentenvereinigungen, wird eine Person aufgefordert, in ritueller Art zu trinken.

Gegebenenfalls muss vom Zutrinkenden das komplette Glas direkt ausgetrunken werden.

Das Nachschenken

Wein wird dann nachgeschenkt, sobald mehr als die Hälfte ausgetrunken wurde. Aber Achtung: Vor dem Wechsel der Weinsorte wird nicht mehr nachgeschenkt.

Abgesehen vor dem Wechsel der Art des Getränkes beziehungsweise der Weinsorte wird so nachgeschenkt, dass der Gast nicht verloren vor einem leeren Glas sitzt. Der Gast soll sich nicht ums Nachschenken bemühen.

Sitzt der Gast allerdings vor einem leeren Glas und niemand schenkt nach, dann gibt er dem Personal beziehungsweise dem Tischpartner ein dezentes Zeichen, zum Beispiel indem er seinen Kopf in Richtung Service wendet.

Das ist an sich schon ein Zeichen für das Personal, dass der Gast noch einen Wunsch hat. Sollte dies immer noch nicht genügen, hebt er ein wenig die rechte Hand. Spätestens jetzt sollte der Service bemerken, dass der Gast noch einen Wunsch hat.

Nähert sich das Personal, teilt der Gast den Getränkewunsch mit. Bitte nicht vergessen, dass (an sich) immer der Gastgeber den Kontakt mit dem Personal aufnimmt.

Fühlen Sie sich wegen des ständigen Nachfüllens des Getränkes durch das Bedienungspersonal genötigt, bitten Sie, die Weinflasche in Ihrer Nähe zu deponieren, sodass Sie sich selbst bei Wunsch nachschenken können.

Neuer Speisengang – neue Weinsorte?

Bevor der nächste Gang serviert wird, wird der Wein gewechselt.

Das bisherige Glas wird ausgehoben, also abserviert. Es wird von der rechten Seite des Gastes her weggenommen. Das nächste Glas, zum Beispiel das Rotweinglas, wird an die Stelle geschoben, an der das Weißweinglas stand.

Beim Getränkewechsel wird das Glas ausgehoben, auch dann, wenn sich noch Wein im Glas befindet. Deshalb soll kurz vor dem Getränkewechsel nicht mehr nachgeschenkt werden.

Möchte der Gast beim bisherigen Weißwein bleiben, wird er durch ein kleines Handzeichen beim Abräumen des Glases zeigen, dass er dieses Getränk weiterhin wünscht. Anstelle des Weißweinglases wird dann das leere und unbenutzte Rotweinglas ausgehoben.

Der Gast soll sein Zeichen unmissverständlich geben. Vielleicht wollte er nur seinen Weißwein ganz austrinken. Wurde das Zeichen missverstanden, erhält er keinen Rotwein mehr.

Er hätte erst die Chance beim Sekt wieder in die Getränkefolge einzusteigen.

Lieber Weiß- oder Rotwein?

Zur klassischen Vorspeise, wie zum Beispiel Krustentiere aller Art, passt hervorragend ein Weißwein. Zum Hauptgericht mit einem Bestandteil Rindfleisch wird Rotwein bevorzugt. Allerdings – wie zu Beginn erwähnt – können Sie als Gast das Getränk wählen, das Sie selbst lieber mögen.

Bei zwei oder mehreren Weinsorten hintereinander wird aufgrund des Anregens der Geschmacksnerven allerdings erst ein weißer und dann ein roter Wein gewählt.

So gelten als Hauptregeln: Weißwein vor Rotwein; Junger Wein vor altem Wein.

Gläser nachdecken

Bei größerer Getränkefolge, bei eingeschränktem Platz im Gedeck oder einfach bei nicht genügend Gläsern, können die Gläser auch nachgedeckt werden.

Sie werden nach dem Ausheben des vorherigen Glases nachgedeckt, also bevor das nächste Getränk ausgeschenkt wird.

Der Kaffeeservice

Das Kaffeegetränk nach dem Essen

„Man kann Menschen mit guten Saucen ebenso unter die Erde bringen
wie mit Strychnin, bloß dauert es länger."
Christiaan Neethling Barnard, südafrik. Herzchirurg
(1922 - 2001)

Die Speisen sind verzehrt

Bevor der Kaffee serviert wird, werden alle Couvertteile, Besteckteile, Servietten und Hilfsmittel abgeräumt. Außer dem Digestifglas oder dem Champagnerglas, sofern Champagner oder Sekt entsprechend der Getränkefolge weiterhin gereicht wird, befindet sich kein Glas mehr auf der Tafel.

Der Kaffee rundet das Menü lediglich ab. Der Gast trinkt nur eine kleine Tasse und wechselt dann – sofern die Tafel nicht aufgehoben werden soll – wieder zu einem anderen, meist alkoholischen Getränk.

Neben dem Mokka können aber alle üblichen Kaffeegetränke angeboten werden, wie:

- Espresso,
- koffeinfreier Kaffee

Übrigens: Der Italiener wird kaum einen Cappuccino wählen, da hier – bedingt durch die aufgeschäumte Milch – zu viel Fett im Getränk enthalten ist. Dieses Fett behindert die Verdauung.

Es ist auch nicht üblich Tee zu servieren.

Zum Kaffeeservice gehören:

- Kaffeeuntertasse
- Kaffeetasse
- Kaffee-, Mokkalöffel
- Sahneschale mit Sahne, Sahnelöffel
- Zuckerstreuer mit Zucker oder Zuckerschale mit Zuckerwürfeln, Zuckerzange
- Milchgießer mit Milch
- Tabletts oder Teller für Sahneschale und Milchgießer

Wie zu erkennen ist, werden viele Teile für den Kaffeeservice benötigt, wobei das Kaffeegetränk selbst noch gar nicht berücksichtigt ist.

Mokka

Nach dem Essen wird als starker Kaffee gerne ein Mokka gereicht. Da es sich hier nicht um eine ‚gemütliche Kaffeerunde' handelt, sollte der Mokka dem üblichen Kaffee vorgezogen werden.

Der Kaffeehandel im fünfzehnten und sechzehnten Jahrhundert war sehr lukrativ und deshalb bestens geschützt. Ausgezeichnete Kaffeebohnen (Arabica-Kaffee) wurden aus Äthiopien und aus dem Jemen exportiert.

Die Bezeichnung Mokka stammt von der jemenitischen Hafenstadt Mocha/Mokka ab, von wo der Export startete. Die Stadt hatte ihre Blütezeit im 16. Jahrhundert und genoss ihren Wohlstand aufgrund des Anbaus von Kaffeepflanzen.

Diese wuchsen im Hochland auf 1.000 bis 2.000 m Höhe. Sie waren streng abgeschottet und geschützt vor den Blicken der Handelsreisenden.

Um das Monopol zu schützen, wurden nur gekochte Bohnen exportiert.

Das Kaffeekränzchen

Schon vor Jahrhunderten wurde bei Wettbewerben dem Sieger ein Kranz aufs Haupt gesetzt. Im Folgejahr wurde dem neuen Sieger des Wettbewerbs der Kranz übergeben. Gleichzeitig war es die Aufgabe des Vorjahresgewinners, das nächste Fest zu organisieren.

Die Übergabe des Kranzes barg demnach eine gewisse wichtige Bedeutung. Die, die den Kranz jemals getragen haben, bildeten eine Gruppe. Vielleicht trafen sie sich auch hin und wieder zu einem geselligen Zusammensein.

Hieraus bildete sich in späteren Zeiten der Begriff ‚Kränzchen'. Ein Kränzchen war demnach ein Zusammenkommen Gleichgesinnter.

Noch später bildete sich das Wort Kaffeekränzchen. Damen der Gesellschaft trafen sich regelmäßig in geschlossener Runde. Geschlossen hieß, dass Fremde nicht zugelassen waren, es sei denn, sie waren gezielt eingeladen. Reihum trafen sich die Damen nach und nach bei jeder Beteiligten.

Heutzutage wird das Wort Kaffeekränzchen eher belächelt, hatte es früher doch einen viel bedeutenderen Stellenwert als heutzutage.

Die Praline

Zum Abschluss eines großartigen Menüs, mit dem Servieren des Kaffees, kredenzen renommierte Betriebe wie auch wohlwollende Gastgeber ihren Gästen ein Tellerchen oder Schälchen mit selbstgemachten Keksen oder feinen Pralinen.

Der Gast bedient sich dann selbst mit einem Gebäckstückchen oder einer der edlen Pralinen.

Die Aromen des Kaffees und der Praline ergänzen sich wunderbar.

Der Kaffee in der Thermoskanne?

Kaffee in Kannen, zum Beispiel zum Frühstück? Wenn die üblichen Picknick-Plastik-Kannen, die allein aus optischen Gründen nicht auf die Tafel gehören, vermieden werden, ist es heutzutage möglich, den Kaffee in einer Thermoskanne auf die Tafel zu stellen.

Dazu gibt es sehr schöne Kannen, zum Beispiel aus Silber oder versilbert oder auch aus Edelstahl, aber auch in sonst einem ansprechenden Design.

Den Kaffee zu servieren, so wie alle anderen Speisen und Getränke vorher auch, bleibt immer noch der beste Service. Auch ist es möglich, den Kaffee an einem Getränkebuffet in die Tassen zu gießen und dann von dort aus dem Gast zu servieren.

Schon ist zu ahnen, dass die Kaffeetassen unter Umständen kalt sind. Der noch so heiß eingeschenkte Kaffee wird schnell kalt. Weil der Genuss darunter erheblich leidet, empfiehlt es sich, die Tassen vorzuwärmen und dann erst einzudecken.

Ist die Tasse bereits eingedeckt, tritt der Servierende von hinten an den sitzenden Gast und nimmt die Kaffeetasse mit Untertasse von rechts aus dem Gedeck, schenkt Kaffee ein und stellt die volle Tasse vorsichtig an ihren Platz zurück.

Die Tasse (leer wie voll) steht rechts im Gedeck, ungefähr da, wo vorher das erste Glas zu stehen kam.

Zur Arbeitserleichterung kann bei größeren Gesellschaften der Kaffee bereits im Serviceoffice oder auf einem in der Nähe stehenden Getränkebuffet in die vorbereiteten Tassen eingeschenkt werden.

Ist der Kaffee serviert, bedient sich der Gast selbst mit Zucker, Milch und Sahne. Er stellt die Schalen oder Gießer wieder an die Stelle zurück, woher er sie nahm, beziehungsweise reicht sie seinem Nachbarn weiter.

Der Griff der eingedeckten Kaffeetasse zeigt nach rechts unten, sodass der Gast problemlos die Tasse greifen kann.

Der Kaffeelöffel liegt parallel zum Tassengriff.

Der Kaffee ist getrunken

Ist der Kaffee getrunken, bleibt die Tasse vorerst im Gedeck, sie wird also nicht abgeräumt. Es wird auch kein Kaffee nachgeschenkt – es bleibt bei einer Tasse.

Sollte sich die Gesellschaft noch erheblich längere Zeit an der Tafel aufhalten und weder Tisch noch Raum wechseln, kann das Kaffeegeschirr abgeräumt werden. In diesem Falle soll aber ein Glas für den Gast eingedeckt bleiben.

Es gilt als unhöflich, den Gast vor einem leeren Gedeck sitzen zu lassen. Dadurch entsteht der Eindruck, dass er ‚weggelobt' werden soll.

Andererseits kann der Gast erkennen, dass das Essen beendet ist, wenn das Kaffeegeschirr abgeräumt ist und kein anderes Getränk mehr angeboten wird.

Damit wird ihm angedeutet, dass sich die Gesellschaft jetzt auflöst und jeder nach Hause geht.

Die Reklamation

„Das schmeckt ja wie eingeschlafene Füße"

„Denn der Fehler liegt im Anfang, und der Anfang, heißt es, ist die Hälfte des Ganzen, sodass auch ein kleiner Fehler im Beginn entsprechend große Fehler im weiteren Verlauf zur Folge hat."

Aristoteles, gr. Philosoph
(384 - 322 v.Chr.)

Die Gäste sind wählerischer denn je

Immer wieder werden Studien zur Zufriedenheit von Gästen in der Gastronomie veröffentlicht.

So monieren viele Gäste die fehlende Aufmerksamkeit des Personals und viele empfinden das Personal als zu langsam. Oder schlimmer: Das Personal wird als unfreundlich angesehen.

Im Thekenbereich beschreiben viele Gäste die Bedienung als unsympathisch oder sogar als arrogant.

Der andere große Bereich bezieht sich auf die bemängelte Qualität der Speisen. Schließlich auf die Umgebung, wie Sauberkeit und Atmosphäre.

Vielleicht erzählen die Unzufriedenen in ihrem Bekanntenkreis auch über ihre Unzufriedenheit, sodass das negative Bild des Betriebs schnell ‚die Runde' machen kann. Ein guter Name ist genauso schnell ruiniert, einen guten Namen aufzubauen, braucht deutlich länger.

Arbeitgeber tun gut daran, wenn sie darauf achten, dass neben der fachlichen Leistung, der Qualität der Getränke und Speisen, auch die menschliche ‚Zutat' nicht zu kurz kommt.

Gäste, die sich wohlfühlen, lassen mehr Geld vor Ort, kommen gerne wieder und bringen gegebenenfalls andere Gäste mit, sodass sich der Umsatz weiter erhöhen kann.

Erstklassiger Service wird erwartet

Viele Gastronomen, Hotelbesitzer, Leitungen von Restaurants und andere Verantwortliche würden diesen Überlegungen bestimmt vorbehaltlos zustimmen.

Allerdings haben sich nach Überwindung der Corona-Pandemie (2020 bis Anfang 2023) viele Beschäftigte aus der Gastronomie und Hotellerie verabschiedet.

Lange Zeit durften sie aufgrund rechtlicher Vorgaben ihre Arbeit nicht ausführen, da viele Betriebe geschlossen werden mussten.

Nach der Wiederbelebung kehrten viele Mitarbeitende nicht zurück. Sie hatten eine andere Arbeit gefunden oder ihren Lebensstil verändert.

In der Gastronomie raufen sich seitdem die Arbeitgeber die Haare. Ihnen fehlen die Beschäftigten an allen Ecken und Enden. Oft bekommen sie nur wenig qualifiziertes Personal.

Manche Betriebe reduzieren ihre Öffnungszeiten oder schränken ihr Angebot ein. Andere greifen beim Personal auf diejenigen zurück, die überhaupt noch eingestellt werden wollen.

Bedauerlicherweise spiegelt sich das in vielen Fällen in schwächerem Service wieder. Reklamationen häufen sich.

Natürlich gab und gibt es immer Reklamationen, gerade dort, wo Menschen intensiv in den Dienstleistungsprozess eingebunden sind. Erfolgen diese aber aus den genannten Gründen, muss überlegt werden, wie wieder erstklassiger Service zu gewähren ist.

Gerechtfertigtes Reklamieren

Trotz aller Planung und Organisation, Vorauswahl und Überlegungen kann es vorkommen, dass es etwas zu beanstanden gibt. Dem Gast steht das Recht (und die moralische Pflicht) zur Reklamation zu.

Ein eingeladener Gast wird sich also an seinen Gastgeber wenden, wenn ein Grund zur (fachlichen) Beanstandung vorliegt. Dieser wird dann reklamieren.

Einige Gründe zur berechtigten Reklamation:

- zu laute Musik
- beschädigtes Geschirr
- Gang vergessen
- Salzstreuer leer
- Salzstreuer verstopft
- Serviette schmutzig
- Loch in Tischwäsche
- schmuddeliger Gesamteindruck
- unsauberes WC
- nasse Handtücher
- Handtuchrolle aufgebraucht
- langes Warten
- schlechter und/oder unfreundlicher Service
- Portionen zu klein
- zu enge Platzierung
- falsche Abrechnung
- Kaffee kalt
- Eisspeisen in warmen Schalen
- Glassplitter im Eis
- Milch sauer
- Sahne sauer
- Essensreste zwischen Zinken der Gabel
- Senftopf mit Rändern innen
- Bier nicht richtig gezapft
- Spuren vom Lippenstift der Vorgängerin auf dem Glas
- Fingerabdrücke auf Bestecken
- Wein zu kalt/warm

Es wird umgehend und ohne Zeitverlust reklamiert, um dem Betrieb beziehungsweise den Mitarbeitern die Möglichkeit zu geben, den Anlass zur Reklamation umgehend zu beheben.

Der Gastgeber trägt Sorge um das Wohl seiner Gäste und ist deshalb moralisch dazu verpflichtet, etwaige Schwierigkeiten aus dem Wege zu räumen.

Verhalten bei Reklamationen

Um keine unnötigen Aggressionen bei sich selbst oder dem Gegenüber zu erzeugen, gilt:

- Ruhig bleiben.
- Den Angestellten zu sich bitten.
- Mit ruhiger Stimme den Grund der Reklamation vorbringen.
- Den Angestellten ausreden lassen.

Schenkt der Angestellte kein Gehör oder kommt er mit solch lächerlichen Ausreden wie:

- „Das wird bei uns immer so zubereitet."
- „Da sind Sie aber nicht der Erste, der reklamiert."
- „Der Küchenchef hat Ausgang."
- „Da kann ich doch nichts dafür."

Dann verlangen Sie umgehend, den Vorgesetzten oder Geschäftsführer zu sprechen. Sollte dieser mit gleichen Antworten kommen, dann hilft nur noch, für alle Zukunft dieses Restaurant meiden.

Davon ausgehend, dass der Angestellte sich den Sachverhalt genau anhört, wird er sich bestimmt für den Fehler entschuldigen.

Dann wird er versuchen, Hilfe oder Ersatz zu besorgen. Sollte ihm das nicht möglich sein, muss er seinen Vorgesetzten einschalten, der sich dann der Angelegenheit anzunehmen hat.

Bedenken Sie bei Reklamationen immer, dass das Service-Personal, wie auch das Küchen-Personal, Menschen sind wie ‚Du und ich', und dass es deshalb zu Fehlern oder Missgeschicken kommen kann.

Es gibt folgende drei Möglichkeiten den Schaden zu beheben:

1. Ersatz

Es wird ein Ersatz angeboten.

Beispiel: Das Essen ist kalt oder es wurde ein anderes als das bestellte Essen serviert.

Vorgehen: Das Essen wird zurückgenommen und ein heißes beziehungsweise das richtige Essen gebracht.

2. Hilfe

Es wird Hilfe angeboten.

Beispiel: Die ‚berüchtigte' Sauce wird über den Anzug gegossen.

Vorgehen: Das Personal bringt eine Schüssel oder Schale mit lauwarmem Wasser und einem feuchten Tuch. Sie können sich dann selbst die Sauce vom Anzug wischen, vielleicht mithilfe des Personals.

3. Preisnachlass

Es wird ein Preisnachlass angeboten.

Beispiel: Das Dessert wurde auch nach einer Stunde Wartezeit nicht serviert.

Vorgehen: Da Sie einen Termin wahrnehmen müssen, können oder wollen Sie nicht länger warten. Das Dessert wird nicht berechnet, möglicherweise wird ein weiterer Preisnachlass eingeräumt (Speisen auf Rechnung des Hauses, oder Ähnliches).

In den meisten Fällen wird versucht, den Gast so zufriedenzustellen, dass er wiederkommt. Es bringt dem Betrieb nur Nachteile, wenn er den Gast missmutig abziehen lässt.

In dem Wort Reklamation steckt das Wort Reklame. Ein zufriedengestellter Gast wird sicherlich positive Reklame für den Betrieb machen.

Dem professionell arbeitenden Gastronomen ist in der Regel daran gelegen, seine Gäste zufriedenzustellen.

Oft stellt sein Beruf eine Art Berufung dar. Das ermöglicht ihm die innere Motivation, eine zufriedenstellende Lösung zu finden.

Ungerechtfertigte Reklamation

Einige Gäste scheuen sich nicht, ‚einfach so' zu reklamieren, indem sie sich zum Beispiel einen materiellen Vorteil erhoffen.

Sie reklamieren ungerechtfertigt oder behaupten Unrichtiges. Wird nicht auf ihre Wünsche eingegangen, kann die Reklamation schon mal in eine Drohung übergehen.

Beispielsweise wird angedeutet, im Netz eine schlechte Bewertung zu geben.

Liebe drohende Gäste, es ist nachvollziehbar, dass Erpressungen dieser oder vergleichbarer Art nicht ‚sauber' sind.

Leistung und Gegenleistung (hier in Form von Bezahlung) sind im Vorfeld bekannt. So sollten Sie auch von beiden Seiten akzeptiert und erbracht werden.

Schließlich ist ein nachvollziehbarer Aufwand betrieben worden, um die Leistung zu erbringen.

Gerechtfertigte Kritik und Reklamation ist natürlich in Ordnung, sich beschweren nur um einen Vorteil zu erzielen, entspricht nicht den korrekten Umgangsformen.

„Der Kunde ist König."

Der erfolgreiche US-amerikanische Kaufmann Harry Gordon Selfridge (1858 – 1947) eröffnete im Jahr 1909 das heute noch bekannte Kaufhaus Selfridges in London.

Er soll die Devise ausgegeben haben, den Kunden als König anzusehen.

Jeder seriöse Wunsch sollte ihm – soweit möglich – erfüllt werden. Er sollte als hochrangig betrachtet und entsprechend bedient werden. Die damalige Philosophie lässt sich auf die Gastronomie übertragen. Statt ‚Kunde' heißt es ‚Gast'.

Aber es lässt sich ein kleiner Satzteil anhängen:

„Der Gast ist König, sofern er sich wie ein solcher benimmt."

Damit soll ausgedrückt werden, dass das Personal nicht hörig ist, sondern dass ein gegenseitiger höflicher Umgang erwartet wird.

Bezahlung und Trinkgeld

Es wird zur Kasse gebeten

„Für ein paar Groschen kann man viel Freundlichkeit und guten Willen kaufen."
Johann Peter Hebel, dt. Dichter
(1760 - 1826)

Die Rechnung

Im Althochdeutschen gibt es ‚rehhanon', was so viel wie ‚Ordnung' bedeutet. Nach dem Verzehr soll wieder Ordnung zwischen Leistung und Gegenleistung hergestellt werden. Es erfolgt das Erstellen der Rechnung.

Das Zusammensein kann noch so schön gewesen sein, irgendwann kommt der Augenblick, da bezahlt werden muss.

Bei einer lange vorher geplanten Einladung beziehungsweise einem bestellten Essen, kann mit dem Gastronomen zuvor vereinbart werden, nach Zustellung der Rechnung zu zahlen.

Gerade bei umfangreicheren Anlässen ist dies üblich, da der Gastgeber unter Umständen nicht bis zum Ende des Festes selbst anwesend sein kann. Im Übrigen wird sofort nach dem Ende des Essens bezahlt.

Unausgesprochen gilt, dass der bezahlt, der bestellt. Im Allgemeinen wird es der Gastgeber sein. Hat der Gastgeber entschieden, das Essen zu beenden, gibt er dem Personal ein Zeichen und bittet um die Rechnung.

Unangebracht ist es, wenn sich die Gäste gegenseitig überbieten wollen, wer bezahlen darf. Das wurde eindeutig vor Beginn des Anlasses geklärt. Es bedarf somit keiner weiteren peinlichen Diskussion am Tisch.

Die Rechnung wird abseits des Gästetischs zusammengestellt. Die ordentlich erstellte Rechnung weist alle bestellten und servierten Speisen und Getränke auf, sowie etwaige Extras.

Die Endsumme ist eindeutig und mit Einzelposten ausgedruckt auf einem Rechnungsformular erkennbar.

Der Gastgeber achtet darauf, dass neben dem ausgedruckten Endbetrag keine weiteren Beträge mit der Hand angefügt wurden.

Die Rechnung wird dem Gastgeber verdeckt gereicht. Dazu gibt es mehrere Möglichkeiten:

- zusammengefaltet auf einem (Silber-)Tablettchen,
- zusammengefaltet auf einem Mittelteller,
- in einer kleinen Rechnungsmappe (Ledermappe).

Auf diese Weise können (und sollen) die anderen Gäste den Rechnungsbetrag nicht erkennen. Die so präsentierte Rechnung wird dem Gastgeber von rechts überreicht.

Das Personal zieht sich zurück, um dem Gastgeber Zeit zu lassen, sein gerade geführtes Gespräch zu unterbrechen und dann die Rechnung zu prüfen.

Währenddessen unterhalten sich die übrigen Gäste weiter und versuchen nicht die Höhe des Rechnungsbetrages herauszubekommen.

Der Gastgeber prüft die Rechnung

Nachdem der Gastgeber die Rechnung ,nebenbei' geprüft und für richtig befunden hat, legt er den Betrag (sofern nicht mit Karte bezahlt wird) in der gefalteten Rechnung auf das Tablett, den Teller oder in die Rechnungsmappe zurück.

Hat der Gastgeber den Betrag nicht passend bereit, legt er unbesorgt einen höheren Betrag in das Rechnungsblatt. Nach einer Weile nimmt der Service-Angestellte den Rechnungsteller mit dem Geld vom Tisch.

Im Office oder im Kassenbereich nimmt er das hineingelegte Geld aus der Rechnung, prüft den Betrag und legt das Rückgeld zwischen das Rechnungsblatt.

Zurück am Gästetisch setzt er den Rechnungsteller mit zusammengefalteter Rechnung und eingefügtem Rückgeld rechts vom Gastgeber ein und entfernt sich wieder vom Gästetisch. Der Gastgeber entnimmt das Rückgeld und die Rechnung.

Trinkgeld

Nach seinem Gutdünken lässt er auf dem Rechnungsteller das Trinkgeld liegen. Das Personal wird später den Rechnungsteller holen und sich für das Trinkgeld höflich bedanken.

Ursprünglich hieß es ,Trinckgeld', ,Trankgeld', oder ,Trunkgeld'. Damit sollte sich der Dienstleister einen ,Trunk' gönnen. Selbstverständlich war dieser auf das Wohl des Trinkgeldgebers zu ,trinken'.

Der Gastgeber kann bereits bei der Begleichung der Rechnung den um das Trinkgeld aufgerundeten Betrag auf den Rechnungsteller legen. Holt das Personal den Rechnungsteller, kann der Gastgeber:

- „Stimmt so!",
- „Ist gut so!"

oder ähnliches sagen. Gibt der Gastgeber dem Personal einen größeren Betrag als Rechnungssumme plus Trinkgeld kann er sagen:

- „Geben Sie mir bitte zwanzig Euro zurück."
- „Runden Sie bitte auf hundert (Euro) auf."

Weiter kann der Gastgeber eine Summe nennen, die das Trinkgeld beinhaltet:

- „Zweihundert!"

Damit weiß das Personal, dass es sich um den Endbetrag inklusive Trinkgeld handelt. Da der Gastgeber den Endbetrag der Rechnung nennt, erfahren allerdings auch die eingeladenen Gäste die Höhe des Rechnungsbetrags.

Muss überhaupt Trinkgeld gegeben werden?

Grundsätzlich bleibt es dem Gastgeber überlassen, Trinkgeld zu geben. Das Trinkgeld soll dem Personal zeigen, dass die Gäste mit der erbrachten Leistung zufrieden waren.

Dazu gehört die Qualität des Essens, die Qualität des Services, aber auch die Freundlichkeit des Personals. Wer also mit etwas nicht zufrieden war, sollte sich überlegen überhaupt Trinkgeld zu geben.

Abgesehen davon wäre vorab eine Reklamation zur Klärung möglich gewesen.

Andererseits wird Trinkgeld gerade dann erwartet, wenn nach Überzeugung des Personals, der Service gut und vielleicht sogar besonders schwierig war.

Soll dem Küchenpersonal Trinkgeld zukommen, sollte das in den meisten Häusern ausdrücklich gesagt werden, weil sonst das Trinkgeld in die Servicekasse fließt.

TOP HOTEL 9/2015 fragte: „Was macht guten Service aus?"

Die Antworten: 91 % Freundlichkeit – 79 % Aufmerksamkeit – 51 % kompetente Beratung – 46 % Schnelligkeit – 44 % Zurückhaltung. 91 % beziehen sich immerhin auf die Freundlichkeit!

Das zeigt sich auch im Trinkgeld. Nach TOP Hotel sieht es so aus:

- 72 % aller Deutschen geben 10 % Trinkgeld der Rechnungssumme.
- 52 % aller Deutschen geben nur manchmal Trinkgeld.
- 42 % aller Deutschen geben bei schlechtem Service keinen Cent Trinkgeld.

Wie viel Trinkgeld gilt als angemessen?

Als Faustregel gilt etwa 5 bis 10 % der Rechnungssumme als Trinkgeld. Je niedriger die Rechnungssumme, desto – prozentual – höher das Trinkgeld.

- Krumme Beträge werden nach oben aufgerundet.
- Es wird nicht extrem viel Trinkgeld gegeben: 50 € Trinkgeld bei einem Rechnungsbetrag von 200 € ist nicht unbedingt angebracht.

Das Personal würde sich ganz sicher freuen, andererseits aber über den Gast lächeln, weil er so mit dem Geld ‚rumwirft'. In der französischen Sprache heißt Trinkgeld ‚pourboire', etwa ‚um zu trinken'. Bei übertriebenen Trinkgeld wäre viel zu konsumieren.

Ebenso in Frankreich ist ein ‚Pot de vin' ein Krug Wein. Der Begriff steht für übermäßig gegebenes Trinkgeld. Tatsächlich hat es in der französischen Sprache sogar die Bedeutung für Schmiergeld oder Bestechungsgeld, und ist gegebenenfalls gerade noch als Trinkgeld zu bezeichnen.

Soll das Personal bestochen werden?

Übrigens: In Japan, Singapur, Südkorea, in Schweden, Finnland, Dänemark, wird kein Trinkgeld erwartet. Gegebenenfalls gilt Trinkgeld sogar als beleidigend.

Das Tronc-System

Das Trinkgeld wird jenem Personal gegeben, das kassiert. In vielen Ferien- und Kur-Hotelrestaurants gibt es ein sogenanntes Tronc-System, in das alle Trinkgelder fließen. Aus diesem Tronc wird in zeitlichen Abständen das Trinkgeld nach Punkten verteilt.

Durch dieses System bekommt auch der einen Teil des Trinkgelds, der nicht unmittelbar mit den Gästen in Berührung kam.

Über richtig eingesetztes Trinkgeld freuen sich Personal und Gast.

Das Aufheben der Tafel

Irgendwann ist Schluss ...

„Was das Gesetz nicht verbietet, verbietet der Anstand."
Lucius Annaeus Seneca, röm. Politiker, Rhetor, Philosoph
(ca. 4 v. Chr - 65 n. Chr)

... und jetzt ist irgendwann – Das Beenden des Anlasses

Früher, in den mittelalterlichen Rittersälen, wurden Tafeln auf Gestelle gelegt, um sie für die zu Verköstigten flink aufzubauen. Die Tafel (lat. ‚tabula') war schnell angerichtet. Nach dem Essen wurden die Platten weggetragen. Die Tafeln wurden ‚aufgehoben'.

Bei festlichen Angelegenheiten konnten vorbereitete Tafeln gegen die benutzten nach jedem Gang ausgetauscht werden.

Bei den Germanen, also deutlich vor den Rittern, wurden Platten/Tafeln direkt mit Speisen auf die Gestelle gegeben. Somit konnten die Hungrigen direkt loslegen.

Die Tafel wird aufgehoben

Nachdem der Digestif serviert wurde, hat der Gastgeber die Möglichkeit, die Tafel aufzuheben. Zuvor sei noch bemerkt, dass der Digestif auch in einem anderen Raum eingenommen werden kann, was bedeuten würde, dass sich noch ein längerer gesellschaftlicher oder gemütlicher Teil anschließt.

Wird der Digestif an der Tafel eingenommen, kann davon ausgegangen werden, dass das Mahl beendet ist. Der Gast versteht, dass es Zeit ist aufzubrechen.

Um keine peinlichen Situationen entstehen zu lassen, wird der Gastgeber schon in der Einladung genau das Ende festgelegt haben, indem er einen Zeitraum (zum Beispiel von ... bis ...) angegeben hat.

Er kann auch nur zu einem Mittagessen oder zu einem Geschäftsessen eingeladen haben, nach dessen Ende die Gäste sich wieder trennen.

Bittet der Gastgeber die Gäste woanders hin, zu einer gemütlichen Sitzecke, in den Rauchersalon oder in ein Spielzimmer, dann sollte der Gast von sich aus den Besuch beenden. Sicherlich wird der Gastgeber noch zum Verbleiben bitten, was der Gast selbstverständlich höflich ablehnt.

Nur wenn absolut eindeutig und klar ist, dass die Anwesenheit des Gastes noch länger erwünscht ist, kann der Gast bleiben. Ein guter Gast drängt sich dem Gastgeber nicht auf und zieht den Zeitpunkt des Abschieds nicht hinaus. Er fühlt, dass es Zeit ist Adieu zu sagen.

Nicht umsonst gilt auch heute noch der Spruch: „Wenn es am schönsten ist, ist es Zeit zu gehen."

Wer sich daran hält, wird immer wieder als gern gesehener Gast eingeladen.

Doch noch etwas bleiben?

Will der Gastgeber, dass noch nicht auseinandergegangen wird, kann er seine Gäste auffordern, die Tafel zu verlassen und, je nach räumlicher Gegebenheit, sich in einen anderen Raum zu begeben.

Mit etwas erhobener Stimme fordert er seine Gäste auf mit ihm zu kommen:

- „Begeben wir uns ins Nachbarzimmer!"
- „Lassen Sie uns in das Nachbarzimmer gehen!"
- „Darf ich Sie in die Sitzecke bitten?"

Die Gäste werden dieser Aufforderung nachkommen.

Give Away

Kleine Aufmerksamkeiten, Give Aways, die an der Tafel im Gedeck lagen, sind dem Gast als Souvenir zugedacht. Sie werden an die neuen Plätze mitgenommen.

Give Aways sollen zur Erinnerung dienen. Es wäre daher unhöflich, diese am Tisch liegenzulassen.

Verlassen des Restaurants

Der Gastgeber steht zuerst auf. Er gibt das Zeichen zum Aufstehen, indem er sich erhebt und seiner Tischnachbarin beim Aufstehen behilflich ist. Die anderen Gäste tun jetzt das gleiche.

Das Verlassen des Restaurants erfolgt, wie beim Kommen – möglichst ohne andere Gäste zu stören.

Bitte bedenken Sie, dass nach einem gemütlichen Zusammensein, nach etwaigem Alkoholgenuss und in gehobener Stimmung, die Umgangsformen etwas leicht vom Standard abweichen können.

Teil IV
Umgang mit schwierig zu essenden Speisen, exotischen Früchten und Sushi

Kapitel 8 – Leckeres, Ungewohntes, schwierig zu Essendes

Essen mit Händen und Besteckteilen

Schwierig zu essende Speisen

„Ein eitles Lehrbuch träumt, wie eine Speisekarte studiert zu werden."
Manfred Hinrich, dt. Journalist
(1926 - 2015)

Füße waschen und auf dem Boden sitzen

Sklaven der Gäste pflegten den eingeladenen Römern vor Beginn der Mahlzeit die Fußbekleidung auszuziehen und während des Essens aufzubewahren.

Die Sklaven des Gastgebers übernahmen die Aufgabe, die Füße der Gäste zu waschen.

In der katholischen Religion ist das Waschen der Füße auch heutzutage bekannt. Der Vorgang soll zeigen, dass das Ausüben eines kirchlichen Amts mit Dienen zu tun hat. So scheut sich selbst der Papst nicht, an Gründonnerstag Ausgesuchten die Füße zu reinigen (und danach zu küssen, was von den römischen Sklaven nicht überliefert ist).

Das kirchliche Ritual soll weiterhin daran erinnern, wie Jesus am Abend vor seinem Tod am Kreuz seinen Jüngern die Füße gewaschen hat.

Fingerwaschen bei den alten Römern

Die gut gelaunten Gäste trafen ein. Sie wurden herzlich begrüßt. Römische Sklaven hielten Schälchen mit kaltem oder warmem Wasser bereit, damit sich die Gäste nach jedem Gang die Finger reinigen konnten.

Und wer es sich leisten konnte, reichte seinen Gästen <u>vor</u> Beginn des Mahls eine Schale mit schneegekühltem Wasser!

Auf Liegen liegen

Dann wurde es sich zum Essen auf den gepolsterten Liegen bequem gemacht. Es wurde sich auf dem linken Arm abgestützt, sodass die rechte Hand für die Speisen frei blieb. Zu den Speisen wurde verdünnter Wein serviert.

Auf dem Boden sitzen

In vielen afrikanischen und asiatischen Ländern sitzen die Menschen während der Mahlzeiten auf dem Boden.

Häufig wird kein Besteck verwendet, da die Speisen zu kleinen Kugeln geformt und anschließend zum Mund geführt werden.

Im Stehen

Im Gegensatz zum Slow Food (bewusstes und genussvolle Speisen überwiegend im Sitzen) bietet Fast Food das zeitsparende Essen im Stehen oder Gehen an.

Es wird sozusagen – wie es früher hieß – Essen ‚auf die Hand' bevorzugt.

Am Tisch sitzen

Auch wenn die Vorfahren der in hiesiger Kultur Lebenden zu Zeiten der Neandertaler bei den Mahlzeiten auf dem Boden rund ums Feuer saßen, bevorzugten die Nachfahren das Sitzen bei Tisch.

Daraus entwickelten sich viele Regeln im Sinn der Umgangsformen. Das vorliegende Buch zeugt davon.

Vieles wurde von früher – und wie sollte es anderes sein – von den ‚alten' Römern übernommen. Gastfreundschaft wurde bei ihnen großgeschrieben.

Die Aufgaben der Bestecke

Das Sitzen bei Tisch ermöglicht die Speiseneinnahme mit Besteckteilen und beiden Händen.

Aber so leicht ist es auch nicht immer.

„Oh Schreck, da liegt sie – die Forelle. Wie muss sie nun filetiert werden? Und dann die exotischen Früchte! Kaum eine, die der Gast je gesehen hat. Woher soll er wissen, wie sie zu ‚bearbeiten' sind?" Der Gast ist unsicher, wie er sich verhalten soll.

Auf den folgenden Seiten wird über schwierig zu bearbeitende Speisen geschrieben. Die Aufzählung kann natürlich nicht vollständig sein, sondern gibt einen Einblick in das zurzeit mögliche Angebot in der Gastronomie.

Viele der angegebenen Speisen sind in einer Menüfolge so zubereitet, dass sie ohne Problem mit dem üblichen Besteck, also Messer, Gabel oder Löffel, verzehrt werden können. Ist das nicht der Fall, gilt das notwendige Besteck als Spezialgedeck.

Sollten Sie einmal nicht wissen, was Ihnen vorgesetzt wurde oder wie die Speise verzehrt wird, zögern Sie nicht, den Gastgeber oder das Servicepersonal im Restaurant um Hilfestellung zu bitten.

Es wäre schade, wenn Sie etwas liegen ließen, nur, weil Sie nicht wissen, wie Sie es fachgerecht zu sich nehmen sollen. Trotz allem wird zu bestimmten Anlässen Ausgefallenes beziehungsweise Exotisches serviert. Der Gast soll sich nicht gehemmt fühlen, (auch) fremdartige Gaumenfreuden genießen zu dürfen und zu können.

Einige der folgenden Speisen lassen sich direkt mit den Fingern bearbeiten. In der Regel wird dann eine Fingerschale gereicht. Dies ist eine kleine Glas-, Porzellan- oder Metallschale, die mit Wasser zu höchstens zwei Drittel gefüllt wird. Sie steht auf einem Mittelteller links oben in Ihrem Gedeck.

Den Löffel abgeben

Früher war der Reisende mit seinem Hirschfänger (Jagdmesser), gegebenenfalls mit einem Löffel unterwegs. Die Raststätten boten dem Gast kein Besteck. In diesem Zusammenhang ist die Formulierung ‚den Löffel abgeben' bemerkenswert.

Zu diesem Spruch gibt es mindestens drei Deutungen. Die erste: Als Statussymbol trug die Hausherrin die Kochkelle am Gürtel. Dieser wurde nach ihrem Tod ihrer Nachfolgerin übergeben.

Die zweite: Ein Mönch des Zisterzienserordens trug sein Besteck (den Löffel) an einer Kordel angebunden an seiner Kutte mit sich. Verstarb er, wurde ihm der Löffel abgenommen.

Die dritte: Im Schwarzwald galt früher ein Löffel als persönlicher Besitz. Knechten wurde zu Beginn der Arbeit ein Löffel gegeben, den sie abgeben mussten, wenn sie weiterzogen oder wenn sie starben.

Der Löffel des Familienmitgliedes wurde allerdings nicht weitergegeben, sondern nach dem Tod des Besitzers an die Wand des Bauernhauses genagelt. Kinder erhielten bereits einen hölzernen Löffel, den sie mit einer Kordel um ihren Hals trugen.

Die erste Mahlzeit am Tage

Beim Frühstück

> *„Das weiß ein jeder, wer's auch sei, gesund und stärkend ist das Ei."*
> *Heinrich Christian Wilhelm Busch (Der Geburtstag), dt. humorist. Schriftsteller*
> *(1832 - 1908)*

Die wichtigste Mahlzeit am Tage

Für viele gehört das Frühstück zur wichtigsten Mahlzeit am Tage. Eine gut arrangierte Frühstückstafel sorgt für gute Laune und damit für gute Stimmung für den Tag.

In den meisten Hotels finden Sie auf dem Frühstückstisch die eingedeckten Besteckteile: Messer, Gabel, Löffel.

Obwohl Brötchen nach wie vor ‚gebrochen' werden und ohne Besteckteile zum Mund geführt werden dürfen, zeigt die Realität, dass viele Gäste lieber Besteckteile für den Verzehr der angebotenen Speisen verwenden.

Morgenbrot

„Frühstücken wie ein Kaiser, Mittagessen wie ein Edelmann, Abendessen wie ein Bettelmann." So soll die Ernährung für den Menschen bekömmlichsten sein.

Manch einer beschränkt sein Frühstück auf eine Tasse Kaffee und einen Toast auf die Hand. Und dieses spartanische Frühstück wird sozusagen auf dem Weg zur Arbeit aus dem Haus verzehrt.

Andere zelebrieren fast die erste Mahlzeit am Tag. In manchen Hotels wird ein Frühstück zu einem Preis angeboten, der manche Hauptgerichte auf der Speisekarte toppt.

Ursprünglich bedeutet das Wort Frühstück ‚ein Stück (vom) Brot zu essen'. Im Mittelhochdeutschen war das Frühstück das ‚morgenbrot'. Im Gegensatz zum ‚Abendbrot', das heute in einigen Gegenden noch so bezeichnet wird.

Die Hauptmahlzeit war das warme Mittagessen.

Das Frühstücks-Ei

Das (weich-)gekochte Frühstücksei wird mit der spitzen Seite nach oben in den Eierbecher gesetzt. Halten Sie den Eierbecher (und gegebenenfalls das Ei) mit der linken Hand. Mit der rechten Hand mit dem Messerrücken den oberen Teil des Eis köpfen. Den geköpften Teil mit der linken Hand abnehmen.

Je nach Geschmack etwas Salz aufstreuen und das Ei mit dem rechts geführten Eierlöffel auslöffeln.

Omelette vom Straußenei

Ein Straußenei wiegt zwischen 1,3 und 1,8 kg (ein Hühnerei wiegt ca.60 Gramm). Es entspricht einer Menge von 25 Hühnereiern. Die Schale ist 15 bis 20 mm dick und kann einen ausgewachsenen Menschen tragen.

Die Zubereitung eines Straußeneis ergibt ein riesiges Omelette, wozu üblicherweise ‚nur' zwei bis vier Hühnereier für eine Portion verwendet werden.

Vorspeisen, Suppen und Alltägliches

„Lasst uns beginnen"

„Es gibt Leute, die nur aus dem Grunde in jeder Suppe ein Haar finden,
weil sie, wenn sie davor sitzen,
so lange mit dem Kopf schütteln, bis eins hineinfällt."
Christian Friedrich Hebbel, dt. Dramatiker
(1813 - 1863)

Kaviar

Es kommt sicherlich nicht jeden Tag vor, dass der Durchschnittsmensch echten Kaviar genießt. Das ist allein schon eine Kostenfrage.

Vor etwas mehr als 100 Jahren (schließlich 1925 auf der Weltausstellung in Paris) wurde der Kaviar, von Russland aus, der Pariser Gesellschaft präsentiert. Inzwischen hat er die Welt der Schönen und Reichen erobert.

Kaviar bezeichnet den gereinigten und gesalzenen Rogen verschiedener Stör-Arten, vorzugsweise aus dem Kaspischen Meer. Bekannt sind:

Name	Eier (pro Gramm)	Farbe
Beluga	30	hellgrau bis anthrazit
Ossietra	50	silbergrau bis goldbraun
Sewruga	70	dunkelgrau bis schwarz

Malossol ist ein schwach gesalzener, sehr exklusiver Kaviar. Falls Sie sich für Kaviar entscheiden, wird dieser in Kaviar-Schälchen auf gestoßenem Eis serviert.

Nehmen Sie sich – oder lassen Sie sich servieren – mit dem Kaviarlöffel den Kaviar auf Ihren Teller oder direkt auf ein Toastbrot oder auf ein Schwarzbrot.

Dabei halten Sie die Brotscheibe mit der linken Hand. Schließlich beißen Sie beherzt zu.

Mit einer Gabel behelfen Sie sich, wenn Kaviar mit Pellkartoffeln serviert wird.

Ganz klassisch wird Kaviar auf Blinis serviert. Das sind kleine Pfannkuchen aus Buchweizenmehl. Hier benutzen Sie Messer und Gabel, wie auch bei Kaviar auf Reibekuchen mit Sauerrahm.

Kaviar kann auch mit gehacktem Ei (Eigelb und Eiweiß getrennt), Zwiebeln, Zitronen, Toast und Butter serviert werden. Kenner genießen Kaviar oft ‚pur', um den Eigengeschmack dieser köstlichen Speise nicht zu beeinflussen.

Sollten Sie im Restaurant Kaviar in der Dose auf Eis präsentiert bekommen, überlegen Sie gut, ob Sie die Dose wirklich leer essen wollen – denn üblicherweise wird nach Gewicht abgerechnet, sodass je nach Größe der Kaviardose ganz schnell einige hundert beziehungsweise tausend Euro zusammenkommen.

Spaghetto und Spaghetti

Eines der beliebtesten Essen der Deutschen sind Spaghetti. Richten Sie die Aufmerksamkeit deswegen auf diese Speise.

In hiesiger Kultur werden Gerichte aus Teigwaren, so auch Spaghetti, häufig als Hauptspeise gewählt. Tatsächlich handelt es sich hier um eine klassische (italienische) Vorspeise.

Auch wenn Gabel und Löffel – korrekterweise – eingedeckt sind, werden Spaghetti nur mithilfe der Gabel zum Mund geführt. Die Gabel wird hierzu mit der rechten Hand geführt.

Mit den Zinken der Gabel möglichst nur einen Spaghetto (Spaghetti ist bereits die Pluralform. Eine Einzelne heißt Spaghetto ... und ist männlich.) erwischen und aufdrehen. Haben Sie gleich vier oder fünf zwischen den Zinken, wird der Ballen auf der Gabel zu unhandlich und dick.

Die Zinken gegen den Tellerrand innen halten. Sehen Sie den Teller als Zifferblatt einer Uhr an und halten die Gabelzinken auf neun Uhr. Dann drehen Sie die Gabel so, dass Sie die Spaghetti aufwickeln können.

Zwischendurch immer wieder die Gabel etwas anheben, damit die Teigwaren nach hinten gleiten und nicht vorn von den Zinken abrutschen. Sollten die Spaghetti sich bis über den Besteckgriff wickeln, muss von vorn begonnen werden.

Da sich beim Drehen noch ein zweiter oder dritter Spaghetto dazugesellt, erhalten Sie die ‚mundgerechte‘ Menge auf der Gabel.

Spaghetti werden in einer Art Suppenteller serviert, damit die Nudeln leichter am Tellerrand aufzuwickeln sind. Der Suppenlöffel, der mit der linken Hand geführt wird, könnte ‚zur Not‘ den Tellerrand ersetzen. Dann werden die Spaghetti im Löffel aufgedreht.

Natürlich wird der Spaghetto nicht vom Teller in den Mund geschlürft. Auch gilt es als nicht formvollendet, Spaghetti, womöglich heimlich, mit der Gabel in kleine, handliche Stücke zu teilen.

Pizza aus Neapel

Die Pizza Marinara (Zutaten: Tomatensauce, Olivenöl, Oregano, Knoblauch), eine der bekanntesten neapolitanischen Pizzen, stammt aus dem 18. Jahrhundert und galt als ‚Arme Leute Essen‘. Ihren Namen erhielt sie, weil sie vorwiegend von Fischern und Seeleuten gegessen wurde. Sie gilt als Urform der Pizzen.

Pizza Margherita

Der neapolitanische Pizzabäcker Pizzaiuolo Raffaele Esposito († 1923) sollte 1889 zu Ehren der beliebten Königin Margherita von Savoyen (die Ehefrau des Königs Umberto I.) eine Pizza backen. Der Pizzabäcker verwendete Basilikum, Mozzarella und Tomaten, um die Nationalfarben rot-weiß-grün zu erhalten. Er benannte diese Pizza nach der Königin, eben Margherita.

Der Pizzaofen steht heute im Nationalmuseum Capodimonte in Neapel.

Die Pizza wird tortenähnlich in sechs Stücke geschnitten und dann mit den Händen zum Mund geführt – die Spitze voran. Ansonsten, wer es etwas konventioneller oder ‚bei Tisch‘ wünscht, natürlich mit Messer und Gabel.

Das Geheimnis der Trüffel

Spezielle Trüffelschweine und Trüffelhunde erschnüffeln wildwachsende Trüffel (tartufo, tartufi), die pro Kilo – je nach Qualität – mehr als 1.000 Euro bringen können.

Zurzeit lässt sich die weiße Trüffel (tuber magnatum pico) noch nicht züchten, sodass sie die Preisliste anführt. Bekannt sind zum Beispiel die Piemonteser Trüffel.

Übrigens: Es gibt auch eine Wüstentrüffel, die in trockenen Gegenden gefunden wird. Zum Beispiel im Irak, in Syrien und in Saudi-Arabien.

Lagerung

Frische weiße Trüffel lassen sich nach dem Fund nur maximal 7 Tage lagern, schwarze Trüffeln ca. 10 Tage. Die weiße Trüffel wird gut abgebürstet, aber nicht geschält, aufbewahrt.

Schwarze (Winter-) Trüffel, speziell Dezember bis Februar, sind robuster als die weißen.

Die Wintertrüffel werden vor Gebrauch geschält. Trüffel haben wenig Eigengeschmack, verstärken allerdings den Geschmack der Speise, der sie beigegeben werden.

Bei Bestellung entsprechender Speise wird der Ober die Trüffel, beziehungsweise einen Teil der Trüffel, mit einem Trüffelhobel auf Ihre Speise hobeln.

Was bedeutet schon teuer ...

Weißer Trüffel, 750 gr., in Italien, 100.000 Euro, ersteigert am 08.11.2009.

1,5 kg Weißer Trüffel für 223.000 Euro, 2007 in der Toskana ersteigert.

750 Gramm Trüffel wurden am 12.11.2007 für 143.000 Euro versteigert.

(Quelle oben und Mitte: google.de, unten: ShortNews.de).

Suppe mit Blätterteighaube

Eine klassische Suppe wird mithilfe des Suppenlöffels verzehrt, der mit der rechten Hand geführt wird. Dabei wird die Spitze des Löffels in den Mund geschoben. Und nicht von der Seite geschlürft!

Die mit einer heißen, gewölbten Blätterteighaube versehene Suppe muss allerdings vorher von dieser befreit werden. Nehmen Sie dazu Ihr Brotmesser oder den Suppenlöffel und schneiden beziehungsweise heben die Haube ab.

Schauen Sie von oben auf die Suppentasse und sehen Sie sie wie das Zifferblatt einer Uhr. Stechen Sie vorsichtig bei etwa zehn Uhr ein und lösen die Haube im Uhrzeigersinn schneidend bis etwa acht Uhr.

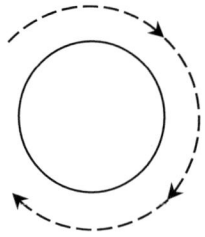

Da die Blätterteighaube aus mehreren Teigschichten besteht, halten Sie das Messer nicht genau waagrecht. Sie könnten sonst zwischen einzelne Schichten gelangen, sodass nach dem Aufschneiden einige Lagen auf der Suppe schwimmen, was nicht sein soll.

Demnach das Messer leicht nach unten haltend führen.

Während Sie die Haube aufschneiden, halten Sie mit der linken Hand am linken Griff der Suppentasse gegen. Bedenken Sie aber, dass die Tasse im Ofen stand und glühend heiß sein kann. Also: Vorsicht.

Nach Öffnen der Haube, klappen Sie sie mithilfe Ihres Bestecks nach links weg – und zwar in die Finger Ihrer linken Hand. Dort können Sie die Haube wie ein Sandwich einmal zusammenklappen. Von der Haube können Sie, während Sie die Suppe essen, nach und nach abbeißen.

Aus der Suppentasse darf üblicherweise der Rest, den Sie mit dem Suppenlöffel nicht mehr erreichen können, getrunken werden. Dazu ergreifen Sie die beiden Suppentassengriffe und trinken den Rest der Suppe aus.

Anders bei der Blätterteighaube-Suppe: Da durch die abgeschnittene Blätterteighaube ein Rand an der Tasse übrigbleibt, wird in diesem Fall die Suppe nicht ausgetrunken.

Ein in einem Suppenteller verbliebener Suppenrest wird ausgelöffelt, indem Sie den Suppenteller leicht nach hinten kippen.

Bouillabaisse

Hedda Adlon (Hedwig Bulger, 1889 – 1967), verheiratet mit Ludwig Anton Adlon (1874 – 1945), dem Inhaber des Berliner Hotels Adlon, verfasste das Buch ‚Hotel Adlon'.

Darin verrät sie eine Geschichte zwischen dem speisenden Kaiser Wilhelm II. (1859 – 1941) und dem Küchenchef Georges Auguste Escoffier (1846 – 1935).

Der Kaiser genoss eine Bouillabaisse. Er wollte vom Koch das Geheimnis seiner exklusiven Fischsuppe wissen.

Escoffier flüsterte ihm zu, ein ‚kleiner Teelöffel von Absinth' gehöre dazu. Der Kaiser war verblüfft. Escoffier wies den Kaiser darauf hin, dass nun nur sie beide das Geheimnis seiner Fischsuppe kennten.

„Es ist das entscheidende Geheimnis. Jetzt sind Euer Majestät der einzige Mensch, der es außer mir und Herrn Adlon kennt …" (Quelle ‚Hotel Adlon' von Hedda Adlon).

Eine Bouillabaisse ist die klassische südfranzösische Fischsuppe. Diese wird aber nicht als Suppe, – also vor einer Hauptspeise – sondern eher selbst als Hauptgericht serviert.

Die Bouillabaisse ist eine Suppe, in der ganze Fische (mit Kopf und Schwanz) schwimmen können, neben Gemüse, Knoblauch, Pfefferkörnern, Nelken, Zwiebeln, eventuell etwas Safran.

Des Weiteren finden Sie in dieser Suppe Muscheln und je nach Zubereitung auch andere Meerestiere. Zur Bouillabaisse wird Weißbrot gereicht. Serviert wird diese Suppe in einer tiefen Suppenschüssel.

Geburtsort der klassischen trüben Bouillabaisse soll die südfranzösischen Stadt Marseille sein. Erstmals wird sie erwähnt in einem Buch von Jourdan Lecointe im Jahr 1790.

Als Bestecke stehen ein Suppenlöffel, eine Fischgabel und ein Fischmesser zur Verfügung. Mit dem Fischbesteck können größere Fischteile zerkleinert werden. Den Löffel benutzen Sie zum Auslöffeln der Suppe.

Die Muscheln fischen Sie mit dem Löffel aus dem Teller und essen sie dann mithilfe der Finger. Sie können aber auch eine leere Muschelschale als Zange benutzen, um das Muschelfleisch auszulösen.

Hering – der jungfräuliche Matjes

Die ersten Heringe sind frisch vom Fang eingetroffen! Es ist der in den Niederlanden gefeierte Vlaggetjesdaag (Fähnchentag). Die jungfräulichen, milden Heringe werden als Matjes bezeichnet.

Wie wird der Hering verspeist? Fassen Sie einen ganzen, entgräteten, gehäuteten und kopflosen Matjes an der Schwanzflosse und heben ihn an.

Legen Sie Ihren Kopf in den Nacken und lassen den Hering in den Mund gleiten.

Einen „Hering happen", wie die Niederländer sagen. Ein Genever (Wacholderschnaps) rundet diese Aktion ab.

Die bayerische Weißwurst

Wurst konnte früher nicht gekühlt werden. Deshalb wurde die Weißwurst vor dem Mittagessen – genauer gesagt vor 12:00 Uhr – verzehrt.

Die warm servierte Wurst wird mit der rechten Hand am unteren Teil gegriffen. Dann wird oben durch die Haut in die Wurst gebissen, um diese zu öffnen/lösen.

Sodann wird die Wurst nach und nach aus der Pelle gesaugt (gezuzelt). Die linke Hand darf als Stütze und Verstärkung eingesetzt werden.

Die Wurst darf bei diesem Vorgang nicht zerquetscht werden.

Wer das Zuzeln nicht mag, schneidet die Haut der Wurst der Länge nach auf. Die beiden Wursthälften werden dann aus der Haut ‚gedreht'.

Halve Hahn

In Köln werden Touristen gerne mit einem ‚halven Hahn' konfrontiert. Viele gehen von einem halben (gegrillten) Hähnchen aus.

Tatsächlich handelt es sich um ein halbiertes, mit Butter bestrichenes Roggenbrötchen, belegt mit einer dicken Scheibe mittelalten Goudakäse, gegebenenfalls mit Paprikapulver bestreut. Dazu gibt es eine saure Gurke und etwas Senf.

Ein Zeitungsartikel von 1913 berichtet von einem Wilhelm Vierkötter, der dieses Gericht erfunden habe. Es wurde 1877 anlässlich einer Feier serviert.

Eine andere Geschichte erzählt, dass einem Gast in einem Brauhaus ein ganzes Roggenbrötchen zu seinem Käse serviert wurde. In kölnischen Dialekt soll er gesagt haben: „Ääver ich will doch nur ne halve han" („Aber ich möchte doch nur ein halbes haben"), woraufhin der Name ‚Halve Hahn' erfunden war.

Weck, Worscht un Woi

Weck, Worscht un Woi (Paarweck/Doppel-Roggenbrötchen, Fleischwurst, Wein) werden zur Weinlese verzehrt, als kleines Gericht ‚einfach so', wobei die Wurst kalt oder warm serviert werden kann, oder wann immer Appetit auf eine einfach zubereitete rustikale Speisekombination entsteht.

Ein Messer braucht es nur zum Öffnen der Wurstpelle. Ansonsten genügen die Finger.

Im Mainzer Rosenmonatszug werden die drei Lebensmittel als Insignien an einer Stange hier und dort zwischen den einzelnen Zugnummern getragen. Die Wurst als Ring, der Wein als Flasche.

Auf dem Stehempfang

„Bitte bedienen Sie sich"

„Es ist schlimm, wenn man alt wird", das Alter spricht,
„aber schlimmer ist es, man wird es nicht!"
Heinz Erhardt, dt. Filmschauspieler und Humorist
(1909 - 1979)

Fingerfood

Fingerfood steht für kleine Speiseportionen, die ohne Besteck verzehrt werden können. Klassischerweise werden zum Beispiel Sushis, Wraps, Tapas und Vergleichbares als Fingerfood bezeichnet.

Der Vorteil liegt sozusagen auf der Hand: Sie benötigen kein Besteck. Die Gäste haben die Hände frei und können im Stehen die Speise verzehren. Außerdem sind das Fingerfood so handlich, dass nach wenigen Bissen die Hände wieder frei sind.

Tatsächlich steht der Kreativität des Gastgebers kaum etwas im Wege. Alles, was sich handlich anbieten lässt, ist grundsätzlich geeignet. Nicht nur Gebratenes oder Gegrilltes, sondern auch Gemüse- oder Obstschnitten sind passend. Kleine Spießchen, Mini-Baguettes und Mini-Pizzas finden hier ihren Einsatz.

Der Gastgeber vergisst nicht, genügend (Zellstoff-)Servietten auszulegen, damit die Gäste sich die Finger reinigen können.

Immer häufiger ist zu sehen, dass die Speisen direkt auf einem speziellen Löffel, dem Gourmet-Löffel, angerichtet sind. Der Gast nimmt mit dem Löffel die Speise auf und legt den gebrauchten Löffel wieder ab.

Street Food

Verwechseln Sie Fingerfood nicht mit Street Food. Letztgenanntes wurde angeblich in Singapur erfunden. Hierbei handelt es sich um direkt genussfertige Speisen (und Getränke), die auswärts während des Gehens verzehrt werden.

In Südamerika, Afrika und vor allem in Asien wird Street Food auf kleinen Verkaufswagen zubereitet und zum Kauf angeboten.

Street Food steht für schnelles und unkompliziertes Essen.

Take out

Obwohl der Begriff und das darunter verstandene Vorgehen nicht unbedingt auf eine zusammenführende Veranstaltung hinweist, soll er hier erwähnt werden.

Take out heißt in diesem Zusammenhang die Mitnahme von Speisen und Getränken zum Verzehr außer Haus.

Bekannt dürften auch Getränke sein, die ‚to go' (Kaffee zum Mitnehmen) angeboten werden.

Kanapees (Canapés)

Kanapees sind belegte Brotscheiben, bei denen der Belag (im Gegensatz zum Sandwich) nicht übersteht. Kanapees werden ohne Besteck gegessen. Nehmen Sie ein Kanapee mit der Hand und führen es zum Mund.

Schneiden Sie von frischen Weißbrotscheiben die Rinde rundum ab. Rösten oder toasten Sie das Weißbrot. Danach geben Sie sparsam Butter auf das Brot. Belegen Sie das Brot nach Ihren Vorstellungen. Der Belag soll an den Seiten des Brotes nicht überhängen.

Schneiden Sie das belegte Brot in entsprechende Formen. Zum Beispiel rund, quadratisch, dreieckig oder in anderer eckiger Form.

Das Brot kann auch mit Formen (Plätzchenformen) ausgestochen werden, sodass sich originelle Figuren ergeben (Herzform, Tannenbaum und andere).

Ein Kanapee sollte einen Durchmesser von nicht mehr als ca. 4 cm haben, damit es leicht zum Mund geführt werden kann.

Snacks

Snacks, Kleinigkeiten für ‚Zwischendurch‘, die auch beim Stehempfang gereicht werden können. Wer es ‚rustikal‘ mag, bietet sogenannte Knabberartikel an. Zu den salzigen zählen beispielsweise Kartoffelchips, gesalzene Erdnüsse, Nussmischungen mit Rosinen (Studentenfutter), Salzstangen, Tortilla-Chips, Popcorn und Ähnliches.

Wer es nicht ganz so salzig mag – und mehr auf die Gesundheit achtet – lenkt die Aufmerksamkeit auf Obst und Gemüse. Beispielsweise Gemüsesticks, Spieße mit frischen Obststückchen, Bananenchips, Trockenobst, geröstete Kichererbsen und Vergleichbares.

Flying Buffets

Als ‚fliegende Buffets‘ werden angerichtete Platten bezeichnet, die vom Service-Personal zu den (stehenden) Gästen gebracht werden.

Gäste bedienen sich nach Wunsch von den einzelnen Platten. Hier wird in der Regel komplett auf Besteck verzichtet.

Der Vorteil für den Gast beim Flying Buffet: Die Speise kommt zum Gast.

Die klassischen Meeresfrüchte

Von Auster bis Hummer

> *„Ein Optimist ist ein Mensch, der ein Dutzend Austern bestellt, in der Hoffnung,*
> *sie mit der Perle, die er darin findet, bezahlen zu können."*
> **Heinrich Theodor Fontane, dt. Erzähler**
> *(1819 - 1898)*

Austern – Die Perlen des Meeres

Nicht jedermanns Sache, aber als klassische Vorspeise im Menü – oder während eines Aperitifs – zu finden. Einige Menschen ekeln sich sogar vor der Auster; für andere ist sie die edelste aller Speisen, eine Delikatesse! Wieder andere würden ja gerne mal probieren, genieren sich aber.

Austern schlürfen

Das Beste vorweg: Die Auster darf geschlürft werden! Nehmen Sie eine geöffnete Auster in Ihre linke Hand. Lösen Sie mit der Schneidseite der Austerngabel das Fleisch am Austernpunkt. Manchmal hat das bereits der Küchenchef für Sie erledigt, speziell dann, wenn die Austern beim Aperitif – also im Stehen – serviert werden und somit kein weiteres Besteck zur Verfügung steht.

Wünschen Sie die Austern gewürzt? Dann nehmen Sie Salz, Pfeffer aus der Pfeffermühle, Zitronensaft oder Tabasco.

Anschließend führen Sie die Auster in der Muschelschale mit der linken Hand zum Mund. Legen Sie Ihren Kopf leicht zurück. Dann das Muschelfleisch zusammen mit dem Salzwasser (irrtümlich als Austernwasser bezeichnet) aus der Muschelschale in den Mund gleiten lassen, wobei das Schlürfgeräusch entstehen kann.

Das Wasser wird geschlürft, die Auster gekaut. Die leere Muschelschale legen Sie auf den Abfallteller. Die Finger mit einer Serviette oder in der Fingerschale reinigen.

Unter mehr als 100 Arten lässt sich aus europäischen und pazifischen Austern wählen. Die Austern, die üblicherweise serviert werden, lassen sich grob so auflisten:

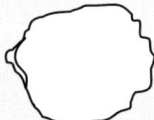 

Die europäische, platte, flache Auster (Ostrea edulis), flach, rund, mild schmeckend	• Blue Point (N) • Colchester (GB) • Fleetland (GB) • Galway (IRL)	Die pazifische, tiefe Auster, Creuse, (Crassostrea gigas), länglich, tief und zerfurcht, herb schmeckend, größer als die flachen Austern
• Auray (F) • Arachon (F) • Belon (F) • Blackwater (GB)	• Helford (GB) • Imperial (NL) • Limfjord (DK) • Whitstables (GB)	• Portugaise (Crassostrea angulata) • Japonaise (Crassostrea gigas), japanische Felsenauster • Sylter Royal

Weiter gibt es noch die Amerikanische Auster (Crassostrea virginica), die in den USA selbst als Eastern Oyster, Atlantic Oyster oder East Coast Oyster bezeichnet wird.

Lagerung

Die Auster lässt sich bei ca. 5 Grad problemlos einige Tage lagern. Dabei muss sie geschlossen bleiben, damit das salzige Meerwasser nicht ausläuft. Bei Lieferung bereits geöffnete Austern eignen sich nicht für den Verzehr.

Am besten schmecken Austern in den Monaten September bis April.

Qualitätsstufen der Austern

- Huitre de Parc
- Claires
- Fine de Claires
- Special de Claires, als höchste Qualitätsstufe

Größen der Austern

Flache Auster		Tiefe Auster
• n°5 (30 g) • n°4 (40 g) P • n°3 (50 g) M • n°2 (60 g) M • n°1 (75 g) M	• n°0 (90 g) G • n°00 (100 g) TG • n°000 (110 g) • n°0000 (120 g) • n°00000 (150 g und mehr)	• klein (30 – 45 g) P • mittel (46 – 85 g) M • dick (86 – 110 g) G • sehr dick (111 – über 150 g) TG • P = petit • M = moyen • G = grand • TG = très grand

Flache Austern über 100 g sind selten. Im französischen Cancale soll es die Auster Pied d'Cheval geben, die inklusive Schale bis zu 2,2 Kilogramm wiegen soll.

Größer heißt nicht unbedingt besser. Die mittleren Größen sind oft sehr schmackhaft und lassen sich auch gut und problemlos in den Mund geben und kauen.

Öffnen der Auster

Halten Sie die Auster in Ihrer linken Hand, die wiederum durch einen Metallhandschuh gegen Verletzungen geschützt ist. Dabei liegt die Auster mit der tiefen Seite nach unten.

Hebeln Sie mit dem Austernmesser den Austerndeckel am Scharnier auf. Das Austernmesser ist ein spezielles Messer mit einer kurzen, dicken Klinge.

Eine weitere Möglichkeit: Verwenden Sie eine Lancette (ein spezielles Messer mit schmaler Klinge), fahren Sie mit dieser vorsichtig an der rechten Seite des Scharniers zwischen die Schalen und durchtrennen direkt den Schließmuskel. Die Auster von der Scharnierseite her öffnen.

Achtung: Verletzungsgefahr, deswegen mit Metallhandschuh arbeiten!

Miesmuscheln im Sud

Miesmuscheln werden meist in einer großen Schüssel serviert.

Nehmen Sie mit der linken Hand eine Muschel aus dem Sud und lösen das Muschelfleisch mit einer leeren Muschelschale oder der Gabel aus der Muschel heraus, um es zu verzehren.

Benutzen Sie die leere Muschelschale als Zange. Mithilfe dieser Zange lösen Sie nach und nach aus den anderen Muscheln das Muschelfleisch. Führen Sie mit der Muschelzange das ausgelöste Muschelfleisch zum Mund.

Für die leeren Muschelschalen steht ein Abfallteller bereit, auf dem sich nach und nach ein regelrechter Berg von Schalen bilden wird.

Nach dem Verzehr aller Muscheln, reinigen Sie Ihre Finger in der Fingerschale.

In der Schüssel befindet sich nun noch der köstliche Sud, den Sie mit Genuss auslöffeln.

Dazu wird vorzugsweise Vollkornbrot oder Weißbrot und Butter gereicht.

Jakobsmuschel – Coquille Saint-Jaques

In der Schale einer Jakobsmuschel, so die Legende, ließ sich Aphrodite, die Göttin der Liebe, Schönheit und Begierde von sechs Seepferdchen ziehen.

Heute ziert eine Muschel als Logo eine Mineralölfirma. Sind auch hier ziehende Pferdchen im Spiel?

Das Muskelfleisch, auch ‚Nuss‘ genannt, kann roh, pochiert, geräuchert, überbacken oder gebraten serviert werden.

Die Muschelschale selbst kann als Geschirrteil verwendet werden, woraus mit Löffel und Gabel oder Messer und Gabel, zum Beispiel ein Ragout, genossen werden kann. Frische Muscheln sind in den Monaten November bis April am schmackhaftesten.

Riesengarnelen

Riesengarnelen können zwar mit Besteck bearbeitet werden, aber mit den Fingern geht es leichter.

Nehmen Sie die Garnele mit beiden Händen und drehen den Kopf-Brust-Teil gegen den Schwanzteil. Nicht abreißen! Sie riskieren sonst, dass die Innereien mit herausgezogen werden.

Den Kopf-Brust-Teil legen Sie auf einen Abfallteller. Er wird nicht mehr benötigt, da in hiesiger Kultur von diesem Teil nichts gegessen wird.

Drehen Sie dann die Beinpaare aus dem Schwanzteil. Dadurch bricht der Panzer an der Unterseite der Länge nach auf. Hier fahren Sie dann mit beiden Daumennägeln ein und drücken den Panzer nach außen weg.

Beginnen Sie an der breiten Bruchstelle (da, wo vorher das Kopf-Brust-Teil war) und arbeiten sich zum Schwanzfächer vor.

Sie waren erfolgreich, wenn das komplette Schwanzteil als ganzes Teil ausgelöst ist.

Beißen Sie – wieder an der breiten Bruchstelle beginnend – ab, oder dippen Sie vorher in ein Dressing.

Hummer

Der König der Krustentiere!

Wie viele Menschen mag es geben, die noch keinen Hummer gegessen haben, weil sie nicht wissen, wie sie ihn verzehren sollen? Diese Menschen haben auf eine äußerst schmackhafte Speise verzichtet.

Innerhalb einer Menüfolge wird der Hummer in der Regel halbiert oder bereits ausgelöst serviert, so dass er leicht mithilfe von Messer und Gabel verzehrt werden kann.

Bestellen Sie allerdings einen ganzen Hummer, so ist es durchaus wahrscheinlich, dass Sie ihn unausgelöst vorgesetzt bekommen. In diesem Fall zuallererst eine große Hummerserviette um den Hals binden.

Dann den Hummerkörper mit der linken Hand greifen. Mit der rechten Hand den Hummerschwanz abdrehen.

An der Unterseite der Länge nach einschneiden und das Fleisch auslösen und essen.

Die Hummerbeine im Gelenk abdrehen. Die schweren Scheren mit der Hummerzange aufbrechen. Die Beine am Fußende mit der Hummerzange ‚aufknipsen', damit sich das Fleisch mit der Hummergabel besser herauslösen lässt.

Der Hummerkörper selbst bleibt unverzehrt. Das heißt, dass Sie nur die Beine, die Scheren und den Hummerschwanz essen können. Die Finger in der Fingerschale reinigen und Abfälle und Schalen auf den Abfallteller legen.

Zum Hummer gibt es Weißbrot, Toast, Butter, Zitrone, Mayonnaise und Salz. Bitte berücksichtigen Sie, dass im Restaurant Hummer meistens nach Gewicht abgerechnet wird.

Seeigel

Weltweit gibt es etwa 950 verschiedene Arten dieser Stachelhäuter.

Besonders die Eier der Seeigel (Uni) werden – vorwiegend in Japan – bevorzugt. Häufig sind sie mit in den Sushi-Spezialitäten verarbeitet. Die Eier werden roh oder kurz erhitzt genossen.

In anderen Ländern (Chile, Marokko, Italien, Frankreich) werden eher die Geschlechtsdrüsen (Gonaden), roh oder in Salzwasser gekocht, als Vorspeise verzehrt.

Den Seeigel mit einem Messer auseinanderbrechen und die Innereien im Meerwasser sauber ausspülen. Falls Eier vorhanden sind, haften diese fest an der Schale. Beträufeln Sie die Eier mit Zitronensaft und löffeln Sie sie aus.

In der Regel wird der Seeigel so vorbereitet (ungenießbare Innereien entfernt, Stacheln gekappt) und dann zum Beispiel mit einer Seeigel-Creme aufgefüllt, sodass Sie die Speise problemlos auslöffeln können.

Achtung: Manche Seeigelarten enthalten ein Gift. Sie sind damit für den Menschen nicht genießbar

Exotische Früchte des Meeres

Das Meer bietet ein unglaubliches Meeresfrüchte-Angebot. Dazu kommen die gezüchteten essbaren Muscheln, Schnecken, Krabben und andere, auch aus dem Süßwasserbereich.

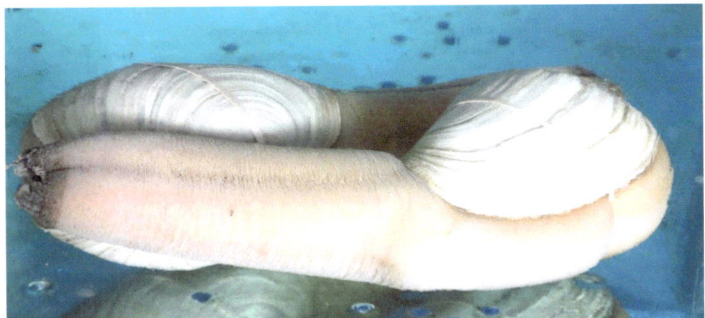

Manchmal bringt die Wasserwelt eigenartige Kreaturen auf den Tisch. Zum Beispiel die Elefantenrüsselmuschel, auch Königsmuschel oder Penismuschel genannt. Sie kann 1 Meter lang werden und wiegt zwischen ½ und 1½ kg.

Die Jahresringe auf der Schale verraten das Alter. Angeblich kann sie über 160 Jahre alt werden. Das Fleisch schmeckt süßlich.

Königskrabbe bis zu 10 kg schwer und einer Spannbreite von 180 cm. Sie kann 30 Jahre alt werden. Das Beinfleisch ist genießbar.

Taschenkrebs   Stabmuschel, 10 bis 12 cm lang

Stabmuschel, 10 bis 12 cm lang   Schnecken   Süßwassergarnelen

Fisch als Hauptgericht

„Es ist kein Fisch ohne Gräten und kein Mensch ohne Mängel."
Julius Wilhelm Zincgref, dt. Lyriker
(1591 - 1635)

Forelle Müllerin

Hat das Küchenpersonal richtig gearbeitet, liegt die Forelle so auf Ihrem Teller, dass der Fischkopf aus Sicht des Gasts gesehen nach links zeigt (neun Uhr auf dem Zifferblatt einer Uhr).

Greifen Sie das Fischmesser mit der rechten und die Gabel mit der linken Hand. Vermeiden Sie dabei, mit den Zinken der Gabel ins Fleisch zu stechen. Halten Sie die Gabel mit den Zinken immer so, dass Sie das Fleisch nicht verletzen.

Sie halten sozusagen mit der Gabel lediglich den Fisch beim Filieren (auch: filetieren) fest. Beginnen Sie die Rückenflossen – von der Kopfseite her – in Richtung Schwanzseite abzuschneiden. Gehen Sie bei den Brustflossen in gleicher Weise vor. Da die Haut mitgegessen werden kann, können Sie sie auf dem Fisch lassen.

Trennen Sie nun den Kopf und die Schwanzflosse der Forelle komplett ab (durchtrennen Sie dabei das Grätengerüst). Im Kopf finden Sie die so genannten Bäckchen, die Sie auslösen können. Sie gelten als kleine Delikatesse.

Lösen Sie mit dem Besteck das nun offenliegende Grätengerüst. Fahren Sie dazu mit dem Messer unter die Gräte, wieder an der Kopfseite beginnend. Führen Sie das Messer von oberhalb unter die Gräten.

Ziehen Sie dann mit dem Messer unterhalb der Gräten zum Schwanzende durch. Von oben halten Sie immer mit der Gabel dagegen. Nun ist das komplette Grätengerüst gelöst, das Sie auf einen Grätenteller legen können.

Schauen Sie genau, dass keine Gräten im Fleisch hängen geblieben sind, damit dem Genuss nichts im Wege steht. Bei Fischen mit je zwei Filets ober- und unterhalb der Gräten, lassen sich die obenliegenden Filets der Mitte nach längs durchschneiden.

Die Forelle Müllerin kann alternativ – so wie es früher üblich war – auch mit zwei Gabeln oder einer Gabel und einem Gourmetlöffel (früher Suppenlöffel) bearbeitet werden.

Gegrillte Seezunge

Greifen Sie das Fischmesser – wie bei der Forelle – mit der rechten und die Gabel mit der linken Hand. Vermeiden Sie auch hier, mit den Zinken der Gabel ins Fleisch zu stechen.

Halten Sie die Gabel mit den Zinken immer so, dass Sie das Fleisch nicht verletzen. Trennen Sie den Flossensaum, oben wie unten, an der Seezunge. Schneiden Sie der Seezunge nun die Schwanzflosse komplett ab (der Kopf ist in der Regel in der Küche schon entfernt worden).

Fahren Sie mit Ihrem Fischmesser direkt auf der Mittelgräte entlang, von vorn nach hinten. Dadurch trennen Sie die beiden oben liegenden Filets. Schieben Sie das obere nach oben auf den Teller weg, das untere nach unten auf den Teller. Lösen Sie mit dem Besteck das nun offen liegende Grätengerüst. Heben Sie die Gräte ab.

Nun ist das komplette Grätengerüst gelöst, das Sie auf einen Grätenteller legen können. Das Filetieren einer Seezunge gelingt leichter, da die Gräten im Vergleich zur Forelle viel dicker sind und sich demnach einfacher entfernen lassen.

Kniffliges als Hauptgerichte

„Lieber ein bissl zu gut gegessen, als wie zu erbärmlich getrunken."
Heinrich Christian Wilhelm Busch (Eduards Traum), dt. humorist. *Schriftsteller*
(1832 - 1908)

Spargel

Obwohl Spargel heute mit Messer und Gabel gegessen werden darf, bevorzugen einige Menschen immer noch die klassische Verzehrweise.

Dazu fassen Sie die Spargelstange mit der rechten Hand am Ende. Mit der linken Hand halten Sie eine Gabel oder einen Spargelhalter stützend unter den Spargel. Der Spargelkopf zeigt zum Gast und wird zuerst abgebissen. Die Spargelstange wird als Ganzes verzehrt, das heißt, die abgebissene Spargelstange wird nicht abgelegt, sondern hintereinander abgebissen, also sozusagen in den Mund gesogen.

Sollten Sie Messer und Gabel bevorzugen: Die Spargelstange liegt mit dem Spargelkopf zum Gast zeigend auf dem Teller. Zuerst wird der Spargelkopf abgeschnitten und verzehrt. Jetzt darf Stück für Stück verspeist werden.

Fondue Bourguignonne – Fondue Chinoise

Das klassische Fleischfondue (frz. ‚fondu' für ‚geschmolzen') wird wie folgt zubereitet. Fleisch verschiedener Schlachttiere wird in mundgerechte Stücke geschnitten. In Schälchen steht es um den Fonduetopf. Cornichons, Silberzwiebeln, Paprikastreifen und anderes stehen bereit.

Sobald das Öl im Topf erhitzt ist, spießen Sie mit Ihrer markierten Fonduegabel ein Fleischstück auf. Halten Sie das aufgespießte Fleisch eine Weile in den Fonduetopf, solange bis es gar ist.

Halten Sie nun die Fonduegabel mit Fleisch über Ihren Teller und streifen das Fleisch mit der Gabel des Hauptbestecks von der Fonduegabel vorsichtig ab.

Benutzen Sie die Fonduegabel nicht als Essbesteck, da die Zinken sehr heiß werden und Sie sich leicht die Lippen oder die Zunge verbrennen könnten. Abgesehen davon entspricht es nicht der Etikette.

Als Geschmacksträger werden gerne auch Mayonnaise-Saucen bereitgestellt, in die das Fleisch vor dem Verzehr gedippt wird.

Beim Fondue Chinoise handelt es sich um das sogenannte Chinesische Fondue. Es ist gesünder als das Fondue Bourguignonne, weil anstelle von Öl in einer Hühnerbouillon gegart wird.

Eine Bouillon wird erhitzt. Dann werden mit kleinen Fonduenetzen verschiedene Fleischstückchen, aber auch Gemüse und Pilze in die Bouillon getunkt und gegart. Sind die Zutaten nach Wunsch erhitzt, werden sie auf den Teller gelegt. Das Fonduenetz wird nun gegen Messer und Gabel ausgetauscht, mit deren Hilfe die Zutaten wie üblich bearbeitet werden.

Durch das Garen der vielen Zutaten wird aus der Brühe eine nahrhafte Suppe. Sind alle Speisen verzehrt, wird die Hühnerbouillon aus dem Fonduetopf in Suppentassen gefüllt. Jeder Gast löffelt die Suppe nun mit seinem Suppenlöffel aus. Wohl eine seltene Menüfolge, bei der die Suppe nach dem Hauptgericht verzehrt wird.

Sushi und anderes Asiatisches

„Wir sind in diese Welt gekommen nicht nur,
dass wir sie kennen, sondern dass wir sie bejahen."
Rabindranath Tagore, ind. Dichter
(1861 - 1941)

Beim Chinesen

Der letzten chinesischen Kaiserin Tsu Hsi (Orchidee, 1835 – 1908) soll täglich eine Auswahl 118 (!) verschiedener Speisen kredenzt worden sein. Diese Auswahl mag es beim Chinesen um die Ecke eventuell auch geben.

Durch die Kombination mit zahlreichen vielen Zutaten gibt es immer wieder neue Kreationen, sodass für fast jeden Geschmack etwas zu finden ist. Es müssen ja nicht unbedingt 118 Gerichte ausgesucht werden ...

Neben speziell geformten Suppenlöffeln sind hier die Stäbchen zu finden. Die Löffel sind für die Suppen und die Stäbchen für den Rest.

Keine Angst vor den Stäbchen! Weltweit essen immerhin mehr Menschen mit Stäbchen als mit Messer und Gabel. Führen Sie (als Rechtshänder) die Stäbchen in der rechten Hand.

Klemmen Sie das untere Stäbchen fest in die Daumenkuhle und legen es auf den Ring- oder Mittelfinger. Das Stäbchen liegt unbewegt. Das obere Stäbchen wird zwischen Daumen und Zeigefinger genommen und bewegt.

So kann das Essen mit beiden Stäbchen aufgenommen werden.

Wichtig: Stäbchen nicht in den Reis stecken, sondern neben dem Schälchen ablegen. Sonst wird Ihre Geste als Opfer interpretiert, was einer Art Gotteslästerung gleichkommen kann.

Auf nach Japan

Dass die Asiaten und demnach auch die Japaner eine andere Kultur haben als die Europäer, ist kein Geheimnis. Chinesische, vietnamesische, thailändische und andere Restaurants unterbreiten in Deutschland schon lange ihr vielfältiges Angebot.

Das japanische Angebot macht einen nobleren Eindruck, ist aber auch eine Frage des Trends. Im Augenblick stehen die Sushis ziemlich weit oben.

Sushi

„Sushi gilt weltweit als eine der typischen Darreichungsformen ‚kleiner, exquisiter Delikatessen in den verschiedensten Formen und Geschmacksrichtungen", so eine Ausarbeitung der GAD (Gastronomische Akademie Deutschlands) in ihrem Jahresbericht 2002.

Sushis sind handgeformte Röllchen aus mild gesäuertem und schwach gesalzenem Reis. Sie werden bestrichen mit Wasabi, einem scharfen japanischen grünen Meerrettich.

Dann werden sie mit schmal geschnittenen Streifen von frischem, rohem Fisch oder von Krustentieren belegt.

Dazu wird eine Sojasauce und Wasabi gereicht.

So gibt es, unterschieden nach dem Belag, zum Beispiel:

- Shiromi-dane mit weißfleischigem Belag
- Akami-dane mit rotfleischigem Belag
- Nimono-dane, belegt mit Schalentieren oder Muscheln
- Sushi-dane, belegt mit Rogen verschiedener Fische

Unterschieden nach der Zubereitung

Hier einige der bekannten Sushi-Arten:

- Nigiri-Sushi
  - ➢ Finger Sushi
  - ➢ Auf ein länglich geformtes Reisklößchen wird der mit Wasabisauce bestrichene Fisch drapiert.
  - ➢ Es werden immer zwei Nigiri-Sushi serviert!
- Maki-Sushi
  - ➢ gerollte Sushi
  - ➢ Werden mithilfe einer Bambusrolle (Makisu) gerollt und dann in Scheiben geschnitten. Ganz innen befindet sich die Füllung, darum der Reis und ganz außen ein Seetangblatt.
- Hoso-maki
  - ➢ kleinere Rollen als üblich
- Futo-maki
  - ➢ große Rollen mit mehreren Füllungen
- Temaki
  - ➢ Von Hand gerollte kegelförmige Sushis. Das Seetangblatt wird mit Reis, Fisch und/oder Gemüse gefüllt.
- Gunkan maki
  - ➢ Seetangrollen, gefüllt mit Reis, belegt mit Fisch-Rogen. Die Rolle steht und ‚quillt' nach oben über. Im Gegensatz zu den Maki-Sushi, die aus der Rolle oben und unten glatt abgeschnitten sind, sind die Gunkan maki nur unten flach.

Zu ergänzen sind Sashimi; das sind dünne Fischscheiben, die kunstvoll – allerdings ohne Reis – dekoriert sind.

Sushi immer frisch essen

Da viel rohes Fleisch beziehungsweise roher Fisch verwendet wird, verdirbt die fertig gestellte Speise relativ schnell. Deshalb: Sushi immer frisch zubereitet essen. Also: Zubereiten und dann direkt essen.

Bevor es losgeht, bestellen Kenner eine klassische Miso-Suppe (aus Dashibrühe mit geschnittenen Tofustückchen). Die Miso-Suppe wird aus dem Schälchen getrunken, das Sie mit beiden Händen zum Mund führen.

Stellen Sie ein Schälchen mit Sojasauce bereit. Reiben Sie ganz vorsichtig etwas Wasabi-Paste auf ein Sushi. Nicht etwa das Wassabi in die Sauce rühren.

Die Sushis werden vorsichtig in die Sauce gedippt und dann genossen. Dabei gehört der Fisch in die Sauce, nicht der Reis.

Genießen Sie mehrere Sushis, genießen Sie leichten Fisch vor öligem, das heißt weißen vor rotem Fisch.

Zwischendurch, um den Gaumen zu erfrischen, werden dünne, marinierte Ingwerscheiben gegessen.

Sushi mit Stäbchen essen

Alle Sushis können mit Stäbchen zum Mund geführt werden, außer den Temaki. Alle Sushis können aber auch direkt mit den Fingern genossen werden, außer Sashimi.

Und tatsächlich: Sushi im Ganzen in den Mund geben – also nicht abbeißen – um Saucenspritzer zu vermeiden. Ausnahme hier: Temaki-Sushi.

Sushi zum Mitnehmen

Sozusagen als Fastfood. Solange die Frische gewährleistet ist, bietet dieses Angebot eine deutliche Alternative zu den sonstigen abgepackten Fertigspeisen.

Sushi in einer Mitnehm-Verpackung. Links in der Packung zwei Fläschchen mit Sojasauce, darüber Wasabi-Paste und unten Ingwerscheiben.

Goshi – Sushi ohne Fisch

Im Magazin Intercontinental Life (Frühling 2011) wird von Goshi berichtet. Das sind Sushis ohne Fisch. Gefüllt mit Bolognese, Chili und Datteln, griechischem Hüttenkäse und schwarzen Oliven.

Anstelle von Seetang werden sie in Obst- oder Gemüseblätter eingewickelt.

Regionales – Wiener Schnitzel und Schnitzel Wiener Art

„Mit den Gesetzen ist es wie mit den Würstchen.
Es ist besser, wenn man nicht sieht, wie sie gemacht werden."
Otto Eduard Leopold Graf von Bismarck, dt. Reichskanzler
(1815 - 1898)

Das gute, alte Wiener Schnitzel

Ein Schnitzel ,Wiener Art' darf aus Schweinefleisch zubereitet werden. Bestellen Sie hingegen ein Wiener Schnitzel (dünnes, paniertes und ausgebackenes Schnitzel), dann sollten Sie ein Schnitzel aus Kalbfleisch vorgesetzt bekommen. Zumindest gilt das in Deutschland.

Unabhängig davon: Das Wiener Schnitzel wird nicht nur in Wien gebraten. Und was ist mit Schwarzwälder Schinken, Frankfurter Würstchen, Königsberger Klopsen? Wie sieht es aus mit Lübecker Marzipan, Aachener Printen oder Salzburger Mozartkugeln?

Es ist geregelt: Das Schutzlabel g.g.A. (geschützte geographische Angabe) besagt, dass eine Verbindung zwischen dem Herkunftsgebiet und (wenigstens) einer Produktionsstufe (Erzeugung, Herstellung oder Verarbeitung) bestehen muss.

Sollte die Bezeichnung g.U. (geschützte Ursprungsbezeichnung) lauten, dann wird das Produkt in der genannten Region erzeugt, hergestellt und verarbeitet. Mittlerweile – seit 2009 – darf das Wiener Schnitzel auch als solches bezeichnet werden, wenn kein Kalbfleisch verwendet wurde.

Übrigens: Wussten Sie, dass in der Kalbfleisch-Leberwurst ebenso wenig Kalbfleisch verwendet werden muss? Eine Regelung seit 2010 sagt: Nur wenn sie Kalbsleberwurst heißt, muss ein bestimmter Prozentsatz aus Kalbfleisch bestehen.

Regionales

Immer wieder gibt es Trends zu beobachten, die regional Erzeugtes bevorzugen. Lebensmittel, die über den halben Globus hinweg transportiert werden, werden aus Umweltschutzgründen gemieden.

Neben den Gedanken zum Schutz der Umwelt wird bei regionaler Auswahl der heimische, der benachbarte Produzent unterstützt.

Kaum einer wird etwas dagegen einzuwenden haben, wenn das Wiener Schnitzel fast weltweit zu finden ist. Ist es aber nicht gerade der Reiz, Regionales zu kosten?

In jeder Kultur wird es unzählige Angebote geben, die es über die ,Landesgrenzen hinaus' nicht gibt oder dort unbekannt sind. Dem Reisenden offenbaren sich ungeahnte Sinneswahrnehmungen.

Beispiele aus der regionalen Küche Deutschlands.

- Maultaschen in Schwaben
- Himmel und Erde in der Kölner Region
- Grüne Soße in Hessen
- Labskaus in Norddeutschland
- Mainzer Handkäse
- Schäufele in Baden
- Dampfnudeln in Bayern
- Thüringer Rostbratwurst

Kapitel 9 – Käse, Exotische Früchte, Kuchen und Süßes

Käse schließt den Magen

Nach dem Hauptgericht

„Ein leerer Magen ist ein schlechter Ratgeber."
Albert Einstein, dt. Physiker (1879 – 1955)

– oder auch nicht

Schließt er nun den Magen oder nicht? Deutsche essen den Käse gerne am Ende des Menüs, dem Franzosen – und auch auf internationalem Parkett – wird der Käsegang direkt nach dem Hauptgericht, also vor den Süßspeisen oder dem Obst serviert.

Reihenfolge: Käse – Süßspeisen – Obst.

Käsegruppen

In Deutschland werden nach Art der Herstellung und Festigkeit sieben verschiedene Käsegruppen unterschieden:

- Hartkäse
  - Er hat eine Reifezeit von bis zu 10 Monaten. Mancher Käse sogar noch länger, wie zum Beispiel der italienische Parmesan.
  - Der Trockenmassegehalt liegt zwischen 60 und 62 Prozent.
  - Zu den Hartkäsen gehören: Emmentaler, Greyerzer, Chester, Beaufort.
- Schnittkäse
  - Der Trockenmassegehalt liegt zwischen 49 und 57 Prozent.
  - Deswegen ist der Schnittkäse weicher und geschmeidiger als der Hartkäse.
  - Dazu gehören: Edamer, Gouda, Tilsiter, Appenzeller, Raclette.
- Halbfester Schnittkäse
  - Der Trockenmassegehalt liegt zwischen 44 und 55 Prozent. Der halbfeste Schnittkäse ist noch geschmeidiger als der Schnittkäse.
  - Deshalb lassen sich von ihm nur dickere Scheiben schneiden.
  - Zu dieser Käsegruppe gehören: Butterkäse, Bel paese, Blauschimmelkäse wie Bavaria blu oder Gorgonzola.
- Weichkäse
  - Im Gegensatz zu den Schnittkäsen und Hartkäsen reift der Weichkäse von außen nach innen.
  - Zum Weichkäse gehören: Camembert, Brie, Limburger, Romadur.
- Sauermilchkäse
  - Dieser Käse wird aus Magermilch hergestellt.
  - Hierzu gehören: Mainzer Handkäse (dazu gehört eine Schale mit Essig-Zwiebel-Kümmel-Sauce, was später – während der Verdauung – die ‚Musik' erzeugt), Olmützer Quargel, Harzer Roller.

- Frischkäse

> Frischkäse wird aus frischen geronnenen Milchbestandteilen hergestellt. Diese Käsegruppe hat noch keinen Reifegrad erreicht.

> Dazu gehören: Speisequark, Schichtkäse, Rahmfrischkäse, Doppelrahmfrischkäse, Hüttenkäse.

- Schmelzkäse beziehungsweise Schmelzkäsezubereitung

> Die erhitzte Käsemasse wird in Formen gegossen. So entstehen Stücke ohne Rinde, zum Beispiel Dreiecke oder auch Scheiben.

> Der Schmelzkäse reift nicht weiter nach, da bei der Herstellung die Reifungsbakterien durch die Hitze abgetötet wurden.

Casu Marzu

Die Sarden haben ein tolles Schafskäse-Produkt kreiert: den Casu Marzu Käse. Die Sarden lassen Käsefliegen auf den reifenden Käse los. Diese legen Eier auf den Käse. Daraus schlüpfen Larven, die in den Käse kriechen.

Ihre Verdauungssäfte verwandeln den Käse in einen aromatischen, weichen Käse. Die Maden werden mitgegessen. Guten Appetit.

Camembert

Der französische Abt Charles-Jean Bonvoust (1747 – 1799) aus Brie war aufgrund der Unruhen der französischen Revolution auf der Flucht.

Glücklicherweise gewährte ihm die Bäuerin und Käserin Marie Fontaine Harel (1761 – 1844) aus dem Städtchen Camembert von 1796 bis 1797 Schutz und Unterschlupf auf dem Gut, auf dem sie arbeitete.

Aus Dankbarkeit verriet der Abt ihr das Geheimnis, wie ein besonderer Käse herzustellen war – genannt: der Camembert.

Die runde Spanholzschachtel aus Pappelholz wurde von den Ingenieuren Leroy und Ridel im Jahr 1890 erfunden, was den Transport des Käses erheblich erleichterte.

Die Käse-Platte

Eine gut sortierte Käse-Platte ist relativ kostspielig. Aber gerade bei einem umfangreicheren Menü hilft der Käse-Gang bestens, die mögliche Strenge des Menüs aufzulockern und die Menüfolge zeitlich auseinander zu ziehen, um Platz für neue Speisen im Magen zu machen.

Auf der Käse-Platte sollte möglichst von jeder der oben aufgelisteten sieben Käsegruppen eine vertreten sein.

Garnieren Sie die Platte mit essbaren Zutaten wie:

- Radieschen	- Oliven	- Rosinen	- Pellkartoffeln
- Gurken (Cornichons)	- Rettich	- Mandeln	- Paprika, rot
	- Weintrauben	- Mandelsplitter	
- Silberzwiebeln	- Petersilie	- Tomaten	

Legen Sie ausreichend Käse-Messer bereit, damit der Blauschimmel-Käse nicht mit demselben Messer geschnitten werden muss, mit dem auch der Emmentaler geschnitten wird.

Bei einer größeren Platte für mehrere Gäste empfiehlt es sich, schon etwas Käse aufzuschneiden, da erfahrungsgemäß das Abschneiden und Portionieren der Käsesorten einige Zeit in Anspruch nimmt und der Gast sich für gewöhnlich nicht nur mit einer Sorte Käse zufriedengibt.

Manchmal wird auch ein Hobel zum Käseblock gelegt, zum Beispiel beim Gouda. Dann kann sich der Gast selbst die Menge abhobeln, die er möchte.

Und der Vollständigkeit halber sei erwähnt, dass natürlich auch die berühmten Käsewürfel nicht fehlen müssen, die gegebenenfalls bereits aufgespießt sind, sodass sich der Gast bedienen kann, ohne seine Finger mit Fett zu ‚verunreinigen'.

Vorzugsweise griffbereit: Butter und mehrere vorgeschnittene Brotsorten.

Käseangebote

Hier folgen weitere Käsesorten, die anders als die weiter oben aufgelisteten Formen gereicht werden.

- Der Schweizer Tête de Moine
  - ➢ Er wird in einer besonderen Art geschnitten. In der Mitte des Käses wird eine Messervorrichtung aufgesetzt. Durch Drehbewegungen wird der Käse abgehobelt. Es ergeben sich sehr schöne Röschen.

- Der Englische Stilton
  - ➢ Ihm wird eine oder zwei Stunden vor dem Servieren etwas Rotwein oder Sherry in einer Mulde des Käses zugesetzt.

- Der Schweizer Raclette Käse
  - ➢ Er wird in einem Spezialofen oder vor Holzkohlenfeuer geschmolzen.
  - ➢ Dabei wird der angeschmolzene Käse nach und nach auf einem bereitstehenden Teller abgestrichen, auf dem sich Pellkartoffeln, Silberzwiebeln und Cornichons befinden.

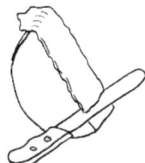

Käsefondue

Für kalte Abende genau das richtige Essen in einer lustigen Runde. In einem Fonduetopf wird eine geeignete Käsemischung aus Gruyère, Emmentaler und Appenzeller geschmolzen.

Sobald der Käse heiß genug ist, spießen Sie auf Ihre markierte Fonduegabel einen Brotwürfel. Tauchen Sie das mundgerechte Stück Brot in den heißen Käse und drehen den Spieß, sodass sich der Käse um das Brot wickelt.

Halten Sie nun die Fonduegabel mit dem mit Käse umwickelten Brotstück über Ihren Teller und streifen den Würfel mit der Gabel des Hauptbestecks vorsichtig ab.

Benutzen Sie auch hier die Fonduegabel nicht als Essbesteck, da die Zinken sehr heiß werden und Sie sich leicht die Lippen oder die Zunge verbrennen könnten.

Ergänzend werden auch hier Cornichons, Mixed Pickles und Vergleichbares gereicht.

Darreichungsformen von Käse

Käse wird so geschnitten angeboten:

Käse aus einem Rad	Käse aus einem ovalen Stück	Käse aus einem quadratischen oder rechteckigen Stück
		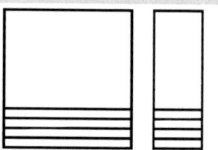
Schneiden Sie ‚Tortenstücke' heraus. Bei großen Käserädern werden diese Tortenstücke nochmals weiter geschnitten, und zwar von der Spitze her. Der Käse ist so aufgestellt, dass der Gast sich von der Spitze her bedienen kann.	Schneiden Sie Scheiben von einer schmalen Seite ausgehend. Arrangieren Sie auf der Platte den Käse so, dass sich der Gast problemlos von den vorgeschnittenen Scheiben bedienen kann.	Auch hier werden Scheiben von einer Seite, beim rechteckigen Stück von der schmalen Seite ausgehend geschnitten. Den Käse so aufstellen, dass sich der Gast problemlos von den Scheiben bedienen kann.

Der Gast wählt aus üblicherweise drei verschiedenen Käsesorten aus.

Übrigens: Im britischen Königshaus soll gerüchteweise ‚kein Käse mit Löchern' serviert werden.

Das sehe so aus, als wäre das Produkt mangelhaft. Fehlerhaftes soll der königlichen Familie natürlich nicht angeboten werden.

Kuchen, Torten und Gebäckstücke

Die kleinen Kalorienbomben

„Wenn sie kein Brot haben, sollen sie doch Kuchen essen."
Jean-Jacques Rousseau, frz.-schweiz. Schriftsteller
(Zitat wird oft Marie-Antoinette zugeschrieben)
(1712 - 1778)

... und dann gleich zwei Stück

Es müssen ja nicht gleich zwei Riesenstücke Torte sein.

Ein Stück oder ein Teilchen tut es ja auch. Und ganz besonders dann, wenn das Gebäck innerhalb der Menüfolge serviert wird.

Kreativität ist gefragt – und kommt gut an.

Einige Gebäckkreationen:

• Buttercreme-Torten	• Creme-Schnitten	• Florentiner
• Sahne-Torten	• Diätkuchen	• Schuhsohlen
• Pudding-Torten	• Berliner	• heiße Waffeln
• Obstböden	• Krapfen	• Frankfurter Kranz
• Früchtetörtchen (Tartelettes)	• Brezel	• Stollen
• Rosinenkuchen	• Kekse	• Petits fours
• Marmorkuchen	• Feingebäck	• Streuselkuchen
• Gugelhupf	• Zimtkranz	• Mandelkipferl
• Gebäckstückchen	• Zopf	• Amerikaner
• Blätterteigstückchen	• Baiser	• Windbeutel
	• Mürbeteigtörtchen	• Punschringe (Savarins)

Halten Sie frisch geschlagene Sahne bereit. In der Kuchentheke steht die angeschnittene Torte so, dass der Gast die Schnittstelle sieht. Er möchte gerne wissen, was im Kuchen ist.

Die Kuchengabel

Im Tagescafé wird dem Gast eine Kuchengabel rechts ins Gedeck eingesetzt.

Der Gast greift mit seiner rechten Hand diese Kuchengabel und verspeist die Torte – von der Spitze aus – Biss für Biss zum dicken Ende.

Innerhalb einer Menüfolge in einem gastronomischen Betrieb wird anstelle der Kuchengabel das Dessertbesteck bevorzugt.

An der linken Seite wird eine mittelgroße Gabel, an der rechten Seite des Gedecks ein mittelgroßer Löffel eingedeckt. Die Gabel wird mit der linken, der Löffel mit der rechten Hand geführt. Mithilfe der Gabel wird (auch hier von der Spitze ausgehend) Stück für Stück von der Torte abgebrochen.

Ein Stück wird auf den Löffel geschoben und mit der rechten Hand wieder zum Mund geführt. Ähnlich wird zum Beispiel bei Waffeln mit heißen Kirschen vorgegangen.

Aufgepasst! Wird in einem Tagescafé die Kuchengabel an der Seite der Torte eingesteckt serviert, so sagt der Aberglaube, dass eine böse Schwiegermutter zu erwarten ist.

Wie erwähnt, werden einzelne Tortenstücke auf dem (Kuchen-)Teller mit der Tortenspitze zum Gast ausgerichtet.

Aus hygienischen Gründen Tortenheber oder Gebäckzangen benutzen.

Frankfurter Kranz und Sacher-Torte

Der Frankfurter Kranz ist eine ringförmige Torte mit viel Buttercreme, bestreut mit Krokant und garniert mit Cocktailkirschen. Seit dem Jahr 1736 gibt es den Frankfurter Kranz, der in seiner Form und in seiner Gestaltung einer goldenen Krone gleichen soll.

Die Kirschen symbolisieren funkelnde Rubine. Die Torte würdigt Frankfurt als Krönungsstadt römisch-deutscher Kaiser.

Eine weitere Spezialität stellt die österreichische Sachertorte dar. Es handelt sich hierbei um eine Schokoladentorte mit Marillenmarmelade und einem dunkel glänzenden Kuvertüre-Überzug.

Die Sachertorte wurde 1832 von Franz Sacher (1816 – 1907), einem damals 16-jährigen Küchenlehrling am Hofe des Wiener Fürsten Metternich, erfunden.

Streuselkuchen

Der Streuselkuchen (Riwwelkuchen, Beerdigungskuchen) ist ein flacher Blechkuchen, hergestellt aus Hefeteig und mit dicken Streuseln bestreut.

1584 wurde dieser Kuchen in einer Zeitung erwähnt.

Nach Beerdigungen wird er gerne den Trauergästen serviert.

Farbenprächtige Cupcakes

Obwohl schon Anfang des 19. Jahrhunderts erwähnt und 1865 erstmals in einem Märchen dargestellt, gelangten erst seit Mitte des Jahres 2000 die wunderschönen Cupcakes, auch fairy cakes genannt, mit Erfolg nach Deutschland.

Diese sind farbenprächtig und sehr originell gestaltet. Vor allem sind sie nicht ganz so groß wie ein klassisches Stück einer Hochzeitstorte.

Cupcakes sind kleine, saftige Kuchen in einem Papierförmchen. Sie sind sehr geschmackvoll dekoriert. Verziert mit bunten Perlchen, Marzipan, Zucker auf einer Haube aus Buttercreme, Schokolade oder Sahne, oder sogar Frischkäse.

Die Cupcakes lassen sich übrigens auch nachmittags einsetzen und/oder nach der kirchlichen Trauung während des Empfangs.

Neuerdings gibt es auch die sogenannten Butch Bakery, die anlehnend an die Cupcakes, aber deutlich ‚männlich‘ gestaltet werden.

Auf klassische Pastellfarben oder knallige Farben wird verzichtet; braun, schwarz, weiß dominiert hier. Diese Art Farb-Dekoration soll wohl auf den männlichen Gast eindrucksvoller wirken.

Tea-Time

Die klassische britische Tea-Time wird fast schon zelebriert. Sie beginnt in der Regel um 17:00 Uhr. Manche Zeitgenossen beginnen ihre Tea-Time auch schon um 16:00 Uhr, ignorierend, dass auch vom five o'clock tea gesprochen wird.

Ihnen ist einfach die Zeit bis zum Abendessen sonst zu kurz bemessen. Deshalb wird die Tea-Time dann als afternoon tea bezeichnet und schon gibt es wegen der Uhrzeit keinen Diskussionsbedarf mehr.

Typischerweise werden gereicht: Vor allem einmal die traditionellen Scones. Scones sind süße, weiche Tee-Brötchen, die mit buttrig geschlagenem Rahm und Marmelade serviert werden.

Dazu verschieden belegte Sandwiches mit Gurken, Schinken, Käse oder anderen kleinen Leckereien. Und schließlich das Süße: Kleine Torten. Oder fein verzierte Kuchenstückchen, mit Marzipan, Obst, Schokolade.

Der Vorteil für Sie und Ihre Gäste: Sie haben eine sehr große Auswahl. Sie können die Größe der Stücke so bemessen, dass kein Besteck benötigt wird. Die Auswahl und Art der Darbietung sind nicht alltäglich und damit etwas Besonderes.

Die Tea-Time kann auch im Stehen stattfinden. Sie eignet sich zur Überbrückung der Zeit bis zum Festessen, also auch beim Steh-Empfang oder Aperitif.

Mögen Sie es ganz stilvoll: Dann muss natürlich auch Tee angeboten werden.

Petits Fours, Pralinen und Konfetti

Ist Ihnen schon einmal aufgefallen, dass bei Konfetti immer nur die Pluralform verwendet wird? Wie heißt denn nun ein einzelnes ausgestanztes Teilchen? Die Antwort lautet: Konfetto.

Dieses Wort hängt mit Konfekt zusammen. Ursprünglich waren es Nüsse oder Mandeln, die mit Zucker umhüllt zu Karneval hergestellt und verschenkt wurden. Daher das Wort Konfetti.

Der französische Marschall César de Choiseul, Graf von Plessis-Praslin (1598 – 1675) hatte einen sehr kreativen Koch. Er tunkte Nüsse, Mandeln, kandierte Früchte und ähnliches in flüssige Schokolade. Seine Kreationen nannte er Praline, angelehnt an den Nachnamen seines Arbeitgebers.

Jean Neuhaus' belgischer Enkel mit demselben Namen (1877 – 1953) entwickelte im Jahr 1912 die Möglichkeit, Metallförmchen mit flüssiger Schokolade auszugießen. Die entstehende Hülle konnte dann mit verschiedenen Füllungen zu wohlschmeckenden Pralinen gestaltet werden.

Etwas größer als eine typische Praline sind die sogenannten Petits Fours, die ‚kleinen Öfen'. Es handelt sich hierbei um ein klassisches Feingebäck, das aus einem Biskuitteig meist viereckig ausgestochen oder geschnitten wird. Petits Fours sind mit Cremes und Marzipan gefüllt.

Danach werden sie mit reichlich farbigem Zuckerguss glasiert. Schließlich vielfältig dekoriert und verziert.

Ein prachtvoller Anblick, der nach dem Genuss noch einige Zeit auf den Hüften zu sehen sein kann.

Dominosteine – Notpraline

In den ersten Kriegsjahren des zweiten Weltkriegs gab es nicht mehr die Fülle an Lebensmittel wie zuvor.

So kam 1936 der Dresdner Besitzer einer Pralinenmanufaktur Herbert Wendler (1912 – 1998) auf die Idee, eine preisgünstigere ‚Schichtpraline' anzubieten.

Sie sollte zwei oder drei Schichten aufweisen: Lebkuchenteig, Fruchtgelee, Marzipan (Herstellung mit süßen Mandeln) oder Persipan (Herstellung mit Pfirsich- oder Aprikosenkernen). Dann wurde sie mit einem glänzenden Schokoladenüberzug vollendet. Die ‚Notpraline' war geboren und erhielt den Namen Dominostein.

Macarons

Obwohl der Ursprung dieser Köstlichkeiten schon einige Jahrhunderte, ja Jahrtausende zurückreicht, haben die Macarons erst in den vergangenen Jahren den deutschen Markt erobert.

Der Legende nach brachte die italienische Königin Caterina Maria Romula di Medici (1519 – 1589) die farbenfrohen Macarons nach Frankreich. Dort, speziell in Paris, erlebten sie ihre Blütezeit.

Aus der italienischen Sprache stammt der Name ‚Ammaccare' und bedeutet so viel wie ‚zerdrücken'. Damit ist gemeint, dass die Zutaten für den feinen, luftigen Teig zusammengebracht werden.

Zwei farbige runde Scheiben, hergestellt aus Baiser mit Mandelmehl, liegen gegeneinander. Dazwischen lockt eine leckere Schicht Crème verschiedenartiger Zutaten. Die Macarons sollen in wenigen Tagen genossen werden, da sie sonst hart werden.

Marzipan

Ein Marzipanmärchen erzählt, dass in Lübeck im Jahr 1407 große Hungersnot herrschte. In den Lebensmittellagern fanden sich nur noch Mandeln und Zucker.

In ihrer Verzweiflung ordneten die Stadtoberen an, daraus Brot für die Allgemeinheit zu backen.

Dieses wurde am Markustag (25. April) in Umlauf gebracht, weshalb es Markusbrot hieß. Lateinisch ‚Marci panis', das Marzipan.

Ja, eine wunderschöne Geschichte für Lübeck. Eine schöne Geschichte.

Tatsächlich wurde bereits im achten Jahrhundert in Persien Marzipan hergestellt. Kaiser Karl IV. (1316 – 1378) soll im Jahr 1368 anlässlich eines Besuchs in der Toskana ein mit Blattgold überzogenes Marzipanbrot gekostet haben. 1375 besuchte er Lübeck.

Ganz bestimmt wird er dort auch von dem bekannten Marzipan genascht haben.

Süßes

„... aber bitte mit Sahne ..."
Udo Jürgens (Bockelmann), österr. Komponist
(1934 - 2014)

Die Schlagsahne

Vatel war verzweifelt! 3.000 Gäste hatte König Ludwig XIV. einladen. Wie sollte er als verantwortlicher und kreativer Küchenchef des Gastgebers Prinzen von Condé mit diesem schwachen Küchenpersonal zurechtkommen?

Es sollte ein unvergessliches, fantastisches – mit Feuerwerk und schauspielerischen Darstellungen begleitetes – Festmenü werden, wie es noch nie jemand gesehen hat, und von dem noch die nächsten Generationen bewundernd schwärmen sollten.

Eben teilte ihm sein Sous-Chef eine Hiobsbotschaft mit: Der Fisch für einen der vielen Zwischengänge war nicht rechtzeitig eingetroffen.

Vatel schuftete wie ein Irrer und achtete darauf, dass die 3.000 Gerichte auf den Silber-Tellern sauber angerichtet waren.

Irgendwann waren seine Kräfte erschöpft. Aufgebend griff er nach einem Schwert und bereitete in seiner Verzweiflung seinem Leben ein Ende, während die Gäste noch anwesend waren. Das geschah am 24.04.1671.

In seinem Todesjahr, so berichtet die Geschichte, wurde der Gourmetkoch Charles-Fréderic Vatel (1631 – 1671), ein Schweizer im Dienste des Prinzen von Condé, mit einer übergroßen Gästeschar, die anlässlich einer Jagd-Veranstaltung von Ludwig XIV. (1638 – 1715) auf Schloss Chantilly (nördlich von Paris) zu Besuch kam, konfrontiert.

Die Sahne reichte nicht aus. Sie wurde kurzerhand von Vatel gestreckt, indem er Zucker unter die Sahne schlug. Die Gäste waren begeistert ob des wundervollen Geschmacks. Vatel bezeichnete seine neue Kreation als ‚Crème Chantilly'. Die Schlagsahne war geboren.

Speiseeis

Schon vor 4.000 Jahren soll es in China und Mesopotamien Eis gegeben haben. Sehr wahrscheinlich mit den heutigen Angeboten in keiner Weise vergleichbar.

Dann genossen es die ‚alten' Römer, die Alpenschnee mit Honig, Rosenwasser und Zimt verfeinerten. Das Eis war nicht ewig haltbar. Es muss auch relativ teuer gewesen sein, was die Zielgruppe der Verbraucher einschränkte.

Höchstwahrscheinlich wurden mit dem Schnee überwiegend Kräuter, Heilpflanzen oder Kampfer (Campher) verarbeitet. Durch ätherische Öle muss das Eis wohltuend gerochen und sehr wahrscheinlich auch geschmeckt haben.

Aus dem Mittelalter wird aus arabischen, türkischen und persischen Ländern berichtet, die ‚serbet' hergestellt haben. Heute ist das Wort Sorbet (Halbgefrorenes) üblich, das sich auf diesen Ursprung bezieht.

Die damalige Speise muss der heutigen bereits geähnelt haben. Geschmack gebende Früchte wie Quitten, Granatäpfel, Pfirsiche und Kirschen gaben dem Sorbet eine intensive Farbe.

Die Herausforderung bei der Erstellung und vor allem bei der Lagerung von Speiseeis war die fehlende Möglichkeit der Kühlung.

Erst als entsprechende Geräte, zum Beispiel vom Unternehmen namens Linde auf den Markt kamen, konnte das Speiseeis seinen Siegeszug beginnen.

Das erste Eiscafé

Das erste Eiscafé ist in Frankreich, natürlich in Paris, im Jahr 1686 eröffnet worden. Der Italiener Francesco Procopio dei Coltelli (1651 – 1727) wagte diesen mutigen Schritt.

Er hatte großen Erfolg. Deutschland musste noch über 100 Jahre warten. Im Hamburger Alsterpavillon eröffnete schließlich 1799 die erste deutsche Eisdiele.

Die pfiffige Engländerin Agnes Bertha Marshall (1855 – 1905) gilt als Erfinderin einer Eismaschine und einer Kühlanlage, sowie der Eiswaffel (1888). Sie wurde damals wohlwollend als Eiskönigin tituliert.

Speiseeis im Becher oder in der Waffel ist geläufig. Aber halt! Seit wann gibt es denn das Eis am Stiel? Hier muss in die USA geblickt werden.

Der 11-Jährige Francis (Frank) William Epperson (1894 – 1983) hatte im Winter 1905 aus Versehen einen Löffel in einer aus Brausepulver angerührten Limonade gelassen. Über Nacht fror die Limonade zu einem ‚Eis am Stiel'. 1923 ließen er und Harry Bust (mit Vanille-Eis) diese geniale Idee patentieren.

Mit einem Durchschnittsverbrauch von etwa acht Litern pro Kopf, hinken die Deutschen weit hinter den US-Amerikanern her. Diese genießen etwa 22 Liter Speiseeis pro Jahr. Quelle: ADAC Traveller 3/06.

Im Jahr 2022 hat im Schnitt jeder in Deutschland 116 Kugeln Speiseeis verzehrt. (Quelle BDSI). In hiesiger Kultur wird Speiseeis oft in Kugelform genossen. In Italien wird das Eis mit einer Spachtel in die Waffel gegeben. (Plastik-) Löffelchen werden in Italien nicht verwendet.

Übrigens: Am 23. Juli wird in den USA der ‚National Vanilla Ice Cream Day' begangen.

Stracciatella-Eis und Spaghetti-Eis

Das Stracciatella-Eis wurde im italienischen Bergamo erfunden. Dem Inhaber einer Eisdiele fiel aus Versehen flüssige Schokolade in eine Eismasse. Schon war das legendäre Stracciatella-Eis erfunden.

Sie haben bei der Eisdiele um die Ecke bestimmt schon einmal von einem Spaghetti-Eis gehört? Dazu bedarf es selbstverständlich keinerlei Teigwaren, sondern Sahne, Ei, Zucker, Milch und andere leckerer Dickmacher.

Vanilleeis wird mithilfe einer Spätzlepresse über gefrorene Schlagsahne gepresst. Dazu ein Erdbeerpüree, sodass sich der Effekt der Tomatensauce einstellt. Und schließlich getoppt mit Raspeln weißer Schokolade oder Kokosflocken, damit der Parmesan-Käse nicht fehlt.

Irgendwann im Jahr 1969 hat es in Dario Fontanellas (*1952) Gehirn einen Kick getan: Weshalb nicht ein Eis herstellen, das den beliebten Nudeln ähnlich sieht? Also machte er sich an die Arbeit und experimentierte.

Jeder gute Eisdielenbesitzer in Deutschland, der etwas auf sich hält, hat Dario Fontanellas Eisspezialität im Angebot. Darios Großvater Michelangelo Fontanella hatte 1906 in einem Städtchen in der Nähe von Venedig eine Pasticceria-Gelateria, also eine Eisdiele, eröffnet.

Kapitel 9 – Käse, Exotische Früchte, Kuchen und Süßes

Darios Vater Mario ging 1933 nach Deutschland, um dort seine erste Eisdiele zu eröffnen. Der aktuelle Besitzer führt seit 1985 sein eigenes Geschäft.

Nebenbei: Wie würde Ihnen ein Schafskäse-Eis munden? Oder doch lieber ein Safran-Eis, ein Bier-Eis, ein Balsamico-Eis oder doch lieber ein Wasabi-Gurken-Eis?

Cassata alla Siciliana und Cassata-Eisbombe

Das Wort ‚cassata' kommt aus der arabischen Sprache ‚qas'at', was für ‚runde Schüssel' steht. Die Benennung einer besonderen Süßspeise hat offensichtlich arabischen Einfluss, bereits im zehnten Jahrhundert.

Die Sizilianer und speziell die Bewohner der sizilianischen Hauptstadt Palermo sind stolz darauf, eine ‚Schichttorte' namens Cassata erfunden zu haben.

Früher wurde diese Köstlichkeit ausschließlich in Klöstern oder herrschaftlichen Häusern verzehrt.

Es heißt, dass keine Hochzeit, geschweige denn Ostern, für einen Italiener ohne den Genuss einer Cassata alla Siciliana denkbar wäre.

Abwechselnd wird eine Creme aus Ricotta (Frischkäse), Zucker, Biskuit, eventuell Marzipan, in einer Schüssel geschichtet und später aus der Schüssel gestürzt.

Die Cassata wird mit Zucker glasiert oder heißer Schokolade begossen. Und vor allem: Sie wird mit farbenfrohen kandierten Früchten garniert.

Die Cassata-Eisbombe hat drei übereinander gelegte Eis-Schichten (Himbeer-, Vanille- und Schokoladeneis). Auch sie ist erkennbar durch die vielen kandierten Früchte.

Softeis

Wie es die Bezeichnung ‚soft' anzeigt, handelt es sich um ein weiches Eis, das aus einer Maschine in eine Waffel oder in einen Becher gezapft wird.

Dem US-Amerikaner griechischer Herkunft und Eisverkäufer Tom Carvel (1906 – 1990) ist 1934 mit seinem Eis-Lieferwagen eine Reifenpanne passiert. Er konnte nicht weiterfahren. Dumm, dass das angebotene Eis langsam aufweichte.

Zu seiner großen Überraschung stellte er fest, dass das weiche Eis einen reißenden Absatz bei Passanten fand. In Kürze war er ausverkauft. Das Softeis war geboren.

Welt der exotischen Früchte

Apfelbanane bis Zwergpomeranze

„Dankbarkeit ist eine Frucht, die sorgfältige Pflege verlangt.
Bei unfeinen Menschen gedeiht sie nicht."
Samuel Johnson, engl. Sprachforscher
(1709 - 1784)

Exotische Früchte

Fremdes erscheint oft exotisch. Wenn hier von exotischen Früchten gesprochen wird, ist nicht nur die Banane und Orange gemeint, sondern die wirklichen Exoten, die im Augenblick noch eher selten auf dem heimischen Markt zu finden sind.

Vor mehreren Generationen galt die Apfelsine, der ‚Apfel von China', als exotisch. Ursprüngliches Anbaugebiet war Südchina, von wo aus sie um 1700 über Amsterdam, dann Hamburg, nach Norddeutschland kam. Auch der Pfirsich, nämlich der als ‚Apfel aus Persien' benannt, galt ursprünglich, zu Recht, als exotisch.

Heute gibt es oft ganzjährig Zugriff auf Früchte aus aller Welt. Einige davon gelten immer noch als etwas Besonderes oder Unbekanntes. Also: Weshalb Ihren Gästen nicht mal tatsächlich Exotisches bieten? Was halten Sie von einigen exotischen Früchten zum Dessert, oder auch als Willkommensgruß im Gästezimmer?

Mitteleuropa bietet bereits eine unglaubliche Auswahl an Obstsorten, darunter viele Beeren. Exotisches klingt für viele Menschen reizvoller als Hiesiges. Tatsächlich kann fast alles aus allen Ländern importiert werden.

Per Schiff dauert der Transport Wochen, per Flugzeug nur Stunden. Solch eingeführtes Obst nennt sich Flugobst, was den Verkaufspreis etwas höherschraubt. Eine deutsche Handelskette beschließt im Jahr 2023, aus Umweltschutzgründen in Zukunft auf Flugobst zu verzichten. Lieber Regionales als Exotisches? Übrigens: Als Liebesapfel, Paradiesapfel oder (österr.) Paradeiser, ist die Tomate gemeint. Die Bezeichnung Erdapfel hingegen steht für die Kartoffel. In Österreich wird eine Sorte besonders großer Erdbeeren Ananas genannt. Die Ananas selbst heißt Hawaii-Ananas.

Granatapfel

In vielen Früchten steckt eine gewisse Symbolkraft oder es ranken sich interessante Geschichten um sie. So soll der Granatapfel der Apfel gewesen sein, von dem Adam und Eva im Paradies genascht haben sollen, mit der bekannten Konsequenz der Vertreibung aus der paradiesischen Umgebung.

Im Judentum wird der Granatapfel zum Neujahrsfest Rosh Hashana verzehrt. Die Samenkörner des Apfels stehen für Fülle und Reichtum. Gerne wird kolportiert, dass eine Frucht 613 Samenkerne habe, so viel wie Gebote (Mitzwa/Mitzwot) in der Tora stehen. Sie können die Kerne mal nachzählen ... Die granatapfelförmigen Aufsätze der Rollstäbe einer Torarolle haben den Granatapfel (Rimonim) als Vorbild.

Musk Melone

Japaner verschenken gerne Obst. Der Obsthändler Naoto Hiraishi bietet eine in seinen Augen formvollendete Melone mit perfektem Netzmuster für umgerechnet Euro 220,- an (2017).

Apfelbanane Babaco Babyananas Cherimoya

Durian Feige Granatapfel

Guave Jackfruit Java-Apfel

Kaki Kaktusfeige Karambole Kiwano

Kiwi Kumquat Kuruba Litschi

Longan   Mamey-Apfel   Mamoncillo   Mango

Mangostan   Maracuja

Mispel   Nashi   Papaya   Pepino

Physalis   Pitahaya

Rambutan   Salak   Sapodilla

Soursop   Tamarillo   Thai-Mango

Apfelbanane

Auch Babybanane, Fingerbanane, Babyfinger

Der Größenvergleich ist eindeutig. Rechts die im Einzelhandel übliche Banane, meist aus Mittelamerika importiert. Links die kleinere Apfelbanane, von der es angeblich viel mehr Sorten auf der Welt gibt als von den größeren.

Auch die kleinen, 8 bis 10 cm langen Bananen wachsen an einer Bananenhand. Sie stammen aus vielen Ländern unserer Erde; aus Süd- und Mittelamerika, afrikanischen Ländern, aber auch aus dem fernen Osten. Das Fruchtfleisch ist weich, hell und etwas intensiver im Geschmack als bei der hierzulande üblicherweise verkauften große Banane.

Braune Flecken auf der Schale der Apfelbanane sind ein gutes Zeichen der Reife. Die braunen Flecken werden durch den natürlichen Zuckergehalt hervorgerufen.

Um die kleine Banane den Umgangsformen entsprechend zu öffnen, gilt deshalb: Vorgehen, wie bei der großen Banane. Die Banane an den beiden Enden einschneiden. Die Schale der Länge nach aufschneiden; das Fruchtfleisch in Scheiben schneiden. Dann genießen.

Babaco

Auch Zitronenmelone

Die Frucht ist mild, sie schmeckt erfrischend, leicht säuerlich. Die Schale ist genießbar. In Scheiben schneiden, auf Wunsch mit Zucker bestreuen. Kommt aus Neuseeland, Ecuador, auch Italien.

Babyananas

Auch Zwergananas, Queen-Pineapple

Die Babyananas ist deutlich kleiner als die bei uns übliche Ananas. Sie stammt aus Mittel- und Südamerika, aber auch aus afrikanischen und anderen Ländern, zum Beispiel aus Thailand. Die reife Frucht erkennen Sie an der schönen, goldgelben Farbe der Schale. Das Fruchtfleisch ist besonders saftig süß. Im Geschmack ist sie viel intensiver als die große Schwester.

Die Ananas der Länge nach vierteln. Den dünnen Strunk in der Mitte müssen Sie nicht unbedingt herausschneiden. Meistens kann er mitgegessen werden. Das Fruchtfleisch an der Innenseite der Schale ausschneiden.

In Stücke schneiden, mit der Gabel aufspießen.

Cherimoya

Auch Rahm-Zimt-Zuckerapfel

Sie ist reif, wenn sie bräunlich ist. Halbieren, Fruchtfleisch auslöffeln. Schmeckt sahnig-fruchtig nach Erdbeere mit Zimt. Püriert ist sie zum Verfeinern süßer Cremespeisen geeignet. Die Kerne sind ungenießbar.

Durian

Auch Durione, Stinkfrucht, Zibetkatzenbaumfrucht

Obwohl einige den Geschmack als ‚käsig' beschreiben, was in diesem Zusammenhang mit übelriechend oder stinkend gleichzusetzen ist, schmeckt das Fruchtfleisch ausgesprochen lecker. Es ist überraschend fest und von der Sinnesempfindung her eher trocken. Die Samenmäntel bilden das essbare Fruchtfleisch. Würzig und fruchtig, erinnert es an Vanille, Mandeln und Zwiebeln. Die Durian ist roh genießbar. In Asien wird die Frucht hochgeschätzt und gilt als besondere Delikatesse. Die Bezeichnung ‚Stinkfrucht' rührt von der unangenehmen Eigenschaft her, dass sie einen aufdringlichen Gestank verströmt, der überhaupt nicht dem köstlichen Geschmack entspricht.

Fassen Sie die Frucht mit bloßen Fingern an, wird der Geruch Sie noch über Stunden verfolgen. In manchen Unternehmen und Verkaufsläden ist es verboten, die Geschäftsräume mit einer Durian (in der Einkaufstasche) zu betreten. Die Durian-Verbotsschilder wurden sogar schon an Taxifahrzeugen entdeckt.

Feige

Hauptsächliche Lieferländer finden sich in Südeuropa. Das Fruchtfleisch der Feige ist weich, samtig und angenehm aromatisch süß.

Die Frucht wird längs geviertelt. Das Fruchtstück mit beiden Händen greifen, die Schale nach unten biegen und von oben das rötliche Fruchtfleisch abessen. Alternativ kann die halbierte Frucht auch ausgelöffelt werden. Die Kerne sind genießbar.

oder

Guave

Reif duftet sie angenehm, die Schale ist gelblich und gibt leicht nach. Das Fruchtfleisch ist grünlich bis rosarot. Sie schmeckt säuerlich, etwas nach Birne und Feige. Das Fleisch auslösen und durchs Sieb streichen. Gut zu Desserts oder als Chutney.

Granatapfel

Die roten Beeren sind essbar. Sie haben ein süßlich-herbes Johannisbeeraroma. Sie passen gut in Obstsalate, zu Fisch und Fleisch. Ausgepresste Beeren als Saft pur oder mit Weißwein genießen.

Achtung: der rote Farbstoff ist sehr farbintensiv! Frischer Granatapfelsaft eignet sich hervorragend als Zutat in Cocktails und Mixgetränken.

Der Granatapfelbaum benötigt 4 Jahre bis zum ersten Fruchtertrag und trägt dann 20 bis 30 kg Früchte pro Baum.

Da die Früchte unterschiedlich schnell reifen, kann über einen Monat lang geerntet werden. Vorsichtig ernten, um die Schale nicht zu verletzen.

Der Granatapfel gilt als die älteste Frucht der Welt. Besonders gesund soll Punica granato sein, als älteste Heilfrucht. Im alten Ägypten 1500 v. Chr. wurden Granatäpfel gegen Darmparasiten verzehrt.

Öffnen des Granatapfels: Vorsichtig am Kelch eine dünne Scheibe abschneiden und die Schale Richtung Stil ein paar Mal einschneiden. Aufpassen, nicht in die Samenhülle schneiden.

Geben Sie den Apfel in eine Schale mit kaltem Wasser. Dort können Sie ihn jetzt auflösen, ohne dass sich hartnäckige Spritzer auf Ihrer Kleidung festsetzen.

Oder: Deckel abschneiden, spaltenförmig aufschneiden.

Oder: In der Hälfte aufschneiden, auf die Rückseite klopfen und Kerne ausklopfen.

Jackfruit

Auch Jakobsfrucht

Sie haben die größte an einem Baum wachsende Frucht erwischt. Und die schwerste. Sie bringt 7 kg bis etwa 40 kg (!) auf die Waage. Eindeutig ein Highlight unter den exotischen Früchten.

Von der Jakobsfrucht können Sie ein paar Tage lang essen. Eine grün-gelbe Schale umgibt das Essbare. Mit etwas Kraftanstrengung und mit einem scharfen Messer öffnen Sie die Frucht.

Das Fleisch schmeckt leicht trocken, leicht bitter.

An einem Strang im Innern der Frucht hängen mehrere orange- bis goldfarbene Segmente. Sie riechen aromatisch und fühlen sich feucht an. Sie sind süß im Geschmack.

Java-Apfel

Die Frucht kommt aus Indonesien, Thailand und Südamerika, mit hellgrüner oder roter Schale.

Die Frucht hat einen leichten süßsauren Geschmack. Sie wird roh gegessen wie ein Apfel.

Kaki

Auch Kakiapfel, Kakipflaume, Götterpflaume, Dattelfeige, Chinesische Quitte, Japanische Aprikose, Japanische Dattelpflaume, Japanische Persimmone, Sharonfrucht (ohne Kerne)

Die Kaki ist rund, die Persimone eher pflaumenförmig und die Sharon rund abgeflacht. Die Kaki ist strahlend dunkelrot, die anderen beiden sind eher rotgelb bis orange.

Die Sharon ist fast kernlos. Ansonsten können hier die Kerne/Samen mitgegessen werden.

Bei den anderen Sorten die Samen nicht mitessen.

Die Frucht ist reif, wenn sie weich und das Fruchtfleisch geleeartig ist. Sie schmeckt fruchtig-mild-süß. Die Frucht ist roh genießbar.

Ist die Frucht reif genug, kann sie halbiert und ausgelöffelt werden.

Kaktusfeige

Auch Kaktusbirne, Feigendistel, Opuntie, Stachelbirne, Stachelfeige, Tuna

Das aromatische Fruchtfleisch ist zwischen dunkelrot über rosa bis gelb. Es schmeckt erfrischend, leicht säuerlich. Die halbierte Frucht mit der linken Hand halten und mit der rechten auslöffeln.

Achtung: An der Außenhaut sind ganz feine, kleine, spitze Dornen, die sich gerne in die Haut drücken. Deshalb am besten zwischen Frucht und Hand eine kleine Papierserviette nehmen.

Die Kaktusfeige (ursprünglich aus Mexiko) ist häufig im Mittelmeerraum zu finden.

Karambole

Auch Baumstachelbeere, Sternfrucht, Averrhoa

Die Karambole ist oval, hellgrün bis gelb. Nach einigen Tagen wird sie dunkler und bekommt schwachbraune Ränder. Die glatte Schale kann gegessen werden – nicht aber unbedingt die bräunlichen Kanten.

Die äußere Form ist ungewöhnlich, aber ansprechend und lässt die Frucht sofort erkennen. Meist sind es fünf Rippen beziehungsweise Blätter, die sich längs ausgebildet haben.

Das Innere schmeckt erfrischend, etwas säuerlich. Roh oder gedünstet passt sie zu Fisch und Fleisch. Als Dekoration wird sie gerne bei Obstsalaten oder Cocktails eingesetzt.

Dazu wird sie quer in Scheiben aufgeschnitten, sodass eine (meist) fünfzackige Form entsteht. Sehr dekorativ.

Kiwano

Auch Swani-Melone, Horngurke

Die Kiwano stammt ursprünglich aus dem südlichen Afrika.

Die reife Frucht ist an der orangenen Farbe zu erkennen. Der Geschmack ist erfrischend und erinnert an Gurke, Banane und Zitrone. Das Fruchtfleisch wird in Desserts eingesetzt oder roh genossen.

Dazu die Frucht längs durchschneiden und das gallertartige, leuchtendgrüne Fruchtfleisch aus der stachelig dornigen Schale herauslöffeln. Die in der Kiwano enthaltenen Kerne können mitgegessen werden. Kühl gelagert ist die Frucht monatelang haltbar.

Kiwi

Auch Chinesische Stachelbeere

Ursprünglich aus China, in Neuseeland kultiviert, aber auch aus anderen Ländern bekannt. Es gibt die klassische grüne Kiwi, aber auch die goldene Kiwi, mit goldgelbem Fleisch. Violettfarbene sind in der Züchtung. Grüne Minikiwis sind bereits im Handel.

Die halbierte Frucht mit der linken Hand halten und mit der rechten auslöffeln. Auch möglich: In Scheiben schneiden und mit Messer und Gabel bearbeiten.

Kumquat

Auch Zwergorange, Zwergpomeranze

Die ca. 5 Zentimeter beerengroße, eiförmige Frucht gehört zu der Gruppe der Zitruspflanzen. Tatsächlich sieht sie aus wie eine Mini-Orange. Und so ähnlich schmeckt sie auch: bittersüß nach Orangen. Für Obstsalate, Füllungen, Marmelade. Die weichen Früchte verderben schnell. Ungewöhnlich – aber: Die Schale wird komplett mitgegessen.

Kuruba

Auch Curuba, Bananen-Passionsfrucht, Tasco

Diese Frucht wird in Südamerika angebaut. Geschlossen sieht sie etwa wie eine kleine dicke Banane aus. Die Frucht kann geschält werden, oder mit dem Messer halbiert und dann ausgelöffelt werden.

Das orangefarbene, geleeartige Fruchtfleisch mit vielen essbaren Kernen schmeckt würzig aber sauer.

Litschi

Auch Lychee, Liebesfrucht, Litschipflaume, Chinesische Haselnuss

Reife Früchte haben eine rosarote Schale und perlmuttfarbenes Fleisch. Süßsauerwürzig, etwas nach Muskat schmeckend. Die Litschi stellt ein herzhaftes Dessert dar. Wie ein Ei pellen und den Kern entfernen.

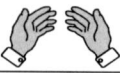

Longan

Auch Drachenauge, Lamyai

Angeblich stammt die Frucht aus Indien, wo sie schon um Christi Geburt kultiviert wurde. Später drang sie nach China vor und in andere asiatische Länder.

Die dünne, glatte Schale ist leicht brüchig und lässt sich durch leichten Druck aufdrücken. Sie kommen dann direkt an das Fruchtfleisch, das elfenbeinfarben bis rosa sein kann. Die Frucht schmeckt süß-fruchtig. Sie ist verwandt mit der Litschi und der Rambutan. Schmeckt am besten roh. Der große Kern ist ungenießbar. Beim Pellen vorsichtig sein, da Spritzer entstehen können.

Mamey-Apfel

Aus Florida und Mexiko kommt der Mamey-Apfel. Die Frucht halbieren, vom Kern etwas abreiben, den Apfel damit bestreuen. Das Fruchtfleisch auslöffeln.

Mamoncillo

Kleine Früchte mit lederartiger grüner Haut. Das weiße, cremefarbene Fruchtfleisch ist genießbar. Die Frucht lässt sich durch leichten Druck auf die Schale öffnen. Der Geschmack ist süß-säuerlich.

Mango

Reif ist die Mango, wenn sie duftet und beim Drücken leicht nachgibt. Schale und Kern entfernen. Roh genießbar, herzhaft in Currys, als Chutney zu Geflügel, Schinken und Lachs. Die jeweils erste Scheibe links und rechts parallel zum weißen großen Kern abschneiden. Mit der Schale nach unten legen.

In das Fruchtfleisch ein Schachbrettmuster schneiden. Das Fruchtstück mit beiden Händen greifen, die Schale nach unten biegen und von oben das Fruchtfleisch abessen. Die nächsten Scheiben dann mit Messer und Gabel bearbeiten.

zuerst   , dann

Mangostan

Auch Mangosteen, Breiapfel

Die Mangostan hat ihren Siegeszug ursprünglich in Malaysia gestartet. Heute ist sie in vielen asiatischen Ländern zu finden. Das lecker süß schmeckende Fruchtfleisch wird durch eine harte, dunkelviolette bis dunkelrote Schale geschützt. Die Schale wird nicht gegessen.

Greifen Sie die Frucht mit beiden Händen. Drücken Sie die dicke Schale und brechen sie an einer Stelle auf. Dann lässt sich die Schale leicht vom Fruchtfleisch lösen. Sollten Sie hingegen die Schale nur nach und nach abbrechen, werden Ihre Fingerkuppen schnell rot-lila aufgrund austretender Flüssigkeit. Vorsicht: Der Saft hinterlässt hartnäckige Flecken! Nach dem Öffnen sehen Sie mehrere Fruchtfilets. Dieses samtartige, weiße Fruchtfleisch ist essbar.

Die weißen Filets können verschieden groß sein. Mindestens ein Kern befindet sich in jeder Frucht, meist in einem der dickeren Segmente. Die Kerne werden nicht mitgegessen.

Maracuja

Auch Passionsfrucht, Marakuja, Granadilla

Die feste Schale ist gelb, grün bis lila beziehungsweise purpurn, manchmal bis ins braune gehend. Schneiden Sie die Frucht quer auf. Das gallertartige Fruchtfleisch löffeln Sie aus. Ideal für Desserts und Getränke.

Achtung: sehr intensiv, bitterlich im Geschmack, deshalb sparsam verwenden sonst dominiert ihr Aroma. Häufig ist der Saft der Maracuja in Mehr-Frucht-Säften zu finden.

Wird die Schale schrumpelig, dunkel-lila bis bräunlich, bietet sie den intensivsten Geschmack. Die Passionsfrucht gehört zu derselben Familie. Ursprünglich kommen die über 100 Arten der Passionsfrucht aus Südamerika. Heute sind sie allerdings auch in Asien zu finden.

Mispel

Auch Loquat, Japanische Mispel, Nespole

Die Schale mit dem Messer abziehen, aufschneiden, ohne Kerne genießbar. Sehr erfrischender Geschmack. Zu finden im Mittelmeerraum, in China und Japan.

Nashi

Auch Japanische Birne

Es gibt eine chinesische und eine japanische Variante. Die Nashi schmeckt saftig-süß, leicht nach Birne. Roh als Snack, in Salaten. Geschmort zu Wildgerichten geeignet. Mit Messer und Gabel bearbeiten, oder mit der Hand greifen und wie einen Apfel essen.

oder

Papaya

Auch Baummelone

Sie ist süßlich und etwas nach Melone schmeckend. Die vielen Kerne sind ungenießbar, lassen sich aber problemlos auslöffeln. Die Frucht hat wenig Säure, schmeckt ausgezeichnet roh oder gut mit Limettensaft. Passt auch gut zu Geflügel, Schinken, Meeresfrüchten.

Die Frucht der Länge nach vierteln, Kerne auslöffeln. Das Fruchtfleisch von innen von der Schale lösen, in kleine Stücke schneiden, mit der Gabel aufspießen.

Wenn die Frucht reif ist, zeigt sie, je nach Sorte, gelbe Flecken und gibt leicht nach. Die Papaya gedeiht in vielen Ländern. Allerdings sind die im Ausland angebotenen Früchte von der Größe her nicht im Geringsten so, wie sie hierzulande angeboten werden. Problemlos 30, 40, 50 cm in der Länge, teilweise mehrere Kilogramm schwer. In hiesiger Kultur scheinen wir nur die kleinen, übrig gebliebenen Früchte zu erhalten.

Pepino

Auch Melonenbirne

Die Pepino ist reif, wenn die Schale cremig-gelblich ist. Süß, intensiv nach Birne und Melone schmeckend. Roh, in Salaten, mit Käse oder Schinken.

Physalis

Auch Goldbeere, Erdkirsche, essbare Judaskirsche, Ananaskirsche, Kapstachelbeere

Die Physalis aus der Hülle entfernen, am Stiel halten. Trocken und luftig lagern, da sie schnell schimmelt. Süß-säuerlich, erfrischend. Roh genießbar, in Fruchtsalat, als Kompott und als Tortenbelag. Sehr dekorativ!

Pitahaya

Auch Drachenfrucht, Pitaya

Von der Optik her betrachtet, haben Sie hier eine der interessantesten Früchte in der Hand. Eine gelbe oder knallrote ovale Kaktusfrucht mit weißlichem oder die kugelförmige mit rotem Fleisch. Das erfrischende Fruchtfleisch ist voll kleiner, genießbarer Kerne. Schneiden Sie die Frucht längs auf, um das Fruchtfleisch auszulöffeln.

Mittlerweile ist die Drachenfrucht fast ganzjährig auch in Deutschland zu kaufen. Angeboten sind meist die mit dem weißen Fruchtfleisch. Vor Ort gibt es auch die mit lilafarbenem Fruchtfleisch, deren Geschmack der weißen 1:1 gleicht. Äußerlich unterscheiden sich die beiden Früchte sichtbar durch ihre Form. Die mit dem roten/lila Fruchtfleisch ist fast kugelförmig, die mit weißem Inhalt eher länglich gestreckt.

Die gelbe Frucht sieht von außen von der Struktur anders aus. Sie hat weißes Fruchtfleisch, die Kerne sind etwas größer. Sie ist etwas ‚voller' und ‚weicher' im Geschmack als die roten/lilafarbenen Früchte.

oder

Rambutan

Auch hier wieder eine interessante Frucht, die aus Malaysia stammt. Zuerst könnte angenommen werden, eine vom Baum gefallene Esskastanie in der Hand zu halten. Von der Größe her könnte das sogar stimmen.

Allerdings sind die Stacheln außerordentlich weich und angenehm anzufühlen. Der Begriff Stacheln passt nicht so ganz, wird sich darunter doch meist etwas vorgestellt, was piekst.

Die Schale mit den weichen Stacheln lässt sich einfach durch leichten Druck öffnen. Süß-fruchtig, etwas nach Muskat schmeckend, ähnelt das Fruchtfleisch der Litschi. Schmeckt am besten roh. Der Kern ist ungenießbar.

Die meisten Rambutans haben eine rote Schale. Es gibt allerdings auch einige mit einer gelben.

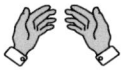

Salak

Auch Schlangenhautfrucht, Schlangenfrucht

Der deutsche Name der Frucht kommt von ihrer dünnen, festen, glänzenden Schale. Die leicht geschuppte Schale sieht, mit etwas Fantasie, wie eine Schlangenhaut aus. Die Salak hat die Größe einer dicken Feige.

Manchmal auch eher oval mit zwei auslaufenden Spitzen oben und unten. Die Schale fühlt sich fest und trocken an. Die sehr dünne Schale besteht aus vielen übereinanderliegenden, festen, braunen Schuppen, die nach oben hin ausgerichtet sind. Gibt die Schale beim Druck nach, ist die Frucht überreif.

Mithilfe eines Messers lässt sich die Frucht leicht schälen. Am besten von oben nach unten, da so die aufeinanderliegenden Schuppen leicht gelöst werden können.

Nach dem Schälen wird das elfenbeinfarbige Fruchtfleisch sichtbar. Es fühlt sich überraschend trocken an. Die Filets können verschieden dick sein; auch die Anzahl der Filets ist unterschiedlich. In mindestens einem Filet findet sich ein fester, kugelrunder Kern, der sich leicht vom Fruchtfleisch lösen lässt.

Das genießbare Fruchtfleisch ist im Geschmack einer noch nicht ganz reifen Nektarine ähnlich.

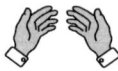

Sapodilla

Das zarte, geleeartige Fruchtfleisch schmeckt süßlich, leicht nach Birne und Aprikose. Schale, Fasern und Kerne sind ungenießbar.

Roh oder in Salaten und Crèmespeisen einsetzbar.

Soursop

Auch Guyabano, Sauersack

Die Frucht kann 3 bis 4 kg schwer werden. Sie ist 20 bis 40 cm lang. Außen grün und leicht weich stachelig. Innen versteckt sie weißes Fruchtfleisch mit schwarzen ungenießbaren Samenkernen. Das helle Fruchtfleisch lässt sich problemlos essen. Es ist sehr saftig und schmeckt leicht säuerlich.

Die Frucht kann ewig lang am Baum hängen, immer im unreifen Zustand, was sich durch das grüne Äußere darstellt.

Fährt Wind durch die Bäume und lässt sie hin und her wiegen, verfärben sich die Früchte außen leicht bräunlich und können dann verzehrt werden. Zum Verzehr die Schale aufschneiden und Fruchtfleisch ohne Kerne genießen.

Tamarillo

Auch Baumtomate

Im reifen Zustand ist die Tamarillo dunkelrot, weshalb sie auch Baumtomate genannt wird.

Die Frucht ist sehr aromatisch und fruchtig. Tamarillo halbieren und auslöffeln. Die Kerne sind essbar. Frisch oder gedünstet wird sie zu Fleisch oder in Salaten serviert.

Thai-Mango

Auch Chok Anan

Die Thai-Mango hat eine andere Farbe und Form. Die Schale kann gelb bis grün sein. Die Form der Mango zeigt oben eine kleine rund verlaufende Spitze.

Sie schmeckt etwas süßer als die klassische Mango. Gehen Sie beim Zerlegen so vor, wie bei der Mango.

Zuerst  dann

Kapitel 10 – Exklusives, Exotisches und Extremes

Der Mensch lebt nicht vom Brot allein

Exklusives

„Safran macht den Kuchen gel."
Volkslied: Backe, backe, Kuchen
Ludwig Christian Erk (1807 - 1883) und Franz Theodor Magnus Böhme (1827 - 1898)

Safran

Safran sind goldgelbe Fäden einer Krokusart, die seit über 4.000 Jahren von Hand gepflückt werden. Etwa 150.000 Blüten vom ‚crocus sativus‘ werden benötigt, bis ein Kilogramm getrockneter Safran zusammenkommt. Entsprechend hoch ist der Preis.

Immerhin gilt Safran als das teuerste Gewürz der Welt. Überwiegend stammt er aus Afghanistan und Iran. Im Altpersischen heißt er ‚zar-paran‘. ‚Zar‘ steht für ‚gold‘, ‚par‘ für ‚Blütenblätter‘, gleich ‚Blüten, wertvoll wie Gold‘ oder ‚goldene Blätter‘.

Safran wird Gerichten hinzugefügt, um das unvergleichbare Aroma zu erzielen.

Und natürlich, um der Speise die entsprechend leuchtend goldgelbe Farbe zu geben. Bekannte Gerichte mit Safran sind zum Beispiel Risotto Milanese und Paella.

Ursprünglich wurde Safran nicht nur in der Küche, sondern auch als Medizin und zum Färben verwendet.

Gold, Blattsilber und Silberflocken

Obwohl Gold vom menschlichen Körper nicht verwertet werden kann und unverdaut wieder ausgeschieden wird, wird Blattgold hauchdünn zum Beispiel zur Dekoration auf Torten und als Dekor auf Süßspeisen verwendet. Bekannt auch auf Suppen (Fasanenessenz mit Goldblättchen), sogar in Spirituosen (Danziger Goldwasser).

Es würde wohl viele, viele Tage täglichen Verzehrs mit Blattgold verzierten Speisen dauern, bis 1 Gramm Gold verbraucht wäre – so dünn ist Blattgold hergestellt! 1 Gramm Blattgold ausgerollt ergibt immerhin etwa die Fläche eines halben Quadratmeters. Nichtsdestotrotz gibt es den Speisen einen eleganten, sehr exklusiven und manchmal fast dekadenten Touch.

Ähnlich, wenn auch seltener verwendet, verhält es sich mit Blattsilber. Silber finden sich auf edlen Pralinen, in Cocktails und in diversen Speisen.

Perlen vor die Säue werfen?

Nein, sicherlich nicht. Kleopatra, aber auch der Sohn des Schauspielers Aesopos soll eine in Essig aufgelöste Perle getrunken haben. Der Wert dieser Perle: 10 Millionen Sesterze. Ein Getränk, das seinerzeit bereits ein Vermögen kostete. (Ein römischer Legionär erhielt als Jahressold etwa 900 Sesterze).

Heutzutage finden sich Perlen nicht mehr im Speiseangebot, abgesehen von Zuckerperlen, Liebesperlen und ähnliche. Perlen sind nicht zu verwechseln mit Perlmutt, das Schimmernde an der Innenseite von Muschelschalen.

Manna – die Speise aus dem Himmel

Manna regnete vom Himmel, um den aus Ägypten flüchtenden Israeliten Speise zu geben. Deshalb wird Manna auch als Himmelsbrot bezeichnet und als eine weiße, zuckerähnliche Speise beschrieben.

Blühende Schönheiten

„Über Rosen lässt sich dichten, in die Äpfel muss man beißen."
Johann Wolfgang von Goethe, dt. Dichter
(1749 - 1832)

Vom Gänseblümchen bis zur Rose

Eine wilde Hibiskusblüte – eingelegt in Zuckersirup – wird in einem Sektglas mit Champagner übergossen. Das Getränk färbt sich leicht rosa – die Blüte öffnet sich (Quelle: AHGZ, Nr. 20, 20.05.06). Ein toller Anblick. Die Blüte wird später mit einem Cocktailspieß oder Zahnstocher aufgespießt und kann verzehrt werden.

Einige Menschen reagieren allergisch auf Blüten. Für andere kann der Genuss schädlich sein. Einige Blumen sind für den Menschen sogar ungenießbar und hochgiftig! Informieren Sie sich bitte vorab an kompetenter Stelle, ob Sie sich dem kulinarischen Blütenzauber hingeben wollen.

Dahlie und Fuchsie

Geben Sie auf einen grünen Salat einige Dahlienblüten als Garnitur. Die Blüten schmecken würzig-säuerlich, sind aber im Geschmack verschieden.

Die Fuchsie kann frisch auf grünem Salat gegessen werden. Sie findet sich auch kandiert in Speisen.

Rosen, Gänseblümchen und andere

Die Boten der Liebe sind auch in Speisen wiederzufinden. So als Rosenwasser, zum Beispiel in Marzipan oder im Weihnachtsgebäck. Auch Rosenblätter und Rosenöl werden benutzt.

Frisch aufgeblühte Gänseblümchen sollen auf einem Butterbrot gut schmecken. In kandierter Form auf Gebäck. Andere Blumen, die hin und wieder dekorativ verwendet werden oder entsprechend zubereitet auch genießbar sind, sind neben der Sonnenblume auch Veilchen und Tulpe.

Haben Sie schon einmal von der laotischen Gewürzliane gehört oder von Kai Pen, hauchdünnen würzigen Platten, hergestellt aus Flussalgen des Mekong?

Kapuzinerkresse

Die Kapuzinerkresse passt gut auf frische Salate. Die rotblühende ‚Empress of India' hebt sich gut vom grünen Salatblatt ab.

Sie passt gut zu Frischkäse oder Kartoffeln. Die Blüten können auch andere Farben, wie weiß, orange oder gelb haben.

Kakteen

Große Kakteen sind oft wunderbare Wasserspeicher und haben den einen oder anderen vor dem Verdursten gerettet. Die meisten Früchte der Kakteen sind essbar.

Aber wie sieht es mit dem Kaktusfleisch selbst aus? In Mexiko ist es auf dem Speiseplan zu finden, hierzulande eher nicht.

Ausgefallenes

„Gibt es etwas Exotisches?"

Am 30.04.2018 werden auf der hauseigenen Webseite von Bull City Burger in North Carolina ‚Scorpions, Pythons and Boars' unter ‚Exotoc meat' beworben.

"What's on the menu? It could be any of these meats and more. Alligator, Bison, Camel, Python, Venison, Turtle, Wild Boar, Ostrich, Duck, Caribou, Reindeer, Rabbit, Bugs, Goat, Rocky Mountain Oysters, Elk, Turkey".

Reichlich Ausgefallenes für den hungrigen und experimentierfreudigen Gast. Bestimmt ist für jeden Geschmack etwas zu finden.

Von Zwei- und Vierbeinern

Denken, handeln und speisen Sie global, so werden Ihnen immer wieder landestypische Speisen auffallen. So bereiten Speisen vom Känguru, Springbock oder Elch sicherlich keine Kopfschmerzen.

Hammelaugen, Fledermäuse oder Kamelfüße hingegen mögen sehr exotisch klingen. Wie sieht es aber mit dem Meerschweinchen aus?

Meerschweinchen

Schon die Inkas mochten sie: Als Opfertiere, aber auch zum Verzehr zubereitet. In Peru, Ecuador und Bolivien gelten Meerschweinchen heute noch als Delikatesse und sind überall zu finden. Gebraten, gewürzt, zerlegt – die Spezialität kann serviert werden. Meerschweinchen hat helles Fleisch, vergleichbar mit Hühnerfleisch.

Strauß

Seit einigen Jahren haben sich in Deutschland die ersten Straußenfarmen etabliert. Straußenfilets, zubereitet wie Rinderfilets, werden von den meisten Menschen, trotz des sehr fettarmen Fleisches, auf dem Teller oft nicht als Straußenfleisch erkannt.

Das riesige Straußenei dürfte den meisten bekannt sein, zumindest als Dekorationselement. Das Straußenfleisch ist dunkel und problemlos vergleichbar mit Rindfleisch. Es hat relativ wenig Cholesterin und Fett. Neben dem Straußenfleisch und den -federn wird das Straußenei verwendet.

Zebra und Pferdefleisch

Zebrafleisch ist ein dunkles Fleisch und mundet gegrillt etwa wie Rindfleisch. Pferdefleisch ist in Deutschland nur selten anzutreffen. In der Schweiz und in Belgien schon häufiger; aber auch in Ländern wie USA, Kanada, Mexiko, Italien, Argentinien, Australien wird es als Fleischkomponente in Gerichten geschätzt. Das Fleisch ist fettarm und zeichnet sich durch einen würzigen Geschmack aus.

Pferdefleisch musste bis 1993 im Verkauf getrennt angeboten werden, durfte also nicht in derselben Verkaufstheke mit Schlachtfleisch wie Rind und Schwein liegen. Heute können die Fleischsorten nebeneinander liegen. Es wird zu Pferdewurst, Braten, Steaks und Gulasch verarbeitet. Klassischerweise wird der Rheinische Sauerbraten mit Pferdefleisch zubereitet.

Übrigens: Papst Gregor III. erließ 732 ein Dekret, nach dem kein Pferdefleisch verzehrt werden durfte. (Quelle: wikipedia.org)

Kamel und Dromedar

Das fettarme Kamel- beziehungsweise Fleisch vom Dromedar schmeckt etwas süßlicher als Rindfleisch und ist wegen seines geringen Fettgehalts beliebt.

Antilope

Zu dieser Gruppe gehört neben der Antilope auch das Gnu, die Oryx-Antilope, das Impala und der Springbock. Das Fleisch schmeckt ähnlich wie hierzulande bekanntes Wildfleisch. Antilopenfleisch kann als kalte, dünngeschnittene Vorspeise in Form eines Carpaccio angeboten werden, sonst beispielsweise als Gulasch.

Fleisch von Antilopen (zum Beispiel als hauchdünn geschnittenes Carpaccio serviert), Gnu (zum Beispiel in Gulaschform) oder Springbock sind regulärer und legaler Bestandteil des zentral- und südafrikanischen Speiseangebots.

Getrocknetes Antilopenfleisch wird als Biltong bezeichnet. Es kann dann unterwegs gekaut werden.

Auf den Hund gekommen

Gerüchteweise finden Sie kaum freilaufende Hunde in China. Und weshalb nicht? Weil sie – angeblich – ruck, zuck! im Kochtopf verschwinden. In vielen weiteren asiatischen und einigen afrikanischen Ländern gilt Hundefleisch als Spezialität.

1871 verspeisten die Pariser Hunde, um dem Hunger im belagerten Paris zu entkommen. Sogar in einigen Kantonen der Schweiz, wie auch im Thüringer Wald, soll der Genuss von Hunden noch vor mehreren Jahren üblich gewesen sein. Aus der Kölner Rundschau vom 22.06.2018 entnommen: „Ein Gericht in Südkorea hat erstmals das Töten von Hunden für Fleischgerichte als illegal eingestuft." Tierfreunde atmen auf.

Innereien

Hirn, Bries, Kuhmagen

Auf die Speisekarte gelangt das Hirn vom Kalb oder Lamm. Es ist weiß bis gräulich und relativ zart. Geschmacklich erinnert gebratenes Hirn an Leber. Bries wird ausschließlich vom jungen Rind, das heißt vom Kalb, gewonnen, da es sich beim heranwachsenden Tier zurückbildet.

Das weiße Bries sitzt im vorderen Bereich der Brust. Als Delikatesse wird Bries gekocht, in Butter gebraten oder gegrillt. Bekannt ist es als Pansen oder Kutteln. Manchmal findet sich auch der Begriff Tripes auf der Karte.

Kuhmagen wird als Suppe, Ragout oder gebraten gegessen.

Andouille

In Frankreich gibt es eine Wurst, deren Zutaten ausschließlich aus Innereien (Schweinedarm und Schweinemagen) besteht: die Andouille.

Dieses Kapitel soll mit einem Zitat vom früheren deutschen Reichskanzler Otto Eduard Leopold Graf von Bismarck (1815 – 1898) abgeschlossen werden: „Mit den Gesetzen ist es wie mit den Würstchen. Es ist besser, wenn man nicht sieht, wie sie gemacht werden."

Ungewöhnliches

Insekten

Hier wird der Bereich der Entomophagie betreten. ‚Entomophagie' steht für ‚Verzehr von Insekten durch Menschen'.

Es kann sein, dass jemand aus Versehen eine Mücke verschluckt. Aber Insekten als Nahrungsmittel betrachten? Nun ja: Angeblich verzehren etwa 2 Millionen Menschen weltweit täglich Insekten. Insekten gelten als gute Nährstofflieferanten.

Nahrhafte Insekten aller Art gehören zum täglichen Speisenangebot in vielen Ländern Afrikas, Mittel- und Südamerika, wie auch in Australien. In Ghana werden Termitenlarven bevorzugt, in Burma Kakerlaken, in Mexiko knusprig geröstete Heuschrecken.

Gegrillt, geröstet und über Salat gestreut, finden sich Heuschrecken, Grillen und Grashüpfer im Speisenangebot wieder. Sie werden getrocknet und gesalzen, oder zermahlen und in Form von Keksen angeboten.

Von den meisten Insekten wird üblicherweise der Hinterleib verzehrt. Flügel, Beine und Kopfteil werden verschmäht.

Maden, Würmer, Raupen und Mehlwürmer hingegen werden ganz, zum Beispiel knusprig geröstet, verspeist. In Australien finden Sie die 7 cm langen Witchetty-Maden, deren Geschmack nussig sein soll.

Im europäischen Handel sollen die Insekten als Mehl, in Pulverform, als Nudeln, aber auch als Proteinriegel und als die erwähnten Kekse angeboten werden. Seit Februar 2025 dürfen Larven des Mehlwurms (Tenebrio molitor) einigen Lebensmitteln (zum Beispiel in Brot und Käse) zugesetzt werden.

Maikäfersuppe

„In den Bäumen hin und her fliegt und kriecht und krabbelt er. Max und Moritz, immer munter, schütteln sie vom Baum herunter." Hans Christian Wilhelm Busch (1832 – 1908) ließ die beiden ‚Buben' Max und Moritz in ihrem fünften Streich Onkel Fritz ärgern, indem sie viele Maikäfer in seinem Bett versteckten.

Tatsächlich wurden im neunzehnten, bis Mitte des zwanzigsten Jahrhunderts in Deutschland und in Frankreich diese häufig vorkommenden Maikäfer zu Maikäfersuppe verarbeitet.

Die Körper der Käfer (ohne Beine und Flügel) wurden zerstoßen und zubereitet in Suppenform serviert.

Es gibt auch Gerüchte darüber, dass die Körper, teilweise gezuckert, genossen wurden.

Der Grund des Maikäfer-Verzehrs lag höchstwahrscheinlich an immer wieder auftretenden Maikäfer-Plagen.

Heuschrecken

Was würden Sie lieber auswählen: frittierte Heuschrecken oder Ameisen in Schokolade?

In vielen Ländern Afrikas werden die lebenden Tiere gefangen und anschließend geröstet. Sie werden wegen ihres hohen Eiweißgehalts sehr gerne gegessen.

In Madagaskar vernichten Schwärme von Wanderheuschrecken die Felder. Gleichzeitig gelten sie als preisgünstige Leckerbissen für die Bewohner.

Quallen

Geschickterweise werden Quallen gerne als Jellyfish bezeichnet. Das klingt doch sympathischer, oder? Gekocht und in feine Scheiben geschnitten, sicherlich ein Genuss.

Schlange

In vielen asiatischen Ländern können Sie auf Märkten aus einem reichhaltigen Angebot von Schlangen wählen. Oft noch lebend und damit frisch, werden sie ausgesucht und noch auf dem Markt ausgenommen.

An anderen Stellen dieser Welt werden Ihnen Gerichte der Klapperschlange kredenzt. Meistens werden die Schlangen gebraten, geschmort oder gegrillt. Eingelegte Kobras finden sich unter anderem in Vietnam.

Schlangenfleisch ist hell manchmal leicht rosa. Es ist sehr fettarm und wird vom Geschmack dem des Hühnerfleischs verglichen.

Krokodil und Alligator

Das Fleisch vom Krokodil ist häufiger in der Gastronomie anzufinden. Es wird offiziell verkauft und kann dementsprechend unbedenklich verzehrt werden.

Im kulinarischen Angebot finden Sie Krokodilfilet, Krokodilsteaks, Koteletts und Gulasch. Viel genießbares Fleisch wird aus dem Schwanz des Tieres gewonnen.

Krokodilfleisch ist zarter als Alligatorfleisch und etwas dunkler. Es wird oft mit dem neutralen Geschmack von Hühnerfleisch verglichen, oder dem eines festen weißen Fischfilets.

Aufgrund seines geringen Fettgehaltes kann das Fleisch bei der Zubereitung schnell austrocknen. Häufig wird es als Grillgut zubereitet, gegebenenfalls in Suppen gegeben.

Astronautenkost

Die im Weltraum Reisenden können bei Mahlzeiten auf die klassische Besteckfolge verzichten. Sie helfen sich so, wie sie wollen. Die Astronautenkost (auch Kosmonautenkost) ist oft in flachen Dosen, in Tütchen oder Tuben verpackt.

Die Nährstoffe und die Zutaten sind so zusammengestellt, dass sie trotz aller dort im All vorherrschenden Bedingungen einigermaßen schmackhaft und im weitesten Sinne genussbringend zubereitet sind.

Auf der Erde müssen manchmal erkrankte Personen mit Astronautennahrung ‚aufgepäppelt' werden. Es soll den Kranken helfen, durch die verstärkte Nährstoffversorgung die Genesung zu beschleunigen.

Extremes

Fugu – Das giftige Vergnügen

Der Fugu, ein Kugelfisch, gilt als Delikatesse in Japan. Das Besondere am Fugu: In der Fischhaut, der Leber und anderen Teilen wird das für Menschen tödliche Tetrodotoxin gespeichert.

Unvorsichtig genossen, führt es zu Atemnot und dann zum Tod. Ein Gegenmittel ist nicht bekannt.

Deshalb gibt es den speziell ausgebildeten Fugukoch, der unter strenger Überwachung die giftigen von den ungiftigen Fischkomponenten trennen kann.

Genießbar, in dünne Scheibchen (Sashimi) geschnitten, kostet ein Teller Fugu mehrere hundert Euro.

Hoden und Penis

Gerichte aus Stier- oder Lammhoden finden sich überwiegend in Südamerika, in lateinamerikanischen Ländern, in Spanien und Frankreich.

Die Hoden werden erst gekocht, dann in Scheiben geschnitten und gebraten. Oder direkt geröstet und dann mit Zutaten verspeist.

Sie werden auch im Eintopf serviert. Finden Sie in Stierkampfregionen ‚Spanische Nieren' im Angebot, dann handelt es sich höchstwahrscheinlich um Rinderhoden, die, in Streifen geschnitten, scharf angebraten werden und mit Zwiebeln, Knoblauch und Weißwein gewürzt werden.

Wen wundert es, dass – unter anderem in China – auch Penisse (Penata) von Ochsen, Ziegenböcken, Eseln, Yaks oder sogar Seehunden, in Streifen geschnitten, paniert und gebraten, zu den kulinarischen Herausforderungen zählen.

Kiviak

Mögen Sie es ganz ungewöhnlich? Die Inuit in Grönland mögen in den kalten Wintertagen das Gericht Kiviak.

Zuerst werden mit einem an einem langen Stab befestigten Netz Hunderte Seevögel aus der Luft gefangen. Die 130 bis 160 Gramm schweren Vögel sind schwarz-weiße Krabbentaucher, denen nach dem Fang der ‚Hals umgedreht' wird.

Sie werden dann in eine Robbenhaut einer ausgeweideten Robbe eingenäht. Ca. 500 Vogelkörper passen in eine Haut. Die Haut wird zugenäht und alles bleibt etwa drei Monate liegen. Im Inneren der Raupenhaut gärt es. Die Vögel verwandeln sich zu einer Art Brei.

Die fertige Speise wird gerne an Geburtstagen oder zu Hochzeiten als Köstlichkeit serviert.

Tabu-Gerichte

„Da bläst er! – Da bläst er!
Ein Buckel wie ein Schneeberg! Es ist Moby Dick."
Kapitän Ahab, in Herman Melvilles Moby Dick, US-Schriftsteller
(1819 - 1891)

... und was es sonst noch so auf der Welt gibt

Wer um die Welt reist, wird viel Ungewohntes entdecken. Das meiste wird den Menschen hierzulande verständlicherweise fremdartig erscheinen und gegebenenfalls sogar anekeln.

Wer die Chance hat, in der Ferne unbekannte Speisen zu kosten, sollte das tun. Gerichte, die mit dortigen Gewürzen, Ölen und anderen Ingredienzen zubereitet werden, atmen sozusagen den interkulturellen Geschmack und Geruch aus.

Wie fantastisch, die Möglichkeit nutzen zu können, fremdartiges Kulinarisches zu testen. Viel Ungewohntes und alle Sinne Anregendes wird offenbart.

Andererseits würden sich Fremde bestimmt manchmal wundern, was in hiesiger Kultur alles in den Kochtopf wandert.

Deshalb und trotz aller Begeisterung über Fremdartiges scheint es überlegenswert zu sein, ob wirklich und immer alles zu verurteilen ist, was in anderen Kulturen zubereitet und gegessen wird.

Menschenaffen, Wildkatzen und Nashörner

Hauptsächlich in einigen west- und zentralafrikanischen Ländern wird von Buschfleisch (bushmeat) gesprochen, wenn Fleisch von Wildtieren gemeint ist.

Dazu zählt zum Beispiel auch das Fleisch von Gorillas. Händler verkaufen am Straßenrand Fleisch von getöteten Affen oder anderen Wildtieren.

Auch wenn der Handel offiziell verboten ist, sind die Tiere nicht wirklich geschützt.

Touristen sollten auf solch ein Angebot sowieso nicht eingehen. Auch das Fleisch von Elefanten oder Löwen gilt für Touristen als nicht antastbar.

Die meisten Europäer wissen, dass Nashörner oft nur wegen ihres Nashorns getötet werden, welches dann – zu Pulver verrieben – auf zahlreichen asiatischen Märkten als wahres Wundermittel, auch als Aphrodisiakum, angepriesen wird.

In einigen asiatischen Regionen wird Affenhirn (vom lebenden Affen) verzehrt. So ein Brauchtum verbietet sich für Touristen sowieso.

Schildkröten

Für die legendäre Schildkrötensuppe gab es eine extra Schildkrötentasse, die ungefähr die Größe einer Espressotasse hatte.

Die Suppe wurde mit einem kleinen Löffel zum Mund geführt. Dieses Geschirrteil, und die Suppe ebenso, sind aus dem gastronomischen Angebot hiesiger Kultur verbannt.

Die Zahl der Schildkröten, die zur Zubereitung dieser Suppen gefangen wurden, schrumpfte gefährlich, sodass zum Schutz der Tiere die Schildkrötensuppe vom Speisenplan verschwunden ist.

Manchmal findet sich auf der Karte eine ‚falsche Schildkrötensuppe', eine ‚Mock turtle soup', die zwar mit Kalbskopffleisch zubereitet wurde, aber im Geschmack und Aussehen der Schildkrötensuppe nahekommt.

Haifischflossen

Eine köstlich zubereitete Haifischflossensuppe kann etwas Besonderes sein.

Ob es den Genießern dieser Suppe bewusst ist, dass hierzu ausschließlich die Rückenflosse, die Finne, des Haifischs verwendet wird?

Nicht selten wird dem gefangenen Tier bei lebendigem Leib die Flosse abgeschnitten, und der Haifisch wird zurück ins Meer geworfen. Dort verendet er elendiglich und qualvoll.

Bei einem Besuch in Hongkong (größter Absatzmarkt) und in einigen anderen asiatischen Ländern wie vor allem Japan und Taiwan wird Ihnen sicherlich auffallen, dass unzählbare getrocknete Haifischflossen öffentlich zum Verkauf angeboten werden.

In Grönland und Island werden auch andere Teile des Hais verzehrt.

Auch in Japan, den USA und in Deutschland finden sich Haifischgerichte auf der Karte. Haben Sie an einer Fischtheke schon einmal von der sogenannten Schillerlocke gehört? Das ist ein geräucherter Teil des Bauchlappens des Dornhais.

Wale

Fachleute und Laien führen immer wieder hitzige Debatten darüber, ob der Wal vom Aussterben bedroht ist. Oder ob er weiterhin als nahrhafte Quelle für Walfischsteaks dienen soll. Das macht es dem Konsumenten am Ende schwer zu entscheiden, ob er sich für ein Stück des Fleisches entscheiden soll.

Vom 16. bis Anfang des 20. Jahrhunderts wurden Wale im professionellen Ausmaß weltweit gefangen. Fast alle Teile des Wales wurden damals verarbeitet.

Fischbein für Korsetts, Ambra als Grundstoff für Parfüm, Spermaceti als Schmiermittel für die Industrie und so weiter. Bestimmte Wale waren fast ausgerottet.

Deshalb wird in den meisten Ländern der Erde heute kein Wal mehr gejagt und verarbeitet. Hingegen erlauben Japan, Island und Norwegen den Walfang nach wie vor. Und somit gibt es dort auch die entsprechenden Speisen zu kaufen.

In Reykjavik, Island, wird (2024) auf einem Werbeaufsteller vor einem Restaurant ‚Minke whale' angeboten. Minke Whale ist ein Zwergwal.

Gerichte vom Wal erscheinen in hiesiger Kultur weder im Handel noch in der Gastronomie.

Froschschenkel

Viele Jahre als Spezialität auf internationalen Speisekarten angeboten – ein ‚Muss' im französischen Speiseangebot.

Gebratene, angebratene, frittierte, sautierte Froschschenkel (Grenouilles), werden gewürzt mit Knoblauch, Zitronensaft oder anderen Zutaten serviert.

Sie dürfen mit den Fingern zum Mund geführt werden (Fingerschale!) oder können mit Messer und Gabel bearbeitet werden.

Heute ein Tabu.

Schwalbennestersuppe

Interessanterweise werden die Schwalbennester als solche gar nicht gegessen. Die Nester des Seglers werden nach Säuberung ausgekocht.

Lediglich die sich ergebende Brühe ist zum Verzehr geeignet. Da manchmal die Nester zur Brutzeit gesammelt werden und damit dem Nachwuchs keine Chance gegeben wird, gilt die Schwalbennestersuppe als Tabugericht.

Singvögel und Ortolane

Jährlich lassen tausende in den Süden fliegende Singvögel ihr Leben in den Fangnetzen italienischer, spanischer, südfranzösischer, zypriotischer und maltesischer Vogeljäger.

Oft sind die Singvögel für den Verzehr vorgesehen. Der – im verdunkelt gehaltenen Käfig – 20 bis 28 Gramm leichte Ortolan (Fettammer) gilt manchem Franzosen als Delikatesse.

Dem kurz im Ofen gebackenen Ortolanen, dessen Verzehr ausdrücklich tabuisiert ist, wird erst der Kopf abgebissen oder abgeschnitten.

Anschließend wird – mit der Hand zum Mund geführt – der Vogelkörper komplett, das heißt, auch mit Knochengerüst, gegessen. Der Vogel wird nicht gekaut, sondern am Gaumen zerdrückt.

Der Verzehr erfolgt dezent hinter vorgehaltener Serviette. Manche sollen die Serviette komplett über den Kopf legen, um den zweifelhaften Genuss vor tadelnden Blicken von Gott zu verstecken.

Obwohl in Frankreich explizit verboten, soll sich der kurz vor seinem Tod stehende französische Staatspräsident François Maurice Adrien Marie Mitterrand (1916 – 1996) anlässlich des Silvesterbanketts 1995 diese Spezialität gewünscht haben.

(Quelle: Schotts Sammelsurium Essen & Trinken, 2005)

Aus dem Vollen schöpfen

Völlerei – Maßloses Übertreiben

Die alten Römer verwendeten das Wort ‚cadere' für ‚fallen' und davon abgeleitet ‚decadentia' für ‚Verfall'.

Maßloses Übertreiben, gedankenloser Umgang mit dem Gut Lebensmittel, oder beabsichtigtes Angeben mit Köstlichkeiten dieser Welt?

Wieder einmal müssen die alten Römer herhalten. Denn schon unter ihnen gab es einige, die es verstanden, ihren Gästen durch das Auftischen von Unmengen sündhaft teurer, ausgefallener oder unbekannter Speisen zu imponieren.

Gastmähler, bei denen Jahresgehälter von Durchschnittsbürgern verprasst wurden, waren in gewissen Kreisen gang und gäbe.

Allen voran ist Lucius Licinius Lucullus (117 – 56 v. Chr.) bekannt, dessen Name noch heute verwendet wird, wenn von lukullischen Köstlichkeiten gesprochen wird. Schon zu seiner Zeit wurden seine Gastmähler als verschwenderisch angesehen, was sie allerdings noch reizvoller erscheinen ließen.

Dabei war die harmonische Komposition von Geschmäckern nicht immer gegeben: Es schien hingegen viel wichtiger, die Gäste mit immer Ausgefallenerem zu überraschen und andere Gastgeber zu übertrumpfen. Auch andere Vertreter dieser Idee sind überliefert.

So wird von Kaiser Aulus Vitellius (12/15 – 69 n. Chr.), ein herrschsüchtiger Trunkenbold (laut Kaiserbiograf Sueton), berichtet, dass er eine prachtvolle Schüssel mit folgenden ungewöhnlichen Speisen kredenzen ließ: Flamingozungen, Milz und Leber kostbarer Seefische, Fasanen- und Pfauenhirn und andere seltsame Dinge.

Der damalige, immense Wert: Über 1 Million Sesterze. Und das nur für <u>eine</u> Schüssel.

Genießer

Manch scheinbarer Genießer könnte sich hin und wieder ins Bewusstsein rufen, dass es sich bei der Gastrosophie um <u>Genuss</u> handelt.

Weiter oben wurde festgehalten, dass ein ‚voller Bauch' nicht gern studiert. Anders ausgedrückt: Er neigt zum Faulenzen. Das Dazulernen reduziert sich mehr oder weniger ‚auf Null'.

Magen verrenken

Die deutsche Sprache hält viele Redewendungen bereit, die mit dem im Bauch befindlichen Magen zu tun haben und sich auf die Nahrung beziehen. Beispielsweise sagt jemand, dass ihm ‚der Magen knurrt'. Der Magen erinnert daran, dass er hungrig nach Speisen ist.

Wer sehr großen Hunger verspürt, kann auch schon mal beklagen, dass ihm ‚der Magen in die Kniekehlen gerutscht ist'. Dabei gehört er bekannterweise in den Bauch. Also muss er schnell gefüllt werden, damit er an seinem Platz zurückfindet.

Hat jemand übermäßig viel gegessen, dann hat er sich unter Umständen ‚den Magen verrenkt'. Offensichtlich waren ‚seine Augen größer als der Magen'. Da hatte er ‚noch nichts im Magen'.

Und daran denken: Keinen Alkohol ‚auf nüchternen Magen' trinken. Das kann unangenehme Folgen nach sich ziehen.

Fettwanst

Unangenehmer, vielleicht sogar ausfallend wird es, wenn der Begriff ‚Wanst' in die Kommunikation kommt. ‚Wanst' steht für ‚dicker Bauch' und wird überwiegend bei Männern verwendet.

Der Begriff wird oft abwertend eingesetzt als Dickwanst oder Fettwanst. Es ist nicht verwunderlich, wenn umgangssprachlich Menschen (auch wieder meist Männer) mit dieser Bezeichnung grob beleidigt werden.

Nebenbei soll erwähnt werden, dass in hiesiger Gesellschaft bedauerlicherweise das Durchschnitts-Gewicht zunimmt. Noch bedauerlicher, wenn das steigende Gewicht schon bei Kindern und Jugendlichen zu beklagen ist.

Schlemmen

So soll wieder ein Begriff erwähnt werden, der eine positive Konnotation (lat. ‚con' für ‚zusammen' und ‚notatio' für ‚Anmerkung'; im Sinn von Nebenbedeutung) birgt.

Schlemmen stammt vom spätmittelhochdeutschen ‚slemmen' für ‚prassen'. Offensichtlich genossen die Vorfahren bereits ‚mit vollen Händen' und ‚in vollen Zügen'. Prassen bedeutet im Überfluss und verschwenderisch leben, sowie reichhaltiges Essen und ausgiebig Trinken zu sich führen.

Jemand, der es sich leistet, reichlich zu essen, und zwar mit/bei guter Qualität, kann als Schlemmer bezeichnet werden. Ausgesuchte Getränke vervollständigen die Schlemmerei.

Bei vielen Beschreibungen wird eine gewisse Maßlosigkeit erkennbar. Nicht zu vergessen – und als wiederholende Hervorhebung zu verstehen –, es heißt ‚mit Genuss' essen und trinken.

Wie Gott in Frankreich

Vor der französischen Revolution (1789) lebten die französischen Regierenden in ‚Saus und Braus'. Sie genossen im wahrsten Sinn des Lebens. Dazu zählten der ihnen vorbehaltene Prunk, ausartende – bis ins Frivole gehende – Feste, Völlerei bei exklusivsten Speisen und Getränken.

Kein Wunder, dass die ‚gottähnlichen' Regierenden ohne Sorgen ihr luxuriöses Leben und Zusammenleben genießen konnten. Sie hatten das Vergnügen so zu leben, ‚wie Gott in Frankreich'.

Zumindest bis zum Jahre 1789.

Dezente Zurückhaltung

Unter ‚decet' verstanden die Lateiner ‚sich ziemen'. Sich zurückhalten, was das Essen betrifft. Frühere Einsiedler sollten am Tag 7 Oliven essen. Das taten sie auch. Aßen sie nur sechs, dann galt das als Stolz. Verzehrten sie acht Oliven, so wurde das als Sünde der Völlerei bezeichnet.

Tischlein deck dich

Märchen aus jüngerer Vergangenheit zeigen, dass sich der Mensch gerne in eine Welt verführen lassen, in der Hunger und Durst keine Rolle mehr spielen, da das verführerische Angebot lockt.

‚Knusper, knusper, Knäuschen, wer knuspert an meinem Häuschen?' So fragt die Hexe in ‚Hänsel und Gretel', als die beiden Kinder am Naschwerk und den Lebkuchen der Außenseite der Hexenhütte knabberten.

Noch heute gehört das Lebkuchenhaus in die Vorweihnachtszeit. ‚Tischlein deck dich', lautete die Aufforderung in einem der Märchen der Gebrüder Grimm.

Schon war der Tisch mit Speis und Trank gedeckt. ‚Ich bin so satt, ich mag kein Blatt', meckerte hingegen die Ziege im gleichnamigen Märchen.

Rituale

Bei aller Schlemmerei und Völlerei gibt es glücklicherweise Regeln und Rituale.

Rituale bei Tisch helfen der Orientierung und geben bestimmten Abläufen eine Vorgabe. Durch das ‚Zelebrieren' (‚celebrare' für ‚feierlich begehen'; feierliche/bewusste Umsetzung) dieser Vorgabe entsteht ein für die Anwesenden hilfreiches Vorgehen.

Die Gemeinsamkeit bei Tisch wird gestärkt, der Aspekt des sozialen Zusammenseins untermauert.

Der bewusste und gleichzeitige Genuss von Speisen und Getränken kann in den Vordergrund des Zusammenseins rücken.

Zu den Essensritualen und Getränkeritualen gehören zum Beispiel die Platzierung, das ‚Studium' der Menükarte, das Zuprosten und der erste, zeitgleich durchgeführte Schluck, die Handhabung der Bestecke, eventuelle Reden und so weiter.

Durch die Umsetzung der im Lauf der Zeit immer wiederkehrenden Rituale entsteht ein Gefühl der positiven Zusammengehörigkeit und Sicherheit.

Bei besonders festlichen Veranstaltungen wie ‚runden' Geburtstagen, Hochzeiten, Ehrungen, Jubiläen, Trauerfeierlichkeiten und vergleichbaren kommen Rituale sichtbar zur Geltung. Ostern, Weihnachten und der Jahreswechsel bestehen fast nur aus Ritualen. (Sport-)Veranstaltungen, Konzerte und andere Großveranstaltungen orientieren sich an Ritualen.

In Vereinen und Studentenverbindungen festigen Rituale die corporate identity (CI), die Unternehmensidentität.

Dabei ist zu berücksichtigen, dass regionale Unterschiede bestehen können. National und international sind bestimmte Rituale dem Reisenden oftmals nicht bekannt. Das bedeutet für einen Gast, dass er unbedarft in ein Fettnäpfchen tritt. Das ist weder für ihn noch für die Gastgeber ein angenehmes Gefühl und kann zu sehr peinlichen Situationen führen.

So hilft es, sich im Voraus gut zu informieren und vor Ort die Anwesenden zu beobachten.

... und was es nicht gibt

„Es gibt Dinge, über die spreche ich nicht einmal mit mir selbst."
Konrad Hermann Joseph Adenauer, dt. Bundeskanzler
(1876 - 1967)

Kapitän Nemo

Jules Verne ließ Kapitän Nemo autark (er war wirtschaftlich unabhängig von anderen Menschen) mit seinem Unterwasserfahrzeug in die Meere abtauchen.

Seine Lebensmittel bezog er aus den Meeren und konnte sie so zubereiten lassen, dass seine Gäste verblüfft waren über den exzellenten Geschmack und das einwandfreie Aussehen der Speisen.

„Daneben steht Delphinleber, die Sie glatt als Schweineragout halten würden.

... Das hier sind eingemachte Seegurken.

... Daneben die Sahne, die ist aus Seesäugermilch; den Zucker entnehme ich dem Seetang des Nordmeeres, und zum Dessert probieren Sie mal von dem Seeanemonenkonfekt, und sagen Sie mir, ob Sie dafür nicht das beste Obst stehen lassen würden!"

So beschreibt Kapitän Nemo auf der Nautilus seinen Gästen das aufgetischte Essen.

Schlaraffenland

„Da sind Häuser gedeckt mit Eierkuchen, die Türen sind von Lebzelten [Lebkuchen] und die Wände von Schweinebraten. Um jedes Haus steht ein Zaun, der ist aus Bratwürsten geflochten.

... Auf den Birken und Weiden, da wachsen frischgebackene Semmeln, und unter den Bäumen, da fließen Milchbäche. Semmeln fallen hinein und weichen sich selbst ein.

... Die Fische schwimmen im Schlaraffenland oben auf dem Wasser. Sie sind auch schon gebacken oder gesotten und schwimmen ganz nahe am Ufer.

... Die Vögel fliegen dort gebraten in der Luft herum, die Gänse, Enten und Hühner, die Truthühner und die Tauben.

Und wem es zu viel Mühe macht, die Hand danach auszustrecken, dem fliegen sie schnurstracks in den Mund hinein. Gebratene Spanferkel laufen umher, Messer und Gabel stecken ihnen schon im Rücken, damit, wer will, sich ein frisches, saftiges Stück abschneiden kann.

Käse liegt im Schlaraffenland wie Steine, groß und klein umher.

Die Steine selbst sind lauter gefüllte Pastetchen.

... Und wenn es schneit, so schneit es Staubzucker, und wenn es hagelt, so hagelt es Würfelzucker, vermischt mit Feigen, Rosinen und Mandeln."

So wird in alten Märchenbüchern das Schlaraffenland beschrieben.

Und wie ernähren sich die Götter?

In der griechischen Mythologie ist Ambrosia die Speise, die die Götter unsterblich macht. Dazu genießen sie wohlschmeckenden Nektar.

Im europäischen Menschenleben breitet sich die Pflanze Ambrosia immer weiter aus. Sie produziert sehr viele Pollen, sodass Pollenallergiker in den nächsten Jahren unliebsame Begegnungen mit dieser Pflanze haben werden.

... und zu guten Letzt ...

HAUPTGANG
Verbranntes Kalbsfilet mit

BIO Waldpilzen / kleinem Gemüse /

Serviettenknödel / Mocombojus

und Rote Bete Gel

*In diesem Sinne abschließend ein Zitat des französischen Schriftstellers Jean An-
thelme Brillat-Savarin, (1755 – 1826):*

„Sag mir, was du isst, und ich sage dir, wer du bist."

(Quelle: Aus einer Anzeige einer Tageszeitung in der Schweiz.)

Teil V
Service von Aperitif, Wein, Champagner, Bier, Digestif und Heißgetränk

Kapitel 11 – Getränke bei Tisch und Veranstaltungen

Wasser und Softdrinks im Tagungsgeschäft

Das Getränk zur Besprechung

„Der Wein ist unter den Getränken das Nützlichste,
unter den Arzneien das Schmackhafteste,
unter den Nahrungsmitteln das Angenehmste."
Plutarch von Chaironeia, gr. Philosoph
(ca. 50 - ca. 120)

Kaffee oder Wasser?

Sie haben Ihren Gast in Ihr Büro oder das Besprechungszimmer geführt. Bieten Sie ihm nun an, Platz zu nehmen.

Während eines Smalltalks können Sie Ihrem Gast ein Getränk anbieten. Vermeiden Sie dabei die geschlossene Fragestellung:

- „Wollen Sie einen Kaffee?",

da diese Frage korrekterweise mit

- „Nein, danke."

beantwortet werden müsste. Bevorzugen Sie eine Alternativfrage wie:

- „Mögen Sie lieber eine Tasse Kaffee oder ein Glas Orangensaft?"

Der Gast darf davon ausgehen, dass er tatsächlich einen Getränkewunsch äußern soll/darf. Er kann wählen oder auch nach einem anderen Getränk fragen:

- „Hätten Sie denn auch ein Glas Mineralwasser für mich?"

Mancher Gast ist mehrmals am Tag zu einem Gespräch eingeladen und mag deshalb gegebenenfalls nicht jedes Mal Wasser oder Kaffee trinken.

Was halten Sie von der Idee, in Ihrem Besprechungszimmer in einem (kleinen) Kühlschrank ein Sortiment verschiedener Saftfläschchen bereitzuhalten?

Geizen Sie nicht und wählen hochwertige Getränke.

Um Gäste, die auf ihre Gesundheit achten, nicht vor den Kopf zu stoßen, sind Bio-Säfte oder solche mit wenigen Zusatzstoffen empfehlenswert.

Getränkesortiment

Hier beschränkt sich die Auswahl häufig auf Orangensaft und Apfelsaft. Dabei bietet die Saft- und Limonadenindustrie weit mehr.

Wie wäre es mit einem Kirschsaft, Aprikosennektar, Bananensaft oder gar Karottensaft? Zitronenlimonade, Cola-Getränk oder ein chininhaltiges Getränk? Mineralwasser, Tafel- oder Quellwasser?

Sie sehen, die Hersteller bieten ein reichhaltiges Angebot. Es gibt genügend – auch ausgefallene – Alternativen.

Auf dem Tisch vorbereitet können sein:

- Gläser, sauber poliert
- Glas-Untersetzer
- Kapsel-Öffner

Einige kleine Papierservietten sind sicherlich nicht von Nachteil.

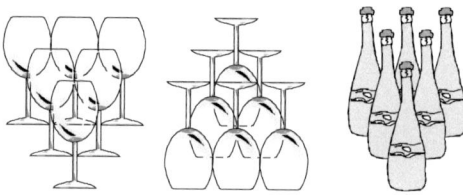

Ist dieses Arrangement schon einige Tage vorbereitet, empfiehlt es sich, die Gläser mit der Öffnung nach unten abzustellen. Es sollte selbstverständlich sein, dass verwendetes Geschirr und Gläser absolut sauber sind.

Sind Saftfläschchen aufgestellt, stehen sie so, dass das Flaschenetikett zum sitzenden Gast zeigt.

Mineralwasser

Obwohl die Oberfläche des Globus überwiegend mit Wasser bedeckt ist, macht der Anteil des trinkbaren Süßwassers nur einen minimalen Teil aus, nämlich nur ca. 2,5 Prozent.

Ohne Wasser gäbe es kein Leben auf dieser Erde.

Es ist bekannt, dass einige Staaten riesige Staudämme bauen beziehungsweise bauten, um das kostbare Nass nutzen zu können.

Es ist ebenso bekannt, dass durch Projekte dieser Art Disharmonie mit den Nachbarstaaten entstehen kann. Es ist anzunehmen, dass fehlendes Wasser in Zukunft Kriege auslösen kann.

Arten von Trinkwasser

Bei den Wässern wird unterschieden zwischen:

- Mineralwasser
  - ➢ Natürliches Mineralwasser hat seinen Ursprung in einem unterirdischen, geschützten Wasservorkommen.
  - ➢ Es wird aus künstlichen oder natürlichen Quellen gewonnen.
  - ➢ Es ist frei von Krankheitserregern und muss am Quellort in die für den Verbraucher vorgesehenen Behältnisse abgefüllt und verschlossen werden.
  - ➢ Deshalb ist eine Abfüllung in Container nicht zulässig.
  - ➢ Zuletzt: Es muss amtlich anerkannt sein.
- Heilwasser
  - ➢ Als Heilwasser gilt ein Mineralwasser, dessen heilende Wirkung nachgewiesen wurde.
  - ➢ Heilwasser unterliegt dem Arzneimittelgesetz.

- Quellwasser
  - ➢ Im Gegensatz zum Mineralwasser benötigt Quellwassers keine amtliche Anerkennung.
  - ➢ Ansonsten gelten vergleichbare Regeln wie beim Mineralwasser.
- Tafelwasser
  - ➢ Tafelwasser wird durch eine Weiterbehandlung von Quellwasser erzielt.

Damit Sie als Endverbraucher sicher sein können, welche Art von Wasser Ihnen in der Gastronomie serviert wird, muss es in dem für den Endverbraucher bestimmten Gefäß serviert werden.

Das bedeutet konkret: in der Flasche beziehungsweise dem Fläschchen.

Manche Gastronomen bevorzugen den Ausschank aus Kostengründen direkt in ein Glas. Ob sie wissen, dass sie damit den rechtlichen Regelungen der Mineral- und Tafelwasserverordnung widersprechen?

Die Mineralwasserindustrie hat es geschafft, schon alleine durch sehr ansprechende Gastronomie-Flaschen, das Ansehen des Wassers aufzuwerten. Es soll ja sogar Wasser aus Grönland im Angebot geben, das direkt eingeflogen wird.

Neben Mineralwasser gibt es allerlei andere alkoholfreie Getränke: Limonaden, Säfte, chininhaltige Getränke.

Diese Getränke werden gewöhnlich bei einem Festessen von Erwachsenen nicht gewählt. Allerdings heißt das nicht, dass sie – auf Wunsch – geordert werden können.

Draußen auf der Terrasse, bei heißem Wetter, rümpft sicherlich auch der Geschäftspartner nicht die Nase, wenn Sie sich einen Grapefruitsaft bestellen.

Eher in Ausnahmefällen wird zur Hauptmahlzeit (Mittag- oder Abendessen) ein Kaffeegetränk gewählt. Noch seltener ein Teegetränk.

Nach dem Essen allerdings passt hervorragend eine Tasse Kaffee oder ein Glas Tee. Gut sortierte Gastronomiebetriebe halten eine ansprechende Teekarte bereit.

Das kühle Nass als Getränk

Während der kompletten Getränkefolge kann Wasser zusätzlich gereicht werden. Wird Mineralwasser anstelle eines Weines gewünscht, wird das Wasser in das entsprechende Weinglas geschenkt und bleibt weiterhin im Gedeck stehen.

Möchte der Gast zu seinem Weißwein ein Glas Mineralwasser trinken, wird das Wasserglas rechts oben vom Weißweinglas eingesetzt.

Mineralwasser wird aus kleinen Flaschen ausgeschenkt. Die kleine Wasserflasche kann ins Gedeck eingesetzt werden. Sie steht neben den Gläsern.

Große Wasser- und ähnliche Flaschen werden erst seit wenigen Jahren in vielen Restaurants auf den Gästetisch gestellt.

Der Gastgeber sorgt dafür, dass seine Gäste ‚nicht auf dem Trockenen sitzen'. Er schenkt Wasser immer wieder nach, sofern der Service diese Aufgabe nicht übernimmt.

Die Vorteile des Mineralwassers

Mineralwasser ist anderen Getränken und Speisen gegenüber geschmacksneutral. Es kann zum Verlängern von Fruchtsäften oder Weinen eingesetzt werden.

Das Wasser neutralisiert die Geschmacksnerven und macht diese aufnahmebereit für die weiteren Speisen, beziehungsweise die Übergänge zu weiteren Speisegängen. Schließlich und endlich gibt es kaum jemanden, der gar kein Mineralwasser trinken mag.

Wasser zu Wein – Hochzeit zu Kana

Im Johannesevangelium (Johannes 2,1-12) wird von der fröhlichen Hochzeitsfeier eines unbekannten Brautpaares berichtet.

Zu der Hochzeit ist unter anderen Gästen Jesus mit seinen Jüngern eingeladen.

Es wird ausgiebig gefeiert. Die Gäste amüsieren sich gut, genießen Speis und Trank. Dummerweise geht der Wein aus.

Jesus' Mutter fordert ihn auf, zu helfen, worauf er nach einigem Zögern Wasserkrüge mit Wasser füllen ließ. Was geschieht?

Das Wasser ist in Wein verwandelt. Und so, wie beschrieben, von hervorragender Qualität. Es konnte weiter gefeiert – und getrunken werden.

Eiswürfel

Der US-amerikanische Arzt John Gorrie (1802/03 – 1855) erhielt im Jahr 1851 ein Patent auf seine vorher erfundene Eismaschine. Gorrie war aufgefallen, dass ein gekühltes Krankenzimmer den Patienten guttat. So konnte er Eis produzieren, das anfangs an die Decke des Raums gehängt wurde.

Daraus entwickelten sich später die Eiswürfel. Bedauerlicherweise starb der Erfinder in Armut.

Das lag an seinem Konkurrenten Frederic Tudor (1783 – 1864). Auch er wollte helfen, gegen das grassierende Gelbfieber zu kämpfen. Daraus entwickelte sich ein Handel mit Eis. Als US-amerikanischer Geschäftsmann vertrieb er Eis in Südamerika, in Europa und in Indien.

Nicht umsonst wurde er als ‚König von Boston' genannt. Er starb in Reichtum.

Crushed Eis

Je kleiner das Eis gemahlen wird, desto größer wird seine Oberfläche. Beim Flockeneis, auch Crushed Eis genannt, ergibt sich durch die viel größere Oberfläche eine deutlich größere Kühlung.

Dieses Flockeneis wird sehr gerne an der Bar verwendet, bei der Herstellung prächtiger Cocktails.

Gletschereis

Wer es ganz abgehoben, elitär, ja dekadent (lat. ‚decadere' für ‚fallen' im Sinn von zügellos) wünscht, gibt sich ein Stückchen Gletschereis zum Kühlen in sein Getränk.

Das Eis soll keinen Eigengeschmack haben und sehr sauber und klar sein. Überwiegend wird es aus Grönland und Norwegen exportiert. Der Eiswürfel aus Gletschereis gilt als der teuerste.

Kokosnusswasser

Die trinkbare Flüssigkeit in der Kokosnuss wird als Kokosnusswasser bezeichnet. Das, was üblicherweise als Kokosmilch bezeichnen wird, wird durch püriertes Kokosfleisch gewonnen, das mit Wasser verdünnt ist.

Das strahlendweiße, feste Fruchtfleisch heißt (die) Kopra.

Die grüne Kokosnuss wird geöffnet. Kleine Dekoration und ein Strohhalm. Fertig ist das durstlöschende Getränk.

Neben der erwähnten Kokosmilch werden aus der Kopra auch Kokosfett beziehungsweise -öl, Kokosflocken und –chips hergestellt. Ebenso das zähflüssige Kokosmus, geeignet als Brotaufstrich.

Nun, wie kommen Sie an das Innere der Kokosnuss? Die Nuss muss aufgeschlagen werden. Dann lässt sich das komplette Innere, das sich in einer dünnen, hellbraunen Hülle befindet, aus der Schale nehmen.

Wer schon mal versucht hat, eine Kokosnuss zu öffnen, wird nachvollziehen können, dass hier für den Laien die Grenzen des Machbaren erreicht werden.

Die harte Schale und die vielen nicht genießbaren Fasern sind wertvoll. Die Schale dient als Brennmaterial. Die Fasern können als Füllmaterial, gegebenenfalls auch zu Seilen und Netzen verarbeitet werden.

Saft

„Lebe, liebe! Grüble nicht!
Frisch den Saft der Stunde pressen!"
Karl Friedrich Henckell, dt. Schriftsteller
(1864 - 1929)

„Voll im Saft stehen"

Das ist ein Lob. Jemand strotzt vor Energie und Tatendrang. Er ist gut vorbereitet und möchte gerne loslegen. Er steht ,voll im Saft'.

Immerhin ist Saft das zweitbeliebteste Getränk nach Mineralwasser in Deutschland.

Bekanntlich gibt es alle möglichen Säfte. Viel mehr Sorten als den üblichen Orangen- und Apfelsaft.

Wann haben Sie das letzte Mal Guavensaft getrunken? So finden sich unter anderen Säften Tamarindensaft, Ingwersaft, Zuckerrohrsaft, Sojabohnensaft sowie Fruchtsäfte aus allen möglichen, auch exotischen Früchten.

Saft, oder genauer ausgedrückt Presssaft, ist die aus Pflanzen gepresste Flüssigkeit. Es kann unterschieden werden in:

- Fruchtsaft, Obstsaft
  - ➤ Der Fruchtgehalt muss aus 100 % Früchten bestehen.
  - ➤ Wird der Saft in dieser Art angeboten, wird von Direktsaft oder Muttersaft gesprochen.
  - ➤ Wird der Saft zum Konzentrat eingedickt und später wiederum verdünnt, wird von Fruchtsaft aus Konzentrat gesprochen.
- Fruchtnektar
  - ➤ Es darf eine Verdünnung durch Wasser erfolgen, sodass der Fruchtgehalt jener Frucht bei 25 % bis 50 % liegt.
  - ➤ Zucker oder Honig darf zugesetzt sein.
- Fruchtsaftgetränk
  - ➤ Der Fruchtgehalt liegt bei 6 % (Zitrusfrüchte) beziehungsweise 30 % (Kernobst/Trauben).
  - ➤ Zucker, Aromen und Zusatzstoffe dürfen zugesetzt werden.

Einen vergleichbaren Unterschied gibt es bei Gemüsesaft (100 % Gemüseanteil) und Gemüsenektar (mindestens 40 % Gemüse, Restwasser; Rhabarber mindestens 25 %).

Tomatensaft im Flugzeug

Unglaublich aber wahr: Selbst, wenn eine Person im täglichen Leben keinen Tomatensaft trinkt, kommt für einige Flugreisende in der Höhe eigenartigerweise der Wunsch nach einem Glas Tomatensaft auf.

Gerade dort, wo das Risiko, das Glas ungewollt umzukippen oder Saftspritzer auf die Kleidung zu bekommen, wird der dickflüssige Saft gewünscht.

Er mundet auf Flughöhe tatsächlich besser, da im Flugzeug aufgrund der Druckverhältnisse und der niedrigen Luftfeuchtigkeit die menschlichen Sinne angenehmer angeregt werden.

Tomatensaft wird mit Salz und Zucker serviert beziehungsweise getrunken. Mit einem Stäbchen werden die Gewürze eingeführt.

Zaubertrank

Der Druide Miraculix, aus derselben Gemeinschaft wie Asterix und Obelix, braut hin und wieder einen alkoholfreien Zaubertrank. Nur ein paar Tropfen davon genossen, verleiht er vorübergehend übernatürliche Kräfte. Kein Wunder, dass dieser Trank so begehrt ist.

Welche Zutaten der Druide in den Saft gibt ist natürlich geheim. Gerüchteweise sind auf jeden Fall Misteln und Fisch Bestandteile.

Der kräftige Obelix darf nichts von diesem Trank kosten, was ihn zutiefst betrübt. Er war bereits als Kind in einen Topf Zaubertrank gefallen, sodass seine übernatürlichen Kräfte lebenslang anhielten.

Den Franzosen René Goscinny (Text, 1926 – 1977) und Alberto Uderzo (Zeichnungen, 1927 – 2020) sind die wundervollen Geschichten rund um Asterix und Obelix – und damit auch der Zaubertrank – zu verdanken.

Hexentrank

Hexen wird nachgesagt, dass sie Zauber- beziehungsweise Hexengetränke zubereiten können. Einerseits gibt es geheimnisvolle Zubereitungen, die heilende Kräfte bergen. Sie können bei bestimmten Krankheiten helfen.

Andererseits eignen sich manche Mixturen ‚wunderbar' dazu, tödlich wirkendes Gift unterzumischen. Verlockend für im Verborgenen arbeitende Bösewichte, die unbeliebte Menschen loswerden wollen …

Vorkoster und Mundschenk

Welche Ängste mussten einflussreiche Menschen früherer gehabt haben, ein vergiftetes Getränk (oder eine vergiftete Speise) vorgesetzt zu bekommen. Lieber jemanden vorkosten lassen – am besten einen Sklaven.

Nachdem dieser eine Kostprobe zu sich genommen hatte, wurde eine Weile gewartet, um sicher zu sein, dass kein Gift im Getränk oder in der Speise war. Der Einflussreiche konnte nun seine Mahlzeit sorgenfrei genießen.

Könige fürchteten auch ständig Verrat und Heimtückigkeiten. Sie stellten einen Vertrauten an, der die Getränke aussuchte und vor dem Servieren an der Hoftafel vorkosten sollte. Das war der Mundschenk, beziehungsweise der Vorkoster (lat. ‚praegustator').

Hin und wieder wurde er auch Hofschenk genannt oder Butigler (lat. ‚buticularius', aus dem später das englische Wort ‚Butler' wurde). Der Mundschenk genoss aufgrund seiner wichtigen Tätigkeit volles Vertrauen des Regenten und ein hohes Ansehen bei Hofe.

Immerhin hing das Leben des Königs – und sein eigenes – von seiner verantwortungsvollen Arbeit ab.

Kapitel 12 – Bier auf Wein, das lasse sein

Bier

Das kühle Blonde und das braune Geheimnisvolle

*„Es wird bei uns Deutschen mit wenig
so viel Zeit totgeschlagen wie mit Biertrinken."*
**Otto Eduard Leopold Graf von Bismarck, dt. Kanzler
(1815 - 1898)**

Met – Honigwein

Obwohl das Getränk Honig<u>wein</u> heißt, ist ein bierähnliches Getränk gemeint. Das Wort Met stammt aus dem Indogermanischen ‚medhu', was für ‚Honig' steht.

Met – das ist das Getränk der Götter. Nicht nur die Götter waren durstig, die Menschen waren es vor 3.500 Jahren auch.

Also musste ein Getränk her, das eine berauschende Wirkung – einen gottähnlichen Zustand – auslöste. In diesem Zustand konnte gut von den vielen lästigen Alltagssorgen abgelenkt werden.

Met ist ein Getränk, das aus vergorenem Honig hergestellt wird.

Von den Wikingern wird berichtet, dass sie aus Trinkhörnern tranken. Es wird ihnen nachgesagt, dass sie ausgesprochen viel tranken. Die Wikinger leerten ein Horn beim ‚Einzeltrinken' allein – und gegebenenfalls in einem Zug – oder teilten es sich mit einem anderen beim ‚Zweiertrinken'/‚Zurhälftetrinken'.

Das Horn konnte auch reihum weitergereicht werden, was ein ‚Gemeinschaftsumtrinken' war.

Dem Gegenübersitzenden konnte mit einem Trinkspruch zugeprostet werden. Zum Beispiel: „Ich trinke dir zu" oder „Ich trinke zu dir, Erik".

König Karl der Große (747/8 – 814) erließ eine Verordnung. Um Honig für die Herstellung von Met zu gewinnen, brauchte es viele Bienen. Deshalb schrieb er voraussehend vor, genügend Bienen zu züchten, um die Herstellung von Met auf Dauer zu gewährleisten.

Met, der mit Kirschsaft vermischt ist, heißt Wikingerblut oder Odinsblut. Met mit scharfen Gewürzen versetzt hat die kreative Bezeichnung Drachengold. Da die Herstellung mit Honig aufwendig und teuer war, wurde Met auf Dauer vom günstiger herzustellenden Bier verdrängt.

Trinkspruch

Die Anwesenden werden vom Gastgeber aufgefordert, ihr Glas zu erheben und mit einem Trinkspruch auf jemanden oder etwas anzustoßen und dann gemeinsam zu trinken.

Umtrunk

Das ‚Umtrinken', in dem das Wort Umtrunk steckt, offenbart ein gemeinschaftliches Handeln. Reihum wird aus dem Trinkhorn getrunken. Mit Feinden würde das nicht geschehen, mit Freunden oder Gleichgesinnten schon.

Demnach wird die Gemeinsamkeit, das Zusammengehören demonstriert. Der Umtrunk stärkt den Einzelnen wie auch die Gruppe oder die Gemeinschaft.

Ähnliches findet sich beim Dämmerschoppen (Sundowner) und Frühstücksschoppen. In beiden Fällen handelt es sich um ein ‚Gemeinsames Trinken‘.

Gemeinsam mit einer oder mehreren anderen Personen werden ein, zwei (alkoholische) Getränke genossen, um den Tag auszuleiten beziehungsweise einzuleiten. Üblicherweise werden keine Speisen zu diesen Anlässen serviert.

Bier trinken statt in Bier ertrinken

Manche wollen in Champagner baden und sich dem erfreulichen Nichtstun hingeben.

Wie wäre es mit einem Bad im Bier? Am 17.10.1814 mussten mehrere Menschen ungewollt in Bier baden, was allerdings nicht so gut ausging. Tatsächlich sollen bei diesem verheerenden Ereignis 8 Menschen zu Tode gekommen sein.

In der Meux and Company Brauerei in London platzte ein Bottich mit Bier, was in Folge weitere Bottiche zerspringen ließ. Immerhin insgesamt 323.000 Gallonen, umgerechnet 1.470.000 Liter Bier!

Und diese meterhohe flüssige Masse strömte nun sintflutartig in die Londoner Straßen und Gassen. Häuser wurden zerstört, Kellerräume in Slum-Vierteln (bewohnt von Menschen) wurden überschwemmt. Eine unvorstellbare Katastrophe.

Pils, Kölsch, Altbier oder Weizenbier?

Nicht immer muss es Champagner oder Wein zum Essen sein. Ein angenehm gekühltes Bier passt zu vielen Speisen hervorragend. Bei mancher Speise ist der Wein beziehungsweise das weinhaltige Getränk sogar eher deplatziert.

Können Sie sich zu einem frischen Tartar ein kühles, frisch gezapftes Glas Bier vorstellen? Da läuft vielen das Wasser im Mund zusammen.

So kann die Wahl des richtigen Biers aber auch fast zu Glaubensfragen führen. In Köln ein Düsseldorfer Altbier zu bestellen kommt fast einem Sakrileg gleich.

Nicht nur in südlichen deutschen Gebieten wird gerne Weißbier oder Weizenbier getrunken.

Das deutsche Reinheitsgebot

In Deutschland gibt es ca. 5.000 verschiedene Biersorten. Seit etwa 500 Jahren gilt das deutsche Reinheitsgebot, da bei der Herstellung immer wieder gepfuscht wurde.

Am 23. April 1516 verkündete der bayerische Herzog Wilhelm IV. (1493 – 1550) diese Selbstbeschränkung, die aussagt, dass ausschließlich Hopfen, Gerste und Wasser zur Herstellung von Bier verwendet werden darf.

In Köln gab es schon seit 1412 eine vergleichbare Verordnung. In anderen Ländern wird Bier hergestellt, das sich nicht zwangsläufig an dieses Reinheitsgebot halten muss.

Obergärig und untergärig

Bei der brautechnischen Herstellung des Bieres wird zwischen zwei Arten unterschieden: Obergärig und untergärig. Der Unterschied bezieht sich auf die bei der Gärung verwendete Hefe.

Obergäriges Bier vergärt bei 15 bis 20 Grad Celsius. Nach dem Brauvorgang können durch die zugesetzte Hefe Kolonien entstehen, die oben auf dem Sud schwimmen und einfach abschöpft werden. Nicht einfach nur ein Bier bestellen. Wählen Sie unter folgenden obergärigen Bieren:

- Altbier (Düsseldorf)
- Kölsch (Köln)
- Weizenbier, entweder das naturtrübe Hefeweizen (das es auch als dunkles Bier gibt) oder das klare Kristallweizen, das keine Hefe mehr enthält. Mit einigen Reiskörnern im Glas zur deutlichen Bläschenbildung
- Weizenbock, das sind Starkbiere mit mindestens 16 % Stammwürze
- Berliner Weiße mit Waldmeisteressenz oder Himbeersirup
- Malzbier, das einen Alkoholgehalt von nur 0,5 bis 1,5 % hat und somit auch von Kindern getrunken wird

Untergäriges Bier wird bei unter 10 Grad Celsius hergestellt. Hier setzt sich die Hefe unten im Kessel ab, wo sie abgeschöpft werden muss.

Untergäriges Bier ist länger lagerfähig. Pils, Export, Bockbier, Starkbier und ein Großteil der Lagerbiere. Insgesamt etwa 85 Prozent aller in Deutschland erhältlichen Biere sind untergärig:

- Pils
- Export
- Schwarzbier, das seine dunkle Farbe durch die Verfärbung des Malzes beim Röstvorgang erhält, und erstmalig 1390 urkundlich erwähnt wurde.
- Märzen ist das letzte im März hergestellte Bier, das zu Gunsten der längeren Haltbarkeit besonders stark gebraut wird
- Rauchbier
- Lager
- Bock, einmal das Doppelbock, dessen Stammwürze mindestens 18 % beträgt und andererseits das Eisbock, ein Doppelbock mit einer Stammwürze von bis zu 28 %

Übrigens: Goethe soll sehr gerne Schwarzbier getrunken haben.

Sieben Minuten braucht das sauber gezapfte Pils

Ist das wirklich so? Der Pils-Biertrinker schwört auf diese Regel. In sieben Minuten muss sich ein ansehnlicher Feldwebel (das ist die Schaumkrone auf dem Bier) bilden. Bier ohne Schaumkrone ist verpönt.

In anderen Kulturen – zum Beispiel in den Vereinigten Staaten von Amerika oder in Kanada – erhält der Gast gezapftes Bier mitunter in Plastikbechern, wobei das Glas fast randvoll, demnach ohne jegliche Schaumkrone, serviert wird.

Allerdings kann es passieren, sogar im Restaurant, dass Sie eine geöffnete Flasche Bier auf den Tisch gestellt bekommen – ohne Bierglas. Es wird erwartet, dass Sie bei Tisch aus der Flasche trinken.

Übrigens: Laut Statistik trinkt jeder Deutsche, inkl. Kinder und Greise, im Jahr mehr als 89 Liter Bier (im Jahr 2023). Der Konsum ist rückläufig. Im Jahr 1980 wurden 145,9 Liter Bier pro Kopf in Deutschland angegeben, 2010 107,4 Liter, im Jahr 2020 92,4 Liter, im Jahr 2021 rund 90 Liter.

Angeblich standen den Hofdamen des Hammurapi (1728 – 1686 vor Christus, König von Babylonien) täglich drei Liter Bier zu. Die babylonischen Hohepriester bekamen immerhin 5 Liter am Tag – und kommen somit rechnerisch auf 1.825 Liter (allerdings alkoholarmes Bier) im Jahr!

Nach dem Prinzip: „Morgens ein Bier und der Tag gehört dir.“

Bier während der Speisenfolge

Wählen Sie Bier als Getränk zur Speise, so steht das Bierglas – unabhängig davon, ob Sie das Bier in der Flasche serviert erhalten oder direkt im Glas – rechts im Gedeck. Das Glas steht so, dass Sie es mit der rechten Hand einfach greifen können.

Sollten Glas und Flasche eingesetzt werden, so empfiehlt es sich, die Flasche rechts oberhalb des Glases zu platzieren, sodass Sie ohne Problem mit Ihrer rechten Hand die Flasche und später das Glas greifen können.

Das Etikett der Flasche zeigt zu Ihnen – also zum sitzenden Gast. Sollte auf dem Glas ein Monogramm sein, so wird das Glas so gestellt, dass der Gast es sehen kann.

Alkoholfreies Bier

Im Buch ‚Die anständige Lust' (Von Esskultur zu Tafelsitten, Edition Spangenberg bei Droemer Knaur) finden Sie auf Seite 94 einen Text zum Thema Alkohol. Die Überschriften sprechen für sich: ‚Besäufnis bei Hofe': „Allweg voll und selten leer."

Sie mögen keinen Alkohol oder Sie dürfen oder wollen keinen trinken? Deshalb bestellen Sie ein alkoholfreies Bier, das Sie mit ruhigem Gewissen trinken.

Sie sollten sich darüber im Klaren sein, dass auch beim alkoholfrei ausgezeichneten Bier ein kleiner Restalkohol im Getränk ist. Nach deutschem Gesetz darf das Bier bis zu 0,5 Prozent Alkohol enthalten.

Stange, Pint, Maß – Bierglasgrößen

In Köln ist es üblich, dass sogenannte Kölsch zu bestellen und zu trinken. Es gilt fast schon als Frevel, ein Pilz zu bestellen oder gar ein Düsseldorfer Altbier.

Kölsch aus Köln wird üblicherweise aus 0,2 Liter Stangen (oder Flöten) getrunken. Pils-Biere oft aus 0,3 Liter oder 0,4 Liter Gläsern.

Eine der kleineren Einheiten stellt das nur 0,1 Liter fassende Stößchen in Köln und Umgebung dar.

Zum Vergleich: Weizenbier klassischerweise aus 0,5 Liter Weizenbier-Gläsern.

In den Kölner Brauhäusern werden Sie von einem Köbes (weibliche Form: Köbine oder Jakobine) bedient. ‚Köbes' bedeutet Jakob. Die Bezeichnung ist seit dem neunzehnten Jahrhundert bekannt. Der Köbes in den Brauhäusern der Städte Bonn, Düsseldorf, Köln und Krefeld, also der Kellner, trägt eine blaue Schürze aus Leinen.

Die Legende sagt, dass die Pilger auf dem Jakobsweg eine Pause in den Städten einlegten. Um Geld zu verdienen, halfen sie in den Brauhäusern aus und schleppten die schweren Bierfässer.

Das soll der Grund sein, weshalb der Köbes (heute noch) so unfreundlich und ruppig auf die Gäste wirkt. Wer etwas anderes als ein Kölsch bestellt, hat schlechte Karten bei der Bedienung.

Die Stangen werden in einem sogenannten Bierkranz transportiert. Ist das Glas (fast) ausgetrunken, wird automatisch ein neues Glas gebracht – ohne dass bestellt werden müsste.

Das geht so lange, bis der Gast den Bierdeckel auf das geleerte Glas legt. Damit signalisiert er, dass er kein weiteres Getränk wünscht.

Im Pub

Aus Großbritannien ist der Begriff Pint geläufig. Das entspricht einer Menge von etwa 0,568 Liter, in den USA allerdings nur 0,454. Dieselbe Bezeichnung in Australien ergibt 0,6 Liter (im Westen und auf Tasmanien), oder nur 0,45 Liter im Süden.

Wenn Sie mal ganz großen Durst verspüren, bestellen Sie einen Pitcher (zum Beispiel in den USA, in Großbritannien in Kanada oder auf Malta). Sie erhalten dann eine Menge von 1,89 Liter in einem Krug.

In Bayern, Österreich und in der Schweiz begegnet Ihnen allerdings auch ein Stiefel, der 2 Liter fasst. Oder was halten Sie vom österreichischen Schifferl, einer Schale mit 15 Litern? Prost!

Oktoberfest

Sollten Sie das Oktoberfest in München besuchen, werden sie mit der Mengeneinheit ‚Maß' konfrontiert. Diese Schenk-Maßeinheit beinhaltete früher 1,069 Liter. Später wurde sie angepasst auf das heute übliche 1 Liter-Format.

Im Jahr 2023 wurden angeblich 6,5 Millionen Maß Bier gezapft. Im Jahr 2019 waren es noch 7,3 Millionen, 2024 ca. 7 Millionen. Das Bier wird im Maßkrug serviert.

Der Maßkrug allein wiegt etwa 1,3 Kilogramm. Gefüllt kommen demnach 2,3 kg zusammen.

Können Sie sehen, dass die Wiesenkellnerin oder der Kellner 7 bis 12 Krüge zu den Tischen bringen, transportieren sie unglaubliche 16 bis 27 kg durch das Festzelt. Die Aussprache von Maß lautet nicht etwa ‚maas' sondern ‚mass'.

Übrigens: Der Ritter Tannhäuser (ca. 1200 bis ca. 1266) soll in seiner Tischzucht als Verbot vermerkt haben: „Mit vollem Munde wie ein Vieh trinken."

Bierdeckel

Je nach Region wird auch Bierteller oder Bierfilz gesagt. Der Bierdeckel gilt als Unterlage für das Getränkeglas. Er soll das in der Wärme entstehende Kondenswasser auffangen.

Gleichzeitig hat er noch die Funktion, dass auf ihm die bestellten Getränke in Form von Strichen oder Kreuzen oder anderen Symbolen vermerkt werden.

Die Markierungen dienen der Bedienung später, korrekt abrechnen zu können. Deshalb darf der Gast den Bierdeckel nicht verändern oder gar vernichten. Genau genommen handelt es sich bei dem beschriebenen Deckel um eine Art Urkunde.

König Gambrinus

Der mythische König von Flandern und Brabant namens Gambrinus gilt als Erfinder des Bierbrauens. Manchmal wird er heutzutage auch als Schutzpatron der Bierbrauer angesehen, obwohl hierfür ursprünglich St. Florian zuständig ist.

Im Mittelalter war es schwierig, Bier kühl zu halten. Auch war Bier nicht ständig vorrätig. Um durstigen Gästen vor Betreten einer Schenke die Information zu geben, ob Bier vorrätig war, wurde eine Art Bierstandsanzeiger als Holzrelief an die Eingangstür befestigt.

Manchmal wurde der Königskopf von Gambrinus dargestellt. Die Mundpartie konnte herausgenommen werden. Zeigte dieses herausnehmbare Teil einen lächelnden Mund, war Bier im Angebot. Zeigten die Mundwinkel traurig nach unten, war kein Bier vorrätig.

Unter Umständen waren auf der Schnitzerei noch ein Paddel und eine Schaufel gezeigt. Das Paddel stand symbolisch für das Wenden der Maische, die Schaufel für das Wenden von Malz.

Herrengedeck

Etwas höher als üblich schlägt das Herz schon, als die kleine Männergruppe im Hamburger Vergnügungsviertel eine heimelig beleuchtete Bar betritt.

Sie bestellen ein Bier, werden aber darauf hingewiesen, dass Herrengedecke serviert werden.

Ein Herrengedeck setzt sich aus zwei Getränken zusammen: 1 Bier und 1 Schnaps. Damit sich niemand auf Dauer an nur einem Gedeck festhält, ist die Erstbestellung im Preis oft deutlich höher als das zweite und folgende Gedeck.

Nach wenigen Minuten nähern sich hübsch anzuschauende Damen, die freundlich lächelnd fragen, ob sie sich zur Gruppe gesellen dürfen – und natürlich, ob sie sich etwas zu trinken bestellen können. Sie ordern dann ein Damengedeck, meist aus einem Pikkolo (kleines Fläschchen Sekt) und einem Saft bestehend.

Der Gruppe sei ein aufregender und angenehmer Abend gewünscht ...

Bierzipfel

In einigen Studentenverbindungen ist es üblich, zu vielen Anlässen reichlich Bier zu trinken. Wer sich bei den Zusammenkünften besser kennenlernt, zeigt das unter Umständen durch ein kleines Präsent an das Gegenüber: Ein Bierzipfel wird als Kennzeichen des freundschaftlichen Miteinanders ausgetauscht.

Ein Bierzipfel ist ein wenige Zentimeter langes Stoffband in den Farben der Verbindung und einer Metallspitze. Manchmal ist er gänzlich aus Metall. Ein erhaltener Bierzipfel wird mit Stolz getragen.

An anderen Orten gibt es auch einen Weinzipfel oder einen Sektzipfel.

Bierbörse

Hier wird nicht mit Aktien gehandelt, sondern weitestgehend mit dem Bierpreis. Eben kostete das Glas Bier noch sechs Cent weniger. Was war geschehen?

Der Gast befindet sich auf einer Bierbörse. Zahlreiche Bieranbieter buhlen um die Kunden. An den vielen Ständen gibt es heimische, ausländische und auch sehr exotische Biersorten.

Gut einsehbare Leinwände oder Monitore zeigen den jeweils aktuellen Bierpreis jeder Sorte. Wird eine Biersorte häufig bestellt, steigt der Preis – und umgekehrt. Beim Bezahlen gilt der Preis, der bei der Bestellung angezeigt wurde.

Bierdusche

Die Sieger des Sportkampfes stehen auf dem Podest. Die Medaillen sind überreicht. Der Trainer soll besonders ausgezeichnet werden. Einige Mitspieler nähern sich mit vollen Bierkrügen und Biergläsern. Sie schütten den Inhalt über den Trainer oder andere ‚Auserwählte' aus.

Vergleichbares erfolgt bei einer Sektdusche. Die Flasche wird ordentlich geschüttelt, der Inhalt spritzt gezielt über die Anvisierten, zum Beispiel über die drei Bestplatzierten.

Wem es gefällt ...

Bierbauch

Auf der einen Seite ist es überraschend, wie häufig es einen Bezug zum Bauch gibt. Andererseits bezieht sich die Gastrosophie genau auf diesen Körperteil.

Vieles, was mit Essen und Trinken zu tun hat, spricht die Wahrnehmungen an wie riechen, schmecken, sehen, anfassen und manchmal auch hören (wie das Zischen beim Öffnen einer Bierflasche).

Alles zum Wohl der inneren Zufriedenheit des Genießers.

Gut, trinkt jemand zu viel, lässt den Alkoholspiegel unkontrolliert steigen, merken die anderen den alkoholisierten Zustand auch.

Trotzdem: Ein Feierabendbierchen in allen Ehren! Das meinen viele Biertrinker. Das gut gekühlte Bier schmeckt einfach (zu) lecker. Außerdem: Die Stimmung steigt. Das angezeigte Gewicht auf der Personenwaage ebenso.

Bier hat viele Kalorien, die für die Anlagerung von ungewolltem Fett im Körper sorgen. Ehe der Biertrinker sich versieht, steigt der Umfang seines Bauches sichtbar an. Selbst geschickt ausgewählte Garderobe versteckt den Bierbauch nicht mehr. Er ist sichtbar – und ungesund!

Vielleicht sollte ‚das Feierabendbierchen' hin und wieder ein Päuschen einlegen. Der Bauch auch.

Wein

Der Weinservice

*"Same procedure as last year, Miss Sophie?
Same procedure as every year, James ..."*
Dinner for One or the 90th Birthday. *Silvester im NDR Fernsehen
(seit 1963)*

„Im Wein liegt die Wahrheit"

Bereits der Supermarkt um die Ecke bietet neben einheimischen Weinen solche aus Frankreich, Italien, Spanien, Österreich, manchmal sogar aus der Schweiz, aus Ungarn und Griechenland an.

Aber auch Wein aus Übersee, zum Beispiel aus Argentinien, Chile, USA (Kalifornien), Süd- und Nord-Afrika, Australien und Neuseeland.

Beim gut sortierten Weinhändler weitet sich das Angebot sogar auf Wein aus Kroatien, Algerien oder der Ukraine aus. Egal woher, der Flaschenwein wird dem Gast in gleicher Art präsentiert.

Die Weinflasche wird präsentiert

Der Gastgeber hat eine Flasche Wein geordert. Nur dem Gastgeber, im Restaurant dem Besteller, wird die Weinflasche vom Personal so präsentiert, dass er das Etikett leicht lesen kann. Der Besteller kann sich überzeugen, dass es sich um den bestellten Wein handelt.

Danach wird die Flasche an einem Beistelltisch (Guéridon) geöffnet, aber so, dass der Gastgeber den Vorgang beobachten kann. Im Familienkreis muss die Flasche nicht präsentiert werden, da sie vorher vom Gastgeber ausgesucht wurde.

Güteklassen beim Wein

Für den deutschen Wein sind bestimmte Güteklassen festgelegt.

- Tafelwein (mit mindestens 8,5 % Alkoholgehalt)

- Landwein

- Qualitätswein bestimmter Anbaugebiete (QbA) mit einer amtlichen Prüfnummer.

- Qualitätswein mit Prädikat (QmP)

  ➢ Kabinett (voll ausgereifte Trauben)

  ➢ Spätlese (spät gelesene Trauben)

  ➢ Auslese (vollreife einwandfreie Trauben)

  ➢ Beerenauslese (überreife und edelfaule Trauben)

  ➢ Trockenbeerenauslese (eingeschrumpfte, edelfaule Trauben)

  ➢ Eiswein (Trauben, die bei der Lese und Kelterung gefroren sind. Diese werden bei ca. – 7° C gepflückt und direkt verarbeitet.)

Kapitel 12 – Bier auf Wein, das lasse sein

Weinbezeichnungen: Deutschland, Frankreich, Italien, Spanien

Vergleichbare Bezeichnung finden sich bei Weinen in Nachbarländern:

Deutschland	Frankreich	Italien	Spanien
Tafelwein	Vin de Table	Vino da Tavola	Vino de Mesa
Landwein	Vin de Pays	Indicazione Geografica Tipica (IGT)	Vino de la Tierra
Qualitätswein (QbA)	Vin Délimité de Qualité Supérieure (VDQS)	Denominazione di Origine Controllata (DOC)	Denominación de Origen (DO)
Qualitätswein mit Prädikat (QmP)	Appellation d'Origine Controllée (AOC)	Denominazione di Origine Controllata e Garantita (DOCG)	Denominación de Origen Calificada (DC)

Europäische Rebsorten

Geschmäcker sind verschieden. Deshalb ist es manchmal gar nicht so einfach, das Aroma eines Weines zu beschreiben. In der folgenden Tabelle finden Sie einen Auszug möglicher Beschreibungen der bekanntesten vier Weiß- und Rotweinrebsorten wieder.

	Weißwein	
Rebsorte	Aroma	Eigenschaft
Chardonnay	Apfel, Mandel, Zitrone, Vanille, Blumen, exotische Früchte	kräftig, holzbetont, voll, rassig, frisch, ausgewogen
Grauburgunder/ Pinot Grigio	Rosen, Mandel, Honig, Kastanie, Melone, Walnuss, Karamell,	gehaltvoll, körperreich, mild, feinrassig, kräftig
Riesling	Aprikose, Pfirsich, Himbeere, Stachelbeere, Passionsfrucht, Mango	fruchtig, rassig, lebendig
Sauvignon Blanc	Anis, Muskat, Cassis, Brennnessel, Paprika, Grapefruit	knackig, säurehaltig

	Rotwein	
Rebsorte	Aroma	Eigenschaft
Cabernet Sauvignon	Pflaume, Gewürznelken, Leder, Tabak, Eichenholz	gehaltvoll, rassig, gerbstoffbetont
Merlot	Cassis, Holunder, Kakao, Lakritz, Trüffel	aromatisch, fruchtig, geschmeidig, vollmundig
Shiraz	Lorbeer, Pfeffer, Teer, Kakao, Leder	würzig, voller Körper, herb, tieffarbig
Spätburgunder/ Pinot Noir	Erdbeere, Kirsche, Rose, Kaffee, Himbeere, Brombeere	fruchtig, weich, samtig, gehaltvoll, vollmundig

Das Dekantieren und Karaffieren alter Rotweine

„Rotwein ist für alte Knaben eine von den besten Gaben" (Heinrich Christian Wilhelm Busch (1832 – 1908). Dabei soll natürlich die jüngere Generation nicht am Rotwein-Genuss ausgeschlossen sein.

Auch der Rotwein wird älter – oder sehr alt. Dann wird dekantiert (lat. ‚canthus' für ‚Schnabel eines Krugs').

Depot hat sich unten in der Flasche eingesammelt. Da er nicht mitgetrunken werden soll, wird er vom Wein getrennt.

Das Dekantieren erfolgt so, indem der Ober den Wein aus der Originalflasche sehr vorsichtig in eine kostbare Glaskaraffe umfüllt.

Bei diesem Vorgang kommt der Wein mit der Luft in Berührung – das nennt sich Karaffieren – und kann somit sein Bukett noch schneller voll entwickeln.

Beim Dekantieren wird etwaiges Depot (Farbstoffe und Gerbstoffe), das sich am Flaschenboden gebildet hat, vom Wein getrennt werden.

Damit das gut geschieht, muss die Rotweinflasche beim Ausschenken ganz ruhig und fast waagrecht gehalten werden. Das Depot soll mit einem kleinen Rest Wein in der Flasche bleiben.

Hinweis: Ältere Rotweine sollten etwa eine Stunde vor dem Trinken geöffnet werden, damit sich das Bukett voll entwickeln kann.

Die Zustimmung zum Einschenken

Erteilt der Gastgeber nach dem Probeschluck dem Ober seine Zustimmung zum Getränk, wird erst den anderen Gästen und ganz zum Schluss ihm selbst eingeschenkt.

Dabei wird darauf geachtet, dass die Weingläser aller Gäste ungefähr gleichvoll gefüllt sind.

Der Wunsch nach einem anderen Getränk

Der Höflichkeit wegen wird ein Gast, der ein anderes Getränk wünscht, sich erst einen Schluck des Weines einschenken lassen, um den Serviceablauf nicht zu behindern.

Dann bittet er den Service-Mitarbeiter um ein alternatives Getränk. Das wird ihm gebracht, sobald – bis auf den Gastgeber – alle anderen Gäste mit Wein versorgt sind.

Muss ein Gast wegen einer besonderen Diät ein Extra-Getränk haben, kann er das vorher ankündigen. Der Gastgeber kann das gewünschte Getränk bereithalten.

Da nicht alle Getränke im Weinglas serviert werden können (wie zum Beispiel Tee), sollte bedacht werden, dass durch andere Gläser oder Tassen der erste – optische – Eindruck gestört würde.

Abgesehen von Ausnahmen bleibt das Weinglas eingedeckt, andere Gläser oder Tassen werden erst bei Bedarf nachgereicht.

Wein und Stil

„Auch beim Weintrinken spiel dich nicht als Held auf,
denn der Rebensaft hat schon viele zu Fall gebracht."
Jesus Sirach, Apokryphen des Alten Testaments
(um 175 v. Chr.)

Trinkfreuden – Das passende Weinglas

„Der schönste Wein schmeckt nicht, wenn das Glas die falsche Form hat. Geschmack und Geruch wollen individuell zur Geltung kommen." So schreibt die Frankfurter Allgemeine Sonntagszeitung am 9. Januar 2005.

Tatsächlich scheint es so, dass ein Wein sein Bukett aus unterschiedlich geformten Glaskelchen verschieden entfaltet.

Glastyp	Weintyp
Schmaler Kelch	Junger, säurebetonter Weißwein
Kleiner, schlanker Kelch	Dessertwein
Hoher Kelch	Tanninbetonter Rotwein
Leicht bauchiger Kelch	Körperreicher Weißwein
Bauchiger Kelch mit großer Öffnung	Tanninarmer Rotwein
Hoher, bauchiger Kelch	Schwerer Rotwein

Trinkfreuden vor über 2.000 Jahren

Der Spiegel 5/2005 beschreibt die Trinkkultur vor über 2.000 Jahren. Um den produzierten Wein nicht verderben zu lassen und Pilzbefall zu vermeiden, wurde Pistazienharz bei der Herstellung von Wein zugesetzt.

Der Prophet Amos (814 – 740 v. Chr.) soll 760 v. Chr. geschimpft haben, dass die Zecher den Wein aus großen Humpen tranken. Außerdem prangt er in seinen Predigten immer wieder das ausbeutende Verhalten der Reichen zulasten der Armen an.

Wer reich war, konnte sich Wein guter Qualität leisten. Arme mussten auf minderwertigen Wein zurückgreifen. Sie produzierten ‚tamad', einen Aufguss aus bereits ausgepressten Trauben. Dem Ergebnis wurde Myrrhe zugesetzt.

Übrigens: Dieser minderwertige Wein wurde Jesus mit einem Schwamm gereicht. Luther soll das verwendete Wort ‚tamad' mit ‚Essig' übersetzt haben.

Übrigens: Der Durchschnittsdeutsche soll im Jahr 2020 etwa 20 Liter Wein trinken. 2024 sollen es ‚nur' noch 19,2 Liter pro Kopf sein.

Trinkfreuden vor über 3.300 Jahren

Offensichtlich war Pharao Tutanchamun (Regierungszeit 1341 – 1323 v. Chr.) in seiner kurzen Lebenszeit ein Genussmensch.

In seiner Grabkammer KV62 wurden 26 gut beschriftete Weingefäße gefunden. Die Beschriftungen gaben Hinweise zum Wein, zur Qualität und Herkunft, sowie den Winzer.

Die Trauben für den Wein wurden ins Jahr des Beginns der Regierungszeit Tutanchamuns datiert.

Zum Wohl im Jenseits, lieber Pharao!

Trinktemperatur

Je nach Temperatur werden Säure, Süße und Bitterkeit sowie der Alkoholgehalt des Weines unterschiedlich wahrgenommen. In der heutigen Zeit darf jeder den Wein so trinken, wie er ihm mundet. Manche Rotweine werden sogar deutlich gekühlt getrunken.

Die folgende Tabelle zeigt deshalb die empfohlene Trinktemperatur an. Beachten Sie bitte, dass die Temperatur des Weines beim Servieren etwa 1 bis 2 Grad kühler sein soll, da sich der Wein nach dem Ausschenken leicht erwärmt.

Trinktemperatur	Weinart
6 – 8 Grad Celsius	Schaumwein
8 – 10 Grad Celsius	Leichter Weißwein
10 – 12 Grad Celsius	Mittelschwerer Weißwein und Rosé
12 – 14 Grad Celsius	Schwerer Weißwein
14 – 16 Grad Celsius	Junger, leichter Rotwein
16 – 18 Grad Celsius	Schwerer, kräftiger Rotwein

Alkoholfreier Wein – Wein, der kein Wein ist?

Tatsächlich ist es möglich, alkoholfreien Wein (und Sekt) herzustellen. Durch eine spezielle Kellereitechnik wird dem Wein der Alkohol entzogen.

Entweder wird bei der Destillation der Wein stark erhitzt, sodass der Alkohol verdampft oder der Alkoholentzug geschieht durch Dialyse, wobei sich die Alkoholmoleküle absetzen.

In allen Fällen darf beim alkoholfreien Wein ein Restalkoholgehalt von 0,5 Volumenprozent bestehen bleiben.

Hinweis: Gänsewein ist nicht etwa eine besondere Weinsorte, sondern schlicht und einfach eine freundlich gemeinte Bezeichnung für Trinkwasser. Dasselbe gilt für die Bezeichnung Ochsenschnaps.

Glühwein

Je nach Region gibt es die Bezeichnung Glühwein, Warmwein oder auch Heißwein.

Überwiegend roter, hin und wieder auch weißer Wein wird erhitzt. Er wird mit Gewürzen versehen. Oft werden dem Wein Zimt, Gewürznelken, Sternanis und Stücke von Zitronenschalen beigegeben.

In der Vorweihnachtszeit, beispielsweise auf den Weihnachtsmärkten, erfreut sich der Glühwein großer Beliebtheit.

Gewürzwein

Der Glühwein ist zurückzuführen auf den Würzwein beziehungsweise Gewürzwein. Schon die alten Römer und später die Menschen im Mittelalter bevorzugten dieses Getränk. Starker roter oder weißer Wein wurde mit Honig oder Zucker gewürzt.

Honig war damals teurer, weshalb der Gewürzwein, der mit Honig zubereitet wurde, den Bessergestellten vorenthalten war.

In diesem Gewürzwein finden sich auch Gewürze wie Zimt, Gewürznelken, Muskatnuss, Orangenblüten, Rosenwasser, Kardamom und andere.

Das Getränk hieß damals Hypocras oder Ypocras, abgeleitet vom griechischen Arzt Hippokrates von Kos (460 v. Chr. – 370 v. Chr.).

Der deutliche Unterschied zwischen Gewürzwein und dem heute üblichen Glühwein liegt darin, dass der frühere Gewürzwein kalt getrunken wurde.

Federweißer

Federweißer (auch Rauscher, Sturm oder Sauser) ist ein junger, neuer Wein. Er ist der aus weißen Trauben gepresste Most, dessen Gärung gerade eben erst begonnen hat.

Das Getränk ist süffig und lässt sich leicht trinken. Aber Achtung: Aus der wohligen Gaststätte kommend in die kühle Frische, schlägt der Alkohol bei vielen erbarmungslos zu. Nicht umsonst heißt das Getränk in manchen Gegenden ‚Rauscher' – es ‚rauscht' im Kopf.

Manch Berauschter musste sich schon wundern, wie der harmlos wirkende Federweißer ‚zuschlug'.

Deshalb ist es besser, den Federweißen wie Wein zu genießen und nicht etwa ‚runterzuschüttten'.

Champagner

Das Getränk der Könige und die, ...

... die das notwendige Kleingeld haben

Treffen Sie auf Kenner, so werden diese das ins Glas gefüllte Getränk zum Beispiel nach Perlenspiel und Farbpalette beurteilen. Die Bläschen sind lebhaft, fein oder üppig. Sie steigen zurückhaltend oder intensiv auf.

Sie sollten an der Oberfläche eine deutliche Perlenkette am Glasinnenrand bilden.

Die Farbpalette der Champagner reicht von altgold, über gelbgold, strohgelb, grüngold, weißgold, lachsrosa, bis zu zartrosa.

Die Geschmacksbeschreibungen lassen keine Wünsche offen. So ist zu lesen im ‚Champagner Magazin', Herbst 2005: „Präsente Süße nach kandierter Ananas; mollig, rund und gediegen am Gaumen; Röstnoten im Abgang; heftiger Duft nach Getreide und Trockenfrüchten; Duft nach Marzipan und Nuss; gut balanciert; erst verhalten, dann verführerisch; mit viel Biss und großer Substanz; kraftvoll, fast ungestüm; und viele andere mehr."

Mit anderen Worten: Eine Geschmacks-Vielfalt für sich.

Die Preise scheinen nach oben offen. Der Armand de Brignac Brut Rosé ist in der Nebukadnezar Flasche (15 Liter) für ca. 30.000 bis 35.000 Euro zu kaufen (Stand Drucklegung des aktuellen Ratgebers)!

Champagner oder Sekt?

Wenn von Champagner gesprochen wird, ist von einem Getränk die Rede, hergestellt aus Weintrauben eines genau festgelegten und umgrenzten Weinanbaugebiets namens Champagne (in Frankreich).

Alle vergleichbaren Getränke dürfen nicht Champagner genannt werden. In Deutschland ist die Bezeichnung Sekt üblich. Obwohl es hervorragende Sekte gibt, gilt der Champagner als exklusive Alternative.

In Italien wird übrigens die Bezeichnung Asti verwendet.

Der französische Kaiser Napoleon I. Bonaparte (1769 – 1821) soll gesagt haben: „Nach dem Sieg verdienst du Champagne, nach der Niederlage brauchst du ihn."

Soviel zu einer nicht vorhandenen Alternative. Und: Champagner passt zu jeder Gelegenheit.

Champagne Sabrage – das Sabrieren einer Champagnerflaschen

Nichts für zarte Gemüter, jetzt kommt die Show zur Geltung.

Die Champagnerflasche wird mit einem Säbel entkorkt. Welche Show – auch heute noch zu gelegentlichen Anlässen in den Bars bestimmter Hotels, oder zu besonderen Veranstaltungen als unterhaltsamer Show-Effekt.

In der französischen Sprache steht ‚sabre‘ für ‚Säbel‘. Der Sabreur (die Sabreuse) öffnet mit dem beidseitig stumpfen Champagner-Säbel die Flasche. Das ‚Champagne Sabrage‘ wird seit Napoleons Zeiten durchgeführt (angeblich nach einer gewonnenen Schlacht im Jahr 1812).

Es lässt sich gut vorstellen, wie das hochrangige Militär vollgepumpt mit Endorphinen nach der gewonnenen Schlacht rund um Napoleon standen, die Champagnerflaschen mit ihren Säbeln entkorkten und voller Begeisterung auf den Sieg anstießen, während gleichzeitig die angestaute, euphorische Energie abgebaut wurde.

Wie wird vorgegangen? Der Sabreur entfernt die Agraffe. Er haut mit voller Wucht den Säbel von unten gegen die Wulst am Flaschenkopf. Der Champagner-Korken wird mithilfe des zielgenauen Hiebs mit einem Säbel regelrecht rausgesprengt!

Mögliche Glassplitter schießen mit den herausschießenden Getränkespritzern weg.

Bei solch einem Vorgehen geht Champagner durch das Überlaufen verloren. Also ein Vorgang, der nicht als Ressourcen schonend bezeichnet werden kann.

Wie voll werden die Gläser geschenkt?

Das Glas randvoll einzuschenken gilt als unelegant. Also:

- maximal ¾ des Glases werden gefüllt bei:
  - ➤ Sekt wird wegen der Schaumbildung zuerst höchstens bis zur Hälfte des Glases eingeschenkt, dann wird nachgegossen
  - ➤ Sekt mit Orangensaft
  - ➤ Kir oder Kir Royal
  - ➤ Weiß- oder Roséwein
  - ➤ Saft (im Sektglas gereicht)
- maximal 2/3 des Glases werden gefüllt bei (Je größer das Glas, desto weniger Wein in Relation zur möglichen Füllmenge):
  - ➤ Rotwein
- Besondere Füllmengen haben:
  - ➤ 5 cl Sherry und Portwein
  - ➤ 4 cl Bitter, wie Campari, eventuell mit Orangensaft aufgegossen oder ergänzt mit Eiswürfeln

Das Getränk Kir (etwas Johannisbeerlikör, aufgefüllt mit Weißwein) ist nach dem Domherrn und Oberbürgermeister Félix Adrien Kir (1876 – 1968) von Dijon benannt. Beim Kir Royal wird der Wein durch Champagner ersetzt.

Übrigens: In vielen englischsprachigen Ländern wird das Bierglas randvoll eingeschenkt.

Kapitel 13 – Von Cocktails und Hochprozentigem

„Geschüttelt, nicht gerührt"

Wer Sorgen hat, ...

„Geschüttelt, nicht gerührt".
James Bond [007], brit. Spion
(* 1964)

... hat auch Likör

„Es ist ein Brauch von Alters her: Wer Sorgen hat, hat auch Likör. Doch wer zufrieden und vergnügt, sieht zu, dass er auch welchen kriegt."

So lässt sich der deutsche Zeichner und Schriftsteller Heinrich Christian Wilhelm Busch (1832 – 1908) in seiner ‚Frommen Helene' zitieren.

Das lässt sich so deuten, dass in jeder Situation ein Gläschen Hochprozentiges akzeptiert werde.

Es ist interessant, wie viele Zitate es von Busch gibt, die sich – meist wohlwollend – um das Thema Alkohol drehen. Hier ein Glas Rotwein für die alten Herren, dort ein Likörchen für die Damen der Runde.

Und all das ‚von Alters her'. Das stimmt eindeutig, wie viele Zitate und Quellen von und aus längst vergangenen Zeiten dokumentieren.

Nun ist hingegen auch bekannt, dass sehr viele Menschen alkoholkrank sind und demnach <u>ein</u> Gläschen bereits eines zu viel wäre. Andererseits werden in vielen Filmen die Helden, unbesiegbar mit einem Glas Whisky in der Hand oder verführerisch an einem Martini-Cocktail schlürfend dargestellt.

Blenden Sie den Alkoholmissbrauch auch gedanklich aus, so kommen Sie nicht umhin zu erkennen, dass Alkoholisches schon seit ewigen Zeiten zum genussvollen Leben gehört.

Betrachten Sie ein Gläschen eben als diesen Genuss, sei es appetitanregend vor dem kulinarischen Hochgenuss, als ‚Verdauungsschnäpschen' nach dem üppigen, deftig-rustikalen Mahl, oder als ‚Absacker' vor dem lang heraus gezögerten Nachhausegehen.

Die Welt der hochprozentigen Getränke reicht von klar bis farbig, von zart bis heftig, von süß bis bitter, von dünnflüssig bis cremig fließend. Sie ist damit kaum überschaubar.

Die Fachleute teilen diese Getränke der besseren Übersicht halber in verschiedene Kategorien, die Dank origineller Neu-Kreationen immer mal wieder die bisher gesetzten, virtuellen Grenzen überschreiten.

Im Bereich der gemixten, geschüttelten oder gerührten Cocktails gibt es sowieso kein absehbares Ende. Je nach Trend, aktuellen Geschmacksausrichtungen, neu kombinierten Zutaten, hält die Zukunft unendlich viele Überraschungen bereit.

Lassen Sie sich verwöhnen von der Kreativität der Fachleute in der Gastronomie.

Probieren Sie mal etwas Neues aus. Nutzen Sie die Möglichkeit, (auch) in fremden Ländern Unbekanntes zu entdecken. Lehnen Sie sich zurück, und lassen Sie sich über Ihre Sinne verführerisch ‚berauschen'.

Aber kosten Sie nicht so viel, dass es zum Rausch kommt.

Der Digestif

Von Cognac bis Likör

Digestif – Das Getränk nach dem Essen

Die Lateiner sagten ‚digestivus' und meinten ‚die Verdauung fördernd'. Der Genuss eines Digestifs hilft, die zugeführten Speisen gut zu verdauen.

Im Gegensatz zum Aperitif, der vor dem Essen gereicht wird, wird der Digestif nach dem Essen serviert, gleichzeitig mit Kaffee oder kurz danach, sodass er zusammen mit dem Kaffee getrunken werden kann.

Als Digestif-Getränke eignen sich Spirituosen, die das Mahl abrunden. Dies sind zum Beispiel:

- Cognac
- Weinbrand
- Armagnac
- Calvados

- Obstwasser
- Orangenlikör
- Bénédictine
- Aquavit

- klarer Schnaps
- Grappa/Trester

Service des Digestifs

Der Digestif kann auf vier verschiedene Arten serviert werden:

- Der bereits eingeschenkte Digestif wird vom Gastgeber oder Beauftragten serviert:
  - ➢ In Gaststätten oder einfacheren Restaurants wird der Digestif am Ausgabebuffet in die Gläser geschenkt und auf einem Tablett zum Tisch gebracht, wo er dem Gast serviert wird.
  - ➢ Der Digestif wird von rechts in das Gedeck eingesetzt.
- Der Digestif wird am Beistelltisch eingeschenkt:
  - ➢ Bei einer geschäftlichen Veranstaltung, in den Geschäftsräumen oder in einem angemieteten Raum, können die vorbereiteten Digestif-Getränke auf einem dafür aufgebauten Getränkebuffet oder auf einem Beistelltisch stehen.
  - ➢ Bei den Getränken stehen die Gläser; auch eine Handserviette liegt bereit. Nach der Bestellung werden die Getränke dort eingeschenkt und anschließend serviert.
  - ➢ Auch hier wird von rechts an den Gast herangetreten und das Glas von rechts in das Gedeck eingesetzt.
- Der Digestif wird vom Tablett aus eingeschenkt:
  - ➢ Dabei ist einiges Geschick angesagt. In einer Hand wird das Tablett gehalten und mit der anderen Hand muss eingeschenkt und serviert werden.

> In der Praxis lässt sich dieser Service nur durchführen, wenn nur eine Art Digestif angeboten wird, der Gast also keine Getränkewahl hat.

> Falls das Digestif-Glas vorher eingedeckt wurde, wird es von rechts aus dem Gedeck genommen und auf dem Tablett abgestellt. Dann wird der Digestif eingeschenkt, die Flasche zurück auf das Tablett gesetzt und das Glas, wiederum von rechts, ins Gedeck gestellt.

> Noch einmal sei erwähnt, dass die bedienende Person sehr geübt sein sollte und das Tablett gut balancieren können muss.

- Einschenken des Digestifs vom Digestif-Wagen aus:

> Der Service vom Digestif-Wagen aus ist eine der elegantesten Möglichkeiten.

> Auf dem Digestif-Wagen stehen die Getränke, die angeboten werden und die dazu passenden Gläser.

> Auf dem Digestif-Wagen liegen des Weiteren eine Handserviette und ein Kellnermesser, falls eine Flasche geöffnet werden muss.

> Mit dem Digestif-Wagen wird hinter die sitzenden Gäste gefahren.

> Die Flaschen sollen mit den Etiketten in Richtung Gast stehen.

> Das vom Gast gewählte Getränk wird am Wagen zubereitet und von rechts in sein Gedeck gestellt.

> Dann wird mit dem Wagen zum nächsten Gast gefahren und der Reihe nach serviert.

> Der Digestif-Wagen kann gegebenenfalls ein zweites Mal vorfahren, um ein zweites Mal zu servieren.

Exklusivität und das geplante Budget

Der zum Gast gefahrene Digestif-Wagen verlockt oft mit exklusiven Digestif-Getränken.

Manche der Digestifs sind alt oder sehr alt. Das schlägt sich im Verkaufspreis nieder. Also gut aufpassen, damit die Exklusivität nicht das geplante Budget sprengt.

Der Aquavit-Service

Aquavit wird eisgekühlt serviert. Er wird erst kurz vor dem Servieren aus dem Eiskühlfach genommen. Von einem Digestif-Wagen ausgeschenkt, wird er dort in einem Eisbehälter so lange es geht ‚eiskalt' gehalten.

Lange vor dem Eintreffen der Gäste werden die sauberen Aquavit-Gläser einmal durch kaltes Wasser gezogen. Die feuchten Gläser werden nun ins Eisfach gestellt. Am Glas bildet sich eine dünne Eisschicht.

Nach dem Einschenken des Aquavits wird das Getränk so schnell wie möglich serviert, damit der Gast das Glas auch eisgekühlt erhält.

Der fachgerechte Service des Aquavits ist schwierig, besonders in warmen Räumen und bei langen Laufwegen. Wenn Sie diesen Service nicht fachgerecht ausüben können, sollten Sie lieber auf ein Angebot dieses Getränkes verzichten.

Trinken des Digestifs

Nun wird nicht sofort zum Trinken angesetzt, sobald das Getränk serviert wurde. Es wird gewartet, bis jeder Gast seinen Digestif bekommen hat.

Der Gastgeber erhält auch hier wieder – wie bei allen Getränken – als Letzter sein Glas. So hat er jederzeit die Übersicht, ob alle seine Gäste bedient wurden.

Wenn der Gastgeber sein Glas erhebt und in die Runde grüßt, grüßen die Gäste zurück und der Gast nimmt einen Schluck von seinem Digestif.

Kippen Sie das Getränk nicht, sondern genießen es schluckweise. Auch wenn es sich nur um 2 cl handelt, kann der Digestif in kleinen Schlückchen genossen werden.

Hochwertige Spirituosen werden nicht in den Kaffee gekippt, auch wenn das noch so gut schmecken sollte. Dies ist dem privaten Kreis und mit einem eher einfachen Weinbrand vorbehalten.

Auch wenn dies einige Zeit akzeptiert wurde, ist es nicht ‚chic', einen Rest Eierlikör mit der Zunge aus dem Glas zu lecken. Es bleibt nichts anderes übrig, als den Rest im Glas zu lassen oder aber mit einem kleinen Löffel ‚auszulöffeln'.

Früher war es üblich, Damen einen Likör anzubieten, Herren Hochprozentiges wie Cognac, Armagnac oder Vergleichbares.

Im Sinn der Gleichberechtigung ist diese alkoholische Zweiteilung natürlich aufgehoben.

Halten des Glases

Wie bei den Weingläsern, werden Kelche am oberen Teil des Stiels angefasst. Bauchige Gläser werden von unten mit der nach oben geöffneten Handfläche umfasst. Dabei kommt der Glasstiel zwischen Mittel- und Ringfinger.

Besonders bei Cognac und Weinbränden wärmt der Gast dadurch leicht das bauchige Glas und Getränk an. Das ist bei Cognac gewollt. Andererseits lassen sich die Gläser auch besser halten, gerade wenn es sich um sehr große Spezialgläser handelt.

Bechergläser oder ‚Stamperl' werden am unteren Ende des Fußes gefasst.

Auch hochwertige Schnäpse oder gekühlte Aquavits eignen sich bei rustikalen und sehr fetten Menüs sehr wohl als Digestif.

Wohlempfinden des Gastes

Neben erstklassigen Speisen und Getränken trägt die flotte und freundlich arbeitende Servicefachkraft zum hervorragenden Wohlempfinden des Gastes bei.

Somit ergibt sich eine ‚runde Sache' und ein zufriedenstellendes Gesamterlebnis.

Der Gast kann sich zurücklehnen und sich – bildhaft gesehen – genussvoll über den Bauch streichen. Der Anlass ist sehr zufriedenstellend verlaufen. Die Gastrosophie wurde erfüllt.

Danke an Gast und Gastgeber.

An der Bar

Ein Ort mit Atmosphäre

„Es kann kein gutes Leben geben, wenn es kein gutes Trinken gibt."
Benjamin Franklin, US-am. Gründervater
(1706 - 1790)

Entspannen an der Hotel-Bar

Der arbeitsreiche Tag ist erfolgreich abgeschlossen. Geschickte Verhandlungen mit höchster Aufmerksamkeit, stressige Momente in kritischen Situationen, wechselten einander ab, bis schließlich die einvernehmliche gute Vereinbarung geschlossen war. Puh!

Es ist Zeit für den Besuch einer ‚gediegenen' Bar.

Die (Hotel-)Bar: Ein herrlicher Ort der Ruhe, des einfachen Kennenlernens, des zwanglosen Austauschs.

Sie betreten den Barraum und spüren sofort eine angenehme Atmosphäre mit einer besonderen Ausstrahlung.

Einige Gäste unterhalten sich in einladend aussehenden Sitzbereichen, andere haben am Bartresen Platz genommen. Manche sind mit ihren Unterlagen beschäftigt, andere scheinen entspannt das Dasein zu genießen.

Hinter der Bar sind einige Barmänner und Barfrauen (Barkeeper und Barkeeperinnen, auch Bartender oder Barmixer) in Aktion.

Für die weibliche Beschäftigte bleiben die seltener gewählten Bezeichnungen Barmaid oder gar Bardame. Letztere wird manchmal für das Berufsfeld hinter der Theke eines Nachtklubs oder eines vergleichbaren ‚Etablissements' gemeint. Zurück zur Hotelbar.

Hier wird gerade ein Cocktail im Shaker geschüttelt, dort einige Longdrinks vorbereitet, um sie zu den Gästen an den Tisch zu bringen.

Die Barkeeper nicken Ihnen zur Begrüßung freundlich zu. Es dauert nur eine kleine Weile, bis einer der Barleute offen lächelnd auf Sie zukommt und Sie begrüßt.

Sind Sie unschlüssig, welches (alkoholische) Getränk Sie wählen wollen, bitten Sie um die Barkarte. Oder Sie lassen sich eine Empfehlung aussprechen.

Der professionell arbeitende Barkeeper wird durch wenige Fragen herausfinden, welche Zutaten Ihnen munden. So kann er Ihnen einen Vorschlag unterbreiten.

Signature Drink

Viele Barkeeper sind motivierte, neugierige, kreativ arbeitenden Menschen. Sie probieren liebend gerne ungewöhnliche Kombinationen von Alkohol, Säften und Zutaten.

Ihre Ergebnisse lassen sich direkt mithilfe eines interessierten Gastes testen. Eine Kreation mag nach einem Schlückchen mit entsprechender Mimik abgelehnt werden.

Eine andere zeigt mehr Erfolg. Der Gast zieht die Augenbrauen überrascht hoch, seine Augen werden groß und strahlen. Im Gesicht zeigen sich lächelnde Züge. Der Kopf nickt zustimmend.

Der leicht schwitzende Barkeeper atmet beruhigt auf. Seine Kreation wurde angenommen! Er zeichnet sich durch die ‚Handschrift' des Barkeepers aus.

Kommt das neue Getränk bei anderen Gästen ebenso an, findet es den Weg in die Barkarte.

Renommierte Betriebe bieten einen Signature Drink an. Der Begriff kommt aus der lateinischen Sprache ‚signature‘ für ‚Zeichen‘, ‚handschriftliche Unterschrift‘.

Ein Signature Cocktail steht für etwas Einmaliges, wie eine persönliche Unterschrift. Für etwas Individuelles, was den Cocktail ausmacht, welche Sonderstellung er einnimmt. Es gibt diesen Signature Cocktail nur in dieser Bar (oder in diesem Betrieb). Genießen Sie ihn. Der Barkeeper, der ihn erfand, wird sich freuen.

Bar Snacks

Zum bestellten Cocktail werden oft Bar Snacks serviert. Dabei handelt es sich um knuspriges Salzgebäck, gesalzene Nüsse, Oliven und ähnlich Verlockendes. Diese salzigen Knabbereien fördern den Getränkekonsum. Also aufpassen, wie viele Oliven Sie naschen.

Der Hygiene wegen sind die Snacks in kleinen Schälchen, Gläschen oder Schüsselchen serviert. Von Ihnen Übriggelassenes sollte nicht etwa für andere Gäste verwendet werden.

Wenn vorhanden, liegt ein kleiner Löffel bereit. Mit diesem können Sie sich nach und nach bedienen. Legen Sie die Knabbereien auf eine kleine Serviette ab, von der sie dann genossen werden können.

Bar Food

Unter Bar Food (Barfood) werden Speisenangebote bezeichnen, die den ‚kleinen Appetit‘ in der Bar befriedigen. Im Gegensatz zu den oben genannten Knabbereien wird Bar Food in Rechnung gesetzt.

Barriere

Bar kommt von Barriere und bedeutete ursprünglich die Trennung von Gast und Mitarbeiter.

Die klassische Bar unterscheidet sich von der Nachtbar, in der neben Drinks auch andere ‚Serviceleistungen‘ angeboten werden können.

Sie finden die sogenannte amerikanische Bar in Hotels, als reine (Cocktail-)Bar, aber auch in Bistros oder als Strandbar und manchmal in Restaurants, wo Gäste, in Ruhe einen Aperitif trinkend, auf einen frei gewordenen Tisch warten können.

Saloon

Lassen Sie sich ins Wohnzimmer, in den heimischen, europäischen Salon einladen, um ein Glas Whisky zu genießen. Ein kleiner Zeitsprung und schon haben Sie in einem Saloon der früheren Siedler auf dem nordamerikanischen Kontinent Platz genommen.

Im siebzehnten Jahrhundert wurde Nordamerika nach und nach von Europäern besiedelt. Die USA wurden 1776 gegründet.

In den ersten Siedlungen gab es bald den Saloon, in dem sich die Bewohner gastronomisch verwöhnen lassen konnten.

Aus dem Saloon entwickelte sich die Bar, wie sie heute bekannt ist.

Die amerikanische Bar

Die erste Bar im herkömmlichen Sinn gab es sehr wahrscheinlich in London. Sie öffnete am 01.05.1851. In Irland soll es die älteste Bar geben, seit 1725.

Weltbekannt dürfte auch Harry's Bar in Venedig sein, am Canal Grande gelegen, wenige Schritte vom Markusplatz entfernt. Gegründet im Jahr 1931 und bekannt für seinen Bellini = Sekt/Champagner mit püriertem Pfirsich.

Die Bar wurde von Giuseppe Arrigo Cipriani (1900 – 1980) ins Leben gerufen. Der Vorname ,Arrigo' wird übersetzt in ,Harry'. Der Bellini ist nach dem venezianischen Maler Giovanni Bellini (1437 – 1516) benannt.

Die Bar wird jetzt von Nachfahren des Gründers geführt. Angeblich erfand Cipriani für eine Figur bewusste Gästin auch das Carpaccio, benannt nach dem Maler Vittore Carpaccio (1465 – 1525/26).

Manchen Gast verwirrt das manchmal unglaubliche Getränkeangebot. Neben den üblichen Getränken wie Bier, Wein, Warmgetränken, Softdrinks, gibt es die schier unendlich große Auswahl alkoholischer Mischgetränke.

Wie soll sich da einer zurechtfinden? Welches Getränk passt denn am besten? Alkoholische Mischgetränke lassen sich unter vier Bezeichnungen auflisten:

Bezeichnung	Kennzeichen
Short Drinks	• 5 bis 6 cl • Relativ hohe Alkoholkonzentration • Typisch für Cocktails • Zum Beispiel der Martini dry der neben ¾ Anteil Gin ¼ Anteil Vermouth dry enthält, gerührt wird, und garniert mit 1 Olive serviert wird.
Long Drinks	• Über 6 cl, oft 10 cl • Durch auffüllende Zutaten (zum Beispiel Säften) wird die Alkohol-Konzentration abgeschwächt • Typisch sind Cobblers, Sours und Fizzes
Before-Dinner-Drinks	• Getränke mit appetitanregender Wirkung • Trockene Getränke
After-Dinner-Drinks	• Getränke zum harmonischen Ausklang eines Menüs • Aromastark • Süße Zutaten

Cocktail – der Hahnenschwanz?

Irgendwo in den Vereinigten Staaten von Amerika soll der Ursprung des Cocktails verborgen sein. Über die genaue Herkunft seiner Bezeichnung gibt es laut ,Top hotel 9/2005' vier Theorien:

1. Die Besitzer der Hähne, die an einem Hahnenkampf teilnahmen, tranken nach den Kämpfen ‚on the cock's tail', da der Schwanz des unterlegenen Hahns dem Sieger zustand.

2. 1776 soll ein betrunkener Gast ein ‚Getränk mit Hahnenfedern' in einer Taverne, die Brathähnchen verkaufte, bestellt haben.

3. Während Friedensverhandlungen zwischen dem König Axolotl VIII. und seinem Gegenüber, einem General des Königs von Mexiko, wurde in Ermangelung eines größeren Vorrats nur <u>ein</u> Getränk angeboten.

   Wer auch immer zugegriffen hätte, hätte den anderen brüskiert. So rettete die Tochter des Königs die Situation und trank selbst das Getränk, das nach ihr – sie hieß Coctel – benannt wurde. Die weiteren Verhandlungen verliefen erfolgreich.

4. Der Franzose Antoine Amédée Peychaud (vor 1803 – 1883) experimentierte in New Orleans mit Mixgetränken, die er in Eierbechern (frz. ‚coquetier') servierte. Peychaud's Bitters soll auch seine Erfindung sein.

Neben diesen vier typischen Erklärungen gibt es weitere, teilweise mit genauso kuriosen Geschichten.

Cobblers

In einer Sektschale anrichten.

- Früchte auf zerkleinerten Eisstückchen anrichten
- Die Cobblermischung (zum Beispiel Alkohol und Sirup) darauf geben
- Mit Soda oder Sekt aufgießen

Fizzes

In einem Tumbler anrichten.

- Zutaten in einen Shaker geben und ca. 10 bis 15 Sekunden intensiv schütteln
- Getränk in das Glas füllen
- Mit Soda aufgießen

Sie kennen bestimmt den Gin Fizz, der neben Gin und etwas Zitronensaft Läuterzucker (Läuterzucker ist geschmolzener, gekochter, vom Schaum befreiter Zucker) enthält und dann mit Sodawasser aufgegossen wird.

Sours

In einem Tumbler anrichten.

- Zutaten (und Zitronensaft) in einen Shaker geben und ca. 10 bis 15 Sekunden intensiv schütteln
- Getränk in das Glas füllen
- Mit wenig Soda aufgießen

Sours schmecken aufgrund des höheren Anteils an Zitronensaft saurer als Fizzes.

Im bekannten Whisky Sour finden Sie neben der wichtigsten Zutat Bourbon Whisky etwas Zitronensaft und Läuterzucker. Er wird nur mit wenig Soda aufgegossen und mit einer Orangenscheibe und 2 Cocktailkirschen garniert.

Arak, Tuak, Tuba und Palmwein

Arak ist ein alkoholisches Getränk, das einem klaren Schnaps vergleichbar ist. Er wird aus Tuak gebraut. In Indonesien und Malaysia wird Tuak aus dem austretenden Saft der Blüte der Zuckerpalme gewonnen. Der Saft wird ein paar Tage stehen gelassen. In dieser Zeit gärt das Getränk.

Es ist leicht alkoholhaltig und wird in vielen Teilen der Urwaldregion getrunken. Es ist weißlich in der Farbe. Auf den Philippinen gibt es das Tuba, das aus dem vergorenen Saft der Kokospalme gewonnen wird.

Schließlich gibt es den süßlich schmeckenden, goldgelben Palmwein, der schnell zu Kopf steigt. In britischer Kolonialzeit wurde dieser als Toddy bezeichnet.

Vom Whisky und Whiskey

Mit oder ohne ‚e'? Beide Schreibweisen sind richtig. Der irische und der US-amerikanische Whiskey bevorzugen das ‚e' zwischen den letzten Buchstaben. Die anderen Whisky-Sorten verzichten auf den zusätzlichen Buchstaben.

So wird unterschieden:

- Irish Whiskey, meist ein reiner Malt-Whiskey mit kräftigem, aber mildem Aroma
- Scotch Whisky, oft ein reiner Malt-Whisky mit rauchigem Geschmack
- Canadian Whisky, ein leichter, heller Grain-Whisky, der sich gut zum Mixen eignet
- Amerikan Whiskey mit den beiden Sortenbezeichnungen
  - ➢ Rye Whsikey mit mindestens 51 % Roggenanteil
  - ➢ Bourbon Whiskey mit kraftvollem Aroma und mindestens 51 % Maisanteil
    - Straight Bourbon Whiskey wird aus einem Bourbon-Destillat hergestellt
    - Blended Straight Bourbon besteht aus verschiedenen Bourbon-Destillaten
    - Blended Bourbon beinhaltet 51 % Straight Bourbon

Alle Whiskys/Whiskeys haben einen Alkoholgehalt von mindestens 40 % und müssen mindestens 3 Jahre in Holzfässern reifen.

Artenbezeichnungen

Sie können aus den folgenden Arten wählen:

Malt-Whisky	Besteht nur aus Gerste
Grain-Whisky	Besteht aus verschiedenen Getreidearten wie Roggen, Weizen, Mais, Hafer
Blended-Whisky	Verschiedene Malt- und Grain-Whiskys werden miteinander gemischt (verschnitten)

Wenn Sie ein Glas Whisky bestellen, dann ordern Sie ihn ‚plain' oder ‚on the rocks'. Im zweiten Falle wird er auf/mit Eiswürfeln serviert.

‚On the rocks' heißt ‚auf den Steinen'. Gemeint sind Eiswürfel. Bestellen Sie ein Glas Whisky, können Sie ihn mit Eiswürfeln serviert bekommen, eben ‚on the rocks'.

Bei der Bezeichnung Whisky Soda erhalten Sie zusätzlich Sodawasser (mit Kohlensäure versetztes Trinkwasser). Das Getränk selbst wird in einem Whisky-Tumbler serviert, ein festes Glas ohne Stiel.

Die Schotten und die Iren trinken bevorzugt ihren Whisk(e)y ‚naked', ‚plain' oder ‚neat', also ohne Eiswürfel. Sie befürchten sonst eine Verwässerung des edlen Getränks beim Schmelzen des Eises.

Der Kenner bevorzugt tatsächlich meistens ‚pur', weder mit Eiswürfel noch mit Wasser.

Ein Getränk mit Eis gerührt kann als ‚straight up' bezeichnet werden.

Das Whisky-Getränk kann nach dem Essen genossen werden, in einer Bar sitzend, oder zu Hause gemütlich vor dem Kamin, oder in angenehmer Umgebung.

Cognac

Ebenso wie Whisky gilt Cognac als ‚edles' Getränk, das wunderbar eine Mahlzeit abrundet, oder auch schon am Nachmittag zur Kaffeezeit genossen werden kann.

Der Cognac wird im klassischen Cognac-Schwenker serviert, ein ballonartiges zartes Glas mit kurzem Stiel. Das Glas wird so in der Hand gehalten, dass die Handinnenfläche den Kelch umfasst und sich der Glasstiel zwischen zwei Fingern befindet, wodurch sich der Cognac der Handwärme anpasst.

Cognac wird weder mit Wasser verlängert noch auf Eiswürfeln serviert.

Cognac ist ein französischer Weinbrand (Eau de vie de vin), der aus dem Wein eines bestimmten Weinanbaugebiets in Frankreich hergestellt wird. Das Gegenstück in Deutschland heißt Weinbrand.

Folgende Bezeichnungen finden sich häufig auf den Etiketten der Cognac-Flaschen, um eine gewisse Klassifizierung zu demonstrieren:

Produktkennzeichnung	Lagerzeit des Destillats
• Cognac *** • Fine De Luxe Selection • VS (very special)	mindestens 3 ½ Jahre, oft 5 Jahre
• VO (very old) • VSO (very superior old) • VSOP (very superior old pale) • Grand Fine Selection • Réserve	mindestens 4 ½ Jahre, oft 8 bis 12 Jahre
• Extra • Napoléon • Age Inconnu • Hors d'Age • XO (extra old; extremly old) • VXO (very extremly old)	mindestens 5 ½ Jahre, teilweise 20 bis 40 Jahre

Sake

Sake ist das japanische Reisweingetränk, das zum Essen kalt oder warm serviert wird. Sake hoher Qualität wird vorzugsweise kalt getrunken.

Japaner schenken sich gegenseitig ein – also nicht sich selbst. Wird das Trinkgefäß von einem Höherrangigen eingeschenkt, gilt es als Höflichkeit, das Getränk direkt und komplett auszutrinken.

Je sorgfältiger der Reis bei der Produktion ‚poliert‘ wurde, desto höher die Qualität des Sake-Getränks. Ausschlaggebend ist also der Poliergrad. Poliergrad 70 % bedeutet, dass 30 % wegpoliert wurden.

Die Qualitätsstufen:

Bezeichnung	Poliergrad	
Junmai Daigiujo	< 50 %	Aromatisch
Daigiujo	< 50 %	Aromatisch
Junmai Ginjo	< 60 %	Fruchtig, vollmundig
Ginjo	< 60 %	Klar, frisch
Junmai	Nicht definiert	Vollmundig
Honjozo	< 70 %	Erfrischend
Futsushu	Keine Politur	Angenehm

Ca. 70 % der produzierten Sake-Getränke sind Futsushu.

‚Geschüttelt oder gerührt?‘ – Der Martini-Cocktail

Wie mag er ihn wohl? Lässig, aber immer bestens gekleidet, betritt Geheimagent James Bond, genannt 007, die Bar. Natürlich ordert er einen Martini-Cocktail (Gin und Wermut im Verhältnis 6 zu 1, grüne Olive, in einem V-förmigen Cocktailglas serviert).

Wer die Filmgeschichte James' verfolgt, muss sich fragen, wie viel Alkohol solch ein brillanter Agent seiner Majestät offensichtlich verträgt. Egal – er bevorzugt den Cocktail übrigens geschüttelt. Klassisch wird er gerührt.

Mojito

Unter vielen Abwandlungen, wie ein Mojito hergestellt werden kann, hat sich der Autor für diese Rezeptur entschieden:

Zwei Barlöffel weißen Zucker, sechs Achtel Limetten und 1 bis 2 Minzezweige (mit Stängel) mithilfe eines Stößels vorsichtig zerdrücken. 6 cl weißen Rum (Havana-Club) hinzugeben und umrühren.

Mit crushed Eis auffüllen und nochmals verrühren. Schließlich mit Soda aufspritzen und mit einem Minzezweig dekorieren.

Singapore Sling

Wer das exklusive Hotel Raffles in Singapur aufsucht, wird mit einem pinkfarbenen Cocktail empfangen, der dort erfunden wurde. Es handelt sich hier um den bekannten ‚Singapore Sling'.

Dieser Longdrink wurde im Jahre 1915 vom dortigen Barkeeper Ngiam Tong Boon in der öffentlich zugängigen Long Bar des Hauses kreiert.

Sollten Sie nach Singapore reisen, gehört es fast zum ‚Muss', zumindest einmal dieses originelle wie originale Getränk dort zu probieren.

Pitahaya-Cocktail

Hier wird ein frischer Pitahaya-Fruchtcocktail vorbereitet. Die komplette Frucht wird mit einem Becher Naturjoghurt und einigen Eiswürfeln im Mixer aufgerührt.

Noch etwas Dekoration ans Glas – fertig ist das lieblich herb schmeckende und Durst löschende Getränk.

Mocktail

Nun gibt es aber auch Menschen, die zwar gerne einen Cocktail genießen wollen, dem Alkohol aber eher kritisch gegenüberstehen.

Für diese Personengruppe gibt es den Cocktail ohne Alkohol, den Mocktail. Dabei wird das englische Wort ‚to mock', ‚vormachen' mit dem Cocktail ‚gekreuzt'.

Solche kreativen Mocktails schmecken genauso lecker – und halten den Kopf frei.

„Voll wie eine Haubitze"

Alkohol: Sucht oder Genuss?

„Wir sollten das Leben verlassen wie ein Bankett:
weder durstig noch betrunken."
Aristoteles, gr. Philosoph
(384 – 322 v. Chr.)

Alkoholische und alkoholfreie Getränke

Es ist noch gar nicht so lange her, da war es eher verpönt, bei einem Arbeitsessen mittags ein alkoholfreies Getränk – zum Beispiel ein Mineralwasser – zu bestellen. Zu leicht galt der Gesprächspartner als ‚schwach'.

Stellen Sie sich vor: Der Geschäftsmann beziehungsweise die Geschäftsfrau, täglich unterwegs, trinkt zu allen Arbeitsessen – demnach auch mittags – Alkohol.

Glücklicherweise sind die meisten Geschäftsleute in hiesiger Kultur heute über dieses Verhalten hinaus.

Die Mineralwasserindustrie hat es geschafft, durch ansprechende Gastronomie-Flaschen das Getränk als ebenbürtig zu bezeichnen.

Nunc est bibendum – Jetzt ist es Zeit zu trinken

Nunc est bibendum: „Jetzt muss gesoffen werden." „Lasst uns trinken!" (röm. Dichter Horaz 65 v. Chr – 8 v. Chr.). Bedauerlicherweise nehmen manche Menschen diesen Spruch allzu wörtlich – und allzu oft.

Johann Wolfgang von Goethe (1749 – 1832) schrieb in einem Gedicht: „Ergo bibamus", „Komm lass uns trinken". Der deutsche Komponist Traugott Maximilian Eberwein (1775 – 1831) hat das Gedicht vertont. Es wurde dann zu einem bekannten Studentenlied.

Überall wimmelt es von Trink-Aufrufen. „Trink, trink Brüderlein trink" von Gus Backus (1937 – 2019), „Drink doch eine met" Bläck Fööss. Wird der Mensch zum Trinken genötigt?

Nach Praxis + Recht, bezugnehmend auf die Deutsche Hauptstelle für Suchtfragen DHS 2016, sind in Deutschland 1,8 Millionen Menschen akut alkoholabhängig. Die Zahlen gelten auch für das Jahr 2024.

Bei weiteren 1,6 Millionen liegt Alkoholmissbrauch vor. Dabei sind Männer doppelt so häufig betroffen wie Frauen.

Bei 20 bis 24 Prozent aller Arbeitsunfälle ist Alkohol im Spiel. Auch wenn andere Quellen von ‚nur' 1,3 Millionen alkoholabhängigen Menschen in Deutschland sprechen, ist die Zahl erschreckend hoch.

Absinthismus

Henri Marie Raymond de Toulouse-Lautrec-Monfa (1864 – 1901), der bekannte Maler, der häufig im Pariser Varieté Moulin Rouge zu Gast war, genoss regelmäßig – und sehr wahrscheinlich zu viel – Absinth.

Dieses Getränk enthält ein Nervengift. Heutzutage wird von Absinthismus gesprochen. Das sind Vergiftungserscheinungen, die durch Lähmung, Verwirrtheit und Krämpfe sichtbar werden.

Übrigens: Astronauten und Kosmonauten dürfen keinen Alkohol mit auf ihre Weltraumstationen nehmen. Gerüchten zufolge führte Juri Alexejewitsch Gagarin (1934 – 1968) eine Portion Weinbrand auf seiner ersten Fahrt 1961 in den Weltraum mit. Später, so wird gemunkelt, wurde hier und dort Alkohol an Bord geschmuggelt.

Voll wie eine Strandhaubitze

Bevor die Haubitze abgeschossen werden konnte, musste sie ordentlich mit viel Sprengladung gefüllt werden. Sie war ‚voll'.

Später wurde der Spruch ergänzt durch das Wort Strandhaubitze, die, wie der Name schon sagt, am Strand aufgebaut wurde. Manchmal lief sie mit Wasser voll. Der Schuss konnte nicht abgegeben werden.

Ein Soldat, der mit Alkohol ‚abgefüllt' war, war dementsprechend „voll wie eine Haubitze".

Er ist blau wie ein Veilchen

Manch ein Trunkenbold (ein Gewohnheitstrinker) wird bezeichnet als „er ist blau".

Möglicherweise kommt diese Redenwendung von den früheren Blaufärbern, die Indigo mit Urin vermischt in Bottichen treten mussten. Dazu wurde Alkohol benötigt. Es wirkte verschwenderisch, den Alkohol einfach in die Bottiche zu kippen. Also tranken die Blaufärber während der Arbeit Mengen von Alkohol, der später in Form von Urin zugegeben wurde.

Die Kombination Indigo und Urin war nicht wasserlöslich, sodass die Farbe schwer von der Haut zu lösen war. Da ließ sich ein ‚blaues Wunder' erleben.

Wurden später die gefärbten Stoffe zum Trocknen aufgehängt, gönnten sich die Blaufärber eine Pause. Sie ‚machten blau'. ‚Blau machen' steht heute noch für Schule schwänzen oder grundlos nicht zur Arbeit zu gehen.

Am ‚Blauen Montag' wurde nicht gearbeitet. Böse Zungen behaupteten, dass der Alkohol noch ausgedünstet werden musste.

Manch einer ertränkt seinen Frust oder seinen Kummer im Alkohol. Ob ihm das gelingt?

Übrigens: In der englischen Sprache heißt ‚blue' auch ‚traurig'. Traurig wegen übermäßigem Alkoholgenusses?

Schnapsleiche

Obwohl von einer Leiche gesprochen wird, ist die betroffene Person glücklicherweise noch nicht verstorben.

Sie ist lediglich sinnlos betrunken – sie ist (vorübergehend) ‚ihre Sinne los'. Im Vollrausch liegt sie ‚wie eine tote Person'.

Vergleichbares gibt für die Bierleiche. Möge sie bald wieder mit allen Sinnen unter den Lebenden weilen.

Mögen Tiere Alkohol?

Tatsächlich sind auch Tierarten bekannt, die beispielsweise durch den Genuss bestimmter Früchte alkoholisiert werden. Zu ihnen gehören verschiedene Affenarten, Elefanten, Elche, Flughunde und einige Vögel. Ob sie danach weiße Mäuse sehen?

Na denn, Prost!

Kapitel 14 – Das Heißgetränk

Kaffee

Vom Espresso bis zum Mokka

„Drei Dinge gehören zu einem guten Kaffee:
erstens Kaffee, zweitens Kaffee und drittens nochmals Kaffee."
Alexandre Dumas, frz. Schriftsteller
(1802 - 1870)

Kaffee – das verteufelte Getränk?

Kaffee kam im Jahr 1570 aus dem Orient nach Venedig. Wie vieles Neue wurde das Kaffeegetränk zunächst einmal verteufelt.

Allerdings mundete der Kaffee dem Papst Clemens VIII. (1536 – 1605) ausgesprochen gut. Er befürwortete das Getränk, das nun rasant seinen Aufstieg in der Bevölkerung machte.

Übrigens: Das erste Kaffeehaus Europas stand in Venedig. Es wurde 1647 eröffnet, da Kaufleute diese Einrichtung in Konstantinopel und Alexandria kennen- und schätzengelernt hatten. Die ersten deutschen Kaffeehäuser sollen 1673 in Bremen und 1677 in Hamburg (acht Jahre vor dem ersten Kaffeehaus in Wien) eröffnet worden sein.

Francesco Procopio die Coltelli (1651 – 1727) eröffnete 1686 das erste Pariser Kaffeehaus (Café Procope). Das Café Florian in Venedig (ursprünglich ‚Alla Venezia Trionfante'), direkt am Markusplatz gelegen, öffnete um 1720 seine Pforten. Bis heute ist es weltberühmt. Im Jahre 1763 gab es in Venedig bereits 218 Cafés.

Ein ganz Großer war anfangs skeptisch: Friedrich der Große (1712 – 1786) sprach ein Kaffeeverbot aus und schickte deswegen Schnüffler (Kaffeeschnüffler, Kaffeeriecher) durchs Land, die herausfinden sollten, ob jemand verbotenerweise dieses köstliche Getränk zu sich nahm.

Der Kaffeekonsum ließ sich trotz der Schnüffelei nicht aufhalten.

In Deutschland trinkt (statistisch) jeder 163 Liter Kaffee im Jahr (2024). Immerhin mehr als Bier! Alleine in Büros (in Deutschland) werden täglich mehrere Tausend Tassen Kaffee getrunken.

Kaffee international

In den früheren Wiener Kaffeehäusern wurde dem nach einer Tasse Kaffee fragenden Gast eine Farbpalette gereicht, die Farbfelder von Schwarz über Brauntöne bis hin zu Cremig Weiß zeigte. Nach der Farbe suchte sich der Gast seinen Kaffee aus.

Je ‚schwärzer' der Kaffee war, desto stärker war er. Je mehr Obers (Sahne) oder Milch zum Kaffee gereicht wird, desto heller wird er. Daher kommen die Bezeichnungen ‚Großer Brauner' oder ‚Kleine Schwarzer'.

„Kaffee – Kännchen oder Tasse?" Ist das die Alternative? Werfen Sie einen Blick auf die europäischen Nachbarn.

- Brauner (Österreich): Schwarzer Kaffee mit Kaffeesahne.

- Einspänner (Österreich): Schwarzer Kaffee mit Sahnehaube.

- Fiaker (Österreich): Espresso mit einem Schuss Alkohol, darauf eine Sahnehaube, im Glas serviert.

- Kapuziner (Österreich): Espresso und heiße Milch, gekrönt durch eine Sahnehaube.
- Melange (Österreich): Halb Espresso, halb heiße Milch, geziert durch Milchschaum.
- Caffè espresso (Italien): Starker Kaffee, in kleiner Tasse serviert.
- Caffè ristretto (Italien): Wie Espresso, aber mit halber Flüssigkeitsmenge, wodurch das Getränk noch stärker wird.
- Caffè lungo (Italien): Wie Espresso, aber mit etwa doppelter Flüssigkeitsmenge, wodurch das Getränk weniger stark wird.
- Cappuccino (Italien): Espresso mit viel warm aufgeschäumter Milch aufgießen.
- Caffè macciato (Italien): Espresso mit einem Schuss heißer Milch, die vorsichtig auf den Espresso gegeben wird.
- Latte macchiato (Italien): Auf heiße, aufgeschäumte Milch wird vorsichtig etwas Espresso gegeben, der, durch die Mitte der Milch fließend, sich absetzt und somit drei verschiedene Farbschichten im Glas ergeben.
- Caffè latte (Italien): Kaffee mit heißer Milch.
- Café cortade (Spanien): Kleiner starker Kaffee, der mit etwas heißer Milch serviert wird.
- Café au lait (Frankreich): Große Schale Kaffee mit viel heißer Milch.
- Türkischer Mokka (Türkei): Starker Kaffee, der in einem Kupferkännchen zubereitet wird. Wird oft süß getrunken.

Übrigens: Der Italiener wird nach dem Essen kaum einen Cappuccino wählen, da hier – bedingt durch die aufgeschäumte Milch – zu viel Fett im Getränk enthalten ist. Der fetthaltige Milchanteil belastet die Verdauung.

Der Italiener genießt einen Cappuccino oder Latte Macchiato höchstens zum Frühstück, das heißt bis spätestens 11:00 Uhr. Klassischerweise wird tagsüber ein Espresso im Stehen in einer Bar eingenommen.

Es ist auch nicht üblich, zum Menüende Tee zu servieren, obwohl es nicht auszuschließen ist.

Kopi Luwak

Sie mögen es besonders, vielleicht ein wenig dekadent, auch im indonesischen oder malaiischen Urwald? Ein Tässchen Kaffee gefällig? Dann sind Sie richtig bei einer Tasse Kopi Luwak. In Vietnam heißt dieser Kaffee Ca Phe Chon. Auf Deutsch wird er auch Schleichkatzenkaffee genannt.

Ein sündhaft teures Getränk, wie Sie feststellen werden. Denn: Jede einzelne Kaffeebohne wurde vorab von einer Katze, einer Schleichkatze, mit der Nahrung aufgenommen.

Genau genommen frisst das Tier die Kaffeefrucht, kann aber nur das Fruchtfleisch verdauen. Im Magen wird die Bohne fermentiert und später unverdaut wieder ausgeschieden.

Während des Verdauungsprozesses werden der Bohne Bitterstoffe entzogen, wodurch der Kaffee seinen einzigartigen Geschmack erhält.

Nehmen Sie eine Zimtstange zum Umrühren. In Deutschland kostet der Kaffee (bei Drucklegung dieses Ratgebers) bei einem Online-Anbieter 300 bis 400 Euro pro Kilogramm.

Black Ivory – Kaffee vom Elefanten

Das genügt Ihnen noch nicht? Nun, dann schreiten Sie noch eine Stufe höher. Anstelle der Schleichkatzen in Indonesien und auf den Philippinen, veredeln in Thailand Elefanten das Aroma der Kaffeebohnen.

Wegen der aufwendigen Verarbeitung – die Thai-Arabica-Bohnen, die in 1.500 Metern Höhe wachsen, werden einzeln aus dem Elefantendung gesammelt – ergibt sich ein Verkaufspreis von angeblich mehrere 100 Euro pro Kilogramm.

Für 1 Kilo gerösteten Black Ivory Kaffees werden 10.000 Bohnen benötigt! Top-Hotel 11/2012 schreibt von einer ‚Veredelung' beim Verdauungsprozess.

Wegen der aufwendigen Verarbeitung – die Thai-Arabica-Bohnen, die in 1.500 Metern Höhe wachsen, werden einzeln aus dem Elefantendung gesammelt – ergibt sich ein Verkaufspreis von angeblich um die 800 Euro pro Kilogramm. Für 1 Kilo gerösteten.

Tee

Das aromatische Getränk

> *„Sollte dies Kaffee sein, bringen Sie mir bitte Tee,*
> *sollte dies Tee sein, bringen Sie mir bitte Kaffee."*
> **Abraham Lincoln, US-amerik. Präsident**
> *(1809 - 1865)*

Der Fünf-Uhr-Tee

Obwohl Mitte des 17. Jahrhunderts die Engländer in den Teehandel einstiegen, blieb Tee bis ins 18. Jahrhundert sehr teuer. So blieb er der feinen Gesellschaft vorbehalten und wurde von dieser getrunken.

Erst später wurde das Getränk als Ausdruck des guten Geschmacks in allen Gesellschaftsschichten unentbehrlich. Es veränderte die Lebensweise – nicht nur der Briten – stark. Denn: Der Tagesablauf wurde nun von der sogenannten 'tea time' bestimmt.

Aus dem Buch 'Dumb Witness' von Dame Agatha Mary Clarissa Christie (1890 – 1976). Der Detektiv Hercule Poirot seufzt: „... Always the afternoon tea with you English! No, mon ami, no tea for us. In a book of etiquette I read the other day that one must not make the afternoon call after six o'clock."

Interessant und beruhigend zu wissen, dass der für gute Umgangsformen bekannte Privatdetektiv Hercule Poirot Bücher zum Thema ‚Knigge' liest. Eine gute Referenz für den vorliegenden Ratgeber.

Tea time im Commonwealth

Die klassische britische Tea time wird fast schon zelebriert. Sie beginnt in der Regel um 17:00 Uhr.

Zwischen Mittag- und Abendessen ist diese 'tea time' zeitlich angesetzt und wird deshalb auch als 'afternoon tea' oder 'five o'clock tea' bezeichnet.

Typischerweise werden dazu gereicht: Sandwiches, Toast, Sandgebäck und die traditionellen Scones. Scones sind süße, weiche Teebrötchen, die mit buttrig geschlagenem Rahm und Marmelade serviert werden.

Feinstes Porzellan, edle Tischdecken und selbstredend eine elegante Garderobe ergaben ein entsprechendes Gesamtbild für diese Tradition.

Ende des 19. Jahrhunderts entstanden feste Regeln und richtige Kleiderordnungen. Damen trugen sogenannte 'tea gowns', ein leichtes, weites Kleidungsstück, das die Taille nicht zu sehr betonte.

Auch heute werden in einigen noblen britisch betonten Hotels 'tea times' angesetzt, bei denen die männlichen Gäste ohne Krawatten keinen Zugang erhalten.

Tea time in Japan – Die Teezeremonie

In Japan ist das Tee-Trinken nicht gleichzusetzen mit dem Tee-Trinken in hiesiger Kultur. Nicht umsonst bezeichnet der Japaner das Tee-Trinken als Tee-Zeremonie, bei der bestimmte Schritte genauestens durchlaufen werden müssen.

Das richtige Umsetzen dieser Teezeremonie gilt als hohe Kunst und wichtiges Ritual.

Geht es hauptsächlich um die Zubereitung und den Genuss des Tees, sind ca. 45 bis 60 Minuten für die Zeremonie einzuplanen.

Für eine formvollendete, formale Teezeremonie werden 3 bis 5 Stunden (!) vorgesehen. Der Teemeister führt durch die Zeremonie.

Es ist eine Ehre, zu solch einer in Stille umgesetzten Zeremonie eingeladen zu werden.

Zur Zeremonie gehören auch die Begrüßung mit Verbeugung, die Wahl der Teeschale, deren Handhabung und Drehung, das Trinken in drei Schlucken (beim dritten Schluck wird geschlürft), die zu tragende Kleidung und vieles andere mehr.

Für die Teezeremonie wird der Tee Matche verwendet. Das ist zu Pulver zerriebener grüner Tee.

Tee in Beuteln – oder Nutzung des Samowars?

Im ersten Weltkrieg wurden britische Soldaten mit portioniertem Tee in kleinen Mullbeuteln versorgt – der Teebeutel war geboren. Im Jahre 1949 wurden die ersten klebstofffreien Teebeutel der Firma Teekanne auf den Markt gebracht.

Nach wie vor werden einige Teetrinker die Nase rümpfen, wenn ihnen Tee in Beuteln angeboten wird.

Zum traditionellen Tee-Trinken gehört der Samowar. Das ist ein kunstvoll angefertigter Kessel, in dem Wasser erhitzt wird. Je nach Bedarf wird Wasser von dort entnommen und dem Tee zugefügt.

Das Tee-Angebot in Beuteln ist sehr umfangreich. Sein Gebrauch ist relativ einfach zu handhaben. Je nach Teesorte wird der Beutel in heißes Wasser gegeben oder umgekehrt, mit kochendem Wasser aufgegossen. Dann zieht der Tee.

- Bis drei Minuten: Dem Tee wird vorwiegend Koffein (Tein oder auch Teein) entzogen, sodass er anregend auf den Kreislauf wirkt.

- Ab drei Minuten gehen Gerbstoffe in den Aufguss über, die eine beruhigende Wirkung auf Magen und Darm haben.

Geben Sie Ihrem Gast den Teebeutel bereits ins Wasser, kann er nicht genau wissen, wie lange der Tee bereits zieht. Korrekt ist deshalb, den Beutel extra zu legen, sodass sich der Gast den Tee selbst zubereiten kann.

Hinweis: Benutzte Teebeutel gehören nicht in den Aschenbecher oder auf den Rand des Teeuntertellers, sondern in eine spezielle Teebeutel-Ablage.

Schwarzer und grüner Tee

Durch die verschiedene Behandlungsmethode der gepflückten Tee-Blätter ergibt sich schwarzer oder grüner Tee. Um schwarzen Tee zu erhalten, werden die Blätter zerkleinert und anschließend fermentiert, bis sich ihre Farbe ändert. Der schwarze Tee ist bernsteinfarben und zeichnet sich durch einen kräftigen Geschmack aus.

Für den grünen Tee hingegen wird dieser Schritt ausgelassen. Dadurch erhält er eine grüngelbliche Farbe und einen ziemlich bitteren Geschmack.

Asien kennt noch eine weitere Teeart, den Oolong. Dieser Tee wird halbfermentiert, ist zart im Geschmack und verbindet die Eigenschaften von schwarzem und grünem Tee. Er ist oft parfümiert oder mit Jasminblüten gemischt.

Bekannte Teesorten

Es wird wohl kaum möglich sein, alle Teesorten und Teemischungen aufzuzählen. Hier sind einige bekannte aufgelistet:

- Assam-Tee
  - ➢ Ein starker Tee von hoher Qualität. Er stammt aus Indien, aus der nordindischen Provinz Assam.
- Ceylon-Tee
  - ➢ Dieser Tee wird in über 1300 Metern Höhe angebaut. Er zeichnet sich durch hohe Qualität aus. Er ist köstlich und duftend.
- Darjeeling-Tee
  - ➢ Dieser Tee wird in West-Bengalen und an den Südhängen des Himalaja angebaut. Er gilt als der beste und köstlichste indische Tee.
- Early Grey
  - ➢ Early Grey bezeichnet eine bekannte Teemischung. Sie zeichnet sich durch kräftigen Geschmack aus.
  - ➢ Der Titel Earl wurde im Jahr 1806 dem General Sir Charles Grey (1764 – 1845) verliehen. In den Jahren 1830 bis 1834 war er Premierminister. Er machte den Tee für die breite Gesellschaft zugänglich.
  - ➢ Der Early Grey wird mit Bergamotte Öl verfeinert.
- Jasmin-Tee
  - ➢ Ein Tee, der mit getrockneten Jasminblüten gemischt ist.
- Aromatisierter Tee
  - ➢ Schwarzer Tee wird mit unterschiedlichen aromatischen Zusätzen ergänzt.
  - ➢ Orange, Apfel, Mandeln, Zimt, Anis und viele andere mehr.
- Grüner Tee
  - ➢ Ein unfermentierter Tee, hergestellt in China, Taiwan und Japan. Dieser Tee ist nicht gut vergleichbar mit den anderen Teesorten. In vielen asiatischen Ländern wird der grüne Tee zum Essen getrunken, eventuell vergleichbar mit unserem (Mineral-)Wasser zum Essen.

Tee mit Panda-Kot

Da es bei den Kaffeeprodukten ausgefallene Sorten gibt, soll der Tee nicht hintenanstehen.

Tatsächlich wird dieser grüne Tee nicht aus Panda-Kot hergestellt, sondern mit eben diesem gedüngt. Der Kot gilt als besonders wertvoll, da sich Panda-Bären ausschließlich von Bambus ernähren, von dem aber nur etwa ein Drittel verdaut wird.

Der pfiffige chinesische Erfinder dieser Idee lässt sich den Tee sehr gut bezahlen. Das Kilo kostet (zumindest zu Beginn seiner Aktion) weit über 40.000 Euro!

Wem's schmeckt …

Teeähnliche Erzeugnisse

Hierzu zählen Teesorten, die aus Blättern, Blüten, Samen oder anderen Teilen verschiedener Pflanzen bestehen. Zum Beispiel:

- Pfefferminztee
- Kamillentee
- Holunderbeerentee

- Mate-Tee (südam. Quechua ‚mati‘ für ‚Trinkgefäß‘) aus Pflanzenteile des Mate-Strauchs

- Koka-Tee (Ecuador und Bolivien), in den meisten Ländern verboten. Hergestellt aus Kokablättern

Handelssorten

Gängige Handelssorten werden nach der Blattqualität unterschieden. Dabei gelten die oberen Blätter als die besten.

- Flowery Orange Pekoe (Knospen)
- Orange Pekoe (Die obersten Blätter)

- Pekoe (Obere Blätter)
- Pekoe Suchong (Mittlere Blätter)

Suchong (Untere Blätter)

Wird ein Tee als ‚Broken‘ bezeichnet, bedeutet das, dass dieser schwarze Tee einer speziellen Behandlung unterzogen wurde.

Die Teeblätter werden vor der Fermentierung absichtlich zerkleinert, um sich bei der Teezubereitung besser entfalten zu können. Zum Beispiel:

- Broken Flowery Orange Pekoe
- Broken Orange Pekoe

Qualitätsstufen von Tee

Tee wird traditionell, nach der aus Indien stammenden Gradierung, bezeichnet:

SFTGFOP	Special Finest Tippy Golden Flowery Orange Pekoe
FTGFOP	Finest Tippy Golden Flowery Orange Pekoe
TGFOP	Tippy Golden Flowery Orange Pekoe
GFOP	Golden Flowery Orange Pekoe
FOP	Flowery Orange Pekoe
OP	Orange Pekoe
FP	Flowery Pekoe
P	Pekoe
PS	Pekoe Souchong

Anbieten von Tee

Es ist eine Geschmackssache, ob Sie Ihren Tee mit Sahne oder Zitrone bevorzugen. Ihrem Gast überlassen Sie die Entscheidung, bieten aber beides an.

Der korrekte Teeservice bedarf eines höheren Aufwands als der Kaffeeservice. Benötigt werden:

- Teeuntertasse
- Teetasse
- Teelöffel
- Sahneschale mit Sahne, Sahnelöffel
- Milchgießer mit Milch
- Tabletts oder Teller für Sahneschale und Milchgießer
- Zitronenpresse und Zitronenachtel
- Brauner und weißer Kandiszucker

- Karamellisierter Zucker, zum Beispiel an einem Stäbchen, sodass sich der Zucker während des Einrührens in den Tee auflöst
- Zuckerstreuer mit Zucker oder Zuckerschale mit Zuckerwürfeln, Zuckerzange
- Teebeutelablage
- Kochendes Wasser

Die Gegenstände werden so auf einem Tablett oder auf dem Tisch aufgebaut, dass sich der Gast bequem selbst bedienen kann. Wie beim Kaffeeservice steht die Tasse so, dass ihr Griff nach rechts vorn zeigt.

Eistee

Neben den heiß getrunkenen Teesorten, sowie Tee-Punsch oder Tee-Grog (die beiden letzteren mit Alkohol), gibt es natürlich auch noch den speziell im Hochsommer kalt getrunkenen erfrischenden Eistee.

Im Jahre 1904 soll der Brite Richard Blechynden (1857 – 1940) auf der Weltausstellung in St. Louis den Eistee erfunden haben, indem er fertig aufgebrühten Tee über Eiswürfel goss, um ihn so dem US-amerikanischen Publikum schmackhaft zu machen.

Schokolade

Das Getränk der Azteken

„Nie soll man so tief sinken, den Kakao,
durch den man gezogen wird, auch noch zu trinken."
Heinz Erhardt, dt. Komiker und Entertainer
(1909 - 1979)

Kakao oder Schokolade

Das Wort Schokolade ist zurückzuführen auf den aztekischen Begriff ‚Xocoatl', was frei übersetzt etwa ‚bitteres Getränk' bedeutet.

Schon der Regent Montezuma II. (um 1465 – 1520, auch Moctezuma II.), den viele Urlauber aufgrund seiner ‚Rache' (die Rache des Montezumas) kennen, soll dieses Getränk bei religiösen Zeremonien verwendet haben.

Angeblich trank er bis zu fünfzig Becher des Getränks pro Tag (das scheint ziemlich viel zu sein). Das Getränk wurde mit Chili, Nelken und Pfeffer vermischt. Durch den Genuss entstand eine berauschende Wirkung.

Die Schokolade sollte Kraft verleihen, weshalb sie für die Krieger wichtig war. Ihr wurde aber auch die Fähigkeit zugeschrieben, leidenschaftlicher zu werden, was im zwischenmenschlichen Intimkontakt natürlich willkommen war.

Vom bitteren Geschmack der Trinkschokolade ist heute nichts mehr zu merken. Nachdem der Eroberer Hernán Cortés de Monroy y Pizarro Altamirano (auch: Hernando Cortez, 1485 – 1547) das Getränk im Jahre 1528 nach Spanien brachte, von wo es seinen Weg über Frankreich und später in die anderen europäischen Länder machte, ist es heute weltbekannt.

Die Zubereitung ist inzwischen anders, der Schokolade wird zum Beispiel Zucker zugesetzt.

Noch im ausgehenden Mittelalter war in Europa die Schokolade überwiegend dem Adel als Luxusgetränk vorbehalten und fast unerschwinglich.

Als Schokolade wird das Getränk oder die feste Form bezeichnet. Der Begriff Kakao steht für die Bezeichnung der Pflanze und der Frucht.

Kakao wächst am Baum

20 bis 40 Kakaobohnen enthält eine Frucht. Jeder Kakaobaum trägt zwischen 50 und 60 Früchte. Die Bäume selbst sind auf Plantagen zu finden, allerdings auch in Regenwäldern, wo die Qualität des Kakaos höher ist.

Nach wie vor werden die Früchte fast überall von Hand geerntet, geöffnet und verlesen.

Teilweise wurden früher Kakaobohnen auch als Zahlungsmittel verwendet.

Kakao – Schokolade

Im Sprachgebrauch werden Kakao und Schokolade gleichwertig miteinander verwendet. Tatsächlich wird das Getränk Kakao aus Kakaopulver hergestellt, das von der Kaffeebohne stammt.

Bei der (Trink-)Schokolade werden kleine Stückchen Schokolade mit Milch oder Wasser geschmolzen. Dann wird sie als trinkbare Schokolade angeboten.

Service von Trinkschokolade

Schokolade wird in der Tasse oder im Kännchen angeboten. Meist wird warme Schokolade gewählt, aber auch in kalter Form oder veredelt mit Alkohol, zum Beispiel mit Rum. Viele Genießer krönen mit einer Portion Schlagsahne das Getränk. Zum Schokoladenservice gehören:

Kaffeeuntertasse beziehungsweise Untertasse eines Schokoladenservices

- Schokoladentasse
- Schokoladenkännchen
- Kaffeelöffel

- Zuckerstreuer mit Zucker
- Sahneschale mit Sahne, Sahnelöffel

Übrigens: Angeblich wünschte sich die französische Königin Marie-Antoinette (1755 – 1793) am Tag vor ihrer Hinrichtung als Henkersmahlzeit eine Tasse heiße Schokolade. Sie liebte Schokolade so sehr, dass sie sich in den Jahren davor sogar einen Schokoladenmeister gönnte.

Der Chocolatier (die Chocolatière) stellt Schokoladenprodukte her. Der Durchschnittsdeutsche verzeichnet einen Jahres-pro Kopf-Verzehr von Schokolade im Jahr 2022 von 8,92 kg.

Schokoladentafel

Neben schwarzer und brauner Schokolade gibt es auch weiße. Das Gesetz erwartet Kakaobutter, Kakaomasse (für die Farbgebung entscheidend), Milch und Zucker in der essbaren Schokolade.

Je dunkler die Schokolade, desto mehr Kakaomasse. Weiße Schokolade enthält keine Kakaomasse mehr, weshalb sie ‚eigentlich‘ nicht als Schokolade bezeichnet werden darf. Sie hat übrigens den höchsten Zuckeranteil.

Bitterschokolade	> 70 % Kakaomasse
Zartbitter- oder Halbbitter- oder Edelbitteschokolade	> 50 % Kakaomasse
Vollmilchschokolade	> 30 % Kakaomasse
Milchschokolade	> 25 % Kakaomasse
Weiße Schokolade	Ohne Kakaomasse

Schlummertrunk

Manche Menschen gönnen sich vor dem Schlafengehen ein wärmendes Getränk, um besser einschlafen zu können. Passend ist ein Becher warmer Milch oder eine warme Trinkschokolade. Andere bevorzugen ein Gläschen Alkohol, um den Tag genussvoll abzuschließen. Und dann das noch:

Tote Tante der Klassiker
- herbe Schokolade, Schlagsahne und kräftiger Rum

Aus der Getränkekarte eines Kaffeehauses.

Epilog

Dem Bauch schmeicheln

„Die am meisten nach Genuss jagen,
erlangen ihn am wenigsten."
Marcus Tullius Cicero, röm. Rhetoriker
(106 – 43 v. Chr.)

Das Leben genießen

Vielen Dank liebe Leserin, lieber Leser,

dass Sie sich bis hierher ‚durchgebissen' haben. Das Thema der Gastrosophie, im vorliegenden Fall genannt ‚Kulinarischer & Gastronomischer Knigge 2100', ist erkennbar unglaublich umfangreich.

Einige Menschen sehen das Essen und Trinken als banale Nahrungsaufnahme zum Überleben an. So, wie ein Mensch atmen muss und das Herz schlagen soll.

Andere hingegen betrachten bei Essen und Trinken eher das soziale Zusammensein mit Bekannten und Freunden, während liebevoll zubereitete Speisen und korrespondierende Getränke dem begierigen Bauch zugeführt werden.

Für sie rücken die behandelten Bereiche der Ess- und Trinkkultur, der Tischsitten, der Etikette und der zeitgemäßen Umgangsformen, der Rituale und des Habitus deutlich in den Vordergrund.

Sie genießen die Aufnahme lebenswichtiger Nahrung und verknüpfen dies mit der Möglichkeit des harmonischen sozialen Miteinanders.

So nebenbei gefällt es ihnen auch, bei ‚besonderen Anlässen' zu wissen, wie sie sich formvollendet verhalten können und gleichzeitig allen möglichen Fettnäpfchen aus dem Weg gehen.

Der kulinarische Genuss in der Gastronomie oder auch Zuhause zu jedmöglichem Anlass gehört zu den Prioritäten im abwechslungsreichen Leben.

Bekanntlich geht nicht nur die Liebe durch den Magen, der im Bauch sicher aufgehoben ist, sondern auch Lebensmittel, die zu optischen und gustatorischen Höhepunkten verlockend gestaltet wurden.

Genießen Sie die angebotene Vielfalt, die die regionale und die internationale Küche bieten. Erfreuen Sie sich an den schönen Momenten, die dadurch ermöglicht werden.

Auch wenn die Kartoffel – angeblich das Lieblingsessen der in hiesiger Kultur lebenden Menschen – einen bedeutenden Stellenwert einnimmt, sei ein Zitat des deutschen Philosophen Arthur Schopenhauer (1788 – 1860) hinzugefügt: „Je edler Art das Werk, desto höher der Genuss."

In diesem Sinne wünsche ich Gastrosohie

Horst Hanisch

Stichwortverzeichnis

A

Aachener Printe................. 203
Abendtasche 128
Aberglauben........................ 31
Abräumen 137
Absinth........................ 189, 283
Absinthismus..................... 283
Adenauer, Konrad Hermann
Joseph........................ 243
Adlon, Hedda.................... 189
Adlon, Ludwig Anton 189
Aesopos............................ 230
Affe 237
Affenhirn 237
After-Dinner-Drink 277
Afternoon Tea 211, 289
Agraffe 38
Akademische Viertel............ 26
Akami 201
Aktiv wahrnehmen 43
À-la-carte-Geschäft 153
À-la-carte-Karte................. 125
Alkaios 162
Alkohol.............................. 283
Alkoholfreie Bier................ 258
Alkoholfreie Wein............... 266
Alkoholkonsum................... 40
Alla Venezia Trionfante 286
Alleinstehende 49
Alligator............................ 235
Alpenschnee...................... 213
Altbier 256, 257
Alte Testament.................. 147
Alternativfrage 40
Ambra 238
Ambrosia........................... 243
Ameise 234
Ananas 216
Ananaskirsche 226
Andouille 233
Angenehme Atmosphäre..... 147
Ansprechpartner 148
Antilope............................. 233
Antipasto............................ 90
Antwort.............................. 21
Aperitif 36, 39
Aperitif-Buffet 108
Aperitif-Getränk 39
Apfel aus Persien................ 216
Apfelbanane........216, 217, 219
Apfelsine 216
Aphrodisiakum 237
Aphrodite 195
Appenzeller 205
Appetit, guten 140

Appetitanregende Getränk ... 36
Appetit-Anreger 39
Aquavit-Service 273
Arak................................. 279
Arbeitsessen...................... 147
Argentinien 232
Aristoteles..................172, 283
Armand de Brignac............. 268
Aroma 164
Aromatisierte Tee 291
Arrangement....................... 65
A-Speise 95
Assam-Tee......................... 291
Asterix 253
Astronautenkost 235
Auf Tisch klopfen................ 29
Aufheben der Tafel 179
Aufmerksamkeit.................. 61
Aufstehen.......................... 141
Auftreten 33
August der Starke.............. 140
Aura 34
Aureng-Zeb 140
Auslese.....................162, 262
Auspacken.......................... 60
Ausstrahlung 34
Auster 193, 194
Australien......................... 232
Auswählen 154
Averrhoa 217, 222
Azteke 294

B

Babaco 217, 219
Babyananas.................217, 219
Babybanane.................217, 219
Babylonische Hohepriester . 257
Backus, Gus 283
Balkenbespannung............. 117
Bananen-Passionsfrucht...... 223
Bankettgeschäft 150
Bankettraum 50
Bar 275, 276
Bar Food........................... 276
Bar Snack 276
Bar, amerikanische............. 276
Barbie Puppe...................... 64
Bardame........................... 275
Barkeeper 275
Barmaid............................. 275
Barnard, Christiaan Neethling
.... 169
Barriere 276
Bartender 275
Bauch 107

Bauernbuffet...................... 99
Baummelone 226
Baumstachelbeere 222
Baumtomate...............218, 228
Bearbeiten von Speisen 159
Beauvilliers, Antoine B. 125
Bedanken 21
Bedienen am Buffet 95
Beerdigungskuchen............ 210
Beerenauslese............162, 262
Befinden 90
Before-Dinner-Drink........... 277
Begrüßen 29
Begrüßung 29
Begrüßungs-Hostess 148
Behindertenfeindlichkeit 30
Behinderung 30
Belegte Brotscheibchen 104
Beleuchtung 87
Bellini, Giovanni 277
Belon 193
Beluga.............................. 186
Berliner Weiße 257
Beschriftung........................ 51
Besprechung 247
Besprechungszimmer......... 247
Besteck 133
Bestecksprache 135, 136
Besteckteil 133, 135
Bezahlung 176
Biene................................ 255
Bier 256, 258
Bier, alkoholfreie................ 258
Bierbauch.......................... 261
Bierbörse 260
Bierdeckel 259
Bierdusche 261
Bierfilz.............................. 259
Bierglasgröße 258
Bierkranz.......................... 259
Bierleiche 284
Biermarke 25
Bierstandsanzeiger............ 260
Bierteller 259
Bierzipfel........................... 260
Bigtalk 42
Bismarck, Otto Eduard Leopold
Graf von..........203, 233, 255
Bläck Fööss 283
Black Ivory........................ 288
Blätterteighaube 188
Blattgold 212, 230
Blattsilber 230
Blau sein 284
Blaufärber 284
Blauschimmelkäse 205

Blechynden, Richard........... 293
Blickrichtung 126
Blindenverband................... 31
Blinis................................. 186
Block 57
Blume 65
Blumen-Etikette 66
Blumengruß........................ 66
Blumenpapier..................... 65
Blumenschale..................... 140
Blumen-Sprache................. 66
Blumenstrauß...................... 65
Blumenvase........................ 65
Blüte................................. 65
Bockbier 257
Bockelmann, Udo Jürgens ... 213
Böhme, Franz Theodor Magnus
.... 230
Bon................................... 25
Bonaparte, Napoleon 268
Bond, James 271, 281
Bonvoust, Charles-Jean 206
Boon, Ngiam Tong.............. 282
Bouillabaisse 189
Boulanger.......................... 125
Bourbon 279
Braut 32
Brautpaar 74
Brecht, Eugen Berthold
    Friedrich........................ 15
Breiapfel.................... 218, 225
Bretterbespannung 117
Brie................................... 205
Bries 233
Brillat-Savarin, Jean Anthelme
    ....36, 236, 244
Brot................................... 158
Brötchen 158
Brotteller........................... 158
Brunch............................... 102
B-Speise 95
Buch 63
Buffet 83, 94
Buffet, fliegende................. 88
Buffet-Bespannung 116, 117
Buffetform 94
Buffets, Aufstellen des 111, 115
Buffetservice 94
Buffet-Skirting 117
Bulger, Hedwig................... 189
Burmann, Gottlob Wilhelm ... 22
Busch, Heinrich Christian
    Wilhelm .. 108, 185, 199, 234,
    271
Buschfleisch 237
Bust, Harry 214
Butch Bakery 210
Butigler............................. 253

C

Ca Phe Chon....................... 287
Caesar, Gaius Julius.............. 24
Café au lait........................ 287
Café Florian....................... 286
Café Procope..................... 286
Camembert................205, 206
Canapé.............................. 191
Canapé-Buffet.................... 104
Cappuccino 169, 287
Carême, Marie-Antoine 125
Carpaccio, Vittore 277
Carvel, Tom....................... 215
Casa Botin 125
Cassata alla Siciliana........... 215
Cassata-Eisbombe 215
Casu Marzu 206
Caterer.............................. 23
Catering 23
C-B-A–Prinzip 95
Ceylon-Tee 291
Chaironeia, Plutarch von ... 247
champ d'oiseau 125
Champagne Sabrage 269
Champagner 36, 108
Champagner-Buffet............ 110
Chantilly............................ 213
Chaplin, Charlie.................. 77
Charles III. 132
Charles Philip Arthur George 132
Chef de Rang.............148, 154
Cherimoya.................217, 219
Chesterton, Gilbert Keith 161
China...................142, 200
Chinesische Fondue 199
Chinesische Haselnuss .217, 224
Chinesische Quitte 222
Chinesische Stachelbeere... 217,
223
Chininhaltige Getränk 249
Chocolatier....................... 295
Choiseul, Marschall César de 211
Christie, Dame Agatha Mary
    Clarissa 289
Cicero, Marcus Tullius 24, 296
Cipriani, Giuseppe Arrigo 277
Cobbler 278
Cocktail 277
Cocktailbrötchen............... 158
Coctel 278
Cognac 272, 280
Coltelli, Francesco Procopio dei
    ....214, 286
Commonwealth 289
Cornichon 207
corporate identity 242
Cortés Monroy y Pizarro
    Altamirano, Hernán de ... 294
Couvert 127, 132

Crassostrea gigas 193
Crassostrea virginica...........194
Crushed Eis 250
C-Speise.............................95
cum tempore 26
Cupcake 210
Curuba 223

D

Damengedeck.....................260
Damenkarte.......................153
Damen-Rolle.......................30
Dämmerschoppen 256
Darjeeling-Tee 291
Dattelfeige.........................222
Dekantieren.......................264
Dekoration...................82, 83
Dekorationsaufbau 115
Dekorations-Serviette.........139
Delphinleber......................243
Dessertbesteck 133, 134
Dessert-Buffet 107
Dessertwagen.....................107
Dessertwein.......................41
Deutsche Reinheitsgebot.....256
Deutschland.......................263
Diagonale Platzierung..........55
Diamant-Hochzeit...............74
Dickwanst 241
Digestif 272
Digestifglas 161
Digestif-Wagen...................273
Dinglinger, Johann Melchior 140
Dinner for One....................262
Diskretion 46
Docht.................................39
Domino...............................79
Dominostein 212
Doppel-Block.......................57
Doppelbock.........................257
Doppel-Magnum...................38
Dornhai..............................238
Drachenauge 218, 224
Drachenfrucht...........218, 226
Drachengold 255
Dressing.............................97
Drohung.............................175
Dromedar...........................233
Druide................................253
Dumas, Alexandre...............286
Durian.......................217, 220
Durione..............................220
Düsseldorfer Altbier............256
Duz-Bruderschaft.................48

E

Early Grey 291

Eberwein, Traugott Maximilian 283
Ehrengast 56, 156, 165
Eierbecher 185
Eingeschränkte Mobilität 30
Einladung 20
Einladung außer Haus 22
Einschenken 165, 264, 269
Einsiedler 241
Einspänner 286
Einstein, Albert 205
Einstieg 47
Einwickelpapier 45
Einzeltrinken 255
Eis-Buffet 106
Eistee 293
Eiswein 162, 262
Eiswürfel 38, 250
Elch 232
Elefant 237, 288
Elizabeth II. 134
Ellenbogen 131, 144
Emerson, Ralph Waldo 65
Emmentaler 205
Emotion 44
Empathie 62
Entomophagie 234
Entschuldigung 141, 143
Epikur von Samos 107, 116
Epperson, Francis (Frank)
    William 214
Erasmus von Rotterdam 33, 124
Erdapfel 216
Erdbeere 216
Erdkirsche 226
Erhardt, Heinz 191, 294
Erinnerungsstück 84
Erk, Ludwig Christian 230
Erkennungszeichen 25
Erlebnisgeschenk 63
Erpressung 175
Ersatz 174
Erscheinung 33
Ertaubte 31
Erwartungshaltung 63
Erzbischof 53
Escoffier, Georges Auguste .. 189
Esel 236
Esposito, Raffaele 187
Espresso 286
Essen außer Haus 22
Essensritual 242
Event 72
Exotische Früchte 216
Export 257

F

Fächer 138
Fairy cake 210

Familienangehörige 86
Familienfeier 86
Familien-Tag 86
Farbpalette 286
Fasanenhirn 240
Federweißer 267
Feier 20, 72
Feierabend- bierchen 261
Feige 217, 220
Feigendistel 222
Feldwebel 257
Fest 72
Fettwanst 241
Filetieren 159
Filieren 159
Finger bowl 160
Finger Sushi 201
Fingerbanane 219
Fingerfood 88, 191
Fingerschale 160
Fingerwaschen 183
Fischbein 238
Fisch-Buffet 97
Fischmesser 132
Fischsuppe 189
Five o'clock Tea 211, 289
Fizz 278
Flambieren 159
Flamingozunge 240
Flaschenetikett............110, 248
Flaschengröße 38
Flaschenhals 110
Fleck 145
Fledermaus 232
Fleischfondue 199
Fleming, Paul 69
Fliegende Buffet 88, 192
Flockeneis 250
Flowery Orange Pekoe 292
Flugobst 216
Flugzeug 252
Flussalge 231
Flying Buffet 88, 192
Fondue Bourguignonne 199
Fonduegabel 207
Fonduenetz 199
Fontane, Heinrich Theodor 193, 240, 268
Fontanella, Dario 214
Forelle Müllerin 198
Form des Buffets 114
Frankfurter Kranz 210
Frankfurter Würstchen 203
Franklin, Benjamin 275
Frankreich 263, 287
Frau Ober 148
Friedrich August I. 140
Friedrich der Große 286
Friedrich II. 76

Frischkäse 206
Froschschenkel 238
Frühstück 147, 185
Frühstücksbrötchen 158
Frühstücks-Buffet.............. 101
Frühstücks-Ei 185
Frühstücksschoppen 256
Fuchsie 231
Fugu 236
Führungskarte 58
Füllmenge 269
Fünf-Uhr-Tee 289
Fürst Metternich 210
Futo-maki 201

G

Gabala 132
Gabel 132
Gadamer, Hans-Georg 155
Gagarin, Juri Alexejewitsch . 284
Gambrinus 259
Game Boy 63
Gang 151
Gänseblümchen 231
Gänsewein 266
Garderobe...................28, 126
Garderobenmarke 28
Garderobiere 28
Gartenfest 100
Gast 53
Gästepaar 55
Gästetisch 176
Gästetoilette 28
Gäste-WC 28
Gastfreundschaft 60
Gastgeber 90
Gästin 30
Gastkarte 153
Gastrosoph 87
Gastrosophie..........15, 87, 107
Gebäckstück 209
Gebäckzange 210
Gebaren 33
Gebrechliche und ältere Gäste 94
Gebrüder Grimm 242
Geburt 74
Geburtstag...................61, 73
Gedeck 127, 132
Gedeckteil 132
Gedeckteller 133
Gehabe 33
Geisteshaltung 33
Geldgeschenk..................... 62
Gemeinschaftsumtrinken.... 255
Gemütlichkeit 39
Genießer 240
Genscher, Hans Dietrich..... 60
Geraffte Bespannung 119

Gerhardt, Paul 20
Geruchssinn 164
Geschäftsessen 147
Geschenk 60, 61
Geschenketisch 64
Geschmacksnerv 250
Geschmackssinn 164
Geschwister-Tag 86
Gesprächspartner 43
Gestaltung 82
Gestaltungstipp 82
Gesundheit 143
Getränk 36
Getränke-Buffet 108, 109
Getränkefolge 152, 161
Getränkekarte 154
Getränkeritual 242
Getränkesortiment 247
Getränkewechsel 168
Getränkewunsch 39
Getrennt-Sitzen 54
Gewürz 134
Gewürzliane 231
Gewürzwein 267
Gezapfte Bier 257
Gezapfte Pils 257
Gift 166
Gin Fizz 278
Give Away 84, 85, 180
Glas 133, 161
Glaskaraffe 264
glass stopper 164
Glastyp 265
Glas-Untersetzer 248
Gleichgeschlechtliche 30
Gletschereis 250
Glück 31
Glücks-Pfennig 75
Glücksschwein 31
Glücksschweinchen 75
Glückssymbol 75
Glühwein 266
Gnaden-Hochzeit 74
Gnu 233
Goethe, Johann Wolfgang von
...............127, 231, 283
Gold 230
Goldbeere 226
Goldene Bulle 53
Gorbatschow, Michail
Sergejewitsch 27
Gorgonzola 205
Gorilla 237
Gorrie, John 250
Goscinny, René 253
Goshi 202
Gott in Frankreich 241
Götter 243
Götterpflaume 222

Gotteslästerung 200
Gourmand 107
Gourmet 107
Gourmetkoch 213
Grabkammer KV62 266
Grain-Whisky 279
Granadilla 225
Granatapfel 216, 217, 221
Grashüpfer 234
Gräte 160
Grätengerüst 198
Gregor III. 233
Greifhand 48
Grenouille 238
Grey, Sir Charles 291
Greyerzer 205
Grille 234
Grönland 236, 238, 250
Grüne Tee 290
Gruppe wechseln 50
Grüßen 29
Grußhand 143
Guave 217, 220
Guavensaft 252
Guéridon 162, 262
Gunkan maki 201
Güteklasse 162, 262
Gutschein 62, 63, 65
Guyabano 228

H

Habitus 33
Hahnenschwanz 277
Haifischflosse 238
Haifischflossensuppe 238
Hallo 29
Halten des Glases 40
Haltung 33
Halve Hahn 190
Hammelauge 232
Hammurapi 110, 257
Hand, linke 144
Hand, linke und rechte 48
Hände über Kreuz 31
Hände waschen 28, 141
Handkäse, Mainzer 205
Handschlag 48
Handschuh 27
Hänsel und Gretel 242
Harel, Marie Fontaine 206
Harry's Bar 277
Hartkäse 205
Harzer Roller 205
Haubitze 284
Hauptgang 151
Hawaii-Ananas 216
Hebbel, Christian Friedrich .. 186
Hebel, Johann Peter 176
Hebelkorkenzieher 163

Hefeweizen 257
Heiliges Römisches Reich 53
Heilwasser 248
Heinrich IV. 153
Heißwein 266
Hemmschwelle 47
Henckell, Karl Friedrich 252
Henker 152
Henkersmahlzeit 151
Henshall, Samuel 163
Hering 190
Herr Ober 148
Herrengedeck 260
Heuschrecke 234
Hexentrank 253
Hibiskusblüte 231
Hilfe 174
Himalaja 291
Himmelsbrot 230
Hinrich, Manfred 183
Hinsetzen 128
Hippokrates von Kos 267
Hiraishi, Naoto 216
Hobbykoch 79
Hochzeit 74
Hochzeit zu Kana 250
Hochzeits-Geschenk 64
Hochzeitstag 74
Hochzeitstisch 62
Hochzeitszug 32
Hoden 236
Hof, britische 134
Hof, französische 124
Hofschenk 253
Holunderbeerentee 292
Hongkong 238
Honig 255
Honigwein 255
Horaz 82, 283
Horn 255
Horngurke 223
Hosentasche 49
Hoso-maki 201
Hotel Adlon 189
Hotel-Bar 275
Hotel-Restaurant 148
Hugo, Victor-Marie Vincomte
...................................148
Hühnerbouillon 199
Huitre de Parc 194
Humanid 149
Hummer 196
Hummerzange 196
Humor 45
Hund 233
Hustenanfall 144
Hüttenkäse 206
Hypocras 267

I

Imperial 193
Ingwersaft 252
Inka 232
Innerei 233
Insekt 234
Intelligenz, künstliche 149
Ironie 44
Island 238
Italien 45, 263, 287

J

Jackfruit 217, 221
Jahreswechsel 75
Jakobine 258
Jakobsfrucht 221
Jakobsmuschel 195
Jakobsweg 258
Japan 89, 200, 236, 238, 290
Japanische Aprikose 222
Japanische Birne 218, 226
Japanische Dattelpflaume ... 222
Japanische Mispel 225
Japanische Persimmon 222
Jardinière 140
Jasminblüte 291
Jasmin-Tee 291
Java-Apfel 217, 221
Jellyfish 235
Jemen 169
Jerez 41
Jesus 250
Jesus Sirach 265
Johnson, Samuel 216
Judaskirsche 226
Jürgens, Udo 213
Juvenal 150

K

Kabinett 162, 262
Kaffee 286
Kaffeehaus 286
Kaffeehaus Wien 286
Kaffeekränzchen 170
Kaffeeplausch 61
Kaffee-Service 169
Kaffeeverbot 286
Kai Pen 231
Kaiser 53
Kaiser Aulus Vitellius 240
Kaiser Wilhelm II 189
Kakao 294
Kakaobohne 294
Kaki 217, 222
Kakiapfel 222
Kakipflaume 222
Kaktus 65, 231
Kaktusbirne 222

Kaktusfeige 217, 222
Kaktusfrucht 226
Kalbsleberwurst 203
Kalte Buffet 99
Kalt-Warme Buffet 99
Kamel 233
Kamelfuß 232
Kamillentee 292
Kana 250
Kanapee 191
Känguru 232
Kanonikus Kir 40
Kapitän Ahab 237
Kapitän Nemo 243
Kapsel-Öffner 248
Kapstachelbeere 218, 226
Kapuzinerkresse 231
Karaffieren 264
Karambole 217, 222
Karl der Große 255
Karl IV 53, 212
Kartoffel 76
Kartoffel-Befehl 76
Käse 205
Käse-Buffet 103
Käsefondue 207
Käsegruppe 205
Käse-Platte 206
Käse-Rad 103
Kaugummikauen 45
Käuzchen 32
Kaviar 186
Kellnerbesteck 163
Kennzeichnung 52
Kern 160
Kerze 39, 87, 109
KI - Künstliche Intelligenz 149
Kinder-Karneval 78
Kinderparty 85
Kir Royal 108, 269
Kir, Félix Adrien 40, 269
Kirchlich bedingte Feier 74
Kiviak 236
Kiwano 223
Kiwi 217, 223
Klapperschlange 235
Klassisches Menü 150
Kleines Geschenk 60
Kleopatra 230
Knigge, Adolph Franz Friedrich
    Ludwig Freiherr von ..29, 141,
    313
Knoblauch 134
Knochen 160
Knochenteller 160
Köbes, Köbine 258
Kobra 235
Koch 124
Kochmütze 125

Koffein 290
Koka-Tee 292
Kokosnuss 251
Kokosnusswasser 251
Köln 190
Kölsch 256, 257, 258
Konfetti 211
König 53
König Axolotl VIII 278
König und Kaiser 78
König, Josef 87
Königsberger Klopse 203
Königshaus, britische 132
Königsmuschel 197
Konsistenz 164
Kontinentale Frühstücks-Buffet
    101
Kopfende 54
Kopi Luwak 287
Korken 163
Korken aus Glas 164
Korkenzieher 163
Körpersprache 44
Kosmonautenkost 235
Krabbentaucher 236
Kranz 170
Kränzchen 170
Kristall 163
Kristallweizen 257
Krokodil 235
Krokusart 230
Kuchen 209
Kuchen-Buffet 105
Küchenchef 125
Kuchengabel 209
Kugelfisch 236
Kuhmagen 233
Kumquat 217, 223
Kunde ist König 175
Künstliche Intelligenz 149
Kunstvolle Buffet-Bespannung
    119
Kuruba 217, 223
Kutteln 233

L

La Bruyère, Jean de 47
La Grande Taverne de Londres
    125
Lammhoden 236
Lancette 194
Landwein 162, 262
Langweile 45
Latte macciato 287
Laufrichtung 112, 113, 115
Lebkuchenhaus 242
Lecointe, Jourdan 189
Leere Glas 41
Legionär 230

Lembke, Robert Emil 96
Liebesapfel 216
Liebesfrucht 224
Lienhard, Friedrich 33
Limpach, Erich 42
Lincoln, Abraham 289
Linkshänder 137
Lippe 144
Litschi 217, 224
Litschipflaume 224
Löffel abgeben, den 184
London 256, 277
Long Drink 277
Longan 218, 224
Loquat 225
Lotosblüte 84
Löwe 237
Lübecker Marzipan 203
Lucius Licinius Lucullus 240
Ludwig XIV. 213
Ludwig XVI. 34
Luther, Martin 87, 142
Luwak 287
Lychee 224

M

Macaron 212
Made 234
Madrid 125
Magen verrenken 240
Magnum 38
Maikäfersuppe 234
Mainz 190
Mainzer Handkäse 205
Maki-Sushi 201
Malraux, André 124
Malt-Whiskey 279
Malzbier 257
Mamey-Apfel 218, 224
Mamoncillo 218, 224
Mango 218, 224
Mangostan 218, 225
Mangosteen 225
Manna 230
Mantel 28
Maracuja 218, 225
Margherita von Savoyen 187
Marie-Antoinette ...34, 209, 295
Marie-Louise von Österreich 125
Marillenmarmelade 210
Marseille 189
Marshall, Agnes Bertha 214
Martini-Cocktail 281
Marzipan 212
Marzipanbrot 212
Maß 259
Maßkrug 259
Matche 290
Mate 292

Matjes 190
Mauerblümchen 49
Medici, Caterina Maria Romula
di 212
Meeresfrucht 193
Meerjungfrau 79
Meerschweinchen 232
Mehlwurm 234
Mekong 231
Melci, José de Palafox y 135
Melvilles, Herman 237
Menage 134
Mensch mit eingeschränkter
Mobilität 30
Menschenaffe 237
Menü 150
Menüfolge 151
Menükarte 150
Met 255
Metallschlaufe 38
Methusalem 38
Mettigel 76
Meux and Company Brauerei
.... 256
Mezze 89
Miesmuschel 195
Mineralwasser 247, 248, 249
Mineralwasser, natürliche... 248
Miraculix 253
Mis en bouteille 163
Mise en place 37
Miso-Suppe 201
Mispel 218, 225
Mitbringsel 61
Mitsch, Werner 101
Mitterrand, François Maurice
Adrien Marie 239
Mixed Pickles 207
Mobilität 30
Moby Dick 237
Mock Turtle Soup 238
Mocktail 282
Modelleisenbahn 63
Mohnbrötchen 144
Mojito 281
Mokka 169
Molton 116
Monogramm 258
Montagu, Lady Mary Wortley 66
Montaigne, Michel de 138
Montezuma II. 294
Morales, Baltasar Gracián y 111
Motto 77, 78, 84
Moulin Rouge 77, 283
Mozartkugel 203
Mundschenk 253
Mundserviette 138
Muschelschale 195
Musk Melone 216

N

Nachschenken 40, 167
Nachspeise 107
Nahe Osten 89
Napoléon 280
Napoleon I. 125
Nashi 218, 226
Nashorn 237
National Vanilla Ice Cream Day
................................214
Naturkorken 163
Nautilus 243
Nebukadnezar 38
Nektar 243
Nemo 243
Neptuns Reich 79
Nespole 218, 225
Neuhaus, Jean 211
Neuverkorkung 163
Niederlande 190
Niere, spanische 236
Nigiri-Sushi 201
Nimono-dane 201
Norwegen 250
Notpraline 212

O

Obelix 253
Obergärige Bier 256
Oberkellner 126, 148
Obers 286
Ochse 236
Ochsenschnaps 266
Odinsblut 255
Ofenwarme Speisen 98
Offizielle Einladung 20
Oktoberfest 259
OK-Zeichen 45
Olive 241
Olivenkern 160
Omelette 185
On the rocks 279
Oolong 291
open bar 25
Opfertier 232
Optische Höhepunkt 83
Opuntie 222
Orange Pekoe 292
Orient 286
Ortolane 239
Oryx-Antilope 233
Ossietra 186
Ostern 75
Österreich 286
Österreich-Lothringen, Marie-
Antoinette von 34
Ostrea edulis 193

P

Paar, gleichgeschlechtliche.... 30
Paarweise Platzierung 55
Paella................................ 230
Palermo............................. 215
Palmwein 279
Panda-Kot.......................... 291
Panne 145
Pansen.............................. 233
Papaya........................ 218, 226
Papst Clemens VIII. 286
Papst Gregor III.................. 233
Paradeiser 216
Paradies............................ 216
Paradiesapfel...................... 216
Paris 125
Parkett 69
Parmesan 205
Partner............................... 86
Party-Service hilft. 23
Passionsfrucht 225
Paul, Vinzenz von 158
Peinlichkeit........................ 145
Pekoe Suchong 292
Penis................................ 236
Penismuschel 197
Pepino 218, 226
Perle 230
Perlmutt 230
Persipan 212
Personal 172
Persönliche Angriff 44
Petit Four 211
Peychaud, Antoine Amédée 278
Pfannkuchen 186
Pfauenhirn......................... 240
Pfefferminztee 292
Pfefferstreuer..................... 134
Pferd 232
Pferdewurst........................ 232
Pflanze............................... 65
Pharao Tutanchamun 265
Physalis...................... 218, 226
Pied d'Cheval 194
Pikkolo............................... 38
Pils 256, 257
Pink 81
Pint.......................... 258, 259
Pitahaya 218, 226
Pitahaya-Cocktail................ 282
Pitcher.............................. 259
Pizza 187
Pizzaiuolo 187
Placement 51, 52
Platzierung 51, 127
Platzierung, paarweise 53
Platzteller 127, 133
Plausch 47
Playmobil-Figur 64

Plessis-Praslin, Graf von 211
Poirot, Hercule 289
Poliergrad.......................... 281
Pot de vin 178
Praline.........................170, 211
Prassen.............................. 241
Preisnachlass...................... 174
Prinz von Condé 213
Probeschluck...................... 164
Prudhomme, René François
   Armand 'Sully' 20
Prunkgeschirr 140
Pub.................................. 259
Pünktlichkeit 26, 27
Pyramidenbespannung 117

Q

Qualitätswein.............162, 262
Qualitätswein mit Prädikat. 162,
   262
Qualle.............................. 235
Queen-Pineapple 219
Quellwasser 249, 252
Quintus Horatius Flaccus...... 82

R

Rache des Montezumas 294
Raclette............................ 207
Raffles 282
Rahm-Zimt-Zuckerapfel 217, 219
Rambutan 218, 227
Ranghöchste Gast 51
Rauchen 37
Raumwahl 111
Raupe 234
Rauscher 267
Rebouchage 163
Rebsorte............................ 263
Rechnung...............176, 177
Rechnungsformular.............. 176
Rechnungsmappe................ 176
Rechnungssumme............... 178
Rede.........................155, 156
Reden über Kreuz............... 157
Redner 155
Regionale 203
Reichert, Willy..................... 72
Reinheitsgebot 256
Reklamation 172, 173
Reklamation, ungerechtfertigte
   175
Reklamieren, gerechtfertigte
   173
Religiöse Grund 99
Restaurant 124
Restaurant-Personal........... 149
Revolution, französische 124,
   151, 241

Reykjavik............................ 238
Rheinische Sauerbraten 232
Richard der III..................... 232
Riesengarnele 195
Rimonim 216
Rinderhoden 236
Risotto Milanese 230
Ritual 242
Riwwelkuchen.................... 210
Robbe 236
Roboter............................. 149
Rochefoucauld , Francois de la
   142
Romandur......................... 205
Rose 68, 231
Rosenwasser 231
Rosh Hashana 216
Rotwein, alte...................... 264
Rotweinglas 161
Rousseau, Jean-Jacques 209
Rubiks Cube 64
Rückgeld 177
Rumohr, Carl Friedrich von ... 87
Runde Geburtstag............... 73
Runde Tisch....................... 56
Rustikale Charakter............. 99

S

Säbel 269
Sabreur 269
Sacher, Franz..................... 210
Sacher-Torte 210
Sachs, Hans 28, 88, 158
Safran 230
Saft 252
Saftfläschchen.................... 248
Sake 281
Salak 218, 227
Salär................................ 134
Salat................................. 96
Salat-Buffet........................ 96
Saloon 276
Salzstreuer 32, 134
Samowar 290
Sandwich 191
Sapodilla 218, 228
Sarkasmus 44
Sauermilchkäse 205
Sauersack 228
Sauser 267
Schaumbildung 269
Schenken 64
Scherbe 31
Schifferl 259
Schildkröte 237
Schildkrötensuppe 237
Schillerlocke 238
Schlagsahne 213
Schlange........................... 235

Schlangenfrucht 227
Schlangenhautfrucht ... 218, 227
Schlaraffenland 243
Schleichkatzenkaffee 287
Schlemmen 241
Schlemmerei 241
Schleppenbespannung 118
Schlummertrunk 295
Schmeicheln 90
Schmelzkäse 206
Schmelzkäsezubereitung 206
Schmetterling 138
Schmidt, Helmut Heinrich
  Waldemar 94
Schnapsleiche 284
Schnäuzen 144
Schnittkäse 205
Schnitzel 203
Schokolade 294
Schokoladenservice 295
Schokoladentafel 295
Schopenhauer, Arthur 296
Schornsteinfeger 31, 75
Schoß 141
Schuldzuweisung 46
Schwalbennestersuppe 239
Schwarz/Weiß 79
Schwarzbier 257
Schwarze Tee 290, 291
Schwarzwälder Schinken 203
Schweinemagen 233
Schweineragout 243
Schweiz 140
Schwerhörige 31
Schwerhörigenbund 31
Scone 211, 289
Seeanemonenkonfekt 243
Seegurke 243
Seehund 236
Seeigel 196
Seepferdchen 195
Seerose 84
Seesäugermilch 243
Seetang 243
Seezunge 198
Sehgeschädigte 31
Sehsinn 164
Sekt 268
Sektdusche 261
Sektflöte 109
Sektglas 161
Sektkelch 109
Sektkühler 38
Sektschale 109
Sektzipfel 260
Selbstzahler 23, 24
Selfridge, Harry Gordon 175
Seneca, Lucius Annaeus 179
Service-Leitung 24

Service-Personal 148
Servierwagen 107
Serviette 138, 139
Sesterze 230, 240
Sewruga 186
Shakespeare, William 232
Sharonfrucht 222
Sherry 36, 41
Shiromi........................... 201
Short Drink...................... 277
Signature Drink 275
Silberflocke 230
Silberhochzeit 74
Silvester 31
sine tempore.................... 26
Singapore Sling................. 282
Singapur.......................... 191
Singvogel......................... 239
Sinnesrauschen 91
Sitzen 130
Sitzmöglichkeit................. 39
Sitzordnung..................51, 53
Sitzplatz 127
Skirting..................37, 116, 117
Sklave............................. 183
Smalltalk 42, 43, 47, 127, 247
Smalltalk-Thema 47
Smartphone 142
Snack............................. 192
Snacking.......................... 89
Softdrink......................... 247
Softeis 215
Sojasauce 201
Sommelier, Sommelière 154
Sonnenblume.................... 231
Sonnerbrille 45
Sour 278
Soursop.......................... 228
Spaghetti......................... 187
Spaghetti-Eis 214
Spaghetto 187
Spanien 89, 125, 263, 287
Spanische Niere 236
Spargel 199
Spätlese 162, 262
Speiseeis 213
Speisekarte 150, 153
Speisen-Buffet.................. 96
Speisenfolge..................... 258
Speisengabel 132
Speisenrest 139
Speisenservice 158
Speisesofa 128
Spencer, Charles 77
Spermaceti....................... 238
Spezialbesteck.................. 135
Spiegel 32
Spiegeln, sich 44
Spiegelplatte 105

Spirituose...........................272
Spitzenkoch 124
Springbock 232, 233
Stäbchen.................. 200, 202
Stachelbirne.......................222
Stachelfeige 222
Stachelhäuter 196
Stange...............................258
Stations-Oberkellner...........148
Stegreifrede.......................156
Stehempfang 191
Sternfrucht 222
Stiefel 259
Stilton 207
Stinkfrucht 220
Stößchen...........................258
Strauß 232
Straußenei 185
Straußenfilet......................232
Street Food 191
Streuselkuchen 210
Studentenfutter.................192
Stuhl 128
Sturm 267
Suchong 292
Sueton..............................240
Sundowner 256
Suppe................................188
Suppenküche 125
Sushi........................... 89, 200
Sushi-dane 201
Swani-Melone.....................223
Swift, Jonathan 145
Sylter Royal........................193
Sympathie..........................45

T

Tabu-Gericht......................237
Tabuthema 42, 47
Tafelaufbau........................140
Tafelaufsatz 140
Tafelform...........................56
Tafelorientierungsplan..........58
Tafeltuch............................116
Tafelwasser........................249
Tafelwein 162, 262
Tagore, Rabindranath 200
Tagungsgeschäft 247
Taiwan...............................238
Talleyrand-Périgord, Charles-
  Maurice de 126
Tamarillo................... 218, 228
Tanz..................................69
Tanzbein............................69
Tanzbüchlein......................69
Tanzfläche..........................69
Tapa..................................191
tartufo 188
Tasco 223

Tastsinn 164
Taufe 74
tea gown 289
Tea time 289
Teambuilding 92
Team-Geist 92
Team-Spirit 92
Tea-Time 211
Tee 289
Teeähnliche Erzeugnisse 292
Teebeutel 290
Teebrötchen 211
Tee-Grog 293
Teehandel 294
Teein 290
Teemischung 291
Tee-Punsch 293
Teeservice 293
Teesorte 291
Teezeremonie 290
Teigware 187
Telefon 142
Temaki 201
Temperatur 164
Tête de Moine 207
Teufel 132
Thai-Arabica-Bohne 288
Thai-Mango 218, 228
Theaterbespannung 119
Thermoskanne 170
Tier 284
Tillier, Claude 272
Tisch 158
Tisch- und Sitzordnung 51
Tisch- und Tafelplan 52
Tischdame, Tischherr 143
Tischdekoration 84
Tischkante 131
Tischkarte 51, 127
Tischlein deck dich 242
Tischordnung 53
Tischpartner 55, 127
Tischpartnerin 129
Tischrede 155, 156
Tischwahl und Form des Buffets
.... 114
Tischzucht 28, 158
Toast aussprechen 167
Toddy 279
Toilettenraum 28, 85
Tomatensaft 252
Topfblume 65
Toque 125
Torarolle 216
Torte 209
Tortenheber 210
Tortenspitze 105, 210
Toulouse-Lautrec-Monfa, Henri
    Marie Raymond de 283

Tragerriemen 128
Tranchieren 159
Tranchiergabel 132
Trauung 32
Trinken 166
Trinkfreude 265
Trinkgeld 176, 177, 178
Trinkhorn 255
Trinkkultur 161
Trinkschokolade 294, 295
Trinkspruch 255
Trinktemperatur 266
Trinkwasser 248
Tripes 233
Trockenbeerenauslese .162, 262
Trockeneis 106
trompe l'oeil 140
Tronc-System 178
Tropfenbespannung 118
Trüffel, schwarze, weiße 188
Trüffelhund 188
Trüffelschwein 188
Trunkenbold 284
Tsu Hsi 200
Tuak 279
Tuba 279
Tudor, Frederic 250
Tulpe 231
Tuna 222
Türkei 45, 61, 287
Tutanchamun 266

U

U.A.w.g. 21
Überreichen der Speisekarte 153
Uderzo, Alberto 253
U-Form 56
Umberto I. 187
Umgangsformen 33
Umtrunk 255
Unfermentierte Tee 291
Unglück 32
Uni 196
Unruhe 94
Untergärige Bier 257
Unterhaltung 156

V

Vatel, Charles-Fréderic 213
Vegetarier 99
Veilchen 68, 231
Venedig 277, 286
Verbeugung 69
Verhandlung 147
Verkorken 163
Verlegenheit 61
Verne, Jules 243
Viertel, akademische 26

Vilar, Esther Margareta 51
Visitenkarte 60
Vitellius 240
Vlaggetjesdaag 190
Völlerei 240
Vollständige Gedeck 133
Vorbereitungsarbeit 87
Vorkoster 253
Vorlegebesteck 159

W

Wachsspritzer 39
Wal 238
Waldfogel, Joel 63
Wärmebad 98
Warmwein 266
Wasabi 200
Wasabi-Paste 201
WC 28
Weck, Worscht un Woi 190
Weg zum Tisch 126
Weichkäse 205
Weihnachten 62
Weihnachtsgeschenk 63
Wein 250, 262, 265
Wein, alkoholfrei 266
Weinbezeichnung 263
Weinetikett 162
Weinflasche 262
Weinglas 265
Weinkellner 154
Weinkorken 163
Weinkühler 38
Weinservice 162, 262
Weintyp 265
Weinzipfel 260
Weißweinglas 161
Weißwurst 190
Weizenbier 256, 257
Wellness-Aufenthalt 62
Wendler, Herbert 212
Wertmarke 25
Wertschätzung 44
Werturteil 46
Whisky, Whiskey 279
Whisky-Tumbler 280
Wiener Schnitzel 203
Wikinger 255
Wikingerblut 255
Wikinger-Schiff 98
Wilde, Oscar Oscar Fingal
    O'Flahertie Wills 26
Wildkatze 237
Wildtier 237
Vierkötter 190
Wilhelm IV. 256
Witchetty-Made 234
Wohlempfinden 274
Wohlfahrtsverlust 63

Wrap 191
Wurm 234
Würzwein 267
Wüstentrüffel 188

X

Xocoatl 294

Y

Yak 236
Ypocras 267

Z

Zaubertrank 253
Z-Bespannung 117
Zebra 232
Zeitvorstellung 26
Zibetkatzenbaumfrucht 220
Ziegenbock 236
Zimtstange 288
Zincgref, Julius Wilhelm 198
Zinken 135
Zitronenmelone 217, 219
Zu früh angekommen........... 26
Zu spät gekommen.............. 27

Zuprosten 165
Zurhälftetrinken.................255
Zurückhaltung....................241
Zutrinken 167
Zuzeln 190
Zweiergruppe 49
Zweiertrinken 255
Zwergananas 219
Zwergorange......................223
Zwergpomeranze. 216, 217, 223
Zwergwal 238
Zylinder..............................75
Zynismus............................44

Umgang mit Menschen

Adolph Freiherr Knigge

Schon zu seinen Lebzeiten war Adolph Freiherr Knigge (1752 – 1796) um-
stritten. Knigge setzte sich durch sein energisches Eintreten für die Ziele der
Aufklärung, so wie er sie verstand, scharfen Angriffen aus.

Er arbeitete als Romanschriftsteller und Satiriker, sowie als politischer Schriftsteller. Er gehörte den Freimaurern an.

Heute ist Knigge vor allem seines Buches wegen ‚Über den Umgang mit Menschen' (1788) bekannt. Und zwar deswegen, weil sein Werk als Etikette-Buch
angesehen wird.

Knigge verdankt seinen heutigen Ruf und Erfolg aber einem Missverständnis.
Denn: Das Werk Adolph Freiherr Knigges gilt als Etikette-Buch ersten Rangs.
Allerdings beschreibt Knigge keine Regeln wie mit Besteck umzugehen ist,
oder das Verhalten bei Tisch, stattdessen offenbart er eine praktische Lebens-
philosophie im Umgang mit Mitmenschen.

Er gibt Anleitungen und Anregungen, wie mit seinen Mitmenschen richtig umzugehen ist. Knigge hoffte damit, dass die Menschen glücklich und froh miteinander leben könnten.

Sein Buch erschien 1788 und war schon kurze Zeit in fast allen Haushalten
zu finden. Über 200 Jahre lang prägte sich sein Buch im Bewusstsein der
Leser als praktisches Handbuch über gutes Benehmen ein.

In drei Teilen seines Buches hat Knigge über den Umgang mit verschiedenen
Menschengruppen geschrieben, zum Beispiel:

- Über den Umgang mit Leuten von verschiedenen Gemütsarten, Temperamenten und Stimmungen des Geistes und des Herzens (Erster Teil, 3. Kapitel)

- Über den Umgang mit Frauenzimmern (Zweiter Teil, 5. Kapitel)

- Über das Verhältnis zwischen Wohltätern und denen, welche Wohltaten empfangen; wie auch unter Lehrern und Schülern, Gläubigern und Schuldnern (Zweiter Teil, 10. Kapitel)

- Über den Umgang mit den Großen der Erde, mit Fürsten, Vornehmen und Reichen (Dritter Teil, 1. Kapitel)

Obwohl es heute klar ist, dass Knigge anderes verfolgte, als wir unter seinem Namen verstehen, soll ‚Knigge' als Synonym für den Bereich stehen, dem sich das vorliegende Buch widmet.

12 Ratgeber in der kleinen Knigge-Reihe

Der kleine ... -Knigge [2100]

Anstands- und Banausen-...
Business- und Kunden-...
Büro- und Kollegen-...
Gäste- und Gastgeber-...
Gesellschafts- und Freunde-...
Outfit- und Stil-...
Interkulturelle- und
Auslands-...
Bewerbungs- und
Vorstellungs-...
Event- und Feste-...
Gastro- und Tischsitten-...
Speisen- und Exoten-...
Trinkkultur- und Getränke-...

Je 88 Seiten

Das kleine Handbuch der Rhetorik [2100]

Erfolgreich reden „Die Kunst, flott vorzu-tragen"
Körpersprache einsetzen „Mit Händen und Füßen sprechen"
Gezielt trainieren „Ich will endlich erfolg-reich präsentieren!"
Nervosität austricksen „Mir zittern die Knie"
Begeistert überzeugen „Das rhetorische Feuer entfachen"
Unterschwellig manipulieren „Ich kriege dich schon!"
Wahrnehmung verzerren „Ich glaub' nur, was ich sehe."
Einwände entkräften „Das ist doch gar nicht machbar! – Oder doch?"
Gespräche führen „Zielorientierte und zeitsparende Gesprächslenkung"
Meetings leiten „Besprechungen erfolgreich führen"
Geschicktes Nudging „Das versteckte Anschubsen"
Interviews führen „Darf ich Sie mal fragen?"
Je 100 Seiten

Das Märchen der ...
professionellen Argumentation
harmlosen Fragen
sauberen Wahrheit
vertrauenswürdigen Fairness

... in der Rhetorik [2100]
Je 100 Seiten

4 Ratgeber in der Ego-Management-Reihe

Persönlichkeits-Management – Ego-Knigge 2100 Soft Skills, Selbst-Reflexion und Selbst-Bewusstsein

Stress-Management – Ego-Knigge 2100 Lampenfieber, Stressoren, Gerüchte, Mobbing, Burnout, Stressvermeidung

Zeit-Management – Ego-Knigge 2100 Umgang mit der Zeit, Organisation von Arbeitsabläufen, Perfektionismus, Zielsetzung

Gedächtnis-Management – Ego-Knigge 2100 Gehirn, Intelligenz, Schwachsinn – Hochbegabung, Gedächtnis, Lerntechniken.

Jeder Ratgeber 104 Seiten, A5, kartoniert

4 Ratgeber der Reihe Lebenseinstellung

Aberglauben-Knigge 2100 Von schwarzen Katzen, der linken Hand des Teufels und den Glücksbringern

Lügen- und Egoismus-Knigge 2100 Überleben durch Flunkern, Schummeln und Täuschen! Macht, Respekt, Wertschätzung? Lebenslüge und Lebensschutz

Glücks-Knigge 2100 Vom Glücklichsein, positiven Denken und von Freundschaften

Angst- und Optimismus-Knigge 2100 Die Furcht beherrschen, Ängste nutzen und positiv durchs Leben gehen.

Jeder Ratgeber 216 Seiten, A5, kartoniert

3 Ratgeber Bräutigam, Braut und Brautpaar

Bräutigam-Knigge 2100 Verlobung und Polterabend, Schwiegereltern und das Ja-Wort, Hochzeits-Outfit und Hochzeits-Kutsche

Braut-Knigge 2100 Brautkleid und Accessoires, Das große Hochzeitsfest, Höhepunkte und Hochzeitstanz

Brautpaar-Knigge 2100 Historisches und Sonderbares, Planung und Organisation, Aberglaube und Hochzeitsbräuche.

Jeder Ratgeber 104 Seiten, A5, kartoniert

3 Ratgeber Selbst-Coaching

Selbstbewusstsein Knigge 2100 Ich bin, ich kann, ich will. Das eigene Leben bestimmen, Soft Skills, The Winner 1.

Selbstwertgefühl Knigge 2100 Steh auf! Werde aktiv! Zeige Profil! Das eigene Leben beeinflussen, Motivation, The Winner 2.

Selbstoptimierung Knigge 2100 Optimistischer, attraktiver, authentischer. Das eigene Leben gestalten, Ansprüche, The Winner 3. Jeder Ratgeber 120 Seiten, A5, kartoniert

Leben und Lifestyle

Adam allein auf der Welt Knigge [2100] Ein Buch mit Bildern vom ersten Menschen, seinen Gedanken und seiner Körpersprache, 104 Seiten, A5, ca. 155 Fotos

Jugend-Knigge [2100] Knigge für junge Leute und Berufseinsteiger, 152 Seiten

Alters-Knigge [2100] Abgehängt und abgeschoben? Altersdiskriminierung? Akzeptanz des Älterwerdens!, 152 Seiten

Zukunfts-Knigge [2100] Umgangsformen in 100 Jahren. Zusammenleben mit Menschen, Maschinen und menschenähnlichen Robotern, 172 Seiten A5 kartoniert

KI-Knigge [2100] Leben mit der Künstlichen Intelligenz, 196 Seiten A5 kartoniert

Wertschätzung-Knigge [2100] Gleichberechtigung, Gender und Respekt, Sexuelle Orientierung, Umgang bei Diskriminierung und Mobbing, 152 Seiten A5

Hochzeits-Knigge [2100] Hochzeitsbräuche, Geschenke, Brautjungfer, Trauung, Festgäste und Festmahl, 310 Seiten A5

Ü65- und Senioren-Knigge [2100] Die junge Alten und die alten Jungen, Kommunikation und Verständnis zwischen den Generationen, 180 Seiten A5

Blumen-Knigge [2100] Historisches, Mystisches, Festliches, Blumensprache, Umgang mit Blumen-Präsenten, 144 Seiten A5

Bekleidung! Ausdruck der Persönlichkeit – Lukas' Outfit-Knigge [2100], 196 Seiten A5

Nudel-Knigge [2100] Himmlische Teigwaren, 140 Seiten A5

Der Interkulturelle Kompetenz-Knigge [2100] Kultur, Kompetenz, Eindrücke – Gesten, Rituale, Zeitempfinden – Berichte, Tipps, Erlebnisse, 240 Seiten A5

China-Deutschland-Knigge [2100] Chinesen in Deutschland, 104 Seiten A5

Dschungel-Knigge [2100] Umgang in ungewohnter Umgebung, 192 Seiten A5

Von allen guten Geistern verlassen-Knigge [2100], 132 Seiten A5

Herz-Knigge [2100] Haltung, Herzlichkeit, Hilfestellung, 280 Seiten A5

Der Dicke-Knigge [2100] Aus dem prallen Leben des Dicken, 104 Seiten A5

Typisch Frau – Typisch Mann Knigge [2100] Unterschiede und Gemeinsamkeiten im Umgang mit dem anderen Geschlecht, 128 Seiten A5

Kulinarischer & Gastronomischer Knigge [2100] 316 Seiten A5

Klo- und Pinkel-Knigge [2100] Vom privaten und öffentlichen Bedürfnis – Umgangsformen im Tabu-Bereich, 104 Seiten A5

Alles hat seine Zeit-Knigge [2100] Umgang mit der Zeit, 294 Seiten A5

Omi hüpf' mal Märchen meiner Großmutter, Erlebnisse ihre Jugend und wahre Geschichten meines Vaters von und über Omi Rickchen, Hardcover, 312 Seiten

Der Hunde-Knigge [2100] Umgang mit dem Hund – Hundesprache – Der Hund in der Gesellschaft, 180 Seiten A5

Welcome to Germany-Knigge [2100] Umgangsformen, Verhaltensmuster und gesellschaftliches Miteinander im deutschsprachigen Europa, 108 Seiten A5

Besuch willkommen Knigge [2100] Einladung, Gast, Geschenk, Empfang, Feier, Gastfreundschaft, 200 Seiten A5

Leben, Tod und Ansichten Austausch mit Berühmtheiten über Wichtiges und Unwichtiges im Leben, 116 Seiten A5

Last List Leid [2100] Verlogene Welt?, 160 Seiten A5

Mensch Macht Mörder [2100] Verfall der Umgangsformen?, 260 Seiten A5

Tod, Trauer, Totenkult-Knigge [2100] Sterben, Trost, Takt, Bestatten, Tradition, Vorsorge, Tabus, Vergänglichkeit und Sonderbares, 212 Seiten A5

Corona-Knigge [2100] Umgang mit dem Virus, 88 Seiten 12x19, kartoniert

Das kleine Knigge-Quiz [2100] 96 Seiten, 12x19 cm, kartoniert

Leben und Lifestyle

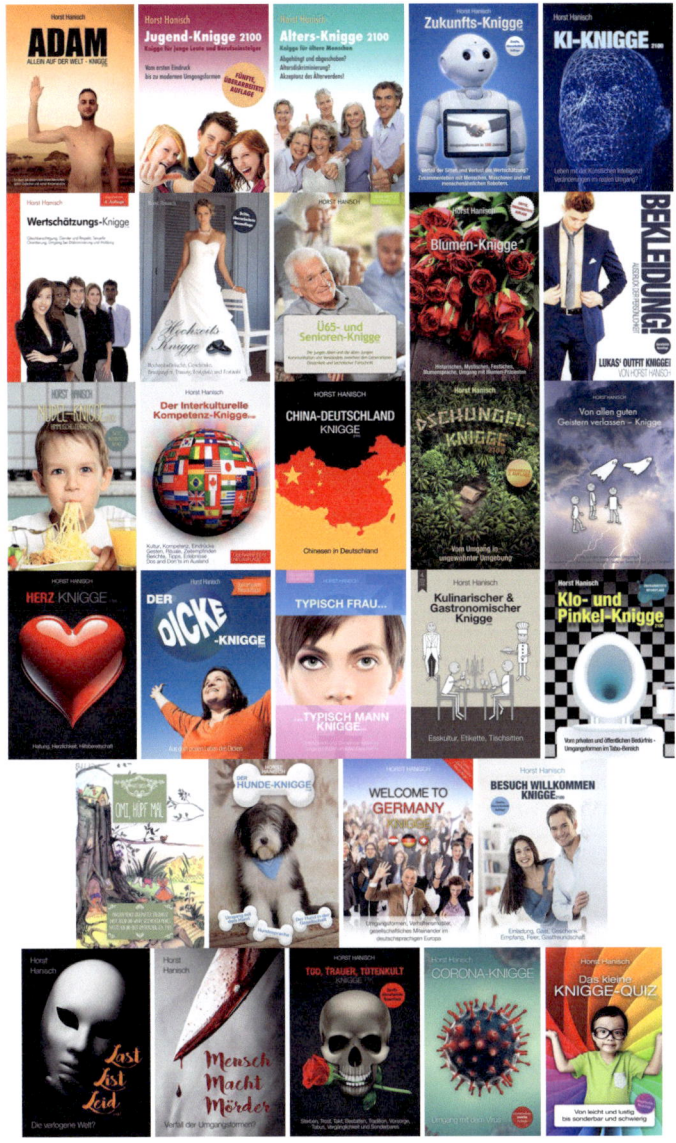

Rhetorik, Soft Skills, Hochschule, Beruf

Rhetorik ist Silber Von den ersten Schritten zu einer perfekten Präsentation, 336 Seiten A5, kartoniert, Zeichnungen

Moderation ist Gold Gesprächsführung, Umfragen, Talkrunden und Manipulation, 274 Seiten A5, kartoniert, Zeichnungen

Lebhafte Körpersprache in Vorträgen, Präsentationen, Gesprächen, 218 Seiten A5, kartoniert, ca. 290 Zeichnungen

Rhetoric – Mastering the Art of Persuasion, 222 Seiten A5, kartoniert

Discussion – Mastering the Skills of Moderation, 192 Seiten A5, kartoniert

Body Language in Europe, 196 Seiten A5, kartoniert, ca. 290 Zeichnungen

Das große Buch der Kommunikation und der Gesprächsführung [2100], 460 Seiten A5, kartoniert, Zeichnungen

Das große Buch der Rhetorik [2100] Tacheles reden; Präsentieren; manipulieren und überzeugen, 452 Seiten A5, kartoniert, viele Darstellungen

Trickreiche Rhetorik [2100] Psychologische Gesprächsführung, manipulierende Darstellung, unaufdringliches Nudging, 448 Seiten A5, kartoniert, Zeichnungen

Körpersprache [2100] **– Lüge, Verrat, Macht,** Im Beruf, vor Gericht, beim Flirt – Gewinnerpose und Demutshaltung; 440 Seiten A5, kartoniert, über 400 Zeichnungen

Soft Skills-Knigge [2100] Soziale, Persönlichkeit, Selbstmanagement, 480 Seiten A5, kartoniert, viele Darstellungen

Schlagfertigkeit-, Spontaneität-, Stegreif-Knigge [2100] Impulsiv handeln, verbale Angriffe kontern, Störungen entwaffnen, 104 Seiten A5

Pitch Skills und Überzeugungs-Knigge [2100] Elevator Pitch, Geldgeber beeindrucken, Feuer versprühen, 128 Seiten A5, kartoniert

Smalltalk-Knigge [2100] Vom kleinen Gespräch bis zum charmanten Flirt – Kontakt ausbauen, Sympathie zeigen, Begehrlichkeit wecken, 100 Seiten A5

Quassel-Knigge [2100] Quasseln, Quatschen, Quengeln oder Lebenswichtige Kommunikation – Gezielt eingesetzte Rhetorik – Aussagekräftiges Profil zeigen, 112 Seiten A5

Die moderne Führungskraft [2100] **Online und Präsenz,** Handbuch für souveräne Vorgesetzte und solche, die es werden wollen, 252 Seiten A5, kartoniert, Zeichnungen

Emotionale Rhetorik im Leben und rund um den Tod [2100] Vielfältige Kommunikation – Fiktiver Interview-Austausch mit Berühmtheiten, 260 Seiten A5

Innere Rhetorik [2100] Zielführende Kommunikation mit sich selbst, 140 Seiten A5

Kriegerische Rhetorik [2100] Sensible Diplomatie, einfühlsame Empathie, 156 Seiten A5

Blumige Rhetorik [2100] Zielführende Kommunikation mit sich selbst, 140 Seiten A5

Alles hat seine Zeit – Knigge [2100] Umgang mit der Zeit, 294 Seiten A5

Hochschul-Knigge [2100] Studentischer Umgang, 132 Seiten A5, kartoniert, Fotos

Jugend-Karriere-Knigge [2100] 224 Seiten A5, kartoniert, Zeichnungen, Checklisten

Bewerbungs-Knigge [2100] **für Frauen – Tina bewirbt sich / Bewerbungs-Knigge** [2100] **für Männer – Tom bewirbt sich,** Vorbereitung, Wahl der Kleidung, Verhalten beim Bewerbungsgespräch, je 128 Seiten A5, kartoniert, Fotos, Checklisten

Online-Bewerbungsgespräche-Knigge [2100] **Vorstellungsgespräche auf Distanz – Tina und Tom bewerben sich digital**, 128 Seiten A5, kartoniert, Zeichnungen

Kreativitäts-Knigge [2100], Visionärhaft denken, Scheuklappen sprengen, Mentales Risiko eingehen, 164 Seiten A5, kartoniert

Team und Typ-Knigge [2100], Ich und Wir, Typen und Charaktere, Team-Entwicklung, 128 Seiten A5, kartoniert, viele Darstellungen

Die flotte Generation Y im 21. Jahrhundert, selbstbewusst – lebensbetonend – flexibel, 116 Seiten A5, kartoniert, Zeichnungen

Die flotte Generation Z im 21. Jahrhundert, entscheidungsfreudig – effizient – eigenverantwortlich, 140 Seiten A5, kartoniert, Zeichnungen

Tele-Meeting [2100], Digitale Konferenz, Online-Unterricht, Homeoffice, 104 Seiten A5, kartoniert

Rhetorik, Soft Skills, Hochschule, Beruf

Englisch:

Beratung, Coaching, Seminar

Wer hat nicht gerne mit Menschen zu tun, die selbstbewusst und selbstsicher mit anderen Menschen umgehen?

Geschäftspartnern, die die elementaren Regeln des ‚Benimms' beherrschen, stehen die Türen zum Erfolg offen.

Unternehmen, die neben ihrer fachlichen Leistung auch ‚menschlich' überzeugen wollen, bieten wir für ihre Mitarbeiterinnen und Mitarbeiter aktives Training im Umgang mit Kunden, Gästen, Kollegen und Gesprächspartnern an.

Auf unserer Website informieren wir Sie über unsere Angebote:

- Firmen-Internes-Training
- → Business-Etikette und das Lehrmenü
- → Präsentieren, Moderieren, Kommunizieren
- → Körpersprache und ihre Geheimnisse
- → Teuflische Rhetorik und das Erkennen manipulativer Aspekte
- → Flottes Reden vor und zu anderen
- → Der erste entscheidende Eindruck
- Interkulturelles Training
- → Umgang mit Menschen anderer Kulturen

- → Intensiv-Training für
- → TV-Auftritte
- → Vorträge
- → Präsentationen
- → Reden
- Fachliteratur und journalistische Beiträge
- Vorträge/Speaker
- → Vor kleinem und vor großem Publikum
- Workshops
- → Soft Skills
- → Team-Training

Individuelles Coaching für Einzelpersonen: Wer es ganz individuell mag, greift zurück auf ein Einzel-Coaching, auch als Online-Coaching. Hier werden ganz persönliche Herausforderungen angegangen, mit Themen wie:

- → Erscheinungsbild – Der Erste Eindruck
- → Selbstsicheres und authentisches Auftreten
- → Persönlichkeitsentfaltung
- → Bewerbungstraining
- → Rhetorik und Überzeugungskraft

- → Erfolgreiche Verhandlungsführung
- → Kommunikation und Konfliktbewältigung
- → Präsentations-Techniken und Moderation
- → Interkulturelle Kompetenz

und andere Themen – direkt auf die besonderen Bedürfnisse des Einzelnen zugeschnitten. Besuchen Sie uns auf www.knigge-seminare.de

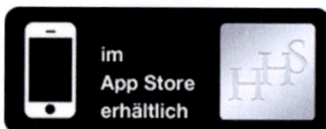